Agile objektorientierte Software-Entwicklung

Karl-Heinz Rau · Thomas Schuster

Agile objektorientierte Software-Entwicklung

Schritt für Schritt vom Geschäftsprozess zum Java-Programm

2., aktualisierte Auflage

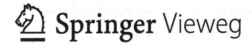

Karl-Heinz Rau
Fakultät für Wirtschaft und Recht
Hochschule Pforzheim
Pforzheim, Deutschland

Thomas Schuster
Fakultät für Wirtschaft und Recht
Hochschule Pforzheim
Pforzheim, Deutschland

ISBN 978-3-658-33394-2   ISBN 978-3-658-33395-9   (eBook)
https://doi.org/10.1007/978-3-658-33395-9

Die Deutsche Nationalbibliothek verzeichnet diese Publikation in der Deutschen Nationalbibliografie;
detaillierte bibliografische Daten sind im Internet über http://dnb.d-nb.de abrufbar.

Planung/Lektorat: Sybille Thelen
Springer Vieweg ist ein Imprint der eingetragenen Gesellschaft Springer Fachmedien Wiesbaden GmbH und ist
ein Teil von Springer Nature.
Die Anschrift der Gesellschaft ist: Abraham-Lincoln-Str. 46, 65189 Wiesbaden, Germany

Vorwort Auflage 1

Das Ziel dieses Lehrbuchs ist, ein durchgängiges Konzept zur agil geprägten Entwicklung objektorientierter Anwendungs-Lösungen vorzustellen. Ausgangspunkt ist der Geschäftsprozess im Unternehmen, der durch Anwendungs-Software unterstützt bzw. ermöglicht werden soll. Dem Leser werden Methoden und Vorgehensweisen vorgestellt, die eine systematische Ableitung von Anforderungen erlauben. Mit Hilfe von Prinzipien und insbesondere von Mustern sowie dem Architekturansatz einer Java EE-geprägten Web-Anwendung wird mit unterschiedlichen Technologien lauffähige Software entwickelt.

Die primäre Zielgruppe sind Studierende des Bachelor- oder Master-Studiums der Wirtschaftsinformatik, die bereits über Grundlagenkenntnisse in Java-Programmierung, Modellierung mit der Unified Modelling Language (UML) und Datenbanken verfügen. Auch Praktiker, die sich in die agile objektorientierte Software-Entwicklung einarbeiten wollen, sind angesprochen. Unweigerlich reflektiert die Auswahl und Darstellung der Inhalte die Anschauung, Erfahrung und Meinung des Autors. Der Leser dieses Buches darf vor diesem Hintergrund nicht erwarten, dass hinsichtlich der existierenden Methoden, Vorgehensweisen und Technologien Vollständigkeit angestrebt wird. Vielmehr wurde eine Auswahl aktueller und bewährter Ansätze derart getroffen, dass sich der Lernende mit einer durchgängigen Vorgehensweise vertraut machen kann.

Im Titel des Buches wird der Begriff „agil" verwendet. Dabei stehen weder XP oder Scrum im Mittelpunkt, sondern ganz bewusst wurde der Disciplined Agile Delivery (DAD) Ansatz von Scott Ambler als Prozessmodell gewählt. Diesem Prozessmodell liegen eine Vorbereitungs-, Entwicklungs- und Einführungsphase zugrunde. Diese sind jedoch agil konzipiert, sodass die Werte und Prinzipien des Agilen Manifests voll zum Tragen kommen. Zur Vermittlung der Inhalte liegt den Ausführungen ein durchgängiges Beispiel aus dem Hochschulbereich zugrunde. An diesem werden nach Möglichkeit die Methoden, Muster und Technologien angewandt.

Das didaktische Konzept geht davon aus, dass sich das Buch sowohl zum Selbststudium eignet, als auch mit einer Präsenzveranstaltung kombiniert werden kann. Der Autor hat die besten Erfahrungen damit gemacht, dass die Studierenden jeweils Kapitel bzw. Teile davon vor der Lehrveranstaltung lesen und damit bereits fachlich gut vorbereitet in die Lehrveranstaltung kommen. In der Veranstaltung werden die wichtigsten Inhalte dialogorientiert vertieft und an einem einfachen durchgängigen Beispiel angewandt.

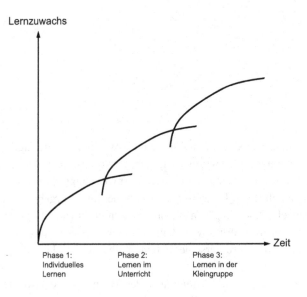

Dreistufiges Lernmodell

Dem dreistufigen Lernmodell gemäß, bearbeiten die Studierenden begleitend zu den Präsenzveranstaltungen eine überschaubar komplexe Projektaufgabe in Teams von zwei bis maximal drei Studierenden. In dieser Phase werden den Studierenden viele Fragestellungen erst bewusst. Dabei dient das Buch als Nachschlagewerk. Bei diesem Vorgehen wird ein hohes Maß an Lernzuwachs erreicht und das Buch leistet in allen Phasen seinen Beitrag.

Jedes Kapitel wird durch einen Überblick mit explizit formulierten Lernergebnissen eingeleitet und mit einer Zusammenfassung sowie Wiederholungsfragen und Aufgaben abgeschlossen. Damit ist der Lernende in der Lage, sein Wissen auch selbst zu prüfen. In den Kapiteln 4 bis 8 werden sowohl Konzepte als auch das durchgängige Fallbeispiel anhand von konkretem Java-Programmcode dargestellt. Ergänzend zu den abgedruckten Listings wird der gesamte Programmcode über die Online-Materialien des Verlags sowie über GitHub zum Herunterladen und mitmachen bereitgestellt. Wenn im Text auf Elemente des Programmcodes Bezug genommen wird, erfolgt dies in kursiver Schrift.

Das erste Kapitel beschäftigt sich mit Zielsetzungen der Software-Entwicklung und einem Überblick über Prozessmodelle, wobei das bereits erwähnte DAD-Prozessmodell den Schwerpunkt bildet. Da bei einem agilen Vorgehen die Unsicherheit über den endgültigen Projektumfang bewusst in Kauf genommen wird, wird das Kapitel mit einem Abschnitt zur Vertragsgestaltung bei agilem Vorgehen abgerundet und mit einer Vorstellung des im Weiteren verwendeten Fallbeispiels abgeschlossen.

Im Mittelpunkt des zweiten Kapitels stehen die Inhalte und Vorgehensweisen in der Vorbereitungsphase. Bei der Erstellung eines ersten und vorläufigen Modells zum Projektgegenstand werden das Aktivitätsdiagramm, Anwendungsfalldiagramm und Klassenmodell gemäß der Unified Modelling Language (UML) verwendet. Anwendungsfälle werden in User Stories heruntergebrochen und somit die Basis für eine agil geprägte Release-Planung gelegt. Damit eine realistische Aufwandsabschätzung mittels Story Points erfolgen kann, werden auch Aspekte der System-Architektur behandelt.

Im dritten Kapitel werden Methoden und Vorgehensweisen für die Iterationsplanung vorgestellt und auf das Fallbeispiel angewandt. Dabei werden in jeder Iteration der Entwicklungsphase für die ausgewählten User Stories einer Iteration Teilaufgaben abgeleitet. Eine wesentliche Kategorie von Teilaufgaben sind die sogenannten System-Operationen, welche das zu entwickelnde Software-System zu erfüllen hat. Weitere Abschnitte stellen ausgewählte Muster für einen verantwortungsorientierten Entwurf sowie ausgewählte klassische Entwurfsmuster vor. Diese Muster werden sowohl anhand grafischer Modelle als auch anhand von Beispiel-Code dargestellt.

Auf der Basis der Iterationsplanung und den methodischen Grundlagen, werden im vierten Kapitel Fachklassen zur Umsetzung der ersten System-Operation entworfen und implementiert. Dem agilen Ansatz gemäß, wird mithilfe von JUnit ein testgetriebenes Vorgehen praktiziert. Bewusst wurde die Notwendigkeit des Refactoring herbeigeführt, um aufzuzeigen, dass ein Mindestmaß an Just-in-Time-Modellierung sinnvoll sein kann. Abgeschlossen wird das Kapitel mit den Grundlagen und dem Einsatz der Java Persistence API (JPA, seit kurzem auch bekannt als Jakarta Persistence) zur Speicherung von Java-Objekten.

Im Sinne der klassischen Drei-Schichten-Architektur steht im fünften Kapitel die Präsentationsschicht im Mittelpunkt. Nach einer Darstellung der konzeptionellen Grundlagen von Java Server Faces (JSF) und den Enterprise JavaBeans (EJB) sowie deren Anwendung an einem einfachen Beispiel, werden die Konzepte auf das Fallbeispiel angewandt. Dabei werden situationsorientiert Erweiterungen der Konzepte vorgestellt und angewandt.

Im sechsten Kapitel werden der Entwurf und die Implementierung der ersten Iteration des Fallbeispiels fortgeführt. Dabei werden insbesondere zusätzliche Funktionalitäten von JSF eingesetzt. Die erste Iteration und das Kapitel werden mit dem Iterationsbericht (iteration review), der Retrospektive und einer Überarbeitung des Arbeitsvorrats abgeschlossen. Insbesondere das Feedback der Benutzer im Rahmen des Iterationsberichts führt dazu, dass eine Repriorisierung des Arbeitsvorrats notwendig wird. Ebenso zeigt sich, dass eine ursprünglich hoch priorisierte User Story keinen Nutzen stiftet. Damit soll die Zweckmäßigkeit des iterativen Ansatzes bei einem agilen Vorgehen erlebbar gemacht werden.

Das siebte Kapitel beschäftigt sich mit zwei weiteren Iterationen des Fallbeispiels, sodass am Ende ein erstes Release eingesetzt werden kann. Inhaltlich stellen einerseits die programmgesteuerte Erzeugung von PDF-Dokumenten und andererseits Grundlagen einer servergestützten Authentifizierungs- und Autorisierungslösung Schwerpunkte dar.

Das Buch endet mit Grundlagen zur Einführungsphase im achten Kapitel. Der Schwerpunkt liegt auf zukunftsweisenden Aspekten. Auf viele Detailaspekte der ersten Release-Einführung vom Fallbeispiel wird verzichtet. Angesprochen werden Grundlagen von DevOps sowie der Microservice-Architektur. Ergänzend wird noch ein Beispiel mit einem RESTful-Webservice dargestellt, das im Fallbeispiel zur Datenübernahme eingesetzt werden könnte.

Für die Modellierung wurde das Produkt Innovator der Firma MID GmbH in Nürnberg in der Version 14 eingesetzt. Für Hochschulen wird dieses Produkt kostenfrei zur Verfügung gestellt. Die Programmierung erfolgte mit der Entwicklungsumgebung NetBeans in der Version 8.02, mit JDK 1.8, Java EE 7, JSF 2.2 und JPA 2.1 sowie dem Java EE Anwendungs-Server Glassfish 4.1. Jedes Kapitel endet mit Fragen und Aufgaben. Die Lösungshinweise hierzu finden sich unter Online-Materialien auf der Verlags-Homepage des Buches. Ebenso finden sich dort Dateien mit vollständigem Programm-Code.

Zum Zustandekommen dieses Buches haben viele beigetragen. Insbesondere möchte ich meinen Studierenden der letzten Jahre für ihre konstruktive Kritik danken. Hilfreich waren Gespräche mit Vertretern aus der Software-Branche. So hatte ich Gelegenheit zum Gedankenaustausch mit Herrn Oliver Fischer, Leiter Agiles Center der Fiducia & GAD IT AG sowie Herrn Hagen Buchwald, Mitglied des Vorstands der andrena objects AG, Karlsruhe. Mit seiner intensiven Projekterfahrung unterstützte mich Herr Thomas Starz, Trainer und Coach für agiles Anforderungsmanagement und Projektmanagement sowie Scrum Master (CSM, PSM). Besonderen Dank möchte ich dem Lektorat IT beim Springer Vieweg Verlag für die angenehme und geduldige Zusammenarbeit ausprechen. Erwähnen möchte ich insbesondere Frau Sybille Thelen sowie Frau Dr. Sabine Kathke und bei technischen Fragen unterstützte mich stets Herr Walter Fromm von Fromm Media Design. Meiner lieben Frau Jutta möchte ich für Ihre Unterstützung und ihr Verständnis im Laufe dieses Buchprojektes ganz herzlich danken. Bereits jetzt möchten ich mich bei Ihnen, lieber Leser, für Anregungen, Hinweise und Kritik bedanken.

Und nun viel Freude und Erfolg beim Lesen, Üben und Lernen.

Pforzheim   Karl-Heinz Rau
September 2015

Vorwort Auflage 2

Diese nun vorliegende, zweite Auflage ist eine primär technisch getriebene Überarbeitung der vorangegangenen Auflage. Wir haben für Sie, liebe Leser, die Hauptanwendung modernisiert. Das bedeutet, dass Sie jetzt eine responsive Anwendung erleben, die auf neuen Bibliotheken und Servertechnik im Umfeld von Jakarta EE aufsetzt. NetBeans ist inzwischen ein Apache Projekt geworden und wir haben im Buch die derzeitige LTS Version 12 eingesetzt. Für die Anwendung kamen Jakarta EE 8, OpenJDK 1.8 und 13 sowie JSF 2.3 mit PrimeFaces 7.0 und Jakarta Persistence zum Einsatz. Als Laufzeitumgebung wurde nun der Payara Server (5.2020.2) und die Datenbank PostgreSQL eingesetzt. Auf Wunsch kann man beide Systeme grundsätzlich leicht austauschen, dies wird im Buch jedoch nicht weiter betrachtet. Zwischenzeitlich gab es auch die Überlegung auf die Variante Payara Micro Edition zu wechseln, da dies eine größere Anpassung in der Architektur Anwendung bedeutet hätte, bleibt es jedoch einer künftigen Auflage vorbehalten. Den Quellcode der Beispielanwendung finden Sie jetzt auch bei GitHub (unter https://github.com/thomas-schuster/examadministration).

Neben dem Quellcode und den entsprechenden Änderungen im Buch wurden auch die Zeichnungen und Modelle aktualisiert. Hierbei wurde wieder die Software Innovator, nun in Version 15.0, eingesetzt. Ein herzlicher Dank für die gute und langjährige Kooperation geht daher an die MID GmbH in Nürnberg. Persönlich danken möchte ich auch dem Geschäftsführer von MID, Herrn Andreas Ditze. Für ihre Geduld, guten Anmerkungen und die technische Unterstützung möchte ich weiterhin auch den Damen und Herren des Verlags danken, besonders Frau Sybille Thelen, Frau Angela Schulze-Thomin und Herrn Amose Stanislaus. Ihnen, lieber Leser, gilt der Dank für das Lesen des Buches. Haben Sie viel Spaß bei der Mit- und Weiterentwicklung der Beispielanwendung. Bei Anmerkungen und Rückfragen erreichen Sie uns gerne per E-Mail (thomas.schuster@hs-pforzheim.de) oder direkt über das Repository des Quellcodes.

Pforzheim   Karl-Heinz Rau
Juli 2021   Thomas Schuster

Inhaltsverzeichnis

Grundlagen agiler Software-Entwicklung

1

Überblick

Die Diskussion um Erfolg und Misserfolg von Software-Projekten zeigt einerseits, dass es kein einheitliches Verständnis gibt, wann ein Projekt erfolgreich ist. Andererseits machen unterschiedliche Untersuchungen immer wieder deutlich, dass es einen Verbesserungsbedarf gibt. Unbestritten scheint die Erkenntnis zu sein, dass eine fundierte und systematische Ausbildung im Bereich des Software-Engineerings ein Schlüssel zum Erfolg darstellt. Basis einer seriösen Beurteilung des Erfolgs bzw. der Effektivität der Software-Entwicklung sind explizit formulierte Ziele. Vor diesem Hintergrund werden sowohl Ziele des Geschäftsprozesses, des Systementwicklungsprozesses als auch Qualitätsziele der Software vorgestellt. Einen wichtigen Rahmen für die Zielerfüllung liefern Prozess- bzw. Vorgehensmodelle. Daher werden zum einen klassische Ansätze in ihrem historischen Entstehungskontext skizziert, zum anderen werden agile Ansätze vorgestellt. Dabei liegt der Schwerpunkt auf dem umfassenden Konzept des „Disciplined Agile Delivery (DAD)", das versucht, in einem Rahmenwerk (framework) ausgewählte bewährte Konzepte unterschiedlicher Prozessmodelle zielgerichtet zu integrieren. Organisatorisch und methodisch versuchen agile Ansätze der Unsicherheit über den Inhalt innovativer Software-Projekte zu begegnen, allerdings ergeben sich daraus auch neue Anforderungen an Projektverträge. Daher wird auf die Vertragsgestaltung für agile Vorhaben anhand des Vorschlags zum agilen Festpreisvertrag eingegangen. Abschließend wird das Fallbeispiel, das den folgenden Kapiteln zugrunde gelegt ist, charakterisiert.

© Springer Fachmedien Wiesbaden GmbH, ein Teil von Springer Nature 2021
K.-H. Rau und T. Schuster, *Agile objektorientierte Software-Entwicklung*,
https://doi.org/10.1007/978-3-658-33395-9_1

1.1   Teilgebiete und Lernergebnisse

Wichtige Teilgebiete sind
- Erfolg und Misserfolg von Software-Entwicklungsprojekten
- Ziele der Software-Entwicklung
- Klassische Vorgehens- bzw. Prozessmodelle
- Grundlagen agiler Vorgehensweisen
- Überblick zum Konzept des Disciplined Agile Delivery (DAD-Prozessmodell)
- Vertragsgestaltung für agile Vorhaben

Lernergebnisse
Der Leser soll

- ein kritisches Verständnis von Erfolg und Misserfolg von Software-Projekten haben.
- mögliche Ziele von Systementwicklungs-Projekten kennen.
- die Grundidee agilen Vorgehens verstanden haben.
- wichtige Strukturelemente des DAD-Prozessmodells kennen.
- eine Möglichkeit für die Gestaltung von Verträgen für agile Vorhaben kennen.

1.2   Ausgangssituation und Ziele in der Software-Entwicklung

1.2.1   Charakterisierung der Ausgangssituation der Software-Entwicklung

Immer wieder erfolgen Untersuchungen, hinsichtlich des Erfolgs von Software-Ent-wicklungs-Projekten. Dabei sind zwar die Untersuchungen der Standish Group International, Inc. (2016) die populärsten, allerdings sind die Ergebnisse durchaus umstritten (vgl. Buschermöhle et al. 2007, S. 42 f.). Ob ein Projekt erfolgreich ist, wird zumeist daran festgemacht, inwieweit der Zeit- und Budgetplan eingehalten wird bzw. die geforderte Funktionalität bereitgestellt wird. Beim Chaos-Report schwankt die Erfolgs-quote über die Jahre um gut ein Drittel. Die Untersuchung von Buschermöhle et al zeigt, dass über 50 % der Projekte erfolgreich abgeschlossen werden. Zu ähnlichen Ergebnissen kommt eine Untersuchung mit 569 Befragten von Scott Ambler (2007). Er berichtet über Erfolgsquoten zwischen 40 und 70 %. Darüber hinaus scheint auch keine Einigkeit zu bestehen, wann ein Projekt als erfolgreich angesehen wird. Ambler hat explizit danach gefragt und weist in der Studie, die u. a. in Nordamerika (69 %) und Europa (18 %) durchgeführt wurde, folgende Zahlen aus:

- 87,3 % sagen, dass hohe Qualität wichtiger sei, als Termin- und Budgettreue.
- Ebenfalls 87,3 % sagen, das die Erfüllung tatsächlicher Anforderungen wichtiger sei, als ursprüngliche Spezifikationen zu erfüllen.
- 79,6 % sagen, dass die tatsächliche Rentabilität (ROI) des Systems wichtiger sei, als die Budgettreue.
- 61,3 % der Befragten sind der Meinung, dass es wichtiger ist, ein wirklich fertiges System auszuliefern, als Termintreue.

Es scheint wohl so zu sein, dass qualitativ hochwertige und gut einsetzbare Software als wertvoll angesehen wird. Dabei ist entscheidend, dass die tatsächlichen Erfordernisse der Stakeholder erfüllt sind und die Lösung durch einen hohen Grad an Wirtschaftlichkeit charakterisiert ist.

Ludewig und Lichter sind davon überzeugt, dass die meisten Software-Projekte erfolgreich abgeschlossen werden. Allerdings seien auch bei diesen Verbesserungs-potentiale vorhanden (vgl. Ludewig und Lichter 2013, S. 149 f.). Sie sehen u. a. mangelnde Ausbildung, unrealistische Erwartungen des Managements sowie mangel-hafte Kommunikation zwischen Auftraggeber und Auftragnehmer als mögliche Ursachen für den Misserfolg. Peter Mertens hat einige Fehlschläge bei IT-Großprojekten der Öffentlichen Verwaltung untersucht und kommt zu Handlungsempfehlungen zur Ver-meidung von Misserfolgen, die u. a. folgende Aspekte beinhalten (vgl. Mertens 2009, S. 54 ff.):

- Unterscheidung zwischen Muss- und Kann-Anforderungen
- frühzeitiger Konsens mit den Interessensgruppen (Stakeholder)
- frühzeitiges Abschätzen möglicher Risiken
- stufenweise Realisierung
- interdisziplinäre Qualifikation der IT-Fachleute
- wertorientierte Betrachtung von IT-Projekten
- projektübergreifendes Nutzen von Projekterfahrungen

Pressemeldungen zu Software-Problemen in der Praxis sollen die obigen Ausführungen veranschaulichen und typische Problemlagen verdeutlichen.

Stimmen zu Software-Problemen aus der Praxis der Software-Entwicklung

Alexander Lichtenberg, IT-Vorstand der Bausparkasse Schwäbisch Hall: „...Wenn Fach-bereiche wie Marketing und Vertrieb sich neue Produkte wünschen, werde die Leistungs-fähigkeit der IT an der Umsetzung und der Time-to-Market gemessen. ‚Was darunterliegt, die nicht-funktionalen Anforderungen, also das Housekeeping, die Bereitstellung einer *sauberen Architektur, das wird regelmäßig wegpriorisiert.'" (CIO 01.03.2013,*http://www. cio.de/finance-forum-germany/2907249/. *Zugegriffen 21.08.2015)*

60 Millionen Euro versenkt: Bundesagentur für Arbeit stoppt IT-Projekt ROBASO:
„Die Bundesagentur für Arbeit stoppt ein millionenschweres Software-Projekt, das 14 verschiedene eigene Anwendungen auf einer Plattform bündeln sollte. In einem Pilottest, der im Oktober 2015 begann, zeigte sich ROBASO (Rollenbasierte Oberflächen) nämlich als zu unflexibel, um den Praxis-Anforderungen gerecht zu werden. Insgesamt 60 Millionen Euro wurden in die seit 2010 laufende Entwicklung des Projekts gesteckt. ... Beim Projekt wurde eine „klassische, etablierte Entwicklungsmethode verwendet" ... Warum die fünfjährige „Labor"-Phase der Software nicht schon vorher durch Tests ergänzt wurde, erklärte der Sprecher damit, dass es keine Anzeichen für einen Misserfolg des Projekts gegeben habe." (heise online, 16.02.2017, https://www.heise.de/newsticker/meldung/60-Millionen-Euro-versenkt-Bundesagentur-fuer-Arbeit-stoppt-IT-Projekt-ROBASO-3627866.html. *Zugegriffen, 15.12.2020)*

Als ein Startpunkt des Bemühens um erfolgreiche Software-Projekte wird u. a. die Software-Engineering Konferenz der Nato am 07. Oktober 1968 in Garmisch Partenkirchen gesehen (vgl. McClure 2008). Dabei wird unter **Software-Engineering** oder Software-Technik die „zielorientierte Bereitstellung und systematische Verwendung von Prinzipien, Methoden und Werkzeugen für die arbeitsteilige, ingenieurmäßige Herstellung und Anwendung von Software-Systemen" (Balzert 2009, S. 17) verstanden. Dieses Begriffsverständnis postuliert, dass es nicht darum geht, Software als Künstler zu entwickeln, sondern etablierte und bewährte Vorgehensweisen, Prinzipien sowie Methoden anzuwenden. Die Effektivität der Prinzipien und Methoden lässt sich an ihrem Beitrag zur Erreichung der angestrebten Ziele beurteilen.

1.2.2 Beschreibung von Zielen in der Software-Entwicklung

Grundsätzlich sollen drei Zielkategorien für die Software-Entwicklung unterschieden werden:

- Geschäftsprozessziele,
- Ziele des Systementwicklungsprozesses und
- Ziele im Sinne von Software-Qualitätsmerkmalen, die sich auf das Software-Produkt beziehen.

Software-Systeme im betrieblichen Umfeld dienen vielfach dazu, Geschäftsprozesse (z. B. Produktentwicklung oder Auftragsabwicklung) zu unterstützen. Typische **Geschäftsprozessziele** sind beispielsweise:

- Reduzierung der Durchlaufzeiten und
- Reduzierung der Prozesskosten.

Ziele sollten möglichst quantitativ messbar sein. In diesem Zusammenhang ist die Maßzahl zu definieren, mit der die Ausprägung gemessen werden soll. Für die Messung der Durchlaufzeit bietet sich etwa ein x %-Quantil an. Wird für x z. B. 90 gewählt, so kann damit ausgedrückt werden, dass es durch die zu entwickelnde Software-Lösung möglich sein soll, 90 % der Aufträge mit einer Durchlaufzeit von 3 Tagen oder kleiner zu bearbeiten. Damit wird berücksichtigt, dass es immer Sonderfälle (hier 10 %) geben kann, die durch das geplante Software-System nicht verbessert werden können. Diese Art der Messung berücksichtigt das Prinzip, dass es sinnvoller sein kann, eine x %-Lösung schnell und kostengünstig, statt eine 100 %-Lösung mit nicht vertretbaren Kosten zu spät zu bekommen.

Wesentliche **Ziele des Systementwicklungsprozesses** sind beispielsweise (vgl. Ludewig und Lichter 2013, S. 68 f.):

- Projektleistung mit Merkmalen wie Entwicklungseffizienz und -geschwindigkeit,
- Planungssicherheit mit Merkmalen wie Termintreue und Budgettreue sowie
- innere Prozessqualität mit Merkmalen wie Bausteingewinn und Fehlerbehebungsrate.

Die **Termintreue** drückt den Grad der Übereinstimmung geplanter und tatsächlich erreichter Termine aus. Die Termintreue ist gleich 1, wenn eine absolute Übereinstimmung gegeben ist. Sie ist kleiner 1, wenn der Ist-Termin später als der geplante Termin eintritt. Entsprechend drückt die **Budgettreue** den Grad der Übereinstimmung zwischen Plankosten und Istkosten aus. Sind die Istkosten größer als die Plankosten, so ist die Budgettreue kleiner als 1.

Der **Bausteingewinn** drückt sich in der Anzahl zusätzlich entstandener wiederverwendbarer Software-Komponenten aus. Zur Ermittlung der **Fehlerbehebungsrate** werden zum einen die Fehler F_1, welche bei qualitätssichernden Maßnahmen während der Entwicklung aufgedeckt werden, aufgezeichnet. Zum anderen werden die Fehler F_2, die während einer definierten Periode nach Übergabe der Software an den Auftraggeber auftreten, gezählt. Die Fehlerbehebungsrate berechnet sich als $F_1/(F_1 + F_2)$. Diese Kennzahl erlaubt damit eine Aussage, wie effektiv Qualitätssicherungsmaßnahmen im Systementwicklungsprozess sind (vgl. Plewan und Poensgen 2011, S. 66 ff.).

Produktziele im Sinne von **Software-Qualitätsmerkmalen** sind nach ISO/IEC 9126 (vgl. Balzert 2011, S. 110 ff.; Balzert 2009):

- **Funktionalität**: Vorhandensein von Funktionen mit festgelegten Eigenschaften, wie beispielsweise Angemessenheit, Genauigkeit, Interoperabilität, Sicherheit und Konformität der Funktionalität.
- **Zuverlässigkeit**: Wenn die Software unter festgelegten Bedingungen benutzt wird, soll sie das spezifizierte Leistungsniveau behalten. Teilmerkmale sind Reife, Fehlertoleranz, Wiederherstellbarkeit und Zuverlässigkeit.
- **Benutzbarkeit**: Der Grad an Verständlichkeit, Erlernbarkeit, Bedienbarkeit, Attraktivität sowie Konformität mit Standards bestimmen die Benutzbarkeit.
- **Effizienz**: Das Zeit- und Verbrauchsverhalten bestimmen die Effizienz einer Software.
- **Wartbarkeit**: Diese wird insbesondere bestimmt durch den Grad an Analysierbarkeit, Änderbarkeit, Stabilität und Testbarkeit.
- **Übertragbarkeit**: Diese betrifft die Übertragung in eine andere organisatorische, Hard- oder Software-Umgebung. Bestimmungsgrößen sind die Anpassbarkeit, Installierbarkeit, Koexistenz sowie Austauschbarkeit.

Zu einer **operationalen** Formulierung von Produktzielen gehört neben dem Zielinhalt auch mindestens eine messbare Zielausprägung. Die **nominale** Messung erlaubt etwa beim Thema Sicherheit die Feststellung, ob ein Mechanismus für die Rechtevergabe für unterschiedliche Benutzergruppen vorhanden ist oder nicht. Im Sinne einer **kardinalen** Messung kann beispielsweise die Erlernbarkeit in bestimmten Fällen mit der Anzahl Stunden oder Tage gemessen werden, die zum Erlernen notwendig ist, sodass der Benutzer die unterstützten Geschäftstransaktionen im Arbeitsalltag selbstständig abwickeln kann. Ähnlich könnte die Analysierbarkeit durch die Zeit quantifiziert werden, die notwendig ist, welche ein Entwickler aufwenden muss, um eine nicht von ihm geschriebene Software so zu verstehen, dass er den Fehler beheben kann. Diese Software-Qualitätsmerkmale werden unter dem Aspekt nicht-funktionaler Anforderungen im Abschn. 2.3.2 detaillierter dargestellt.

Ob angestrebte Geschäftsprozessziele, Ziele des Systementwicklungsprozesses und Produktziele erreicht werden und damit Software-Projekte erfolgreich sind, wird durch unterschiedliche Faktoren bestimmt. Neben den angewandten Methoden und Prinzipien hat das Prozess- bzw. Vorgehensmodell einen wesentlichen Einfluss.

1.3   Überblick zu Vorgehens- und Prozessmodellen

1.3.1   Überblick zu klassischen Vorgehens- und Prozessmodellen

Ein Software-System folgt wie viele natürliche und künstliche Systeme einem **Lebenszyklus** (vgl. Balzert 2011, S. 1 ff.). Am Anfang steht die **Anforderungsanalyse** (Requirements Analysis). Auf der Basis dieser Spezifikation wird ein Entwurf im Großen und im Kleinen vorgenommen. Diese Beschreibung der Lösung in Form der Software-Architektur ist der Ausgangspunkt für die Implementierung in Form von Programmcode. Die qualitätsgeprüfte Software wird sodann auf Zielrechnern installiert (deployed) und schließlich genutzt. Diese Betriebsphase kann viele Jahre dauern und ist i.d.R. durch eine mehr oder weniger ausgeprägte Weiterentwicklung charakterisiert. Beendet wird der Lebenszyklus schließlich damit, dass der Software-Hersteller (externes Software-Haus oder interne IT-Abteilung) die Wartung einstellt, sodass ein Nachfolgeprodukt implementiert werden muss. Diese Lebenszyklus-Beschreibung ist zwar durchaus zutreffend, allerdings gibt sie für die Strukturierung und Durchführung eines konkreten Software-Entwicklungsprojektes nur bedingt eine operationale Hilfestellung.

Diese Hilfestellung versuchen sogenannte Prozessmodelle zu geben. **Prozessmodelle** geben für das spezifische Projekt einen Rahmen vor, der i.d.R. individuell anzupassen ist. Dieser Rahmen beinhaltet im Kern das **Vorgehensmodell** , das den Projektablauf beschreibt. Darüber hinaus gehören zum Prozessmodell organisatorische Regelungen, wie beispielsweise Rollen und Verantwortlichkeiten, sowie Festlegungen für die Dokumentation (vgl. Ludewig und Lichter 2013, S. 91 und 181). Vielfach wird nur vom Vorgehensmodell gesprochen bzw. zwischen beiden Begriffen nicht differenziert. In den letzten 50 Jahren wurde eine Vielzahl von Vorgehensweisen zur Software-Erstellung entwickelt. Barry Boehm (vgl. Boehm 2008, S. 16 ff.) gab vor dem Hintergrund seiner persönlichen Erfahrungen einen eindrucksvollen Überblick.

In den 1970er-Jahren war das **Wasserfallmodell** die Reaktion auf die „Code&Fix" Mentalität der 1960er-Jahre. Das Wasserfallmodell sieht die Aktivitäten Systemanalyse, Software-Spezifikation, Architekturentwurf, Feinentwurf und Codierung, Integration und Test, Installation und Abnahme sowie Betrieb und Wartung vor. Laut dem IEEE Standard 610.12 werden diese Aktivitäten in der obigen Reihenfolge ausgeführt mit möglichen Überlappungen aber geringen oder keinen Rückkopplungen (vgl. Ludewig und Lichter 2013, S. 157 ff.). In der Praxis wurde das Wasserfallmodell zumeist ohne Zyklen zwischen aufeinanderfolgenden Aktivitäten so angewandt, dass eine spezielle Aktivität genau einer Phase im Sinne eines Zeitabschnitts zugeordnet wurde.

Im sogenannten **Phasenmodell** werden die Phasen durch Meilensteine abgegrenzt. Dabei legt ein **Meilenstein** fest, welche Ergebnisse vorliegen müssen, nach welchen Kriterien durch wen diese überprüft werden und wer schlussendlich entscheidet, ob der Meilenstein erreicht wurde. Damit ist das Phasenmodell ein Prozessmodell, das auf dem Wasserfallmodell direkt aufbaut. Die Berücksichtigung und Korrektur nachträglich festgestellter Unzulänglichkeiten werden in solch einem Phasenmodell erschwert. Damit erklärt sich relativ einfach, dass ein derartiges Vorgehen keine große Aufgeschlossenheit gegenüber neu auftretenden Anforderungen, neuen Erkenntnissen oder Änderungswünschen zur Folge haben kann. Ein vielfach beobachtbarer Tatbestand ist, dass die Auftraggeber in dem erstellten Software-System häufig nicht die gewünschte Lösung für ihre Problemstellung sahen bzw. sehr spät im Prozess aufwendige Nacharbeiten und Korrekturen notwendig waren. Dies führte i.d.R. zu ungeplant hohen Kosten und zeitlichen Verzögerungen.

In die Kategorie der nichtlinearen Vorgehensmodelle sind insbesondere die iterative und inkrementelle Software-Entwicklung sowie das Spiralmodell einzuordnen (vgl. Ludewig und Lichter 2013, S. 169 ff.). Bei der **iterativen Software-Entwicklung** wird die Software in mehreren Iterationsschritten entwickelt, sodass von Iteration zu Iteration das angestrebte Ziel besser erreicht wird. In jeder Iteration werden grundsätzlich die typischen Entwicklungstätigkeiten Analysieren, Entwerfen, Codieren und Testen ausgeführt. Bei der **inkrementellen Software-Entwicklung** muss der Gesamtumfang des Systems nicht von vornherein bestimmt sein. In der Regel wird in einer ersten Stufe das Kernsystem entwickelt. In jeder Ausbaustufe, wird das vorhandene System erweitert. Diese Erweiterung stellt ein Inkrement im Sinne eines Zuwachses dar. Beide Vorgehensweisen sind dazu geeignet, den Lernprozess zu unterstützen und neu aufkommende Anforderungen bzw. Änderungswünsche zu berücksichtigen.

Als eine Reaktion auf die Tatsache, dass beim wasserfallgeprägten Vorgehen ein beachtliches Risiko des Misserfolgs besteht, hat Barry Boehm das risikogetriebene **Spiralmodell** vorgeschlagen (vgl. Boehm 2008, S. 21). Es erlaubt, dass Entwicklungsaktivitäten nicht nur sequentiell, sondern auch nebenläufig erfolgen können und insbesondere auch Prototypen zur Minderung des Misserfolgs entwickelt werden. In der Praxis kam dieses Vorgehensmodell wegen seiner Komplexität eher seltener zur Anwendung (vgl. Ludewig und Lichter 2013, S. 177 ff.).

Das sogenannte **V-Modell** wurde in Deutschland als Prozess-Standard für öffentliche Auftraggeber entwickelt (vgl. o.V 2012). Dieses Prozessmodell ist aufgrund seines generischen Charakters in der Version **V-Modell XT** (eXtreme Tailoring) für ein breites Spektrum an Projekten einsetzbar. Das Modell definiert Aktivitäten, Produkte im Sinne von Ergebnissen und Zwischenergebnissen sowie Rollen, die durch Aufgaben, Verantwortlichkeiten und geforderten Fähigkeiten beschrieben sind. Das Kern-Modell besteht aus den obligatorischen Vorgehensbausteinen Projektmanagement, Qualitätssicherung, Problem- und Änderungs- sowie Konfigurationsmanagement. Aufgrund des Projekttyps und der Projektmerkmale kann im Rahmen des Taylorings bestimmt werden, welche weiteren Vorgehensbausteine hinzugefügt werden müssen. Für die Projekttypvariante ‚Auftragnehmerprojekt mit Entwicklung' sind folgende Entwicklungsstrategien erlaubt: inkrementelle, komponentenbasierte oder prototypische Entwicklung. Die wenigen Ausführungen lassen bereits erkennen, dass das V-Modell XT äußerst detailliert und vielfältig ist, was sich auch in dem Umfang des Dokuments der Modellbeschreibung von über 900 Seiten zeigt. Dies bedeutet, dass ein professionelles Anpassen (tayloring) des Modells für die konkrete betriebliche bzw. projektspezifische Situation ein umfassendes Wissen erfordert. Die Einführung des V-Modell XT im Unternehmen ist mit beachtlichem Aufwand verbunden, kann jedoch dann auch spürbaren Nutzen stiften. So berichtet beispielsweise die Firma Witt über eine hohe Akzeptanz in ihrem IT-Bereich mit ca. 100 Mitarbeitern, die jedoch mit einem Einführungsaufwand von 1.200 Personentagen erkauft wurde. (vgl. Bösl et al. 2009, S. 30 ff).

Der Unified Software Development Process oder kurz **Unified Process** (UP) hat seine Ursprünge in den Arbeiten von Ivar Jacobson in den Jahren 1987 bis 1995 in Form des so genannten Objectory Prozesses (vgl. Jacobson 1992; Jacobson et al. 1999). Der UP folgt dem Grundmuster des inkrementellen Vorgehensmodells. Dieses Prozessmodell steht in unmittelbarem Zusammenhang mit der objektorientierten Software-Entwicklung. Der UP ist eine Konsequenz aus den Erfahrungen, die in den vorangegangenen Jahrzehnten mit dem Wasserfallmodell und dessen Weiterentwicklungen gemacht wurden. Es zeigten sich bei großen Projekten in der Realität folgende Probleme (vgl. Kruchten 1999, S. 53 ff.):

- Anforderungen können nicht bereits am Projektanfang vollständig festgehalten und eindeutig niedergeschrieben werden. Die für das Wasserfallmodell unverzichtbare stabile Grundlage kann somit nicht gebildet werden.
- Es ist schwer, wenn nicht unmöglich, eine korrekte Spezifikation vollständig auf dem Papier zu entwerfen und beurteilen zu können, bevor diese umgesetzt wird.
- In der Software-Entwicklung treten vielfach Neuerungen, Unsicherheiten und Risiken auf, die nur schwer vorherzusehen sind.
- Durch die sequentielle Vorgehensweise ergeben sich lange Zeiträume zwischen Anforderungsdefinition, Spezifikation und Implementierung, sodass Unzulänglichkeiten erst spät entdeckt werden.
- Vielfach ist es wichtig, eine verbesserte Lösung schnell zu bekommen, statt eine perfekte Lösung zu spät zu bekommen.

Vor diesem Hintergrund verfolgt der UP einen iterativen Ansatz. Eine Iteration ist ein Mini-Projekt mit fester zeitlicher Begrenzung (z. B. zwei bis sechs Wochen). Das Ergebnis einer Iteration ist grundsätzlich ein getestetes, integriertes und ausführbares aber noch unvollständiges System. Jede Iteration umfasst ihre eigenen Aktivitäten in Form der Anforderungsanalyse, des Entwurfs, der Implementierung und des Tests. Streng genommen verfolgt der UP eine Kombination aus iterativem und inkrementellem Vorgehen. Der Entwicklungsprozess ist charakterisiert durch zunehmende Erweiterung und Verfeinerung des Systems in mehreren Iterationen. Dabei sind ein zyklisches Feedback und kontinuierliche Anpassungen die Erfolgsfaktoren zur Annäherung an eine angemessene Gesamtlösung. Damit wächst das System im Zeitablauf inkrementell von Iteration zu Iteration. Das bedeutet, dass das Ergebnis einer Iteration kein experimenteller Wegwerf-Prototyp ist, sondern eine Teilmenge des endgültigen Software-Systems. Dieses Vorgehen ist u. a. durch folgende Eigenschaften geprägt, die vielfach als Vorteile gesehen werden (vgl. Larman 2005, S. 58):

- frühzeitiges Abschwächen großer Risiken, z. B. Risiken hinsichtlich technischer Aspekte oder Missverständnissen hinsichtlich der Anforderungen und/oder Ziele usw.,
- frühzeitiger, sichtbarer Fortschritt,
- frühzeitiges Feedback, Einbeziehen der Benutzer und Anpassung führt i. d. R. dazu, dass die wirklichen Anforderungen aller Betroffenen und Nutznießer (stakeholder) berücksichtigt werden können,

- Komplexität ist beherrschbar, da die Teams nicht durch überlange Analysen überschüttet werden,
- Lernzuwachs von Iteration zu Iteration.

Der UP gliedert das Projekt in die vier Phasen: Vorbereitung (Inception), Ausarbeitung (Elaboration), Konstruktion (Construction) und Umsetzung (Transition). Als zweite Dimension werden Kernaktivitäten und unterstützende Aktivitäten definiert. Zu den Kernaktivitäten zählen Geschäftsprozessmodellierung, Anforderungsanalyse, Entwurf, Implementierung und Test. Die unterstützenden Aktivitäten umfassen Konfigurations- und Änderungs-, Projekt- sowie Umgebungsmanagement.

Vergleicht man den Unified Process mit dem Wasserfallmodell, weist das iterativ-inkrementelle Vorgehen eindeutig mehr Flexibilität auf. Allerdings gibt auch dieses Prozessmodell ein umfassendes Regelwerk vor, das die Voraussetzungen für ein stark formalisiertes Vorgehen erfüllt. Unterstützt durch die Qualitätsstandards DIN EN ISO 9000 und das Capability Maturity Model (CMM) wurde auch der UP vielfach stark formalisiert angewandt (vgl. Friedrichsen 2011, S. 43).

1.3.2 Grundlagen agiler Prozessmodelle

Das Unbehagen und nicht selten die bürokratisch anmutende Dokumentation sowie die bereits in Abschn. 1.2 diskutierten Misserfolgsraten haben u. a. dazu geführt, dass im Frühjahr 2001 17 Autoren das sogenannte **Agile Manifest** verfassten. Sie legten mit vier Aussagen zu Werten (vgl. Tab. 1.1) und zwölf Prinzipien die Grundlage für agile Praktiken (vgl. Coldewey 2011, S. 17 ff.). Das Wertesystem bildet die Grundlage für agiles Vorgehen in der Software-Entwicklung. Kent Beck und seine Mitstreiter haben bei ihrer Tätigkeit als Software-Entwickler folgende Werte zu schätzen gelernt:

Dabei merken die Autoren an, dass sie die Elemente auf der rechten weiterhin für wichtig erachten, allerdings den Elementen auf der linken Seite bei agilem Vorgehen stärkere Beachtung zu schenken ist.

Tab. 1.1 Werte des Agilen Manifests (Beck et al. 2001)

Individuals and interactions	Over	Processes and tools
Working software	Over	Comprehensive documentation
Customer collaboration	Over	Contract negotiation
Responding to change	Over	Following a plan

Die formulierten zwölf Prinzipien sollen dabei helfen, das Wertesystem in der Praxis einzuhalten (Beck et al. 2001):

1. „Our highest priority is to satisfy the customer through early and continuous delivery of valuable software.
2. Welcome changing requirements, even late in development. Agile processes harness change for the customer's competitive advantage.
3. Deliver working software frequently, from a couple of weeks to a couple of months, with a preference to the shorter timescale.
4. Business people and developers must work together daily throughout the project.
5. Build projects around motivated individuals. Give them the environment and support they need, and trust them to get the job done.
6. The most efficient and effective method of conveying information to and within a development team is face-to-face conversation.
7. Working software is the primary measure of progress.
8. Agile processes promote sustainable development. The sponsors, developers, and users should be able to maintain a constant pace indefinitely.
9. Continuous attention to technical excellence and good design enhances agility.
10. Simplicity – the art of maximizing the amount of work not done – is essential.
11. The best architectures, requirements, and designs emerge from self-organizing teams.
12. At regular intervals, the team reflects on how to become more effective, then tunes and adjusts its behavior accordingly."

Die agilen Prozess- bzw. Vorgehensmodelle bauen auf diesen Werten auf und orientieren sich in ihrer konkreten Ausgestaltung an den Prinzipien. Nicht selten sind die agilen Modelle als Gegenbewegung zu planungszentrierten Methoden mit ausufernden Konzeptionsphasen entstanden.

Anknüpfend an die erste Wert-Aussage, dass Individuen und Interaktion wichtiger seien als Prozesse und Werkzeuge, vertritt Alistair Cockburn (vgl. Cockburn 2008) die Auffassung, dass das Entwickeln von Software-Lösungen eine Tätigkeit von Menschen für Menschen ist. Diese Tätigkeit ist insbesondere charakterisiert durch das Finden von kreativen Lösungen und das Kommunizieren mit anderen Menschen und dem Computer. Ähnlich wie in einem Spiel ist jede Situation potentiell verschieden von der anderen. Damit sind auch die Vorgehensweisen zum Finden einer optimalen Lösung grundsätzlich unterschiedlich. Die Qualität des Ergebnisses hängt dabei nicht selten von den Talenten, den Fähigkeiten und Fertigkeiten sowie dem Zusammenspiel der beteiligten Menschen.

Agile Vorgehensweisen werden auch häufig als **leichtgewichtig** oder schlank (lean) bezeichnet. Dabei drängt sich der Vergleich mit Erfahrungen aus der Fertigungsindustrie auf. Für agiles Vorgehen ist weniger das klassische Produktionssystem nach Henry Ford als vielmehr das Produktionssystem von Toyota das geeignete Leitbild. Anleihen beim Lean Manufacturing (schlanke Fertigung) sind durchaus vielversprechend. Allerdings ergibt sich die grundsätzliche Frage, welche Entsprechung beispielsweise der Material-fluss in der Fertigung bei der Software-Entwicklung hat. Cockburn (2008) schlägt hier vor, die Entscheidung als das Material des Software-Engineering zu verstehen. In der Fertigung sollen Zwischenlager und Warteschlangen möglichst klein gehalten werden. Eine Maßnahme dazu ist die Reduzierung der Losgrößen. Übertragen auf die Software-Entwicklung bedeutet dies, dass möglichst nur die Entscheidungen getroffen werden, welche für den nächsten Schritt notwendig sind. So ergibt sich beispielsweise, dass nur so viele Detailentscheidungen hinsichtlich grob formulierter Anforderungen zu treffen sind, damit daraus eine potentiell nutzbringende Lösung für den Benutzer bereitgestellt werden kann. Damit unmittelbar verbunden ist auch das sogenannte **Pull-Prinzip** im Gegensatz zum traditionellen **Push-Prinzip**. Das Entwicklerteam holt sich die nächsten Anforderungen und fordert dem Auftraggeber damit Entscheidungen ab, wenn es die vorher bearbeitete Anforderung in lauffähige Software umgesetzt hat. Damit wird auch vermieden, dass beispielsweise Anforderungen detailliert ausgearbeitet werden, für die sich im Laufe der Zeit herausstellt, dass sie, aus welchen Gründen auch immer, gar nicht umgesetzt werden. Dies ist ein typisches Beispiel für die Vermeidung von Ver-schwendung (waste). Entscheidungen sollten erst dann getroffen werden, wenn sie not-wendig sind. Entscheidungen auf Vorrat schränken i.d.R. ein und reduzieren damit die Flexibilität. Ein weiteres Prinzip der schlanken Produktion ist die weitgehende Reduzierung vermeidbarer Nacharbeit. In der Software-Entwicklung kann dies ins-besondere durch kontinuierliches Überarbeiten (**Refactoring**) des Programmcodes und durch **testgetriebene Entwicklung** (test-driven development) erreicht werden. Die ausgewählten Beispiele machen deutlich, dass es ein großes Maß an Analogie zwischen schlanker Produktion und der agilen Software-Entwicklung, wie sie durch das Agile Manifest charakterisiert wird, gegeben ist. Eine mutige Schlussfolgerung könnte sein, dass damit das Thema „Agile Software-Entwicklung" eine ähnlich lange und erfolgreiche Bedeutung haben wird, wie das für die schlanke Produktion des Toyota Produktionssystems gilt.

Die bekanntesten, viel diskutierten und etablierten agilen Prozessmodelle sind ins-besondere **eXtreme Programming (XP)** von Kent Beck (2000) und **Scrum** von Ken Schwaber und Jeff Sutherland (2013). Einige Aspekte dieser Modelle werden im Abschn. 1.3.3.3 im Rahmen des DAD Prozessmodells skizziert. Hinsichtlich weiter-gehender Details dieser Ansätze sei auf die Spezialliteratur verwiesen (zu XP Beck 2000, zu Scrum Schwaber 2007 oder Gloger 2013).

Akzeptiert man die Erkenntnis, dass nicht **ein** Vorgehen für jeden Einzelfall passend ist (one size fits all), so liegt es nahe, ein Prozessmodell näher zu betrachten, das von vornherein auf eine individuelle Anpassung ausgerichtet ist. Dies gilt beispielsweise für das oben angeführte V-Modell XT (vgl. Abschn. 1.3.1), das auch in Richtung agiler Vorgehensweisen ausgerichtet werden kann. Tendenziell führt auch das Tayloring beim V-Modell jedoch zu recht umfangreichen Prozessmodellen und setzt ein umfangreiches Modell-Wissen voraus (vgl. Ludewig und Lichter 2013, S.201). Als Grundlage für das weitere Vorgehen, soll auf das Prozessmodell **Disciplined Agile Delivery (DAD)** ein-gegangen werden, wie es von Scott Ambler und Mark Lines (2012) entwickelt wurde.

1.3.3 Charakterisierung des Prozessmodells Disciplined Agile Delivery (DAD)

1.3.3.1 Phasen des DAD Prozessmodells

Das Prozessmodell Disciplined Agile Delivery (DAD) ist grundsätzlich agil ausgerichtet und versucht geeignete Elemente aus unterschiedlichen Ansätzen zu integrieren. Ein weiteres Merkmal ist die flexible Anpassbarkeit hinsichtlich des Projektumfeldes (z. B. Web-Anwendungen oder Unternehmens-Software im Sinne von Enterprise-Anwendungen), der Projektgröße und lokalen Verteilung der Entwicklerteams. Über die Vorgabe von Zielen für die einzelnen Phasen und Empfehlungen hinsichtlich einzu-setzender Praktiken und Methoden liefert das DAD Prozessmodell einen Rahmen, für die Entscheidungen im konkreten Projektzusammenhang. Die Eigenschaft „disciplined" soll zum Ausdruck bringen, dass dieses Vorgehen Elemente enthält, die in Richtung „geordnet", „kontrolliert" u.dgl. weisen. Dabei ist es sicherlich falsch anzunehmen, dass andere agile Vorgehensweisen unkontrolliert oder ungeordnet seien. Statt Software-Entwicklung wird bewusst „delivery" im Sinne von „Auslieferung" verwendet. Damit wird zum Ausdruck gebracht, dass dem Auftraggeber nicht nur Software, sondern eine Lösung für seine Probleme bereitgestellt werden soll.

Während sich Scrum stark auf die organisatorischen Aspekte der Entwicklung von lauffähiger Software in sogenannten Sprints konzentriert und eXtreme Programming insbesondere Praktiken zur konkreten Software-Produktion, wie beispielsweise Pair-Programming, testgetriebene Entwicklung und kontinuierliche Integration hervor-hebt, deckt das DAD Prozessmodell den **gesamten Lebenszyklus** zur Bereitstellung von IT-Lösungen ab und unterteilt diesen Release-Zyklus in die **Vorbereitungs-**, **Entwicklungs-** und **Einführungsphase** (inception, construction, transition). Einen Überblick zum DAD Prozessmodell liefert Abb. 1.1. Nachfolgend soll auf die einzelnen Phasen im Überblick eingegangen werden.

Vorbereitungsphase (vgl. Ambler und Lines 2012, S. 14 f.; 111 ff.) Die typischen Vertreter des agilen Vorgehens regen an, nicht zu viel Detailarbeit in die Anforderungs-analyse zu investieren, da die Beteiligten meist nur bedingt viel über die wirklichen Anforderungen wissen. Bei Scrum wird lediglich ein priorisiertes Product Backlog vorausgesetzt, alle weiteren Planungsaktivitäten werden in einem sogenannten Sprint Planning erledigt. In der Praxis wird jedoch auch in vielen Scrum-Projekten ein sogenanntes **Sprint Zero** vorgeschaltet, in dem insbesondere eine grobe fachliche und technische Architektur entwickelt wird (vgl. Kreienbrink und Gogolin 2015, S. 75 ff.). XP spricht von einem Planning Game (vgl. Beck 2000, S. 86 ff.), welches das Ziel ver-folgt, den Nutzen der zu entwickelnden Software zu maximieren. Dabei werden User Stories formuliert und geschätzt sowie in eine Prioritätenfolge gebracht. Im Rahmen des DAD Prozessmodells wird dahingegen deutlich mehr Zeit in die Festlegung und Abstimmung der Ziele des intendierten Projektes investiert.

Das DAD Prozessmodell geht davon aus, dass in der Vorbereitungsphase die Grundlage für den **Projekterfolg** gelegt werden muss. Insbesondere muss eine erste

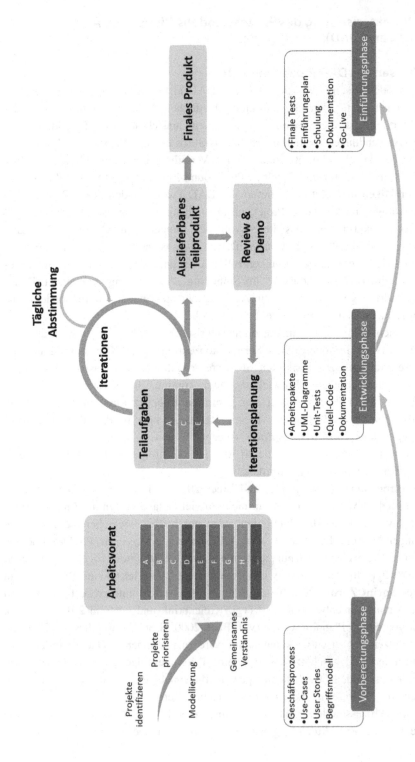

Abb. 1.1 DAD Prozessmodell nach Ambler (2012)

Übereinkunft mit allen relevanten Interessensgruppen (**stakeholder**) hinsichtlich des Projektinhalts (**scope**), der Kosten und der Zeitplanung erreicht werden. Die Erfahrung zeigt, dass Menschen vielfach nicht in der Lage sind, im Detail zu definieren, was sie wollen bzw. brauchen. Darüberhinaus ändern sich während des Projektablaufs vielfach das Umfeld und das Verständnis der Beteiligten. Daher werden in dieser Phase zwar viele Aussagen zu den Anforderungen noch relativ unscharf sein und die Genauigkeit wird sich erst später einstellen können. Jedoch ist es wichtig, sich mit den strategisch bedeutsamen Entscheidungen früh auseinanderzusetzen, um damit das **Projektrisiko** zu reduzieren. Auf der Basis derart wohl begründeter Anforderungen, über die Einigkeit mit den Stakeholdern besteht, hat das Projektteam eine gute Orientierung für die weitere Arbeit. Der Zeitaufwand für die Vorbereitungsphase variiert zwischen weniger als einer Woche und mehr als zwei Monaten und hängt von den Umständen ab. Ein realistischer Durchschnittswert bewegt sich bei ca. vier Wochen. Handelt es sich um ein neues Release einer bereits existenten Anwendung ist der Zeitbedarf niedriger als bei einer vollkommen neuen und innovativen Lösung. Die Komplexität des Vorhabens und das Wissen der Stakeholder hinsichtlich ihrer Anforderungen sowie die Erfahrung des Projektteams sind Einflussgrößen auf den Zeitaufwand. Das Ende der Vorbereitungsphase ist durch den **Konsens-Meilenstein** (Konsens aller Interessensgruppen – stakeholder consensus) definiert. Dabei ist es durchaus realistisch, dass bis zu 10 % der Projekte an diesem Meilenstein scheitern (vgl. Ambler und Lines 2012, S. 20 f.). Im Sinne der Schadensminimierung ist die frühzeitige Beendigung eines Projektes durchaus als Erfolg zu werten („fail early, fail cheaply"). In der Mehrzahl der Fälle wird das Projekt jedoch fortgeführt und mündet damit in die Entwicklungsphase. Wesentliche Arbeitsergebnisse der Vorbereitungsphase sind der initiale Arbeitsvorrat, der priorisierte Anforderungen aus Benutzersicht beinhaltet, sowie eine erste fachliche und technische Architektur des Systems. Hierauf kann das Entwicklerteam im Rahmen seiner Detailarbeit in der Entwicklungsphase zugreifen.

Entwicklungsphase (vgl. Ambler und Lines 2012, S. 15 f., 273 ff.)

In Abb. 1.1 stellt der priorisierte Arbeitsvorrat für die beabsichtigte Lösung den Ausgangspunkt für die Entwicklungsphase dar. Dabei kann die Lösung in einem Release oder aber in mehreren Releases bereitgestellt werden. Das primäre Ziel der Entwicklungsphase ist die Bereitstellung einer anwendbaren Lösung, welche die wahren Anforderungen des Auftraggebers erfüllt und für ihn einen wirtschaftlichen Wert darstellt. In mehreren Iterationen mit festem Zeitrahmen (time-boxed) erarbeitet das Projektteam potentiell anwendbare Teillösungen, die jede für sich genommen ein Zuwachs (Inkrement) für die angestrebte Lösung darstellt. Typischerweise wird der Zeitrahmen für jede Iteration eines einzelnen Projektes gleich lang sein und bewegt sich zwischen einer und vier Wochen. Das Projektteam sollte möglichst eng mit den Stakeholdern (vgl. Prinzipien des Agilen Manifests, Abschn. 1.3.2) zusammenarbeiten. Durch die Abstimmung anhand lauffähiger und nutzbarer Software kann der Auftraggeber zeitnah sein Feedback geben, sodass sichergestellt ist, dass das Projektteam auf dem richtigen Weg ist. Jeder Iteration ist ein Planungsschritt vorgeschaltet. In diesem kann das Feedback aus dem Review der vorangegangenen Iteration aufgenommen werden. Weiterhin können zusätzlich aufkommende Anforderungen verarbeitet und vorhandene Anforderungen neu priorisiert oder gestrichen werden. Damit kann auf veränderte Anforderungen sehr schnell reagiert werden und damit dem vierten Wert des agilen Manifests (vgl. Tab. 1.1) entsprochen werden.

In der Iterationsplanung muss das Team die Anforderungen durch gezielte Analyse besser verstehen, mögliche Lösungen werden modelliert und in Teilaufgaben zerlegt. Diese Teilaufgaben werden hinsichtlich ihres Umfangs so dimensioniert, dass der geschätzte Aufwand möglichst bei acht Stunden oder darunter liegt. Damit sollte gewährleistet werden, dass die letztlich ausgewählten Arbeitspakete aus dem Arbeitsvorrat auch möglichst zuverlässig im vorgegebenen Zeitrahmen der Iteration realisiert werden können. Auf der Basis dieser Iterationsplanung, die ca. zwei Stunden Zeitaufwand pro Woche Iterationsdauer verursacht, werden im Rahmen einer Iteration Analyse-, Entwurfs-, Programmier- und Testaufgaben im Team ausgeführt. Die meisten Details der Anforderungen werden erst jetzt zusammen mit den Stakeholdern erarbeitet und unmittelbar umgesetzt. Damit bekommt der Auftraggeber sehr zeitnah ein Feedback und kann seine Sicht direkt einbringen. Die Kommunikation wird durch tägliche Abstimm-Besprechungen im Team gewährleistet.

Im Sinne eines verantwortungsvollen Risikomanagements sind für die Entwicklungsphase mehrere Meilensteine zu definieren (vgl. Ambler und Lines 2012, S. 21 und 457 f.). In den ersten Iterationen ist nachzuweisen, dass sich die in der Vorbereitungsphase entwickelte Architektur bewährt hat (Bewährung-Meilenstein oder proven architecture). Dies betrifft z. B. die einzelnen Komponenten einer Schichtenarchitektur (z. B. Java Web-Anwendung mit Payara Anwendungs-Server sowie JSFs und Managed Beans in der Präsentationsschicht, EJBs und Entity Klassen in der Fachkonzeptschicht und JPA mit PostgreSQL in der Datenhaltungsschicht). Genauso gehört dazu das vorläufige Fachkonzeptklassenmodell, das sich in der konkreten Implementierung als zweckmäßig erweisen muss bzw. anzupassen ist.

Neben dem Bewährung-Meilenstein sollte typischerweise zweimal während einer Entwicklungsphase (bei längeren Projekten mindestens einmal im Quartal) mit den relevanten Stakeholdern die explizite Frage nach der Überlebensfähigkeit des Projektes gestellt werden. Bei einer sechsmonatigen Entwicklungsphase, z. B. nach dem zweiten und vierten Monat. Mit diesen Überlebensfähigkeit-Meilensteinen (project viability) soll vermieden werden, dass Investitionen stattfinden, deren geschäftlicher Nutzen als nicht mehr ausreichend angesehen wird. Andere Gründe könnten sein, dass sich die Technik-Strategie als nicht mehr tragfähig erweist oder organisatorische Veränderungen lassen die ursprünglich intendierte Nutzung als nicht mehr sinnvoll erscheinen.

Der Angemessenheit-Meilenstein (sufficient functionality) ist dann erreicht, wenn so viel Funktionalität realisiert ist, dass der Nutzenzuwachs im Vergleich zur bisherigen Lösung größer ist als der Aufwand für die Einführung. Weiterhin sollten die angestrebten wirtschaftlichen Ziele (z. B. Geschäftsprozessziele) durch die erarbeitete Lösung nach aller Voraussicht erreicht werden können. Damit sind die Voraussetzungen für den

Übergang zur Einführungsphase gegeben. Dies kann für ein Projekt einmal am Ende des Projektes geschehen oder aber mehrfach, wenn die Lösung in mehreren Releases ausgeliefert wird.

Einführungsphase (vgl. Ambler und Lines 2012, S. 15 f., 417 ff.)

Die Einführungsphase dient der Inbetriebnahme bzw. der Markteinführung der entwickelten Lösung. Auf der Basis einer Planung der Phase müssen eine Reihe von Maßnahmen durchgeführt werden, wie z. B.

- abschließendes Testen der Software und Korrigieren der Fehler,
- abschließendes Prüfen der Benutzer-Dokumentation auf Vollständigkeit und Verständlichkeit,
- Benutzerschulung,
- Übernahme der Altdaten,
- Bereitstellen der Benutzerunterstützung (help desk),
- Piloteinführung usw.

Abgeschlossen werden diese Maßnahmen mit dem **Einsatzbereitschaft-Meilenstein** . Dieser Meilenstein ist dann erreicht, wenn das Betreuungs- und Servicepersonal überzeugt ist, dass die Qualität der Lösung ausreichend ist und das neue Release problemlos mit eventuell bereits laufenden Systemen zusammenarbeiten kann. Der abschließende **Begeisterung-Meilenstein** (delighted stakeholder) für den erfolgreichen Projektabschluss ist durch folgende Merkmale charakterisiert (vgl. Ambler und Lines 2012, S. 458):

- Die Auftraggeber sind begeistert von der Lösung und haben diese offiziell akzeptiert.
- Die Verantwortlichen für das Betreiben und Betreuen der Lösung sind mit dem Verfahren und der Dokumentation zufrieden.
- Das Management hat bestätigt, dass der getätigte Aufwand akzeptabel ist und vernünftige Schätzungen für die laufenden Kosten vorliegen.

Neben den drei zielorientierten Phasen und der grundsätzlich agilen Ausrichtung weist das DAD Prozessmodell u. a. folgende Merkmale auf (vgl. Ambler und Lines 2012, S. 8 ff.):

- Beteiligte und Rollen sind definiert sowie
- eine Kombination unterschiedlicher Methoden und Vorgehensweisen wird eingesetzt.

Zum besseren Verständnis des DAD Prozessmodells werden diese beiden Merkmale näher beschrieben, während weitere Modelleigenschaften nicht näher erläutert werden und bei Ambler und Lines (2012) nachgelesen werden können.

1.3.3.2 Beteiligte und Rollen im DAD Prozessmodell

Wie bereits zu Beginn von Abschn. 1.3.2 angemerkt, wird Software von Menschen für Menschen erstellt. Eine Schlüsselrolle spielen die **Stakeholder** im Sinne von Personen, die ein berechtigtes Interesse am Verlauf und/oder am Ergebnis eines Projektes haben. Dieses Interesse ist dadurch begründet, dass die Stakeholder durch das Ergebnis beeinflusst werden. Es lassen sich vier Kategorien unterscheiden (vgl. Ambler und Lines 2012, S. 67; Kessler und Sweitzer 2007):

- **Endanwender** (Benutzer), die die Anwendung zur wirkungsvollen und effizienten Lösung ihrer Aufgaben benutzen wollen.
- **Entscheidungsträger** (Sponsor), die insbesondere für die erbrachte Leistung bezahlen und über den Einsatz der Anwendung entscheiden.
- **Partner**, welche das entwickelte System bereitstellen und die Nutzer unterstützen, z. B. Mitarbeiter im Systembetrieb, Systembetreuer, Trainer, Rechtsexperten, externe Systembetreiber (hosting), Anwendungsentwickler von Nachbarsystemen, die integriert werden.
- **Insider**, wie beispielsweise die Teammitglieder, Enterprise-Architekten, Datenbank-Administratoren, Sicherheits- und Netzwerkspezialisten, Betreuer von Entwicklungswerkzeugen und Marketing-Spezialisten.

Damit ist der Stakeholder-Begriff in diesem Zusammenhang auf jeden Fall weiter als Kunde oder Auftraggeber. Neben den Stakeholdern fallen noch der Teamleiter, Produktverantwortlicher, Architekturverantwortlicher und Teammitglieder in die Gruppe der **primären Rollen** im DAD Prozessmodell.

Der **Teamleiter** ist weniger der klassische Projektleiter als vielmehr die Führungspersönlichkeit, die die Teammitglieder anleitet, unterstützt, motiviert und sie damit befähigt, die notwendigen Entscheidungen für die zu entwickelnde Lösung selbstorganisierend zu treffen. Vergleichbar ist der Teamleiter mit dem Coach in XP oder dem ScrumMaster in Scrum, welche z. T. ähnliche Aufgaben haben. Konkret konzentriert sich seine Verantwortung auf:

- Effektivität und kontinuierliche Verbesserung der Prozesse im Team,
- Sicherstellung enger Zusammenarbeit zwischen den beteiligten Rollen und Funktionen,
- Ausrichtung der Teamarbeit an den Projektzielen,
- Ausräumen von Hindernissen und Eskalation von Problemen,
- Schutz des Teams vor externen Störungen.

Darüber hinaus hat er vielfach auch klassische Managementaufgaben, wie etwa die Verwaltung des Projektbudgets und Mitwirkung bei der Leistungsbeurteilung von Teammitgliedern. Dies wird jedoch aus typisch agiler Sicht als kontraproduktiv betrachtet.

Bei kleineren Projekten kann der Teamleiter neben seinen Leitungsaufgaben auch Entwickleraufgaben im Team oder die Rolle des Architekturverantwortlichen wahrnehmen. Im Vergleich zum traditionellen Rollenverständnis nimmt er somit Aufgaben des Projektleiters, Business Analysten, Programmierers, Architekten oder Testers wahr.

Der **Produktverantwortliche** (product owner) ist ein Mitglied im Team, das einerseits als die eine Stimme des Auftraggebers fungiert. Andererseits kann er auch das Team gegenüber dem Auftraggeber vertreten. Zu seinen Aufgaben gehören u. a.:

- das Beschaffen von Informationen über den Anwendungsbereich,
- das zeitgerechte Treffen von Entscheidungen, insbesondere bezüglich der Priorisierung von Anforderungen im Arbeitsvorrat,
- die aktive Beteiligung bei der Modellierung und bei Akzeptanztests,
- die Unterstützung bei der Beschaffung von Experten aus dem Kreis der Stakeholder,
- die Weiterbildung der Teammitglieder in den Details des Anwendungsbereichs.
- das Organisieren der Meilenstein-Reviews sowie
- das Verhandeln über Prioritäten, Anwendungsumfang, Finanzierung und Zeitplanung mit den Stakeholdern.

Da eine einzelne Person bei anspruchsvollen und großen Projekten nicht in der Lage ist, die Vielfältigkeit des Anwendungsbereichs zu überschauen, muss ein Produktverantwortlicher insbesondere große Fähigkeiten als Verhandler und Vermittler mitbringen. Im Vergleich zu klassischen Rollen, übernimmt der Produktverantwortliche im Schwerpunkt die Aufgaben des Business Analysts, aber auch Aufgaben des klassischen Projektleiters und Qualitätsverantwortlichen.

Der **Architekturverantwortliche** (architecture owner) ist insbesondere dafür verantwortlich, dass die Projektrisiken im Team reduziert werden. Er moderiert die Architektur-Entscheidungen im Team und achtet u. a. darauf, dass **Standards**, **Frameworks**, **Muster** oder **Subsysteme**, die im Unternehmen vorhanden sind, auch eingesetzt und genutzt werden. Sein Ziel ist es, die Software durch gutes Design und kontinuierliche Strukturverbesserung (refactoring) einfach zu halten. Der Architekturverantwortliche ist in der Vorbereitungsphase maßgeblich bei der Bestimmung des vorläufigen Projektinhalts (initial scope) und der ersten Vorstellungen über die Lösungsarchitektur einschließlich der nicht-funktionalen Anforderungen beteiligt. Die Rolle erfordert Führungsqualitäten sowie technisches Wissen und Erfahrung. Es ist durchaus üblich, dass der Architekturverantwortliche auch selbst programmiert. So kann beim Pair-Programming auch ein Wissenstransfer zu anderen Teammitgliedern stattfinden. Bei klassischem Rollenverständnis übernimmt der Architekturverantwortliche insbesondere Aufgaben des Software-Architekten und des Software-Designers.

Die Hauptaufgabe der **Teammitglieder** ist die Erstellung der tatsächlichen Software-Lösung für die Stakeholder. Sie planen, schätzen den Aufwand, analysieren, entwerfen, programmieren und testen die Software. Die Teammitglieder sind typischerweise **spezialisierte Generalisten**, die ihre Aufgaben mit einem hohen Grad an

Selbstdisziplin, **Selbstorganisation** und Selbstbewusstsein eigenverantwortlich wahrnehmen. Sicherlich ist nicht jeder in jeder Spezialaufgabe gleich gut, aber über die Zeit setzen entsprechende Lernprozesse ein. Damit werden weniger Übergaben zwischen einzelnen Spezialisten notwendig und Belastungsspitzen lassen sich durch gegenseitiges Unterstützen besser ausgleichen. Wenn es um fachliche Fragen geht, stimmen sich die Teammitglieder mit dem Produktverantwortlichen ab, bei technischen Fragen ist der Architekturverantwortliche der kompetente Ansprechpartner. Im Vergleich zur klassischen Rollenverteilung nehmen Teammitglieder primär Aufgaben des Designers, Programmierers und Testers wahr. Sekundär erledigen sie auch Aufgaben des Business Analysten, des Architekten und des Qualitätssicherers.

Neben den primären Rollen, die in i. d. R. in jedem Projekt vorkommen, kann es insbesondere in größeren und komplexen Projekten sinnvoll sein, Ressourcen im Sinne von **sekundären Rollen** einzubinden. Dabei handelt es sich vor allem um:

- fachliche Experten für spezielle Fragen hinsichtlich fachlicher Anforderungen,
- technische Experten, z. B. Datenbankadministratoren, Sicherheitsexperten,
- Spezialisten, die in großen Projekten die spezialisierten Generalisten im Team mit ihrer jeweiligen Kompetenz unterstützen und ergänzen,
- unabhängige Tester, die beispielsweise aufgrund externer Regularien notwendig sind oder
- Integrationsverantwortliche, die insbesondere bei großen Projekten mit vielen Teilprojekt-Teams das Zusammenführen der Subsysteme zu einem Gesamtsystem übernehmen.

Alle Rollen haben neben ihren speziellen Merkmalen allgemeine Rechte und Verantwortlichkeiten. Besonders hervorgehoben sei

- das Recht, mit den angemessenen Ressourcen ausgestattet zu sein,
- die Möglichkeit, sich sachdienliches Wissen und relevante Fähigkeiten aneignen zu können,
- die Möglichkeit, Fehler machen zu dürfen und diese als Chancen zum Lernen zu betrachten,
- zeitgerecht mit relevanten Informationen versorgt zu werden, auch wenn es sich manchmal nur um bestmögliche Einschätzungen handelt,
- stets qualitativ hochwertige Arbeitsergebnisse zu bekommen, die auf vereinbaren Standards und Leitlinien basieren sowie
- stets respektvoll behandelt zu werden, was sich beispielsweise darin äußert, dass erstellte Aufwands- und Zeitschätzungen von anderen geachtet werden.

Daraus erwachsen auf der anderen Seite entsprechende Verantwortlichkeiten. Speziell genannt seien

- optimale Nutzung der bereitgestellten Ressourcen (Zeit und Budget),
- Weitergabe von Informationen im Team,
- Weitergabe von eigenem Wissen und Erfahrungen,
- Bereitschaft eigenes Wissen und eigene Fähigkeiten auch außerhalb des eigenen Spezialbereichs zu verbessern sowie
- Einsatz der eigenen Fähigkeiten, um beste Arbeitsergebnisse, so früh wie möglich bereitzustellen.

Wird das betrachtete Projekt nicht im eigenen Unternehmen durchgeführt, sondern gibt es rechtlich bzw. wirtschaftlich unabhängige Auftraggeber und Auftragnehmer, so gibt es in der Regel auf der Seite des Auftraggebers noch die Rolle des Projektleiters , der für den Teamleiter bzw. Produktverantwortlichen der primäre Ansprechpartner ist.

Das Selbstverständnis des DAD Prozessmodells ist das eines Mannschaftssports. Die Personen im Team und ihre Zusammenarbeit sind die wesentlichen Bestimmungsgrößen für den Projekterfolg. Nicht selten sind die verfügbaren Personen jedoch durch langjährige Erfahrungen geprägt, die durch ein klassisches Rollenverständnis bestimmt sind. Dies erfordert adäquate Maßnahmen zur Personalentwicklung, die sowohl das Selbstverständnis als auch die angewandten Vorgehensweisen und Methoden betreffen. Vor diesem Hintergrund soll nachfolgend das Methoden- und Vorgehensmix des DAD Prozessmodells in Grundzügen charakterisiert werden.

1.3.3.3 Kombination unterschiedlicher Vorgehensweisen und Methoden

Das DAD Prozessmodell versucht, einen Rahmen bereitzustellen, mit dessen Hilfe Unternehmen ihr angepasstes agiles Vorgehen gestalten können. Dabei greift DAD sowohl auf die etablierten agilen Prozessmodelle, wie Scrum oder XP, als auch andere Quellen, z.B. Agile Modeling, zurück (vgl. Ambler und Lines 2012, S. 9 f. und 44 ff.) und adaptiert bewährte Elemente. Nachfolgend werden wichtige Prinzipien, Methoden, Vorgehensweisen und Praktiken im Kontext ihres Ursprungs kurz skizziert.

Scrum
Scrum liefert einen Rahmen für das **Projektmanagement** agiler Vorhaben. Es macht weniger Aussagen über die konkrete Vorgehensweise und beschränkt sich im Schwerpunkt auf die Entwicklungsphase. Folgende Elemente von Scrum werden vom DAD Prozessmodell adaptiert:

- Wie bereits bei der Kennzeichnung der Entwicklungsphase (vgl. Abschn. 1.3.3.1) ausgeführt, wird im DAD Prozessmodell die Lösung in mehreren Iterationen inkrementell entwickelt. Die **Iteration** entspricht dabei dem sog. Sprint in Scrum.

- Was in Scrum das Product Backlog ist, wird hier allgemeiner als **Arbeitsvorrat** (work item list) bezeichnet. Dieser Arbeitsvorrat umfasst nicht nur die priorisierten funktionalen Anforderungen, sondern ergänzend auch Fehlerberichte, Personalentwicklungsmaßnahmen für Teammitglieder und weitere Aufgaben, die zur Bereitstellung der Lösung notwendig sind. Die **Priorisierung** und Überarbeitung der Prioritäten wird von den Stakeholdern bzw. deren Repräsentant in Form des Produktverantwortlichen vorgenommen. Im Gegensatz zu klassischen Vorgehensmodellen, bei denen Änderungen der Anforderungsliste über ein strikt geregeltes Änderungsmanagement (change request management) zu erfolgen haben, sind Änderungen an noch nicht bearbeiteten Anforderungen grundsätzlich stets möglich. Das klassische Änderungsmanagement wirkt nicht selten als „Änderungen-Verhinderungs-Management". Dieser Negativeffekt sollte gemäß dem Agilen Manifest bewusst vermieden werden.

- Die **User Story** ist zwar kein offizieller Bestandteil der Scrum-Leitlinien, hat sich jedoch zur Formulierung der Anforderungen eingebürgert. Ein Beispiel für eine User Story könnte sein: „Als Sozialstations-Disponent möchte ich einen Telefonkontakt mit dem Pflegeangehörigen im System erfassen, damit die Auskunftsfähigkeit jederzeit gewährleistet ist." Das DAD Prozessmodell sagt lediglich, dass die **Anforderungen aus der Sicht des Anwenders** zu beschreiben sind. Dies kann in Form von User Stories, Anwendungsfallszenarien oder Anwendungsfällen (Use Cases) geschehen.

- In Erweiterung zu Scrum und anderen agilen Vorgehensweisen bei denen die **Priorisierung** der Anforderungen im Arbeitsvorrat nach ihrem Beitrag zur betrieblichen **Wertschöpfung** erfolgt, bezieht das DAD Prozessmodell explizit das **Risiko** in das Priorisieren ein. Dabei bekommen risikoreichere Anforderungen eine höhere Priorität.

- Wie bei Scrum und anderen agilen Vorgehensweisen soll nach jeder Iteration (Sprint) eine **potentiell nutzbare Teillösung** erstellt sein.

- Einmal am Tag trifft sich das Team zu einer **Abstimm-Besprechung** (coordination meeting). Bei Scrum handelt es sich um das Daily Scrum . Die Besprechung sollte nicht länger als 15 min dauern. Scrum sieht vor, dass die Teammitglieder auf folgende drei Fragen eingehen sollten:
  - „Was wurde seit dem letzten Meeting erreicht?",
  - „Was wird vor dem nächsten Meeting erledigt?" und
  - „Welche Hindernisse sind dabei im Weg?"

  Damit steht der Status-Charakter sehr im Vordergrund. Schwaber und Sutherland haben in ihrer Überarbeitung der Scrum Guides vom Juli 2013 (vgl. Schwaber und Sutherland 2013) bereits Anpassungen vorgenommen, die den Planungscharakter des Daily Scrum hervorheben. Diese **Zukunftsorientierung** ist bei der DAD Abstimm-Besprechung eindeutig gegeben, da eine Beschränkung auf eine Frage erfolgt: „Welche aufkommenden Probleme sieht das Teammitglied auf sich zukommen?".

- Die **Release-Planung** ist seit 2011 nicht mehr Bestandteil des offiziellen Scrum-Leitfadens. Im Rahmen von DAD wird jedoch die Notwendigkeit gesehen, dass zu Projektbeginn ein grober Projektplan auf einem Abstraktionsniveau erstellt wird, sodass das verantwortliche Management eine ausreichende Basis für eine verantwortungsvolle Entscheidung hat. Das Detaillierungsniveau bilden die in Abschn. 1.3.3.1 skizzierten Meilensteine. Eine zu starke Detaillierung widerspräche den agilen Grundsätzen der Selbstorganisation und der Erkenntnis, dass Details auf der Aufgabenebene nicht zuverlässig vorhergesagt werden können.
- Die **Iterationsplanung** (sprint planning bei Scrum) wird durch das Team vor Beginn jeder Iteration durchgeführt. Dabei werden die Anforderungen mit höchster Priorität aus dem Arbeitsvorrat analysiert und wie in Abb. 1.1 angedeutet in Teilaufgaben (tasks) zerlegt. Das Team schätzt den Aufwand und geht die Selbstverpflichtung gegenüber dem Produkt-Verantwortlichen ein, die vereinbarte Lösung am Ende der Iteration bereitzustellen.
- Am Ende der Iteration präsentiert das Team die lauffähige Lösung den Stakeholdern (**Iterationsbericht** – sprint review). Dies dient insbesondere dazu, Feedback zu geben und Feedback einzuholen und eventuell das Budget anzupassen.
- Während bei Scrum am Ende jeden Sprints eine Sprint Retrospektive (Rückschau) stattfindet, ist eine **Retrospektive** beim DAD Prozessmodell nur im Bedarfsfall vorgesehen. Auf jeden Fall sollte das Team am Ende einer Iteration explizit die Frage beantworten, ob eine Rückschau notwendig ist, um Möglichkeiten der Prozessverbesserung zu identifizieren.

eXtreme Programming (XP)

Der etablierte agile Ansatz XP ist primär auf Praktiken für die unmittelbare Software-Entwicklung ausgerichtet. Nachfolgend werden ausgewählte Elemente skizziert, die Bestandteil des DAD Prozessmodells sind.

- **Leitlinien für die Entwicklung** (in XP coding standards) umfassen u. a. Muster und Mechanismen, die Konsistenz fördern, Fehler reduzieren und Verständlichkeit sowie Wartbarkeit verbessern. Während sich XP auf das Programmieren konzentriert, bezieht der DAD Ansatz Regelwerke für alle Entwicklungsbereiche ein, z. B. für Daten, Benutzungsschnittstelle, Systemarchitektur, Sicherheit usw.
- **Kollektivbesitz** (collective ownership) bedeutet, dass jedes Teammitglied Arbeitsergebnisse (Programmcode, Modelle usw.) lesen und bearbeiten kann. Ein gemeinsames Verständnis und gemeinsame Verantwortlichkeit reduziert insbesondere die Risiken bei Personalwechsel.
- **Kontinuierliche Integration** gewährleistet, dass Änderungen am Programmcode allen anderen Teammitgliedern zeitnah zur Verfügung stehen. Damit arbeitet jedes Teammitglied immer mit der neuesten und getesteten Version.
- **Refactoring** ist eine eher kleine Änderung am Programmcode zur Verbesserung des Designs, die zur besseren Verständlichkeit und Änderbarkeit beiträgt. Neben dem

Programmcode kann sich das Refactoring auch auf die Datenbank oder die Benutzer-schnittstelle beziehen. Das Refactoring dient auch dem XP Grundsatz des einfachen Designs.

- **Keine Einzelarbeit** (non-solo) ist ein Grundsatz, dass nicht nur beim Programmieren (pair programming), sondern auch beim Modellieren mindestens zwei Team-mitglieder eng zusammenarbeiten. Damit wird gegenseitiges Lernen, frühzeitige Fehlerentdeckung sowie Verbreitung des Wissens im Team unterstützt.

- Bei XP dient das sogenannte „planning game " dazu, die Produktanforderungen konzeptionell zu einem erfolgreichen Produkt zu führen. Im DAD Kontext äußert sich dieses vorausschauende Vorgehen einerseits in der **Release-Planung** auf hoher Abstraktionsebene mit dem Fokus auf die großen Herausforderungen. Andererseits liegt der Schwerpunkt der **Iterationsplanung** auf der umsetzungsnahen Planung der Details.

- **Kleine Releases** von funktionsfähigen Lösungen ist ein Grundsatz bei DAD und beschränkt sich nicht wie bei XP auf Software alleine, sondern schließt eventuell not-wendige Hardware ein. Dieser Grundsatz fördert die Zuversicht und das Vertrauen des Auftraggebers, da er relativ schnell unmittelbar einsetzbare Lösungen bekommt.

- **Kontinuierliche Geschwindigkeit** bringt zum Ausdruck, dass zwar im Ausnahme-fall Überstunden notwendig sein können, aber ein derartiger Zustand sich auf Dauer negativ auf die Arbeitsmoral, die Produktivität und Qualität auswirkt und daher zu vermeiden ist.

- Die **testgetriebene Entwicklung** (TDD – test driven development) postuliert den Grundsatz, dass damit begonnen wird, einen Test zu schreiben, der naturgemäß zunächst scheitert, da die angestrebte Funktionalität noch nicht existiert. Auf dieser Basis wird der Programmcode für die geforderte Funktionalität so lange ergänzt bis der Test erfolgreich absolviert wird. Durch dieses Vorgehen wird einerseits über den Test die Anforderung spezifiziert und der Programmcode entsprechend der Anforderung umgesetzt. Andererseits wird gewährleistet, dass auf jeden Fall jeder entwickelte Code systematisch getestet wird.

Neben den Vorgehensweisen von Scrum zum Projektmanagement bzw. den Praktiken zur Software-Entwicklung von XP ist das Verständnis von Zeitpunkt, Umfang und Detaillierungsgrad der Modellierung im agilen Kontext ein wichtiger Aspekt des DAD Prozessmodells. Hierzu liefert das Konzept „**Agiles Modellieren** " (agile modeling) zweckdienliche Ansatzpunkte (vgl. Ambler 2012; Ambler und Lines 2012, S. 80 ff.).

- Durch **aktive Stakeholder Beteiligung** bzw. deren Repräsentanten, z. B. in der Rolle des Produkt-Verantwortlichen wird gewährleistet, dass Informationen zeitgerecht bereitgestellt und Entscheidungen zeitgerecht getroffen werden.

- Das Entwickeln einer ersten **Architektur-Konzeption** läuft parallel zum Erarbeiten der Vorstellungen über die Systemanforderungen. Mit der Architektur-Konzeption soll eine funktionsfähige technische Basis für die Entwicklung der intendierten Software-Lösung geschaffen werden.

- Im Sinne **kontinuierlicher Dokumentation** wird die Dokumentation synchron zur potenziell einsetzbaren Software-Lösung in jeder Iteration erstellt. Dabei handelt es sich um die Dokumentation, die vom Auftraggeber als Bestandteil des Produktes angesehen wird. Beispiele hierfür sind Benutzer-Handbuch, Schulungsunterlagen sowie Unterlagen für die Betreiber und Betreuer des Systems. Wenn es externe Regularien oder Vertragsvereinbarungen vorsehen, z. B. bei Bankanwendungen, können auch Anforderungsbeschreibungen und Entwurfsspezifikationen dazugehören.
- Aus gutem Grund soll auf den Grundsatz **späte Dokumentation** hingewiesen werden. Es soll auf jeden Fall vermieden werden, dass spekulative Aspekte, die sich mit hoher Wahrscheinlichkeit ändern, dokumentiert werden. Der Grundsatz gilt, dass möglichst gefestigte Informationen dokumentiert werden.
- Die Anforderung **ausführbare Spezifikationen** zu erstellen soll etwa in Form ausführbarer Tests umgesetzt werden. Das steht nicht im Gegensatz dazu, dass konzeptionelle Informationen eher in Form und Diagrammen oder Prosa zu beschreiben sind.
- Die **Iterations-Modellierung** zu Beginn einer Iteration dient insbesondere dazu, die Anforderungen besser zu verstehen, die Kommunikation zu unterstützen und den Aufwand für deren Umsetzung besser abschätzen zu können, sodass eine möglichst verlässliche Zusage über das Arbeitsergebnis der Iteration erfolgen kann.
- **Vorausschauende Modellierung** ist insbesondere dann notwendig, wenn es nicht möglich bzw. opportun ist, die Modellierung in der Entwicklungsphase zeitnah (just in time) zur Programmierung durchzuführen. Das kann etwa dadurch bedingt sein, dass die Stakeholder nicht ständig verfügbar sind oder in der Gruppe von Stakeholdern divergierende Ansichten vertreten werden, sodass mit Hilfe vorgeschalteter Modellierung eine Einigung herbeigeführt werden kann. Auch die fachliche Schwierigkeit kann es erforderlich machen, dass sich die Fachexperten anhand von Modellen einig werden, bevor die Diskussion mit den Entwicklern im Team erfolgen kann. Ähnlich kann die Situation sein, wenn das zu entwickelnde System mit einem oder mehreren Alt-Systemen (legacy systems) integriert werden muss. Hinsichtlich der Konzeption der Benutzungsschnittstelle kann es im Sinne einer vorausschauenden Modellierung notwendig sein, dass Versuche im Usability-Labor durchgeführt werden.
- Im Gegensatz zur vorausschauenden Modellierung hat das model storming im Sinne des **spontanen Modellierens** einen typisch agilen Charakter und folgt dem Grundsatz, dass Entscheidungen erst dann getroffen werden, wenn sie notwendig sind. Model storming leitet sich von Brainstorming ab und wird sowohl bei der Anforderungsanalyse als auch beim Lösungsentwurf insbesondere dafür eingesetzt, das Problemverständnis bzw. die Kommunikation zu fördern. Dabei kann es ausreichend sein, mit Skizzen zu arbeiten, aber auch leicht handzuhabende Modellierungswerkzeuge können effizient eingesetzt werden.
- Mitglieder in einem DAD Team sollten Kenntnisse über eine Vielzahl von Modellierungsansätzen (**Modellvielfalt**) vorweisen. Damit können die Team-

mitglieder in jeder spezifischen Situation das am besten geeignete Modell zur Unterstützung des Problemverständnisses und der Kommunikation einsetzen.

- Ein **Anforderungskonzept** im Sinne einer skizzenhaften Dokumentation der Anforderungen mit beschränkter Detaillierung ist zu Beginn eines Projektes im Rahmen der Vorbereitungsphase zweckmäßig, um z. B. den Projektumfang abschätzen zu können. Ergebnis ist eine priorisierte Liste von Anforderungen (Arbeitsvorrat). Der Ansatz des Anforderungskonzeptes steht im Gegensatz zum Ansatz „Big Requirements Up Front – BRUF ". Dieser ist zwar theoretisch gut, jedoch hat die Praxis gezeigt, dass der BRUF-Ansatz hochgradig zur Zeitverschwendung motiviert. Trotzdem mag es Situationen geben, in denen es notwendig ist, in der frühen Anforderungsanalyse mehr Zeit und Arbeit in einen höheren Detaillierungsgrad zu investieren. Gründe dafür könnten sein: extrem unbekannter Anwendungsbereich, vertragliche Vorgaben erzwingen ein sequentielles (wasserfallartiges) Meilensteinkonzept oder das kulturelle Umfeld begünstigt dieses Vorgehen.

Die Charakterisierung der unterschiedlichen Managementaspekte, Praktiken, Methoden und Vorgehensweisen macht deutlich, dass das DAD Prozessmodell versucht, bewährte Elemente der etablierten agilen Ansätze Scrum, XP sowie Agile Modellierung aufzugreifen und zu integrieren. Im konkreten Einzelfall sind zweckgeeignete Entscheidungen darüber zu treffen, welche Elemente konkret eingesetzt werden sollen, sodass ein optimales Vorgehen zum Projekterfolg beiträgt.

1.4   Vertragsgestaltung für agile Vorhaben

Die Eigenschaften agilen Vorgehens haben auch Auswirkungen auf die u. U. notwendige Vertragsgestaltung zwischen Auftraggeber und Auftragnehmer. Wenn der Auftragnehmer eine interne IT-Abteilung ist, sind zwar auch Vereinbarungen über Projektinhalt, Kosten und Zeitbedarf notwendig, jedoch haben diese rein unternehmensinterne Wirkungen. Verträge sind notwendig, wenn Auftraggeber und Auftragnehmer nicht der gleichen rechtlichen bzw. wirtschaftlichen Einheit angehören. Die herkömmlichen Vertragsformen sind der **Festpreisvertrag** und die Abrechnung nach Aufwand (Time&Material). Im ersten Fall wird ein sogenannter **Werkvertrag** nach § 631 BGB abgeschlossen, bei dem im Vorhinein die vollständige Leistungsbeschreibung final spezifiziert wird, sodass das Werk definiert ist, an dem der Auftraggeber die Vertragserfüllung durch den Auftragnehmer beurteilt. Der Auftraggeber ist zur Entrichtung der vereinbarten Vergütung (Festpreis) verpflichtet. Im zweiten Fall handelt es sich um einen **Dienstvertrag** nach § 611 BGB, bei dem sich der Auftragnehmer zur Erbringung bestimmter Dienste und der Auftraggeber sich zur Gewährung der vereinbarten Vergütung verpflichtet.

Der Werkvertrag gibt dem Auftraggeber meist nur eine vermeintliche **Budget-sicherheit**, da nachträglich auftretende Änderungsnotwendigkeiten (change requests) Ergänzungs- und Änderungsverträge notwendig machen. Aus der Sicht des Auftrag-nehmers besteht die Chance auf einen höheren Gewinn, wenn das vereinbarte Werk mit weniger Aufwand als geplant realisiert werden kann. Dies kann insbesondere durch hohe Sicherheitsaufschläge verursacht sein, die der Auftraggeber im Regelfall nicht kennt und somit tendenziell einen zu hohen Preis bezahlt. Grundsätzlich besteht jedoch für den Auftragnehmer auch das Risiko, dass der notwendige Aufwand höher als der geschätzte ist, sodass er u. U. mit Verlust das Projekt abschließt. Damit zeigt sich, dass der klassische Festpreisvertrag der Unsicherheit, die mit einem IT-Projekt vielfach ver-bunden ist, nur sehr unvollkommen entsprechen kann (vgl. Oesterreich 2006, S. 29).

Beim Time&Material -Vertrag hat der Auftragnehmer die Sicherheit, dass sein Auf-wand auf jeden Fall bezahlt wird. Der Auftraggeber hat die volle Verantwortung für die Steuerung des Dienstleisters. Das erfordert ein hohes Maß an fachlicher und technischer Kompetenz. Eine erfolgreiche Abwicklung erfordert ein hohes Maß an gegenseitigem Vertrauen oder umfassende Kontrolle und Transparenz, an der der Auftragnehmer u. U. kein großes Interesse hat. Theoretisch sind die Gesamtkosten für den Auftraggeber unbegrenzt.

Die kurze Charakterisierung macht deutlich, dass der traditionelle Festpreisver-trag sicherlich für Routine-Projekte mit einem hohen Grad an Standardisierung des Projektinhalts und -ablaufes gut geeignet ist. Für innovative Projekte, bei denen neue Funktionalität entwickelt wird und/oder eine Integration in eine komplexe IT-Landschaft notwendig ist, ist es typisch, dass sowohl Auftraggeber als auch Auftragnehmer erst nach ersten Schritten in der Implementierung in der Lage sind, die richtigen Fragen zu stellen und damit letztlich die wahren Anforderungen zu formulieren. Für dieses Vorgehen liefert der sogenannte **agile Festpreisvertrag** einen adäquaten Vorschlag (vgl. Opelt et al. 2012). Der agile Festpreisvertrag versucht einen Rahmen für Kosten und Zeit sowie ein strukturiertes Vorgehen, wie es Scrum aber auch das DAD-Prozessmodell erlaubt, zum Vertragsgegenstand zu machen. Die Erarbeitung eines agilen Festpreisvertrags ist ein mehrstufiger Prozess (vgl. Opelt et al. 2012, S. 45 ff.).

Schritt 1:
Aus der Sicht der Anwender wird der **Vertragsgegenstand** vollständig, jedoch noch nicht detailliert beschrieben. Dies kann insbesondere anhand der betroffenen Geschäfts-prozesse geschehen. Dabei stehen die wesentlichen Projektziele im Sinne von Geschäfts-prozesszielen im Vordergrund. Weiterhin werden die Anwendungsfälle sowie die Akteure mit ihren Zielen benannt. Mit dem Erreichen dieser Ziele soll sich der intendierte Projektnutzen für den Auftraggeber einstellen.

Schritt 2:

Für einen **repräsentativen Anwendungsfall,** der als komplexe User Story (Epic) beschrieben ist, erfolgt eine möglichst vollständige Zerlegung in User Stories. Für diese User Stories wird mit Hilfe einer Analogiemethode der Aufwand geschätzt. Dabei werden vergleichende Aussagen verwendet, z. B. in der Form A ist aufwendiger als B aber weniger aufwendig als C (vgl. Abschn. 2.5.2).

Schritt 3:

In einem **gemeinsamen Workshop** von Auftraggeber und Auftragnehmer erfolgt eine Gesamtschätzung des Aufwands, Implementierungsrisikos und geschäftlichen Nutzens (z. B. Kostenreduktion, Umsatzsteigerung). Der gemeinsame Workshop fördert das gegenseitige Verständnis von Inhalt, Komplexität und Umsetzungsrisiko des Projektes. Auf der Basis einer transparenten Aufwandsschätzung einigen sich die Partner über einen **vorläufigen Maximalpreis** unter Berücksichtigung eines Sicherheitsaufschlags (vgl. Abschn. 2.5.3).

Schritt 4:

Entsprechend dem Grundsatz einer **vertrauensvollen Zusammenarbeit** werden im Vertrag eine Checkpoint-Phase, Risikoteilung und Ausstiegspunkte vereinbart. Die Checkpoint-Phase könnte mit dem Bewährung-Meilenstein (vgl. Abschn. 1.3.3.1) beendet werden. Grundsätzlich kann jede Partei das Projekt zu diesem Zeitpunkt verlassen. Da in den durchlaufenen Iterationen jeweils grundsätzlich einsetzbare Software entstanden ist, hat der Auftragnehmer bei einer Beendigung des Projektes einen Gegenwert für seine geleisteten Zahlungen. Im Normalfall werden die Erfahrungen genutzt, um den Vertragsgegenstand und auch den vorläufigen Maximalpreis zu verifizieren und im Bedarfsfall zu überarbeiten. Nach der Checkpoint-Phase wird der vorläufige Maximalpreis zum **echten Festpreis**. Ein zu niedriger Festpreis könnte zu nachträglichen, zahlungspflichtigen Änderungen/Erweiterungen führen. Hohe Sicherheitsaufschläge könnten zu einem überhöhten Festpreis führen. Um beide unerwünschten Wirkungen möglichst zu vermeiden wird eine **Risikospaltung** (riskshare) vereinbart, z. B. bekommt der Auftragnehmer nur $x\%$ (i. d. R. $30 < x < 70$) eines evtl. Mehraufwands vergütet. Als erster **Ausstiegspunkt** wurde bereits der Bewährung-Meilenstein benannt. Entsprechend dem DAD Prozessmodell könnten die „Überlebensfähigkeit"-Meilensteine (vgl. Abschn. 1.3.3.1) im Vertrag als weitere Ausstiegspunkte vereinbart werden.

Schritt 5:

Als weiterer Vertragsbestandteil werden die **Verantwortlichkeiten** und der Prozess der **Steuerung des Projektinhalts** (Scope Governance) vereinbart. Basis sind der

nicht detailliert, aber vollständig beschriebene Vertragsgegenstand und der vereinbarte Maximalpreis. Vor jeder Iteration wird eine Iterationsplanung durchgeführt (vgl.
Abschn. 1.3.3.1 und 1.3.3.3) bei der eine Detailplanung der Anforderungen aus dem
Arbeitsvorrat erfolgt. Dabei kann es sich herausstellen, dass der Funktionsumfang innerhalb oder außerhalb des Rahmenvertrags liegt. Ist der nun identifizierte Aufwand höher
als gedacht, sollte versucht werden, die Anforderung so zu vereinfachen, dass zwar der
Kundennutzen erhalten bleibt, der Aufwand jedoch reduziert wird. Ist dies nicht erfolgreich, sollte versucht werden, dass evtl. ein Ausgleich mit nachfolgenden Iterationen
erreicht werden kann. Führt auch das nicht zum Erfolg, wird in einem nächsten Schritt
gesucht, welche Anforderungen gestrichen bzw. wirkungsvoll angepasst werden können,
sodass der Gesamtnutzen für den Auftragnehmer im Rahmen des Festpreises maximiert
wird. Sollte auch das nicht erfolgreich sein, erfolgt eine **Eskalation** unter Einschaltung
eines **Lenkungsausschusses**. Dieser Ausschuss setzt sich aus dem Projektmanager des
Auftraggebers, des Produktverantwortlichen und entscheidungsbefugten Vertretern
beider Seiten zusammen. Im Konfliktfall wird noch eine unabhängige Instanz eingebunden, über die sich beide Parteien vor Projektstart einvernehmlich geeinigt haben.

Schritt 6:
Während beim klassischen Festpreisprojekt das Projekt dann beendet ist, wenn alle vor-
her vereinbarten Anforderungen (das Werk) erfüllt sind, endet das agile Projekt mit dem
Begeisterung-Meilenstein. Falls dieser Meilenstein mit weniger Aufwand als geschätzt
erreicht werden konnte, sollte im Vertrag festgelegt sein, dass der Auftragnehmer einen
Prozentsatz vom eingesparten Aufwand auch ohne Gegenleistung erhält oder dass
ein Folgeauftrag im entsprechenden Umfang erteilt wird. Damit ist es möglich, einen
Interessenausgleich herbeizuführen.

Die Ausführungen zum agilen Festpreisvertrag machen deutlich, dass die Zusammenarbeit durch **Transparenz** und **Vertrauen** gekennzeichnet sein muss. Dies ist Voraussetzung für jede langfristige Kunden-Lieferantenbeziehung und sicherlich nachhaltiger
als ein Feilschen um den besten Preis bzw. das systematische Unterbieten, das vielfach mit negativen Konsequenzen für die Qualität verbunden ist. Betrachtet man das
DAD Prozessmodell insgesamt, so wird es sich unter vertragsrechtlichem Aspekt i. d. R.
anbieten, mindestens zwei Teilverträge abzuschließen. Die Vorbereitungsphase könnte in
Form eines überschaubar umfangreichen Dienstvertrages (Time & Material) abgewickelt
werden. In diesem Rahmen können auch die Voraussetzungen für den agilen Festpreisvertrag gemeinsam erarbeitet werden. Dabei ist es auch möglich, dass der Teil der Einführungsphase bis zum Bewährung-Meilenstein im Rahmen dieses Dienstvertrages
abgewickelt wird. Wie bereits einleitend erwähnt, ist einleuchtend, dass sich der Aufwand für die Erarbeitung eines agilen Festpreisvertrages nur dann lohnt, wenn das Vorhaben durch hohe Unsicherheit aufgrund hoher **Innovation** bzw. **Komplexität** und einen
ausreichend hohen Umfang charakterisiert ist. Bei überschaubarem Projektumfang und
vertrauter Geschäftsbeziehung der Partner wird sich eher ein klassischer Dienstvertrag

anbieten, während bei hoch standardisierten Vorhaben, wie z. B. einer schon mehrfach durchgeführten ERP-Einführung, wird man dem klassischen Festpreisvertrag den Vorzug gegeben.

1.5 Vorstellung des Fallbeispiels

Neben den Ausführungen zu Zielen der Software-Entwicklung, der Diskussion traditioneller und agiler Prozessmodelle sowie der Kennzeichnung von Lösungsmöglichkeiten für die Vertragsgestaltung bei agilem Vorgehen, soll als Grundlage für die weiteren Kapitel das verwendete Fallbeispiel vorgestellt werden. Die Hochschule für Wirtschaft (HfW) hat ca. 3000 Studierende und ca. 100 Professorinnen und Professoren. Es werden zehn unterschiedliche Bachelor Studiengänge und fünf Masterstudiengänge angeboten. Die HfW existiert seit über 50 Jahren und steht in nationalen und internationalen Rankings stets in der Gruppe der ersten fünf. Ihren strategischen Vorteil im Wettbewerb mit anderen Hochschulen leitet sie aus der Singularität ihres Bildungsangebots ab. Die HfW versteht sich als Dienstleistungsunternehmen in der Bildungsbranche, das in allen Aktivitätsbereichen exzellente Leistungen anstrebt. Aufgrund eines umfassenden Strategieprozesses wurde die informationstechnische Unterstützung der Geschäftsprozesse an der Hochschule als ein wichtiges Handlungsfeld identifiziert. Auf der Basis einer Stärken-Schwächen-Chancen-Risiken-Analyse wurden mehrere IT-Vorhaben vorgeschlagen und hinsichtlich ihres Kundennutzens und ihrer strategischen Bedeutung priorisiert (vgl. Abb. 1.2).

Das Dienstleistungsverständnis der HfW äußert sich in einer starken Orientierung am Kunden. Kunden sind einerseits die Studierenden und zum anderen die zukünftigen Arbeitgeber bzw. die Gesellschaft. Eines der strategischen Ziele für die nächsten Jahre

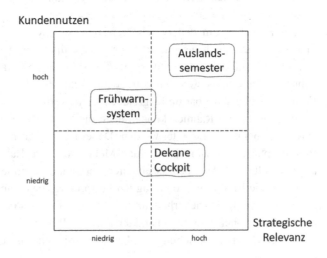

Abb. 1.2 Priorisierte IT-Projekte (Projekt-Portfolio)

ist der Ausbau der Internationalisierung. Während aktuell ca. 30 % der Absolventen mindestens ein Semester an einer ausländischen Partnerhochschule verbringen, sollen das im Laufe der nächsten fünf Jahre mindestens 2/3 sein. Der Prozess zur Abwicklung eines Auslandssemesters ist bisher rein formularbasiert. Das Feedback der Studierenden hat schon in mehreren Befragungsrunden immer wieder gezeigt, dass die schlechte Informationsverfügbarkeit, der langsame Informationsfluss, die Fehler und die zeitlichen Verzögerungen zu hoher Unzufriedenheit führten. Eine Analyse der Arbeitssituation der betroffenen Mitarbeiter in der Verwaltung zeigte, dass einerseits viel Doppelarbeit auftritt und andererseits viele Rückfragen der Studierenden per Telefon und E-Mail die Produktivität im täglichen Arbeitsablauf stark beeinträchtigen. Vor diesem Hintergrund hat die Hochschulleitung entschieden, dass das IT-Projekt „Auslandssemester (SemA)" realisiert werden soll. Wie aus Abb. 1.2 zu ersehen ist, sollen dadurch die Zufriedenheit der Studenten und das strategische Ziel „Ausbau der Internationalisierung" unterstützt werden. Die beiden anderen Projekte sind zwar auch wichtig, sollen aufgrund beschränkter Ressourcen jedoch erst in der nächsten Entscheidungsrunde berücksichtigt werden. Die Hochschulleitung erwartet von der SemA-Lösung, dass die Verdopplung der Anzahl von Studenten, die ein Auslandssemester absolvieren, mit einer nur 50 % Ausweitung der personellen Ressourcen in der Verwaltung bewerkstelligt werden kann. Der Zufriedenheitsindex der Studierenden soll von heute 3,5 auf einer Schulnotenskala eins bis fünf auf unter zwei verbessert werden. Unter zeitlichen Aspekten, sollen erste Verbesserungen so schnell wie möglich sichtbar werden, damit das o. g. Fünfjahresziel auch erreicht werden kann. Die Abwicklung eines Auslandssemesters lässt sich in drei Phasen einteilen.

- In der Vorbereitungsphase müssen sich die interessierten Studierenden einen Überblick über die Möglichkeiten für ein Auslandssemester an Partnerhochschulen der HfW machen und müssen sich dann um einen Studienplatz bewerben. Aus der Menge der Bewerbungen werden dann die geeignetsten Studierenden ausgewählt. Bekommt ein Bewerber eine Zusage, muss er entscheiden, ob er das Angebot annimmt. In diesem Fall wird er von der Verwaltung bei der Partnerhochschule nominiert. Parallel dazu muss der Student die Fächer auswählen, die er an der Partnerhochschule belegen will. Die HfW hat für jede Partnerhochschule einen Professor als Hochschulbeauftragten festgelegt. Der Student muss mit dem Hochschulbeauftragten ein sogenanntes Learning-Agreement abschließen, in dem festgelegt wird, welche Leistung an der Partnerhochschule auf welche Leistung der Prüfungsordnung der HfW angerechnet werden soll.
- Nach dieser Vorbereitungsphase geht der Student ins Ausland und stellt u. U. fest, dass einzelne Lehrveranstaltungen, die er besuchen wollte, entweder nicht stattfinden oder sich Veranstaltungszeiten gegenseitig überschneiden. In diesem Fall soll das SemA-System die Änderung des Learning-Agreements unterstützen.

Die letzte Phase betrifft die Zeit nach der Rückkehr des Studenten an die HfW. Hier sollte das System SemA die Notenum- und anrechnung optimal unterstützen. Aufgrund der Ressourcenbeschränkung ist die Hochschulleitung bereit, Mittel im Umfang von ca. zwei Personenjahren für das Projekt einzusetzen.

1.6   Quellcode des Buchprojekts

Den Quellcode zu diesem Buch finden Sie unter https://github.com/thomas-schuster/examadministration.git. Das Repository beinhaltet das Hauptprojekt, welches im Buch behandelt wird. Gegenüber der ersten Auflage wurde der Quellcode auf die aktuelle Version Jakarta 9 angepasst. In diesem Zusammenhang fand im Wesentlichen Refactoring statt, auch die Oberfläche wurde modernisiert (Responsive Design). Funktional wurde die Anwendung nur in geringem Umfang geändert. Im Buch wird als Entwicklungswerkzeug Apache NetBeans in Version 12.2 eingesetzt, sodass entsprechende Abbildungen oder werkzeugbezogene Hinweise darauf abgestellt sind. Das Entwicklungsprojekt ist als Maven-Projekt konfiguriert und als solches in beliebigen Entwicklungsumgebungen einsetzbar. Als Umgebung zur Ausführung der Anwendung werden im Buch der Payara Server und PostgreSQL als Datenbank eingesetzt. Die Initialisierung der Umgebung wird im GitHub-Repository beschrieben. Neben der Konfiguration besteht auch die Möglichkeit die Dienste per Docker Compose zu starten und direkt loszulegen.

1.7   Zusammenfassung

Anhand der Beschreibung empirischer Erkenntnisse über den Erfolg bzw. Misserfolg von Systementwicklungsprojekten wurde deutlich, dass ein strukturiertes, systematisches und methodisches sowie zielgeleitetes Vorgehen bei der Software-Entwicklung notwendig ist. Als relevante Zielkategorien wurden ‚Ziele des Geschäftsprozesses', ‚Ziele des Systementwicklungsprozesses' und ‚Qualitätsziele für Software-Produkte' skizziert. Als grundsätzlichen organisatorischen Rahmen wurde die Bedeutung der Prozessmodelle herausgearbeitet. Ein Überblick über klassische Prozessmodelle und deren Eigenschaften zeigte, dass agile Vorgehensweisen eine zunehmende Bedeutung haben. Nach einer allgemeinen Kennzeichnung agiler Grundsätze wurde das DAD Prozessmodell in den Mittelpunkt der weiteren Betrachtung gestellt. Dieses Prozessmodell verfolgt einen „Best of Breed-Ansatz", Dabei wird auf bewährte Elemente der agilen Prozessmodelle Scrum und XP, aber auch die Ansätze des Agilen Modellierens sowie traditionelle Elemente zurückgegriffen. Im Kern umfasst das Modell drei Phasen. In der Vorbereitungsphase wird grundsätzlich auf Detail verzichtet, allerdings so viel in Anforderungsanalyse und Planungsarbeit investiert, dass Einigkeit in der Gruppe der Stakeholder möglich ist und die Entscheidungsträger ausreichend Informationen für notwendige Entscheidungen haben. Die Entwicklungsphase ist stark durch agile Elemente gekennzeichnet. Bewusst werden im DAD Prozessmodell eigene Bezeichnungen gewählt, um die Differenzierung zu den etablierten Ansätzen deutlich zu machen. So wird beispielsweise nicht vom Sprint (Scrum), sondern von Iteration gesprochen. Im Sinne eines verantwortungsvollen Risikomanagements wird das Meilensteinkonzept angewandt. Mit dem Angemessenheit-Meilenstein wird die Entwicklungsphase beendet und zur Einführungsphase übergegangen. Neben den Phasen werden Rollen definiert. Der Teamleiter, der Produkt- und Architekturverantwortliche sowie das Projektteam sind neben den Stakeholdern die wichtigsten Rollen. Wenn externe Dienstleister im Projekt wesentlich mitwirken, besteht die Notwendigkeit einer vertraglichen Festlegung von Leistung und Gegenleistung. Daher wurde das Kapitel um eine Kennzeichnung der Herausforderungen bei der Vertragsgestaltung ergänzt. Für typisch agiles Vorgehen sind weder der klassische Festpreisvertrag noch der klassische Dienstvertrag (Time & Material) immer die beste Lösung. Das Konzept des agilen Festpreisvertrages stellt eine Möglichkeit der Vertragsgestaltung dar, die versucht, einen fairen Interessensausgleich zwischen Auftraggeber und Auftragnehmer bei agil geprägter Systementwicklung vertraglich zu gestalten. Der agile Festpreisvertrag versucht, weniger das Projektergebnis, als vielmehr den Prozess zum Gegenstand des Vertrags zu machen. Abgeschlossen wird das Kapitel mit einer kurzen Kennzeichnung des Fallbeispiels, das den nachfolgenden Kapiteln zugrunde liegt.

1.8 Wiederholungsfragen und Aufgaben

Die Lösungen zu den nachfolgenden Fragen und Aufgaben finden Sie auf der Website des Buches.

Frage 1.1
An welchen der nachfolgend aufgeführten Merkmale lässt sich der Erfolg eines IT-Projektes beurteilen?

a) Termintreue bzw. Einhalten des Zeitplans
b) Erfüllung tatsächlicher Anforderungen
c) Anzahl identifizierter Risiken
d) Wirtschaftlicher Beitrag (z. B. ROI) einer entwickelten Software-Lösung
e) Projektübergreifendes Nutzen von Projekterfahrungen

Frage 1.2
Welche der folgenden Zielinhalte/Maßgrößen der Zielerreichung sind dem Systementwicklungsprozess zuzuordnen?

a) Reduzierung der Durchlaufzeiten
b) Bausteingewicht
c) Fehlertoleranz
d) Wartbarkeit
e) Termintreue

Frage 1.3
Welche der folgenden Rollen sind als primäre Rollen im DAD-Prozessmodell definiert?

a) Endanwender
b) Produktverantwortlicher
c) Externe Systembetreuer (hosting)
d) Teamleiter
e) Architekturverantwortlicher

Aufgabe 1.1
Matthias und Stefanie studierten an der Hochschule Irgendwo Wirtschaftsinformatik.
Sie besuchten die Lehrveranstaltung Software Engineering, sind jedoch schon seit
vielen Jahren in unterschiedlichen Software- bzw. Systemhäusern in Software-Ent-
wicklungs-Projekten eingebunden. Im nachfolgenden Dialog tauschen sie sich über ihre
Erfahrungen aus.

Matthias:
Über ein EDV-Projekt habe ich neulich folgendes gelesen: „Für die Aufrüstung der
Online-Börse und die Modernisierung der EDV Systeme … waren anfangs 65 Mio. ein-
geplant, zwei Jahre später war plötzlich von 77 Mio. € die Rede. Jetzt nach vier Jahren
rechnet die Leitung der Einrichtung mit 165 Mio. €. Wegen dieses Finanzrisikos hat der
Präsident der Einrichtung das Projekt gestoppt. Branchenkenner behaupten, ein solches
System lasse sich mit einem Bruchteil der Kosten errichten." Wir machen ja auch viele
Projekte, aber so etwas ist uns noch nie passiert. Unsere Software-Projekte werden strikt
nach dem Wasserfall-Modell abgewickelt, so wie wir es bei Professor Jacob schon 1988
gelernt haben, und das klappt hervorragend. Wir liefern zur vereinbarten Zeit, zum vereinbarten Budget den gewünschten Funktionsumfang.

Stefanie

Nun dann seid ihr wohl in einer glücklichen Situation. Wir haben in den letzten Jahren einige Projekte in den Sand gesetzt. Unsere Auftraggeber wissen vielfach nicht so genau, was sie konkret wollen. Wenn wir dann die Software ausliefern, fängt das große Geschrei an und keiner ist zufrieden. Unsere Projekte laufen allerdings in der Regel 3 bis 5 Jahre. Vielfach werden das Budget und/oder der vereinbarte Termin überschritten. Wir denken darüber nach, unser Prozessmodell agil auszurichten.

Nehmen Sie bitte zu den obigen Aussagen Stellung. Versuchen Sie mögliche Erklärungen für die positiven Erfahrungen von Matthias zu geben. Skizzieren Sie, wie ein agiles Vorgehen im Fall von Stefanie u. U. eine Verbesserung bringen könnte.

Aufgabe 1.2

a) Zur Beurteilung des Qualitätsmanagements im Systementwicklungsprozess kann die Fehlerbehebungsrate herangezogen werden. Erläutern Sie, warum eine Fehlerbehebungsrate von 1 auf ein wirksames Qualitätsmanagement schließen lässt.

b) Wie beurteilen Sie folgende Aussage: „Gemäß dem Agilen Manifest ist die Festlegung von Regeln zum Software-Entwicklungsprozess, Werkzeuge zur Modellierung von Entwürfen, umfassende Dokumentation, die Festlegung eines Planes und der Abschluss eines Vertrages nicht mehr notwendig."

c) Das DAD-Prozessmodell greift grundsätzlich bewährte Konzepte und Praktiken etablierter agiler Prozessmodelle, z. B. Scrum auf. Im Zusammenhang mit dem Inhalt, der Priorisierung und Art der Beschreibung des sogenannten Arbeitsvorrats (in Scrum Product Backlog genannt) gibt es bewusst kleine Unterschiede. Erläutern und begründen Sie diese Unterschiede.

Literatur

Ambler, S. W. (2012). A full agile delivery lifecycle. http://disciplinedagiledelivery.wordpress.com/2012/12/20/a-full-agile-delivery-lifecycle/ . Zugegriffen: 19. Juli 2013.

Ambler, S. W. (2012). Agile modeling home page. http://www.agilemodeling.com/ . Zugegriffen: 08. Aug. 2013.

Ambler, S. W. (2007). Defining success. http://www.drdobbs.com/architecture-and-design/defining-success/202800777 . Zugegriffen 09. Aug. 2013.

Ambler, S. W., & Lines, M. (2012). *Disciplined agile delivery. A practitioner's guide to agile software delivery in the enterprise.* Upper Saddle River u. a.: IBM Press/Pearson plc.

Balzert, H.(2009). *Lehrbuch der Softwaretechnik. Basiskonzepte und Requirements Engineering* (3. Aufl.). Heidelberg: Spektrum Akademischer.

Balzert, H. (2011). *Lehrbuch der Softwaretechnik: Entwurf, Implementierung, Installation und Betrieb* (3. Aufl.). Heidelberg: Spektrum Akademischer.

Beck, K. (2000). *Extreme programming explained: Embrace change.* Reading: Addison-Wesley.

Beck, K. u. a. (2001). Manifest für Agile Softwareentwicklung. http://agilemanifesto.org/iso/de/ . Zugegriffen: 3. Juli 2013.

Boehm, B. (2008). Das Software-Engineering im 20. und 21. Jahrhundert. *OBJEKTspektrum 6/2008,* 16.24.

Bösl, A., Ebell, J., Kuhrmann, M., Rausch, A. (2009). Der Einsatz des V-Modell XT bei Witt Weiden: Nutzen und Kosten. *OBJEKTspektrum 1/2009,* 30–36.

Buschermöhle, R., Eekhoff, H., & Josko, B. (2007). Success: Erfolgsfaktoren aktueller IT-Projekte in Deutschland. *OBJEKTspektrum 1/2007,* 42–47.

Cockburn, A. (2008). From agile development to the new software engineering. http://alistair. cockburn.us/From+Agile+Development+to+the+New+Software+Engineering . Zugegriffen: 22. Juli 2013.

Coldewey, J. (2011). Das Agile Manifest. *OBJEKTspektrum 2/2011,* 16–19.

Friedrichsen, U. (2011). Agilität gestern, heute und morgen: Eine Bestandsaufnahme und ein Blick in die Zukunft. *OBJEKTspektrum 2/2011,* 43–46.

Gloger, B. (2013). *Scrum. Produkte zuverlässig und schnell entwickeln* (4. Aufl.). München: Hanser.

Jacobson, I. (1992). *Object-oriented software engineering.* Wokingham: Addison-Wesley.

Jacobson, I., Booch, G., & Rumbaugh, J. (1999). *The unified software development process.* Reading: Addison-Wesley.

Kessler, C., & Sweitzer, J. (2007). *Outside-in software development: A practical approach to building successful stakeholder-based products.* Upper Saddle River u. a.: IBM Press/Pearson plc

Kreienbrink, I., & Gogolin, B. (2015). Wieviel Architektur braucht ein agiles Team? *Objektspektrum 04/2015,* 75–79.

Kruchten, P. (1999). *Der Rational Unified Process.* München: Addison-Wesley.

Larman, C. (2005). *UML 2 und Patterns angewendet – Objektorientierte Softwareentwicklung.* Heidelberg: mitp.

Ludewig, J., & Lichter, H. (2013). *Software Engineering. Grundlagen, Menschen, Prozesse, Techniken* (3. Aufl.). Heidelberg: dpunkt.

McClure, R. M. (2008). Rückblick: Garmisch 1968 und die Folgen. *OBJEKTspektrum 6/2008,* 12–14.

Mertens, P. (2009). *Fehlschläge bei IT-Großprojekten der Öffentlichen Verwaltung* (Arbeitspapier Nr. 1/2009, 3. Aufl.). Nürnberg: Universität Erlangen.

Oesterreich, B. (2006). Der agile Festpreis und andere Preis- und Vertragsmodelle. *OBJEKTspektrum 1/2006,* 29–32.

Opelt, A., Gloger, B., Pfarl, W., & Mittermayr, R. (2012). *Der agile Festpreis. Leitfaden für wirklich erfolgreiche IT-Projekt-Verträge.* München: Hanser.

o. V. (2012). V-Modell XT Gesamt 1.4. Zuletzt geändert 13.06.2012. http://v-modell.iabg.de/index. php?option=com_docman&task=doc_details&gid=48 . Zugegriffen: 2. Juni 2013.

Plewan, H.-J., & Poensgen, B. (2011). Produktive Softwareentwicklung. Heidelberg: dpunkt.

Schwaber, K. (2007). Agiles Projektmanagement mit Scrum. Unterschleißheim: Microsoft Press Deutschland.

Schwaber, K., & Sutherland, J. (2013). Scrum guide. The definitive guide to scrum: The rules of the game. July 2013 http://www.scrumguides.org/docs/scrumguide/v1/Scrum-Guide-US. pdf#zoom=100 . Zugegriffen: 17. Febr. 2015.

The Standish Group International, Inc. (2016). Chaos Summary for 2016. Boston: The Standish Group International, Inc.

Inhalt und Vorgehensweise in der Vorbereitungsphase

2

Überblick

Voraussetzung für einen erfolgreichen Projektverlauf ist, dass sowohl die relevanten Stakeholder als auch die Teammitglieder ein möglichst gutes gemeinsames Verständnis darüber haben, was mit der beabsichtigten Software-Lösung erreicht werden soll. Dabei geht es weniger um Details, als um eine umfassende Vision im Sinne eines Zukunftsbildes. In der Vorbereitungsphase konkretisiert sich dieses Zukunftsbild in einem ersten Modell des Projektgegenstandes, einem ersten Entwurf der System-Architektur und einem Release-Plan, der Auskunft über Nutzen, Aufwand, Risiken und den zeitlichen Ablauf gibt. Der Projektgegenstand wird primär durch funktionale und nicht-funktionale Anforderungen beschrieben. Ausgangspunkt bei den funktionalen Anforderungen ist der relevante Geschäftsprozess, den es zu verbessern gilt. Die Anwendungsfälle als die einzelnen funktionalen Komponenten eines Geschäftsprozesses werden im Sinne von Epics beschrieben und nach Bedarf in kleinere User Stories zerlegt. Zur Modellierung der funktionalen Anforderungen werden einerseits Texte und andererseits UML Diagramme verwendet. Die nicht-funktionalen Anforderungen drücken Eigenschaften aus, die u. a. bei der Realisierung der funktionalen Eigenschaften als Bedingungen erfüllt werden müssen. Neben den nicht-funktionalen Anforderungen hat die System-Architektur als technische Rahmenbedingung einen maßgeblichen Einfluss auf die Entwicklungsphase. Daher wird auf die Eigenschaften einer Mehr-Schichten-Architektur näher eingegangen. Als dritte wichtige Komponente in der Vorbereitungsphase werden Inhalt und Vorgehensweise bei der Erstellung des Release-Planes charakterisiert. Bei agilem Vorgehen steht die sogenannte Story Point Methode im Vordergrund, die neben klassischen Aufwandsschätzmethoden charakterisiert wird. Zur Bestimmung der Prioritäten werden der Nutzen für den Auftraggeber, mögliche Risikofaktoren und die Kosten berücksichtigt. Auf der Basis der Aufwandsschätzung und der erwarteten Produktivität kann abschließend eine Zeitschätzung erfolgen.

© Springer Fachmedien Wiesbaden GmbH, ein Teil von Springer Nature 2021   37
K.-H. Rau und T. Schuster, *Agile objektorientierte Software-Entwicklung,*
https://doi.org/10.1007/978-3-658-33395-9_2

2.1   Teilgebiete und Lernergebnisse

Wichtige Teilgebiete sind
- Modellierung funktionaler Anforderungen
- Geschäftsprozess- und Anwendungsfallmodellierung
- User Stories
- Glossar und Begriffsmodell
- Modellierung nicht-funktionaler Anforderungen
- Entwurf einer Mehrschichten-Architektur
- Aufwandsschätzung
- Priorisierung der Anforderungen
- Zeitplanung

Lernergebnisse
Der Leser soll

- ein umfassendes Verständnis von Inhalt und Vorgehensweise in der Vorbereitungsphase besitzen.
- funktionale Anforderungen mit Geschäftsprozessen, Anwendungsfällen, User Stories und Begriffsmodellen systematisch modellieren können.
- die Zweckmäßigkeit einer Mehrschichten-Architektur verstehen.
- einen Release-Plan methodisch gestützt erstellen können.

2.2   Grundlagen zur Vorbereitungsphase

Wie bereits im ersten Kapitel skizziert (vgl. Abschn. 1.3.3.1), endet die Vorbereitungsphase mit dem Konsens-Meilenstein. Das bedeutet, dass alle Stakeholder ein gemeinsames Verständnis über die grundsätzlichen Ziele und den Projektinhalt haben. Am Ende dieser Phase wird über die Fortführung oder den Abbruch des Vorhabens entschieden. Hinsichtlich Umfang und Detaillierung der Arbeitsergebnisse gilt der Grundsatz „so viel wie für diese Entscheidung notwendig".

Der Anstoß für die Vorbereitungsphase kann

1. von außerhalb des Unternehmens kommen,
2. sich aus der periodischen Weiterentwicklung einer bestehenden Lösung ergeben oder
3. beispielsweise das Ergebnis strategischer Planungen sein.

Im ersten Fall kann es sich beispielsweise um rechtliche Anforderungen handeln oder um unabwendbare Vorgaben von Kunden oder Lieferanten. In solchen Fällen ist nicht darüber zu entscheiden, ob das Vorhaben umgesetzt werden soll, sondern nur über die Art der Umsetzung. Eine Ablehnung des Vorhabens würde i. d. R. existenzielle Folgen für das Unternehmen haben. Der zweite Fall ist typisch für einen Standard-Software Hersteller, der beispielsweise zweimal im Jahr ein neues Release veröffentlicht. In dieser Situation haben sich im Regelfall von Seiten des Marktes oder aufgrund externer Rahmenbedingungen Anforderungen angesammelt, sodass in der Vorbereitungsphase eine optimale Auswahl der umzusetzenden Anforderungen erfolgt. In diese Kategorie können jedoch auch Software-Systeme fallen, welche beispielsweise die Basis des Geschäftsmodells eines Unternehmens sind und einer ständigen Weiterentwicklung unterliegen. Beispiele dafür sind etwa XING, Facebook oder Google mit Release-Zyklen von wenigen Tagen bis Wochen, was einer kontinuierlichen Weiterentwicklung (continuous delivery) gleichkommt. Im dritten Fall handelt es sich eher um innovative Vorhaben, die zur Unterstützung einer Unternehmensstrategie dienen. In diesen Fällen sind zwar die übergeordneten Ziele (z. B. Geschäftsprozessziele) durchaus bekannt, das Wissen über die Anforderungen ist jedoch zumeist eher vage. Im Mittelpunkt unserer Betrachtungen stehen eher Projekte der dritten Kategorie. In diese Kategorie fällt auch das skizzierte Fallbeispiel (vgl. Abschn. 1.5). Dabei geht es um eine Software-Lösung zur Unterstützung der Abwicklung eines Studiensemesters im Ausland.

Am Ende der Vorbereitungsphase müssen sowohl die relevanten Stakeholder als auch das Team eine gute Vorstellung über die Anforderungen besitzen, sodass die Richtung klar ist, wenngleich viele Details erst noch im Laufe der Entwicklungsphase erarbeitet werden müssen. Ein adäquates Hilfsmittel zur Erzielung des Konsens-Meilensteins ist eine sogenannte „Vision" für das Projekt. Dieses **Zukunftsbild** des zu entwickelnden Systems sollte folgende Informationen beinhalten (vgl. Ambler und Lines 2012, S. 137):

- Problemstellung und erwarteter Nutzen der zu entwickelnden Software-Lösung
- Skizzenhafter Überblick über Projektgegenstand
- Richtungsentscheidung für die System-Architektur
- Aufwandschätzung, möglichst nicht als Punkt-, sondern als Intervallschätzung
- Grober Zeitplan mit beabsichtigten Release-Zeitpunkten, Anzahl Iterationen und deren Länge
- Liste möglicher Risiken, möglichst mit Eventualplänen und Plänen zur Schadensbegrenzung
- Liste bedeutsamer Annahmen
- Weitere Projektdetails, wie Teamstruktur, Budgetrestriktionen, Eskalationsprozesse für den Ausnahmefall und Regelung der Verantwortlichkeiten

Die Vision einer zu entwickelnden Software-Lösung liefert ein Zukunftsbild, das den nachfolgenden Projektschritten eine Orientierung bietet. In einer mehr formalen Sichtweise kann die Vision auch das Format eines **Projektauftrags** annehmen. Sie schlägt sich letztlich in einem oder mehreren kurz gefassten Dokumenten nieder.

Als Voraussetzung sollte zu Beginn der Vorbereitungsphase das Team für die ersten Schritte gebildet werden. Typischerweise setzt sich das Team in dieser Phase aus dem Teamleiter, dem Produktverantwortlichen und dem Architekturverantwortlichen zusammen. Dieses Team wird mit Beginn der Entwicklungsphase bedarfsgerecht erweitert.

Um ein Einvernehmen zwischen den Stakeholdern zu erzielen, kann unterschiedlich verfahren werden. Ideal ist es, die wichtigsten Stakeholder aktiv in den Prozess der Entwicklung der Vision einzubinden. Da es in der Praxis vielfach so sein wird, dass nur wenige Stakeholder in zeitlich ausreichendem Umfang zur Verfügung stehen können, ist darauf zu achten, dass diese möglichst die vollständige Bandbreite des Projektinhalts repräsentieren. Eine zweite Möglichkeit besteht darin, dass das Team federführend die Vision dokumentiert und diese den Stakeholdern zur Überprüfung vorlegt. Damit kann die Gefahr verbunden sein, dass die Stakeholder die wirklichen Inhalte nicht richtig verstehen, das Feedback aus unterschiedlichen Quellen schwer zu verarbeiten und zu integrieren ist und u. U. mehrere Rückmeldungsrunden zu durchlaufen sind. Insbesondere bei eingeschränkter Verfügbarkeit der Stakeholder bieten sich informelle Besprechungen an. Bei rechtlich regulierten Anwendungsbereichen (z. B. Banken, Versicherungen, öffentliche Verwaltung) sind auch formale Reviews zur gegenseitigen Abstimmung notwendig. Zusammengefasst ist zu empfehlen, wichtige Stakeholder intensiv einzubinden und darüber hinausgehende Abstimmnotwendigkeiten mit informellen oder wenn nötig formellen Abstimmungstreffen zu bewerkstelligen.

Wie bereits aus dem DAD Phasenmodell (vgl. Abb. 1.1) ersichtlich ist, sind der Vorbereitungsphase Aktivitäten vorgeschaltet, die eine Priorisierung identifizierter Projekte ermöglichen. Dazu gehören insbesondere die Identifikation der aus Leitungssicht beabsichtigten Ziele, der grobe Inhalt des Projektes und evtl. Budgetrestriktionen. Diese Informationen können unmittelbar in die Projekt-Vision übernommen werden. In unserem Fallbeispiel SemA (vgl. Abschn. 1.5) wurde der Projektinhalt mit der Abwicklung eines Studiensemesters an einer ausländischen Partnerhochschule festgelegt. Der Ablauf wurde in drei Phasen eingeteilt, die Wichtigkeit leitet sich aus der strategischen Zielsetzung ab, dass der Anteil der Studierenden mit Auslandserfahrung auf 2/3 verdoppelt werden soll. Durch das angestrebte Software-System soll eine Unterstützung der Abläufe in der Art erfolgen, dass einerseits die Verdopplung des Arbeitsvolumens durch eine nur 50 %ige Ausweitung der Personalressourcen bewerkstelligt werden kann und andererseits durch eine Qualitätssteigerung die Zufriedenheit der Studierenden vom Indexwert 3,5 auf 1,5 bis 2,0 verbessert werden soll. Als grobe Budgetrestriktion wurde das Äquivalent von ca. zwei Personenjahren formuliert.

In den nächsten Abschnitten sollen Vorgehensweisen und Methoden vorgestellt und auf das Fallbeispiel angewandt werden, die zur

- Erstellung eines ersten Modells zum Projektgegenstand,
- Erstellung eines ersten Entwurfs einer System-Architektur und
- Erstellung eines Release-Planes

eingesetzt werden können.

2.3   Erstellung eines ersten Modells zum Projektgegenstand

2.3.1   Modellierung der funktionalen Anforderungen

2.3.1.1 Vom Geschäftsprozess zum Anwendungsfall

Eine Möglichkeit, den Projektgegenstand abzugrenzen, ist die Orientierung an den konkreten Geschäftsprozessen im Unternehmen. Aus formaler Sicht ist ein **Geschäftsprozess** charakterisiert durch die sachliche und zeitliche Abfolge von Geschäftsanwendungsfällen, die zu einem wohldefinierten und messbaren Ergebnis führen. Dabei wird ein Geschäftsprozess durch ein oder mehrere Ereignisse ausgelöst und endet mit einem oder mehreren Ergebnisereignissen. Ein **Geschäftsanwendungsfall** ist eine Aktivitätsfolge, die im Rahmen eines Geschäftsprozesses ebenfalls von einem Ereignis ausgelöst wird und zu einem verwertbaren Teilergebnis führt, das einen geschäftlichen Wert darstellt. Ein Geschäftsprozess umfasst somit mehrere Geschäftsanwendungsfälle. Sowohl ein Geschäftsprozess als auch ein Geschäftsanwendungsfall kann in Form eines Aktivitätsdiagramms in UML (Unified Modeling Language) Notation in seiner Ablaufstruktur dargestellt werden. Im Rahmen der Entwicklung von Software-Systemen bilden die Geschäftsanwendungsfälle die Brücke zwischen den betrieblichen Abläufen und dem zu entwickelnden Software-System.

Für jeden Geschäftsanwendungsfall ist zu prüfen, ob und wie er mit Hilfe von Software umgesetzt bzw. unterstützt werden soll. Für Geschäftsanwendungsfälle, die zu einem gewissen Grad formalisiert werden können, werden Systemanwendungsfälle abgeleitet. Die Formalisierbarkeit zeigt sich insbesondere darin, inwieweit der Ablauf programmierbar ist und ein Minimum an Wiederholbarkeit gegeben ist, sodass sich der Aufwand für eine programmtechnische Umsetzung lohnt. Ein **Systemanwendungsfall** beschreibt aus der Sicht eines Akteurs das gewünschte Systemverhalten. **Akteure** können organisatorische Rollen bzw. Benutzer oder auch andere Systeme sein, die zur Erfüllung ihrer Aufgaben Ziele verfolgen, welche durch den Systemanwendungsfall (im Folgenden immer kurz als Anwendungsfall oder **Use Case** bezeichnet) unterstützt werden sollen. Grundsätzlich beschreibt ein Anwendungsfall eine Aufgabe, die von einem Akteur zu einem bestimmten Zeitpunkt als Antwort auf ein geschäftliches Ereignis ausgeführt wird und einen messbaren wirtschaftlichen Nutzen liefert. Typische

Beispiele sind „Erfassen einer Bestellung", „Änderung des Familienstandes" oder „Prüfen einer Eingangsrechnung". Daraus lassen sich die funktionalen Anforderungen, die das System erfüllen soll, ableiten und aus der Außensicht beschreiben (vgl. Cockburn 2003, S. 22 ff.; Oesterreich und Weiß 2008, S. 416).

Eine voll umfängliche Beschreibung eines Anwendungsfalls kann sehr umfangreich sein. In der Literatur und Praxis wurden hierfür detaillierte Vorlagen entwickelt (vgl. Cockburn 2003, S. 151 ff.). Dem „Lean"-Grundsatz (vgl. Abschn. 1.3.2) entsprechend beschränkt sich die Charakterisierung des Anwendungsfalls in der Vorbereitungsphase auf ein Minimum. Alle weiteren Details, z. B. welche Erweiterungen oder welche alternativen Abläufe möglich sind, werden auf spätere Zeitpunkte verschoben. Der Grund dafür ist ganz einfach: Es könnte sich ja im Laufe der Vorbereitungsphase herausstellen, dass der wirtschaftliche Nutzen eines Anwendungsfalls so gering ist, dass er gar nicht Teil des Software-Projektes wird. Elemente zur Charakterisierung eines Anwendungsfalls sind der Akteur bzw. die Akteure, die Bezeichnung und eine kurze Beschreibung. Die Bezeichnung setzt sich in der Regel aus einem Objekt (Substantiv) und einer Verrichtung (Verb) zusammen. Als Beschreibungsmuster bietet sich die **User Story** nach Mike Cohn (vgl. Cohn 2010a, S. 100) an: Als (Akteur) möchte ich (folgende Funktion durchführen), um (daraus folgenden Nutzen zu ziehen). Dabei ist anzumerken, dass in sonst üblichen Beschreibungen von Anwendungsfällen der Aspekt des Nutzens fehlt. Dieser ist jedoch insbesondere in dieser frühen Phase äußerst hilfreich, weil er die Diskussion über die Anforderung wirkungsvoll unterstützt. Ein Beispiel könnte der Anwendungsfall *„Learning-Agreement erstellen"* sein, wobei der *„Student"* der Akteur ist. Die User Story-orientierte Beschreibung könnte lauten: *„Der Student will ein Learning-Agreement erstellen, sodass nach Abschluss des Auslandssemesters eine reibungslose Anerkennung der im Ausland erbrachten Leistungsnachweise gewährleistet ist."* Damit erfasst eine User Story aus der Sicht des Nutzers das **„wer"**, **„was"** und **„warum"** einer Anforderung auf einfache und präzise Art und Weise, jedoch i. d. R. mit beschränktem Detailierungsgrad.

Im Ergebnis sollte in der Vorbereitungsphase eine Liste an Anforderungen und sonstigen Aufgaben erarbeitet werden, die möglichst komplett ist, jedoch nur einen absolut notwendigen Detaillierungsgrad aufweist. Von fundamentaler Wichtigkeit ist es, dass die Liste der Anforderungen gut kommunizierbar ist. Schwer kommunizierbare Anforderungen werden u. U. nicht überprüft und bei einer Konsensbildung aus Unwissenheit ausgeklammert. Dies kann dann zu einer Situation führen, wie sie das einführende Beispiel vom Land Berlin aufzeigt (vgl. Abschn. 1.2.1). Einen leicht erfassbaren Überblick über die identifizierten Anwendungsfälle liefert ein Anwendungsfalldiagramm gemäß der UML.

Im Fallbeispiel SemA bildet der Geschäftsprozess den Kontext für die Anwendungsfälle. Dieser Geschäftsprozess wurde aufgrund von Gesprächen mit dem Leiter des Auslandsamtes und dem Prodekan für Internationalisierung erarbeitet und als Aktivitätsdiagramm modelliert (vgl. Abb. 2.1).

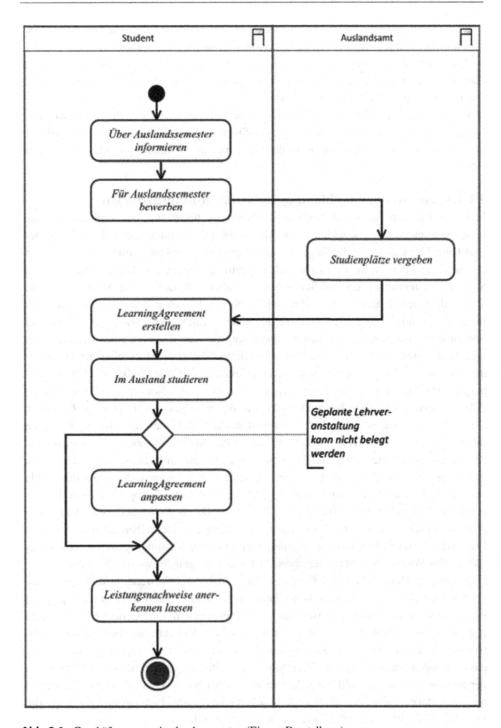

Abb. 2.1 Geschäftsprozess Auslandssemester. (Eigene Darstellung)

Mit diesen beiden Stakeholdern wurde auch ein Vorschlag erarbeitet, welche Geschäftsanwendungsfälle des Geschäftsprozesses durch Anwendungsfälle des zu entwickelnden Systems unterstützt werden sollen. Dies zeigt die nachfolgende Tabelle (vgl. Tab. 2.1). Dabei wird beispielhaft deutlich, dass es zu einem Geschäftsanwendungsfall ein oder mehrere Anwendungsfälle geben kann.

Die Beschreibung der Systemanwendungsfälle erfolgt aus der Sicht des Anwenders (vgl. Abschn. 1.3.3.3) in der Form von User Stories. Die Abb. 2.2 gibt einen Überblick über die identifizierten Anwendungsfälle in Form eines Anwendungsfalldiagramms laut UML.

2.3.1.2 User Stories zur Ableitung der Benutzer-Anforderungen

In vielen Büchern zur agilen Software-Entwicklung findet sich das Konzept der Use Cases nicht mehr. Manche widmen dem Thema auch ein Kapitel, wie z. B. „User Stories sind keine Use Cases". In der Regel dominiert eindeutig die **User Story** (vgl. u. a. Cohn 2010a, S. 153 ff.). Beide Konzepte zielen darauf ab, dass deren Umsetzung in einem Software-System einen geschäftlichen Nutzen haben soll. Dabei sind Anwendungsfälle u. U. jedoch sehr umfangreich, während User Stories kleiner gehalten sind und in einer Iteration eine oder mehrere realisiert werden können. Ein weiterer wichtiger Unterschied besteht darin, dass ein beschriebener Anwendungsfall das Ergebnis einer umfänglichen und detaillierten Anforderungsanalyse ist, während die User Story eine Art Notiz ist, die dazu geeignet ist, Analysegespräche einzuleiten (vgl. Cohn 2010a, S. 157). Im vorherigen Abschnitt wurde festgelegt, dass es sinnvoll ist, das Konzept des Anwendungsfalls zu verwenden. Dies begründet sich im Wesentlichen wie folgt (vgl. Cockburn 2008): User Stories erzählen Anforderungen aus der Sicht des Anwenders. Sie sagen möglicherweise nichts über den betrieblichen Zusammenhang bzw. die übergeordnete Zielsetzung aus. Eine Menge an User Stories gibt dem Entwicklerteam u. U. keinen Anhaltspunkt über die Vollständigkeit. Demgegenüber leiten sich Anwendungsfälle aus Geschäftsprozessen ab und bieten als zeitlich und sachlich abgeschlossene Einheit einen Orientierungsrahmen. Im Abschn. 2.3.1.1 wurde vorgeschlagen, den Inhalt eines Anwendungsfalls nach dem Muster einer User Story zu beschreiben. Damit ist jedoch keine Gleichsetzung beabsichtigt, allerdings wird hier die Meinung vertreten, dass dieses „Wer-Was-Warum"-Muster zielführend ist und eine gute Basis für die weitere Analyse darstellt. Hinsichtlich des Umfangs ähnelt solch ein Anwendungsfall eher einer großen User Story, die als **Epic** bezeichnet wird. Da am Ende der Vorbereitungsphase eine priorisierte Liste von Arbeitspaketen erarbeitet sein soll, die es erlaubt, ausgewählte Arbeitspakete in einer Iteration in potenziell nutzbare Software umzusetzen, ist es notwendig, die Anwendungsfälle zu zerlegen. Cockburn schlägt vor (vgl. Cockburn 2008), dass für jeden Anwendungsfall User Stories identifiziert werden, deren Umsetzung in der Summe, die Funktionalität des Anwendungsfalles liefert. Dies schließt im Einzelfall nicht aus, dass einzelne Anwendungsfälle schon eine handhabbare Größe aufweisen. Ein Beispiel hierfür ist *Studienplatzangebot annehmen* in Tab. 2.1.

Tab. 2.1 Geschäftsanwendungsfälle mit abgeleiteten Systemanwendungsfällen (SAF)

Student bewirbt sich für Auslandssemester		
SAF	Akteur	Beschreibung
Für Auslandssemester bewerben	Student	Der Student will seine Bewerbung für ein Auslandssemester im System erfassen, damit er im Auswahlprozess sachgerecht berücksichtigt werden kann

Studienplätze an Bewerber vergeben		
SAF	Akteur	Beschreibung
Bewerbern Studienplätze anbieten	Mitarbeiter Auslandsamt	Der Mitarbeiter im Auslandsamt will die verfügbaren Studienplätze an den Partnerhochschulen geeigneten Bewerbern anbieten, damit die Bewerber entsprechend ihren Wünschen und ihrem Leistungsprofil einen geeigneten Studienplatz im Ausland bekommen
Studienplatzangebot annehmen	Student	Der Student will den angebotenen Studienplatz im System fristgerecht annehmen oder ablehnen können

Learning-Agreement erstellen		
AF	Akteur	Beschreibung
Learning-Agreement erstellen	Student	Der Student will ein Learning-Agreement erstellen, sodass nach Abschluss des Auslandssemesters eine reibungslose Anerkennung der im Ausland erbrachten Leistungsnachweise gewährleistet ist

Learning-Agreement ändern		
SAF	Akteur	Beschreibung
Learning-Agreement ändern	Student	Geplante Lehrveranstaltungen können nicht besucht werden. Der Student will deshalb sein Learning-Agreement ändern, damit auch weiterhin die spätere Anrechnung der Leistungsnachweise gewährleistet ist

Leistungsnachweise anerkennen		
SAF	Akteur	Beschreibung
Leistungsnachweise anerkennen	Hochschulbe-auftragter	Der Hochschulbeauftragte will nach Abschluss des Auslandssemesters die im Ausland erbrachten Leistungen gemäß den dort erzielten Noten anrechnen, damit die entsprechenden Leistungsnachweise an der Heimathochschule mit den umgerechneten Noten im Prüfungssystem als erbracht geführt werden können

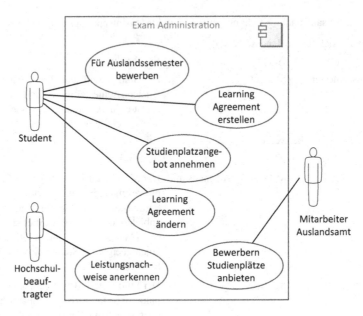

Abb. 2.2 Anwendungsfallmodell Auslandssemester. (Digene Darstellung)

Bei der Zerlegung können unterschiedliche Prinzipien angewandt werden (vgl. Bohlen 2015, S. 67 f.):

- **Qualitätseigenschaften:** Werden im Gespräch mit dem Anwender mehrere Qualitätseigenschaften für einen Anwendungsfall (Epic) genannt, so kann über die Frage „Werden wirklich alle sofort benötigt" eine Priorisierung identifiziert werden und unterschiedliche User Stories formuliert werden. Beispiele von Qualitätseigenschaften könnten beispielsweise sein:
  - Beim Anlegen eines Learning-Agreements sollen Lehrveranstaltungen der Heimat- und Partnerhochschule ausgewählt werden können.
  - Beim Anlegen eines Learning-Agreements sollen nur die Lehrveranstaltungen der Heimathochschule zur Auswahl stehen, für die noch kein Leistungsnachweis erbracht wurde.

  Offenbar wurde diese Vorgehensweise bei den User Stories 3.1 und 3.3 in Tab. 2.2 angewandt.
- **Geschäftsregeln:** Wenn eine Epic in Abhängigkeit von bestimmten Zuständen unterschiedliche Verarbeitungen erfordert, so kann eine Aufspaltung in einzelne Stories nach diesen Zuständen erfolgen. So ist bei dem Anwendungsfall Leistungsnachweise anerkennen die Umrechnung der Noten länderabhängig. In Tab. 2.2 unterstützt die User Story 5.1 keine systemseitige Umrechnung und die User Story 5.2 könnte noch nach Ländern bzw. Ländergruppen weiter unterteilt werden.

Tab. 2.2 Zerlegung der Epics in kleinere User Stories

Für Auslandssemester bewerben	
Der Student will seine Bewerbung für ein Auslandssemester im System erfassen, damit er im Auswahlprozess sachgerecht berücksichtigt werden kann	
User Stories	1.1. Der Student will sich an mindestens drei Partnerhochschulen bewerben und dabei seine Präferenzen (Reihenfolge der Wunsch-Hochschulen) als Input für den Auswahlprozess eingeben können
	1.2. Der Student will seine Bewerbung für ein Auslandssemester bis zum Bewerbungsschluss bearbeiten können, damit alle notwendigen Daten für den Auswahlprozess zur Verfügung stehen
	1.3. Der Student will bei seiner Bewerbung bei den einzelnen Hochschulen sehen, wie viel Plätze zur Verfügung stehen und wie viel Bewerbungen bereits vorliegen, damit er seine Chancen, ausgewählt zu werden, erhöhen kann
	1.4. Der Student möchte bei seiner Bewerbung die Daten, die schon in anderen Systemen der Hochschule vorhanden sind, nicht noch einmal erfassen, damit einerseits unnötige Arbeit und andererseits Fehler vermieden werden
Bewerbern Studienplätze anbieten	
Der Mitarbeiter im Auslandsamt will die verfügbaren Studienplätze an den Partnerhochschulen geeigneten Bewerbern anbieten, damit die Bewerber gemäß ihren Wünschen und ihrem Leistungsprofil einen geeigneten Studienplatz im Ausland bekommen	
User Stories	2.1. Der Mitarbeiter im Auslandsamt will für jede Partnerhochschule geeignete Bewerber aus einer Vorschlagsliste auswählen können, damit den Bewerbern gemäß ihren Wünschen und ihrem Leistungsprofil ein Studienplatz im Ausland angeboten werden kann
	2.2. Der Mitarbeiter im Auslandsamt will vom System benachrichtigt werden, wenn ein Student einen angebotenen Studienplatz ablehnt, damit möglichst schnell ein Nachrücker bestimmt werden kann
	2.3. Der Mitarbeiter im Auslandsamt will nicht angenommene Studienplätze in einem Nachrückverfahren Bewerbern anbieten, sodass möglichst viele Studierende ihren Wunsch, im Ausland zu studieren, erfüllen können
Learning-Agreement erstellen	
Der Student will ein Learning-Agreement erstellen, sodass nach Abschluss des Auslandssemesters eine reibungslose Anerkennung der im Ausland erbrachten Leistungsnachweise gewährleistet ist	
User Stories	3.1. Der Student will sein Learning-Agreement mit den korrespondierenden Lehrveranstaltungen der Heimat- und Partnerhochschule im System anlegen können
	3.2. Der Student will sein Learning-Agreement bis zur endgültigen Festlegung editieren können
	3.3. Der Student soll bei der Erfassung von Lehrveranstaltungen der Heimathochschule nur solche erfassen können, für die er noch keinen Leistungsnachweis erbracht hat. Damit sollen Fehler frühzeitig vermieden werden
	3.4. Der Student soll bei der Erfassung von Lehrveranstaltungen der Partnerhochschule bereits passende Lehrveranstaltungen vorgeschlagen bekommen, damit die Bestätigung durch den Hochschulbeauftragten vereinfacht wird
	3.5. Der Student will sein Learning-Agreement als PDF-Datei ausdrucken können

(Fortsetzung)

Tab. 2.2 (Fortsetzung)

Learning-Agreement ändern
Der Student will sein Learning-Agreement ändern, da geplante Lehrveranstaltungen nicht besucht werden können und weiterhin die spätere Anrechnung der Leistungsnachweise gewährleistet ist

User Stories	4.1. Der Student will sein Learning-Agreement so ergänzen können, dass der Hochschulbeauftragte die Änderung vollständig nachvollziehen kann
	4.2. Solange der Hochschulbeauftragte die Änderung nicht genehmigt hat, will der Student sein Learning-Agreement samt seinen Änderungen bearbeiten können

Leistungsnachweise anerkennen
Der Hochschulbeauftragte will nach Abschluss des Auslandssemesters die im Ausland erbrachten Leistungen gemäß den dort erzielten Noten anrechnen, damit die entsprechenden Leistungsnachweise an der Heimathochschule mit den umgerechneten Noten als erbracht im Prüfungssystem geführt werden können

User Stories	5.1. Der Hochschulbeauftragte will die erbrachten Noten der Partnerhochschule und die umgerechneten Noten erfassen können
	5.2. Der Hochschulbeauftragte will die Noten der Partnerhochschule durch das System nach festen Regeln umrechnen lassen, damit ein Höchstmaß an Objektivität gewährleistet werden kann

- **Feldweg – Landstraße – Autobahn:** Die bildhafte Frage lautet:
  - reicht ein Feldweg, um mit einem Traktor wichtige Dinge von A nach B zu transportieren, oder
  - ist eine Landstraße notwendig, damit ein Lastwagen große Mengen von A nach B bringen kann, oder
  - ist eine Autobahn gewünscht, die einen extrem schnellen Transport ermöglicht.

  Im Fallbeispiel könnte beispielsweise im Sinne des Feldwegs das Drucken des Learning-Agreements durch die einfache Druckfunktion des Browsers erfolgen. Im Sinne der Landstraße könnte über einen Link das Erzeugen und Anzeigen eines PDF-Dokuments bereitgestellt werden (vgl. User Story 3.5 in Tab. 2.2).

Der Produktverantwortliche hat für das Fallbeispiel zusammen mit ausgewählten Stakeholdern einen ersten Vorschlag für die Zerlegung der Anwendungsfälle in kleinere User Stories vorgenommen (vgl. Tab. 2.2). Dabei waren die oben aufgeführten Prinzipien durchaus hilfreich. Diese User Stories bilden den Ausgangspunkt für detaillierte Analysen im Rahmen der Entwicklungsphase.

Im Ergebnis wurden somit in einem ersten Schritt für die funktionalen Anforderungen 16 User Stories abgeleitet. Es wird dabei unterstellt, dass die Vollständigkeit gemäß dem aktuellen Erkenntnisstand erreicht sei. Mit diesen User Stories kann im Rahmen der Vorbereitungsphase weitergearbeitet werden. User Stories sind wegen ihrer Einfachheit optimal geeignet, das gemeinsame Verständnis der Anforderungen unter den Stakeholdern sicherzustellen.

Für die User Stories sollten aus Sicht des Anwenders ergänzende **Akzeptanz-kriterien** formuliert werden. Diese sollten notiert werden, sobald sie offenbar werden. Ist eine User Story in Software umgesetzt, so müssen diese Kriterien erfüllt sein. Dadurch werden auf sehr pragmatische Weise Anforderungen verfeinert und führen letztlich dazu, dass der Benutzer seinen geforderten Nutzen geliefert bekommt (vgl. Cohn 2010a, S. 248 f.). Diese Akzeptanzkriterien führen später in der Entwicklungsphase zu konkreten Tests. Beispielhaft sollen für die User Story 3.1 *„Der Student will sein Learning-Agreement mit den korrespondierenden Lehrveranstaltungen der Heimat- und Partnerhochschule im System anlegen können."* einige Akzeptanzkriterien formuliert werden:

- Ein Learning-Agreement kann sich nur auf eine Hochschule beziehen, für die der Student ausgewählt wurde.
- Ein Learning-Agreement muss mindestens eine Kombination von Lehrver-anstaltungen aus der Heimathochschule und der Partnerhochschule umfassen.
- Eine Kombination von Lehrveranstaltungen der Heimat- und Partnerhochschule besteht im einfachen Fall aus einer Lehrveranstaltung Heimathochschule und einer Lehrveranstaltung Partnerhochschule.
- Eine Kombination von Lehrveranstaltungen der Heimat- und Partnerhochschule kann entweder eine Lehrveranstaltung der Heimathochschule und eine oder mehrere Lehrveranstaltungen der Partnerhochschule beinhalten oder mehrere Lehrver-anstaltungen der Heimathochschule aber nur eine Lehrveranstaltung der Partnerhoch-schule beinhalten.

Die Beispiele machen deutlich, dass damit die Anforderungen schon wesentlich präzisiert werden. Natürlich ist es nicht ausgeschlossen, dass auch in der Entwicklungs-phase sich weitere Akzeptanzkriterien ergeben.

Ivar Jacobson, der schon 1987 das vielverbreitete Konzept des Anwendungsfalls und den anwendungsfallgetriebenen Entwurfs und der anwendungsfallgetriebenen Entwicklung vorgeschlagen hat, stellt mit Use Case 2.0 eine agile Weiterentwicklung vor (vgl. Jacobson et al. 2015). Dabei werden klassische Use Cases in sogenannte Use Case Slices zerlegt. Damit ist dieses Konzept mit Scrum und anderen Vorgehensweisen kombinierbar. Wegen seiner eher geringen Verbreitung wurde diesem Ansatz nicht gefolgt.

Neben den funktionalen Anforderungen sind auch nicht-funktionale Anforderungen von großer Relevanz. Bevor wir uns diesen zuwenden, sollte sichergestellt werden, dass alle Beteiligten die gleiche Sprache sprechen. Bei der Beschreibung der Anwendungs-fälle und Akzeptanzkriterien wird deutlich, dass ein Anwendungsgebiet durch eine Viel-zahl von Fachbegriffen charakterisiert ist. Jeder Praktiker hat sicherlich schon erlebt, dass selbst im eigenen Unternehmen Begriffe nicht einheitlich verwendet werden. Fatal wird dies, wenn im Rahmen eines zu entwickelnden Software-Systems die Fachbegriffe nicht eindeutig und einheitlich verwendet werden.

2.3.1.3 Glossar und Begriffsmodell zur Unterstützung der Kommunikation

Vor diesem Hintergrund ist es zweckmäßig, dass bereits in dieser Vorbereitungsphase ein Glossar angelegt wird. Auf dieser Basis können die begrifflichen Zusammenhänge in einem Begriffsmodell in Form eines einfachen UML-Klassenmodells veranschaulicht werden (vgl. Rupp et al. 2009, S. 2006 ff.). Das **Glossar** hat die einfache Struktur: Begriff und Erklärung. Da im Programmcode englische Bezeichnungen verwendet werden und weil das Anwendungsbeispiel SemA einen internationalen Charakter aufweist, wird neben dem deutschen Fachbegriff auch der englische im Glossar aufgenommen. Im weiteren Entwicklungsprozess dient das Glossar einer eindeutigen Verständigung, unterliegt einer kontinuierlichen Erweiterung und kann schließlich in der Entwicklungsphase zur Erstellung von Hilfetexten verwendet werden. Die Tab. 2.3 zeigt einige Beispieleinträge, die sich auch im Begriffsmodell (vgl. Abb. 2.3) wiederfinden.

Während das Glossar eine rein definitorische Funktion wahrnimmt, können im **Begriffsmodell** (vgl. Abb. 2.3) die Begrifflichkeiten in ihrem Kontext dargestellt werden (vgl. Rupp et al. 2009, S. 207 f.). Zur Darstellung bietet sich das **Klassenmodell** der UML an. Die Begriffe werden als **Klassen** dargestellt und repräsentieren damit sogenannte Fachkonzeptklassen, aus denen in der Entwicklungsphase Entwurfsklassen werden können, die schließlich in einer objektorientierten Sprache implementiert werden. Im **Klassendiagramm** lassen sich mit den Kanten Beziehungen zwischen den Begriffen darstellen. Die Bezeichnungen dieser **Assoziationen** können den prozessualen Zusammenhang wiedergeben (vgl. Abb. 2.3). Weiterhin können an den Assoziationskanten auch **Multiplizitäten** angegeben werden. Diese Mengenangaben drücken beispielsweise aus, dass ein Student für einen Studiengang eingeschrieben ist und dass in einem Studiengang mehrere (*) Studenten eingeschrieben sein können. Mit der **Generalisierungs-Spezialisierungs-Beziehung** kann beispielsweise ausgedrückt werden, dass eine Lehrveranstaltung Partnerhochschule eine Art von Lehrveranstaltung ist, die zumindest einige gleiche Eigenschaften aufweist, wie eine Lehrveranstaltung Heimathochschule. Eigenschaften im Sinne von **Attributen** der Klassen können zusätzlich modelliert werden. Darauf wurde in Abb. 2.3 verzichtet. Dieses Klassenmodell repräsentiert eine erste Version der fachlichen Architektur des Systems, die während der einzelnen Iterationen in der Entwicklungsphase aufgrund des zunehmend besseren Domänenwissens nach und nach verfeinert wird (vgl. Kreienbrink und Gogolin 2015, S. 76 f.).

2.3.2 Modellierung der nicht-funktionalen Anforderungen

Wie bereits oben erwähnt, reicht es nicht aus, sich über die funktionalen Anforderungen eine Vorstellung zu machen. Zur Beschreibung des Projektgegenstandes ist es notwendig, einen Überblick über nicht-funktionale Anforderungen zu bekommen. **Nicht-funktionale Anforderungen** beschreiben vielfach Aspekte, die mehrere oder gar alle

Tab. 2.3 Glossar – Beispieleinträge

Begriff	Semantische Definition	Begriff in Englisch
Bewerbung	Mit der Bewerbung bringt ein Student seinen Wunsch zum Ausdruck, mindestens ein Studiensemester an einer ausländischen Hochschule zu verbringen. Die Bewerbung beinhaltet insbesondere Daten über den bisherigen Studienerfolg, die Sprachkompetenz in Englisch und die persönliche Motivation sowie die Wunsch-Hochschulen mit Prioritäten	Application
Hochschulbeauftragter	Der Hochschulbeauftragte ist ein Professor, der als akademisches Mitglied der Heimathochschule für ein oder mehrere Partnerhochschulen als Betreuer und Ansprechpartner verantwortlich ist	University Commissioner
Learning-Agreement (Lernvereinbarung)	Das Learning-Agreement ist eine Lernvereinbarung und enthält die Aufstellung der zu absolvierenden Lehrveranstaltungen an der Partnerhochschule, die zwischen dem Studierenden und der Heimathochschule sowie der Partnerhochschule vereinbart werden. Im Sinne der reibungslosen Anerkennung der erbrachten Prüfungsleistungen (credit transfer) werden auch die korrespondierenden Lehrveranstaltungen an der Heimathochschule aufgeführt. Anmerkung: Der deutsche Begriff Lernvereinbarung wird zwar vom Deutschen Akademischen Austauschdienst (DAAD) verwendet, ist jedoch unüblich. Daher wird grundsätzlich der englische Begriff verwendet	Learning-Agreement
Lehrveranstaltung Heimathochschule	Eine Lehrveranstaltung Heimathochschule ist eine Lehrveranstaltung der Studien- und Prüfungsordnung eines Studiengangs der Heimathochschule, deren Leistungsnachweis durch eine Prüfungsleistung während des Auslandssemesters an der Partnerhochschule erbracht wird	Home Course
Lehrveranstaltung Partnerhochschule	Eine Lehrveranstaltung Partnerhochschule ist eine Lehrveranstaltung, die an der Partnerhochschule angeboten wird und von dem Austauschstudenten der Heimathochschule besucht werden kann. Der dort erbrachte Leistungsnachweis kann als Prüfungsleistung für einen äquivalenten Leistungsnachweis der Heimathochschule angerechnet werden	Host Course
Mitarbeiter Auslandsamt	Der Mitarbeiter im akademischen Auslandsamt der Hochschule beurteilt insbesondere die Bewerbungen und führt die administrativen Aktivitäten im Zusammenhang eines Auslandssemester durch	International Office Staff

(Fortsetzung)

Tab. 2.3   (Fortsetzung)

Begriff	Semantische Definition	Begriff in Englisch
Partnerhochschule	Die Partnerhochschule ist eine Hochschule im Ausland, die mit der Heimathochschule eine vertragliche Vereinbarung über studentischen Austausch hat	Host University
Student	Eingeschriebener Student in einem Studiengang der Heimathochschule, der für mindestens ein Semester an einer Partnerhochschule studieren möchte	Student

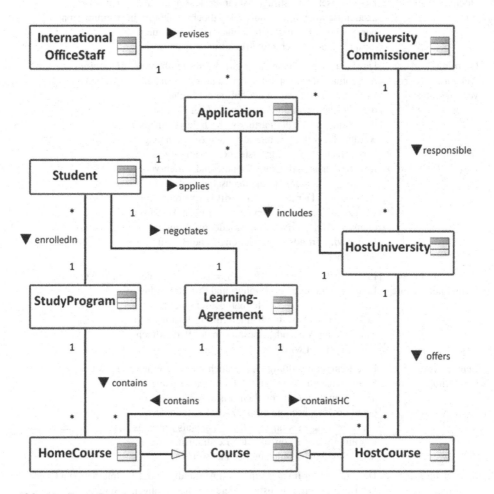

Abb. 2.3   Begriffsmodell

funktionalen Anforderungen betreffen. Dabei lassen sich folgende Anforderungskategorien unterscheiden (vgl. Rupp et al. 2009, S. 248 ff.):

- **Qualitätsanforderungen** betreffen Merkmale des zu entwickelnden Systems, die sich an den Software-Qualitätsmerkmalen nach ISO/IEC 9126 orientieren.
- Bei kaufmännischen Systemen spielt der Benutzer eine wesentliche Rolle. Daher sind Anforderungen, welche die **Mensch-System-Interaktion** betreffen von hoher Wichtigkeit für die spätere Akzeptanz der Benutzer.
- **Technologische Anforderungen** beschreiben die Lösungsvorgaben und Randbedingungen technischer Art. Hierauf wird im Abschn. 2.4 eingegangen.
- **Rechtliche und vertragliche Anforderungen** wirken sich sowohl auf den Inhalt des zu entwickelnden Systems als auch auf den Prozess der Entstehung aus. Mit der Beschreibung der fünf Schritte des agilen Festpreisvertrages wurden wesentliche Aspekte bereits beschrieben, auf die im Abschnitt zur Release-Planung näher eingegangen wird (vgl. Abschn. 2.5).

Der vielfach zitierte Standard ISO/IEC 9126 beschreibt folgende **Qualitätsmerkmale** sowie erklärende Teilmerkmale (vgl. Balzert 2011, S. 110 ff.):

Funktionalität
Grundsätzlich wird die geforderte fachliche Funktionalität über Anwendungsfälle bzw. User Stories beschrieben. Darüber hinaus gibt es jedoch allgemeine Anforderungen, die für viele fachliche Anforderungen gelten können:

- **Angemessenheit** der Funktionen für die unterstützenden Aufgaben
- **Genauigkeit** von zu ermittelnden Ergebnissen
- **Interoperabilität** ist die Fähigkeit mit vorgegebenen Systemen zusammenzuarbeiten
- **Sicherheit** betrifft zum einen die Betriebssicherheit und zum anderen die Funktionssicherheit. Die **Betriebssicherheit** ist die Fähigkeit des Software Produkts Informationen und Programme vor unautorisiertem Zugriff zu schützen. Die **Funktionssicherheit** soll gewährleisten, dass vom Software Produkt keine Gefährdungen auf seine Umwelt ausgehen.
- **Konformität** betrifft die Eigenschaft der realisierten Funktionen relevante Standards, Konventionen und gesetzliche Bestimmungen einzuhalten.

Zuverlässigkeit
ist die Fähigkeit der Software, ihr Leistungsniveau unter festgelegten Bedingungen über einen festgelegten Zeitraum zu bewahren.

- **Reife**
  Geringe Versagenshäufigkeit aufgrund von Fehlzuständen
- **Fehlertoleranz**
  Fähigkeit, ein spezifiziertes Leistungsniveau bei Software-Fehlern oder Nicht-Einhaltung ihrer spezifizierten Schnittstelle zu bewahren, z. B. Fehleingaben oder Fehler im Datenbanksystem werden kontrolliert behandelt und führen nicht zum Systemabsturz
- **Wiederherstellbarkeit**
  Fähigkeit, bei einem Versagen das Leistungsniveau wiederherzustellen und die direkt betroffenen Daten wiederzugewinnen. Zu berücksichtigen sind die dafür benötigte Zeit und der benötigte Aufwand

Benutzbarkeit
wird bemessen mit dem Aufwand, der notwendig ist, um das System unter festgelegten Bedingungen nutzen zu können. Je geringer der Aufwand, desto höher ist die Benutzbarkeit.

- **Verständlichkeit**
  Aufwand für den Benutzer, das Konzept und die Anwendung zu verstehen
- **Erlernbarkeit**
  Aufwand für den Benutzer, die Benutzung der Anwendung zu erlernen (z. B. notwendige Schulungstage)
- **Bedienbarkeit**
  Aufwand für den Benutzer, die Anwendung zu bedienen
- **Attraktivität**
  Sie drückt sich in der Anziehungskraft und Gebrauchstauglichkeit für den Benutzer aus
- **Konformität**
  Die Eigenschaft Standards, Konventionen, Stilvorgaben (style guides) sowie Vorschriften einzuhalten

Effizienz
ist das Verhältnis zwischen Leistungsniveau der Software und dem Umfang der eingesetzten Betriebsmittel unter festgelegten Bedingungen.

- **Zeitverhalten**
  Antwort- und Verarbeitungszeiten sowie Durchsatz bei der Funktionsausführung

- **Verbrauchsverhalten**
  Anzahl und Dauer der benötigten Betriebsmittel für die Erfüllung der Funktionen (z. B. Speicherplatzbedarf)

Wartbarkeit
wird beurteilt am Aufwand, der zur Durchführung vorgegebener Änderungen notwendig ist. Änderungen können Korrekturen, Verbesserungen oder Anpassungen an Änderungen der Umgebung, der Anforderungen und funktionalen Spezifikation einschließen.

- **Analysierbarkeit**
  Aufwand, um Mängel oder Ursachen von Versagen zu diagnostizieren oder um änderungsbedürftige Teile zu bestimmen
- **Modifizierbarkeit**
  Aufwand zur Ausführung von Verbesserungen, zur Fehlerbeseitigung oder Anpassung an Umgebungsänderungen
- **Stabilität**
  Wahrscheinlichkeit des Auftretens unerwarteter Wirkungen von Änderungen
- **Testbarkeit**
  Aufwand, der zur Prüfung der geänderten Software notwendig ist

Mit der Wartbarkeit eng verwandt ist die Weiterentwickelbarkeit. Gemeint ist damit die Fähigkeit der Software, sich langfristig an geänderte Anforderungen und Technologien anpassen zu lassen. Dies kann Einfluss auf die Architektur und die funktionalen Erweiterungen haben.

Übertragbarkeit
ist die Eignung der Software, von einer Umgebung in eine andere übertragen zu werden. Die Umgebung kann die organisatorische Umgebung, Hardware- oder Software-Umgebung einschließen.

- **Anpassbarkeit**
  Möglichkeiten, die Software an verschiedene, festgelegte Umgebungen anzupassen, wenn nur Schritte unternommen oder Mittel eingesetzt werden, die für diesen Zweck für die betrachtete Software vorgesehen sind (z. B. Parametereinstellungen)
- **Installierbarkeit**
  Aufwand, der zum Installieren der Software in einer festgelegten Umgebung notwendig ist
- **Konformität**
  Grad, in dem die Software Normen oder Vereinbarungen zur Übertragbarkeit erfüllt
- **Austauschbarkeit**
  Möglichkeit, diese Software anstelle einer spezifizierten anderen in der Umgebung jener Software zu verwenden, sowie der dafür notwendige Aufwand

Nicht-funktionale Anforderungen können als sogenannte **„Technical Stories"** im Gegensatz zu User Stories ausgedrückt werden (vgl. Ambler und Lines 2012, S. 170 f.). Ein Beispiel für die Sicherheit könnte sein: *„Das System muss eine rollenspezifische Authentifizierung bereitstellen, damit Benutzer nur ihre rollenspezifischen Funktionen benutzen können."* Diese Anforderung ist sicherlich auch für das Exam Administration Projekt relevant. Im Begriffsmodell (vgl. Abb. 2.3) wird beispielsweise ersichtlich, dass die Rollen Student, Hochschulbeauftragter und Mitarbeiter Auslandsamt vorzusehen sind und sicherlich ist noch die Rolle Administrator notwendig, die übergreifende Aufgaben im System zu erledigen hat. Weiterhin können nicht-funktionale Anforderungen in Form von Akzeptanzkriterien für einzelne funktionale Anforderungen ausgedrückt und bei der Umsetzung somit berücksichtigt werden. Beispiele dafür könnten sein: „Ein Student darf nur sein Learning-Agreement anlegen." „Ein Hochschulbeauftragter darf nur die Noten von den Hochschulen erfassen, für die er verantwortlich ist." Darüber hinaus könnten nicht-funktionale Anforderungen in einer separaten Anforderungsliste festgehalten werden. Dabei kann das Ausmaß der Erfüllung nominal oder kardinal gemessen werden. Das Vorhandensein eines Authentifizierungsmechanismus kann mit ja oder nein beurteilt werden. Anders sieht es etwa bei der Wartbarkeit aus. Sicherlich ist jede Software-Lösung wartbar, jedoch kann der Aufwand, um eine Wartungsaufgabe auszuführen, unterschiedlich hoch sein. Daher sind in der obigen Auflistung die Teilkriterien vielfach mit dem notwendigen Aufwand umschrieben.

Neben den Qualitätsanforderungen laut ISO/IEC 9126, haben bei Dialogsystemen auch Anforderungen, die die **Mensch-System-Interaktion** betreffen, eine hohe Bedeutung. Eine erste Orientierung dieses umfassenden Bereichs bieten die sieben **Grundsätze der Dialoggestaltung** nach DIN EN ISO 9241-110 (vgl. Balzert 2001, S. 552 ff.; Schneider 2013):

- **Aufgabenangemessenheit,** d. h. der Dialog basiert auf den charakteristischen Eigenschaften der Arbeitsaufgabe und unterstützt den Benutzer bei deren Erledigung effektiv und effizient.
- **Selbstbeschreibungsfähigkeit,** d. h. alle Texte und Meldungen sollten auf Anhieb verständlich und eindeutig sein. Ein intuitiv bedienbarer Dialog ist selbstbeschreibungsfähig.
- **Steuerbarkeit,** d. h. Schaltflächen, Menüeinträge sollten es dem Benutzer einfach machen, auf flexiblen Dialogwegen die Aufgabe zu erledigen. Dies wird beispielsweise auch dadurch unterstützt, dass Dialogschritte rückgängig gemacht werden können.
- **Erwartungskonformität,** d. h. der Dialog ist konsistent mit den Kenntnissen des Benutzers über das Arbeitsgebiet bzw. seinen Erfahrungen sowie allgemein anerkannten Konventionen. Zum Beispiel erwarten Webseiten-Benutzer, dass ein unterstrichener Begriff, meist in blauer Farbe, einen Hypertextlink darstellt.

- **Fehlertoleranz,** d. h. das System sollte grundsätzlich helfen, Eingabefehler zu ver-
  meiden. Wenn fehlerhafte Eingaben gemacht werden, so sollte die Korrektur mit
  keinem bzw. minimalem Aufwand möglich sein.
- **Individualisierbarkeit,** d. h. wenn Benutzer die Mensch-System-Interaktion und die
  Informationsdarstellung an die individuellen Fähigkeiten und Bedürfnisse anpassen
  können. Ein Beispiel wäre das Abschalten bzw. Erweitern von Symbolleisten oder
  Menüs.
- **Lernförderlichkeit,** d. h. der Dialog unterstützt den Benutzer beim Erlernen der
  Nutzung des interaktiven Systems, z. B. durch leicht verständliches Prinzip für die
  Bedienschritte, Menüstruktur oder beispielsweise durch Bereitstellen eines Testkontos
  beim Online-Banking, wie etwa das Demokonto der Postbank.

Bei Thesmann (vgl. Thesmann 2010, S. 233 ff.) finden sich anschauliche Beispiele,
welche die Ausgestaltung der Grundsätze verdeutlichen. Dabei wird auch deutlich,
dass diese ursprünglich für Desktop-Anwendungen konzipierten Grundsätze auch für
dialogorientierte Web-Anwendungen anwendbar sind. Im Rahmen der Vorbereitungsphase geht es nicht um die Festlegung der Detailanforderungen an die Dialoggestaltung.
Dies wird bei der Detaillierung der User Stories und dem Entwurf im Rahmen der
Entwicklungsphase erfolgen. Allerdings könnte es in der Vorbereitungsphase sinnvoll sein, unterschiedliche Bedienergruppen zu identifizieren. Handelt es sich z. B. um
Gelegenheitsbenutzer, so werden die Anforderungen grundsätzlich anders sein, als bei
Expertenbenutzern. Weiterhin könnte es sein, dass ein unternehmensspezifisches Regel-
werk für die Dialoggestaltung zur Anwendung kommen soll, wie z. B. Microsoft's User
Experience Guidelines für Windows.

Für unser Fallbeispiel sollen beispielhaft zwei Anforderungen für den Dialog als
sogenannte Technical Stories identifiziert worden sein:

- Das akademische Auslandsamt fordert, dass die Dialoge in englischer Sprache
  zu gestalten sind, damit erstellte Ausdrucke unmittelbar weiterverwendet werden
  können.
- Der Auftraggeber fordert einen hohen Grad an Selbstbeschreibungsfähigkeit der
  Dialoge, damit die Nutzung für die gelegentlichen Benutzer (z. B. Studenten) intuitiv
  möglich ist.

2.4   Erster Entwurf einer System-Architektur

Neben den funktionalen und nicht-funktionalen Anforderungen ist es in der Vorbereitungsphase sinnvoll, eine gewisse Klarheit über die **System-Architektur** zu
bekommen. Dass dies manchmal zu kurz kommt, deutet das Zitat des IT-Vorstands
der Bausparkasse Schwäbisch Hall an (vgl. Abschn. 1.2.1). Die System-Architektur
liefert technische Rahmenbedingungen und hat damit einen ähnlichen Charakter wie

nicht-funktionale Anforderungen (vgl. Abschn. 2.3.2). Bei den Überlegungen zur System-Architektur sind unterschiedliche Einflussfaktoren relevant (vgl. Balzert 2011, S. 135 ff.). Hinsichtlich der **Anwendungsart** können Einzel-und Mehrplatzanwendungen unterschieden werden. Im SemA Beispiel sollen gemäß dem Anwendungsfalldiagramm (vgl. Abb. 2.2) Studenten mit dem System unterschiedliche Transaktionen abwickeln können. In der Realität wollen somit mehrere Studenten auch gleichzeitig mit dem System interagieren. Somit handelt es sich um eine Mehrplatzanwendung. Mehrplatzanwendungen müssen auf mehreren Computersystemen verteilt implementiert werden. Grundsätzlich können nach der **Verteilungsart** Client-server-, Web- und Serviceorientierte Architekturen unterschieden werden. Beim SemA Beispiel bietet sich eine Web-Architektur an. Damit können die Benutzer, und dies gilt insbesondere für die Studenten, mit jedem Webbrowser die Anwendung nutzen. Das zu entwickelnde SemA System ist keine stand-alone Anwendung, sondern ist in ein Umfeld anderer Systeme eingebunden. Dies machen z. B. die User Stories 1.4 und 3.3 in Tab. 2.2 deutlich. Die Kommunikation mit bestehenden Systemen könnte über sogenannte Web Services (vgl. Balzert 2011, S. 262 ff. und 287 ff.) erfolgen (vgl. Abschn. 8.3). Eine weitere Einflussgröße für die System-Architektur ist die softwaretechnische Infrastruktur. Grundsätzlich kann zwischen **plattformspezifischen** (z. B. .NET von Microsoft) und **plattformübergreifenden** (z. B. Java) Entwicklungs- und Laufzeitumgebungen unterschieden werden. Für das Fallbeispiel SemA fällt die Entscheidung einfach aus. Es wird davon ausgegangen, dass Java als Plattform vorgegeben ist. Dies könnte durchaus auch in einer Story beschrieben werden, z. B. „Als Betreiber des Hochschul-Rechenzentrums brauche ich die Anwendung in einer leicht portierbaren Form, damit ich nicht an bestimmte Plattformen gebunden bin und mich flexibel umentscheiden kann." Damit wird die Anforderung wesentlich besser diskutierbar und nachvollziehbar. Vor diesem Hintergrund lässt sich eine mehrstufige Architektur ableiten, welche die zu entwickelnde Anwendung in Schichten mit unterschiedlicher Verantwortung gliedert (vgl. Abb. 2.4).

Die **Präsentationsschicht** ist für die Benutzerinteraktion im Sinne der Darstellung von Anzeigedaten, dem Aufnehmen von Eingabedaten sowie die Reaktion auf ausgelöste Ereignisse, z. B. Klick auf Schaltfläche, zuständig. Die **Anwendungsschicht** stellt anwendungsfallspezifische Funktionalität der Fachkonzeptschicht zur Verfügung. Sie ist häufig auch in die Fachkonzeptschicht integriert. Die **Fachkonzeptschicht,** auch als Domänenschicht bezeichnet, implementiert die Geschäftslogik in Form von Fachkonzeptklassen. Mit der **Datenhaltungsschicht** werden die Geschäftsobjekte der Fachkonzeptschicht persistent gespeichert.

Für das Anwendungsbeispiel SemA wurde eine Web-Architektur festgelegt. Diese verteilte Architektur ist in allgemeiner Form in Abb. 2.5 dargestellt.

Die Informationsdarstellung und Interaktion des Benutzers erfolgt über den Webbrowser, die Steuerungskomponenten in der Präsentationsschicht nehmen die Eingabedaten bzw. die Aktionsereignisse entgegen und entscheiden welche Dienste der Fachkonzeptschicht in Anspruch genommen werden. Im Vergleich zur Abb. 2.4 übernehmen die Dienste in der Fachkonzeptschicht die Aufgaben der Anwendungsschicht.

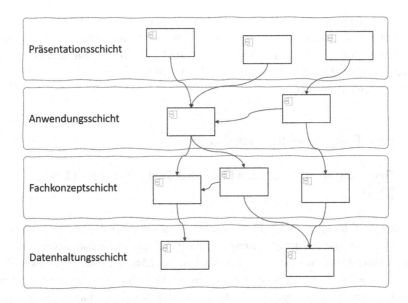

Abb. 2.4 Mehrschichten-Architektur

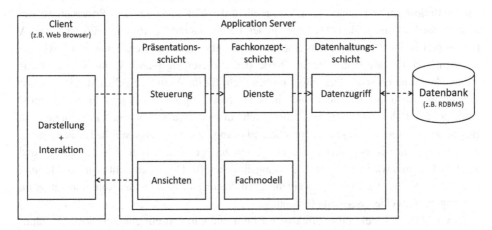

Abb. 2.5 Grundstruktur einer Web-Architektur

Das Fachmodell beinhaltet die Geschäftsobjekte mit deren Funktionalität. Die Datenspeicherung erfolgt i. d. R. in einer Datenbank, die auf einem Datenbankserver implementiert sein kann. Der Datenzugriff erfolgt über die Datenhaltungsschicht.

Die Schichtenarchitektur kann auch als Technical Story formuliert werden: „Der Auftraggeber fordert eine Mehrschichten-Architektur, weil späte Änderungen der Anforderungen lokal bleiben sollen, Teile des Systems sollen durch alternative Implementierungen ausgetauscht werden können und die Subsysteme der einzelnen Schichten sollen getrennt voneinander entwickelt werden können."

In der Entwicklungsphase wird diese Mehrschichten-Architektur mit Mitteln der Java Entwicklungs- und Laufzeitplattform in Form der Jakarta Enterprise Edition (**Jakarta EE**) realisiert. Auf der Basis der funktionalen und nicht-funktionalen Anforderungen sowie einer groben Vorstellung über die System-Architektur kann im nächsten Schritt ein Release-Plan erstellt werden.

2.5   Erstellung eines Release-Planes

2.5.1   Grundlagen zum Release Plan und die Definition of Done (DoD)

Gemäß den Ausführungen zu den Phasen des Prozessmodells (vgl. Abschn. 1.3.3.1) endet die Vorbereitungsphase mit dem **Konsens-Meilenstein.** Unter Berücksichtigung des Risikos soll eine Übereinkunft zwischen den Stakeholdern hinsichtlich Projektinhalt (scope), Zeit und Kosten erzielt werden. Auf der Basis einer groben Vorstellung über die funktionalen und nicht-funktionalen Anforderungen sowie die technischen Rahmenbedingungen in Form der System-Architektur, soll der Release-Plan eine verlässliche Entscheidungsfindung ermöglichen. Der Release-Plan ist in eine Planhierarchie eingebettet. Dem **Release-Plan** kann ein **Portfolio-Plan** vorgelagert sein. Dieser dient der Identifizierung und Priorisierung von neuen Projekten unter Berücksichtigung der bereits laufenden Projekte. Für das SemA Fallbeispiel ist das Ergebnis solch einer Portfolio-Planung ansatzweise in Abb. 1.2 wiedergegeben. Der Release-Plan steht am Ende der Vorbereitungsphase. Wenn auf der Basis dieses Planes die Entscheidungsträger grünes Licht für das Vorhaben geben, dann schließen sich für die nachfolgenden Iterationen in der Entwicklungsphase die jeweiligen Iterationspläne an. Die Release-Planung beschränkt sich auf eine vorausschauende Grobplanung. Zu Beginn jeder Iteration erfolgt eine **Iterationsplanung,** in der die ausgewählten Arbeitspakete des Arbeitsvorrats in detaillierte Aufgabenlisten zerlegt werden (vgl. Abschn. 1.3.3.1 und 1.3.3.3). Dadurch wird eine hohe Anpassungsfähigkeit für Details erreicht (vgl. Ambler und Lines 2012, S. 197 ff.). Neben dem eigentlichen Planungsresultat hat die Kommunikation im Planungsprozess eine essenzielle Bedeutung.

Ein wichtiger Aspekt einer effektiven Kommunikation ist ein gemeinsames Verständnis wann ein Arbeitspaket des Arbeitsvorrats als fertig angesehen werden soll. Bei Scrum wird dies als die **Definition of Done (DoD)** bezeichnet (vgl. Schwaber und Sutherland 2013, S. 15 f.). Dies hat unmittelbaren Einfluss auf die oben erwähnte Iterationsplanung. Jede Iteration soll ein potenziell einsetzbares Software-Inkrement liefern und damit hat die DoD unmittelbaren Einfluss auf den Aufwand. Die DoD kann von Unternehmen zu Unternehmen bzw. von Projekt und Projekt durchaus verschieden aussehen. Eine mögliche Struktur der DoD ist (vgl. Stevens 2014):

• Haben wir die richtigen Dinge gemacht (externe Qualität)?
• Haben wir die Dinge richtig gemacht (interne Qualität)?

Die **externe Qualität** wird beschrieben durch die Anforderungen der Auftraggeber und schlägt sich bei agiler Software-Entwicklung beispielsweise im erfolgreichen Erfüllen der Akzeptanzkriterien für die einzelnen System-Operationen wieder, die spätestens im Rahmen der Iterationsplanung festzulegen sind (vgl. Abschn. 3.2.2).

Bei der **internen Qualität** geht es im Wesentlichen darum, dass die im Vorhinein festgelegten Kriterien erfüllt sind. Im Fallbeispiel SemA könnten es folgende Bedingungen sein:

- Unit Tests sind vorhanden und wurden erfolgreich durchgeführt.
- Code-Überprüfung hat bestätigt, dass Namens-Konventionen eingehalten, General Responsibility Assignment Software Patterns (vgl. Abschn. 3.3) angewandt und die Mehrschicht-Architektur konsequent eingehalten wurde (vgl. Abschn. 2.4).
- Beim Dialogentwurf wurde das vorgegebene einheitliche Erscheinungsbild (Corporate Identity – CI) eingehalten.
- Bei der Dialoggestaltung wurde die englische Sprache verwendet (vgl. Technical Story in Abschn. 2.3.2).
- Bei der Dialoggestaltung wurden verständliche Fachbegriffe verwendet und Hilfetexte (z. B. mit Mouse-over-Effekten) eingesetzt (vgl. Technical Story in Abschn. 2.3.2).
- Produktverantwortlicher hat den Done-Status bestätigt.

Abschließend ist anzumerken, dass die DoD einerseits im Einzelfall nicht verhandelbar sind, jedoch andererseits keine statische Festlegung sein muss. Im Laufe des Projektes kann es sinnvoll sein, die Anforderungen an das „Done" zu erhöhen, um damit auch die Qualität des Produktes zu steigern.

Im Rahmen der Release-Planung muss auch über die Länge einer Iteration entschieden werden. Typischerweise entscheiden sich agile Teams für Iterationen von zwei bis vier Wochen im Sinne von zehn bis zwanzig Arbeitstagen. Am Ende einer Iteration soll beim agilen Vorgehen eine potentiell nutzbare Lösung stehen. Eine nutzbare Lösung beinhaltet einsetzbare Software, bereits nutzbares Schulungsmaterial oder andere Artefakte (z. B. Produktbeschreibungen für spätere Werbemaßnahmen), die für den Auftraggeber einen Nutzen darstellen. Daher bietet es sich an, dass auch nach jeder Iteration ein sogenanntes **internes Release** erfolgt, um den Nutzen zu überprüfen. Dies hat einerseits für den Auftraggeber den Vorteil, den Projektfortschritt beurteilen zu können und andererseits für das Projektteam den Vorteil, fundiertes Feedback von den Stakeholdern zu bekommen. In welcher zeitlichen Frequenz ein Release produktiv gesetzt wird, hängt von unterschiedlichen Faktoren ab. Bei einem hohen Automatisierungsgrad der Software-Bereitstellung (deployment) und minimalem bzw. keinem Schulungsaufwand bei den Benutzern kann ein tägliches, wöchentliches oder monatliches Release Sinn machen. Ansonsten – und das gilt sicherlich auch für das Fallbeispiel SemA – sollte dem Angemessenheits-Meilenstein gemäß dann eine Software produktiv gesetzt werden, wenn der Zusatznutzen des neuen Release für die Benutzer höher ist als der notwendige Aufwand zur Einführung. Realistische Größenordnungen liegen über einem Monat, einem Quartal oder einem halben Jahr.

2.5.2 Vorgehensweisen zur Aufwandsschätzung

Ein wesentliches Element der Release-Planung ist die Abschätzung des Aufwands. Zur Bestimmung von zeitlichen Schätzungen schlägt Mike Cohn vor, zuerst die Größe des Projektes abzuschätzen und dann mit Hilfe einer geplanten Produktivität oder Geschwindigkeit die notwendige Zeitdauer abzuleiten (vgl. Cohn 2010a, S. 223 ff.). Traditionelle Verfahren zur Bestimmung der Größe eines Software-Projektes sind z. B. das Constructive Cost Model (**COCOMO**) oder die Function-Point-Analyse (**FPA**) (vgl. Ludewig und Lichter 2013, S. 118 ff.). Beim COCOMO Verfahren dienen Programm-Zeilen (lines of code) zur Größenbestimmung, bei der FPA werden sogenannte Funktionspunkte (function points) verwendet. Die FPA wurde in den 1970er-Jahren von Allan J. Albrecht bei IBM entwickelt und im Jahre 2003 zu einem ISO Standard erhoben. Dieser Standard wird heute von der International Function Point User Group (IFPUG) verwaltet (vgl. Poensgen 2012; S. V und Hummel 2011, S. 38 ff.).

Ausgangspunkt der FPA sind die geforderten Funktionalitäten, welche die zu entwickelnde Anwendung bereitstellen soll (vgl. Beispiel bei Poensgen 2012, S. 73 ff). Die Funktionsanforderungen werden in Funktionsgruppen strukturiert und daraus werden systematisch interne und externe Datenbestände, Ein- und Ausgaben sowie Abfragen abgeleitet und je nach Komplexität mit vorgegebenen Funktionspunkten bewertet. Damit ist es für Experten möglich, unabhängig von der eingesetzten Implementierungs-technik und den konkreten Entwicklern die Größe einer Anwendung zu bestimmen. Mit Hilfe von Erfahrungswerten über die Produktivität in einem bestimmten Entwicklungs-umfeld lässt sich der Aufwand gemessen in Personentagen oder -monaten ermitteln. Unter Berücksichtigung der Verfügbarkeit von Projektmitarbeitern und Kostensätzen, lassen sich damit Zeit- und Kostenschätzungen ableiten. Schon die knappe Darstellung macht deutlich, dass die FPA nur dann funktionieren kann, wenn das Vorgehensmodell eine möglichst vollständige Erhebung und Festschreibung detaillierter fachlicher Anforderungen zu Projektbeginn vorsieht (vgl. Poensgen 2012, S. 31).

Hummel verdeutlicht an einem Beispiel die Use Case Point Methode als eine Variante der FPA (vgl. Hummel 2011, S. 39 ff.). Hierfür sind Anwendungsfall-Beschreibungen, das Klassenmodell mit Attributspezifikation sowie die Spezifikation von System-Operationen notwendig. Auch dabei wird deutlich, dass für dieses Schätzverfahren die fachlichen Anforderungen weitgehend vollständig und detailliert sein müssen. Dies ist zumeist nur in wasserfallartigen Prozessmodellen der Fall.

In der Vorbereitungsphase sind die Anforderungen in Form von User Stories oder Technical Stories bekannt. Der Detaillierungsgrad reicht jedoch nicht aus, um etwa eine FPA oder die Use Case Point Methode anzuwenden. In agilen Prozessmodellen wird die Größe der in User Stories charakterisierten Anforderungen in **Story Points** ausgedrückt. Im Vergleich zu Funktionspunkten oder Programmzeilen sind Story Points ein relatives Maß, das teamspezifisch ist und dazu dient, Anforderungen hinsichtlich ihrer Größe vergleichbar zu machen (vgl. Hummel 2011, S. 17 ff.). Während bei der FPA vielfach

Schätz-Experten eingesetzt werden, wird in agilen Projekten davon ausgegangen, dass die Teammitglieder die am besten geeigneten Personen für diese Aufwandsabschätzung sind.

Die verbreitetste Variante, um zu diesen relativen Größen-Schätzungen zu kommen, sind **Schätzklausuren,** in denen das gesamte Projektteam als Experten in die Schätzung einbezogen wird. Damit wird die Identifikation aller Betroffenen mit den Schätzungen sichergestellt. Der Nachteil von Schätzklausuren ist jedoch ihre Dauer, die natürlich stark von der Ausführlichkeit der geführten Diskussionen abhängt. Deshalb gibt es verschiedene Techniken, diese Schätzklausuren zu beschleunigen.

Eine dieser Techniken ist die **Planning Poker Methode,** die im Folgenden kurz skizziert werden soll. Der Ursprung dieses Ansatzes geht auf die Delphi-Methode zurück, die schon in den 1940er-Jahren von der RAND Corporation als mehrstufiges, strukturiertes Verfahren zur Befragung von Experten mit dem Ziel der langfristigen Vorhersage wissenschaftlicher und technischer Entwicklungen konzipiert wurde. Barry Boehm entwickelte auf dieser Basis das sogenannte **Breitband Delphi** (wideband delphi), mit dessen Hilfe Aufwandsschätzungen in einem strukturierten Prozess durch Experten erfolgten (vgl. Hummel 2011, S. 26 f.). Die Planning Poker Methode baut auf diesen Methoden auf. Der Produktverantwortliche stellt dem Team die User Story vor und jedes Teammitglied entscheidet sich für eine Punkte-Karte und legt diese verdeckt auf den Tisch. Die Karten sind mit Punktwerten versehen. Darüber hinaus gibt es u. a auch Karten mit dem Vermerk „Anforderung unklar" und „Anforderung zu groß". Die Zahlenwerte der Story Points stammen aus der Fibonacci-Folge (0, 1, 2, 3, 5, 8, 13, 21, …) und könnten auch inhaltlich interpretiert werden (vgl. zweite Spalte in Tab. 2.4).

Die Interpretation der Zahlenwerte in Tab. 2.4 ist nicht notwendig und kann sogar unnötige Diskussionen aufwerfen, z. B. was ist „mittel" oder „groß". Cohn empfiehlt vielmehr innerhalb einer Schätzklausur die Triangulation anzuwenden (vgl. Cohn 2010a,

Tab. 2.4 Interpretation der Story Points (Hummel 2011, S. 18)

Anzahl Story Points	Beschreibung
0	Im Prinzip kein Aufwand
1	Kleinstmöglicher Aufwand
2	Sehr kleiner Aufwand, aber etwa doppelt soviel wie kleinstmöglicher Aufwand
3	Kleiner Aufwand, aber etwa wie ein kleinstmöglicher und ein sehr kleiner Aufwand
5	Mittlerer Aufwand
8	Großer Aufwand
13	Sehr großer Aufwand
21	Riesiger Aufwand
Zu groß	Nicht mehr zu überblickender Aufwand

S. 110 f.). Die User Stories sollten gegeneinander abgewogen werden, sodass gewähr-leistet ist, dass die Relationen passen. So sollte eine User Story mit fünf Punkten wirk-lich einen größeren Aufwand verursachen als eine mit drei und schon wesentlich kleiner sein, als eine mit 13. Hilfreich kann sein, dass man statt der obigen Tabelle **eine** User Story genauer analysiert und diese als sogenannte Referenz-User Story z. B. mit einem Story Point-Wert von fünf fixiert. Damit wird im Team ein gemeinsam akzeptierter Orientierungswert geschaffen. Die Fibonacci -Folge trägt der Intention Rechnung, dass die Schätzgenauigkeit mit zunehmender Größe der User Story abnimmt. In der Reali-tät werden auch Varianten mit Punktwerten von 20, 40 und 100 verwendet. Im Sinne einer guten Schätzgenauigkeit ist eine Beschränkung auf die kleineren Werte sinnvoll. Im Einzelfall kann das bedeuten, dass eine zu große User Story in mehrere kleine zerlegt werden muss.

Nachdem alle ihre Entscheidung getroffen haben, werden die Karten aufgedeckt. Liegen die Schätzwerte eng beieinander, so können sich die Teilnehmer schnell auf einen Wert einigen. Ergibt sich eine breite Streuung, so werden insbesondere die Teilnehmer mit dem niedrigsten und höchsten Wert gebeten, die Argumente für ihre Entscheidung der Gruppe darzulegen. Damit entsteht eine gewollte und i. d. R. erkenntnisreiche Diskussion, die mehr Klarheit und ein besseres gemeinsames Verständnis über die Anforderungen fördert. Die Schätzrunden werden solange wiederholt, bis eine Einigung auf einen einheitlichen Schätzwert erreicht werden kann. Die Ernsthaftigkeit dieses „Spiels" wird u. a. dadurch gewährleistet, dass die Teammitglieder mit ihrer Schätzung ja auch eine gewisse Verpflichtung eingehen und ein ständig falsches Schätzen eher schwer zu rechtfertigen ist. Dies gilt sowohl für Schätzfehler nach oben als auch nach unten. Die Diskussion über die Größe und damit dem erwarteten Aufwand kann ins-besondere bei hohen Story Point Werten dazu führen, dass die Notwendigkeit der einen oder anderen User Story überdacht wird.

Für das Fallbeispiel SemA gehen wir davon aus, dass die beiden Teammitglieder für die bisher identifizierten User Stories folgende einvernehmliche Schätzungen vor-genommen haben (vgl. Tab. 2.5). Dabei sind die Punktwerte auf der Anwendungsfall-ebene die Summe der Story Points der zugehörigen User Stories.

Im Rahmen der Diskussion nicht-funktionaler Anforderungen (Abschn. 2.3.2) und der System-Architektur (vgl. Abschn. 2.4) wurden beispielhaft noch vier Technical Stories identifiziert:

6.1 *Das System muss eine rollenspezifische Authentifizierung bereitstellen, damit Benutzer nur ihre rollenspezifischen Funktionen benutzen können.*

6.2 *Der Auftraggeber fordert eine Mehrschichten-Architektur, weil späte Änderungen der Anforderungen lokal bleiben sollen, Teile des Systems sollen durch alternative Implementierungen ausgetauscht werden können und die Subsysteme der einzelnen Schichten sollen getrennt voneinander entwickelt werden können.*

Tab. 2.5 Story Point Schätzungen für die User Stories von SemA

Für Auslandssemester bewerben		**Σ12**
Der Student will seine Bewerbung für ein Auslandssemester im System erfassen, damit er im Auswahlprozess sachgerecht berücksichtigt werden kann		
User Stories	1.1. Der Student will seine Bewerbung für ein Auslandssemester mit seiner Prioritätenliste und seinen Angaben zum Auslandsstudium an der Partnerhochschule im System anlegen können, damit er im Auswahlprozess sachgerecht berücksichtigt werden kann	4
	1.2. Der Student will seine Bewerbung für ein Auslandssemester bis zum Bewerbungsschluss bearbeiten können, damit alle notwendigen Daten für den Auswahlprozess zur Verfügung stehen	3
	1.3. Der Student will bei seiner Bewerbung bei den einzelnen Hochschulen sehen, wie viel Plätze zur Verfügung stehen und wie viel Bewerbungen bereits vorliegen, damit er seine Chancen ausgewählt zu werden erhöhen kann	1
	1.4. Der Bewerber möchte bei seiner Bewerbung die Daten, die schon in anderen Systemen der Hochschulen vorhanden sind, nicht noch einmal erfassen, damit einerseits unnötige Arbeit und andererseits Fehler vermieden werden	4
Bewerbern Studienplätze anbieten		**Σ7**
Der Mitarbeiter im Auslandsamt will die verfügbaren Studienplätze an den Partnerhochschulen geeigneten Bewerbern anbieten, damit die Bewerber gemäß ihren Wünschen und ihrem Leistungsprofil einen geeigneten Studienplatz im Ausland bekommen		
User Stories	2.1. Der Mitarbeiter im Auslandsamt will für jede Partnerhochschule geeignete Bewerber aus einer Vorschlagsliste auswählen können, damit den Bewerbern gemäß ihren Wünschen und ihrem Leistungsprofil ein Studienplatz im Ausland angeboten werden kann	3
	2.2. Der Mitarbeiter im Auslandsamt will vom System benachrichtigt werden, wenn ein Student einen angebotenen Studienplatz ablehnt, damit möglichst schnell ein Nachrücker bestimmt werden kann	1
	2.3. Der Mitarbeiter im Auslandsamt will nicht angenommene Studienplätze in einem Nachrückverfahren Bewerbern anbieten, sodass möglichst viele Studierende ihren Wunsch, im Ausland zu studieren, erfüllen können	3

(Fortsetzung)

Tab. 2.5 (Fortsetzung)

Learning-Agreement erstellen		Σ15
Der Student will ein Learning-Agreement erstellen, sodass nach Abschluss des Auslandssemesters eine reibungslose Anerkennung der im Ausland erbrachten Leistungsnachweise gewährleistet ist		
User Stories	3.1. Der Student will sein Learning-Agreement mit den korrespondierenden Lehrveranstaltungen der Heimat- und Partnerhochschule im System anlegen können	4
	3.2. Der Student will sein Learning-Agreement bis zur endgültigen Festlegung editieren können	2
	3.3. Der Student soll bei der Erfassung von Lehrveranstaltungen der Heimathochschule nur solche erfassen können, für die er noch keinen Leistungsnachweis erbracht hat. Damit sollen Fehler frühzeitig vermieden werden	4
	3.4. Der Student soll bei der Erfassung von Lehrveranstaltungen der Partnerhochschule bereits passende Lehrveranstaltungen vorgeschlagen bekommen, damit die Bestätigung durch den Hochschulbeauftragten vereinfacht wird	4
	3.5. Der Student will sein Learning-Agreement als PDF-Datei ausdrucken können	1
Learning-Agreement ändern		Σ8
Der Student will sein Learning-Agreement ändern, da geplante Lehrveranstaltungen nicht besucht werden können und weiterhin die spätere Anrechnung der Leistungsnachweise gewährleistet ist		
User Stories	4.1. Der Student will sein Learning-Agreement so ergänzen können, dass der Hochschulbeauftragte die Änderung vollständig nachvollziehen kann	5
	4.2. Solange der Hochschulbeauftragte die Änderung nicht genehmigt hat, will der Student sein Learning-Agreement samt seinen Änderungen bearbeiten können	3
Leistungsnachweise anerkennen		Σ6
Der Hochschulbeauftragte will nach Abschluss seines Auslandssemesters die im Ausland erbrachten Leistungen gemäß den dort erzielten Noten anrechnen, damit die entsprechenden Leistungsnachweise an der Heimathochschule mit den umgerechneten Noten als erbracht im Prüfungssystem geführt werden können		
User Stories	5.1. Der Hochschulbeauftragte will die erbrachten Noten der Partnerhochschule und die umgerechneten Noten erfassen können	1
	5.2. Der Hochschulbeauftragte will die Noten der Partnerhochschule durch das System nach festen Regeln umrechnen lassen, damit ein Höchstmaß an Objektivität gewährleistet werden kann	5
	Summe	48

6.3 *Das akademische Auslandsamt fordert, dass die Dialoge in englischer Sprache zu gestalten sind, damit erstellte Ausdrucke unmittelbar weiterverwendet werden können.*

6.4 *Der Auftraggeber fordert einen hohen Grad an Selbstbeschreibungsfähigkeit der Dialoge, damit die Nutzung für die gelegentlichen Benutzer (z. B. Studenten) intuitiv möglich ist.*

Während 6.1 einen speziellen Implementierungsaufwand erfordert, haben 6.2 bis 6.4 eher den Charakter Nebenbedingungen, die als Teil der Definition of Done (DoD) stets zu erfüllen sind. Wir wollen annehmen, dass das Team für 6.1 einen Story Point Wert von vier schätzt.

Nachdem die Iterationslänge auf zwei Wochen, d. h. 10 Arbeitstage bereits festgelegt ist, geht es nun darum, die Produktivität (velocity) im Sinne von Story Points je Iteration abzuschätzen. Grundsätzlich sind hierfür folgende Vorgehensweisen denkbar (vgl. Cohn 2010b, S. 177 ff.):

- Verwendung historischer Erfahrungswerte,
- eine Iteration durchführen oder
- Abschätzung vornehmen

Die **Verwendung historischer Erfahrungswerte** ist am ehesten dann einsetzbar, wenn möglichst viele der folgenden Voraussetzungen erfüllt sind:

- Verwendung gleicher Technologie,
- gleicher Anwendungsbereich,
- gleiche Teamzusammensetzung,
- gleicher Produktverantwortlicher und
- Verwendung gleicher Entwicklungswerkzeuge

Ganz offensichtlich sind diese Anforderungen insbesondere dann erfüllt, wenn es sich um ein neues Release einer bestehenden Software-Lösung handelt. Treffen obige Voraussetzungen nur eingeschränkt zu, sollte sich die daraus resultierende Unsicherheit in größeren Schätzintervallen ausdrücken. So könnte ein ermittelter Durchschnittswert für die Produktivität von 5 Story Points je Iteration mit 0,6 und 1,6 multipliziert werden, womit sich ein Schätzintervall von 3 bis 8 Story Points ergibt.

Die ideale Vorgehensweise zur Schätzung der Produktivität ist das **Durchführen einer Iteration**. In diesem Fall kann auf der Basis eines beobachteten Wertes eine Aussage über die Produktivität gemacht werden. Natürlich bedeutet dies Aufwand, allerdings mag dieser im Vergleich zu den aufwendigen traditionellen Aufwandsschätzungen durchaus vertretbar sein (vgl. Cohn 2010a, S. 180). Die Erfahrung aus einer Iteration lässt sich naturgemäß nicht eins-zu-eins umsetzen. Ähnlich wie oben, lässt sich die Unsicherheit mit einem Schätzintervall wiedergeben. Ist es sogar möglich zwei oder drei Iterationen seinen Schätzungen zugrunde zu legen, so können die Multiplikatoren für die Ermittlung des Intervalls von 0,6 auf 0,8 und 0,85 bzw. von 1,6 aus 1,25 und 1,15 verändert werden. Damit werden die Intervalle enger.

Wenn keine historischen Erfahrungswerte vorliegen oder wenn das Projekt sofort bzw. erst nach 12 und mehr Monaten starten soll, muss eine **Abschätzung ohne empirische Basis** vorgenommen werden. Im einen Fall ist keine Zeit gegeben, um eine Iteration durchzuführen, im anderen Fall besteht das Risiko, dass das Projekt gar nicht realisiert wird und damit die durchgeführte Iteration u. U. zu viel Aufwand darstellt, der letztlich verloren ist. Die Abschätzung kann etwa so ablaufen, dass man ausgewählte User Stories in einzelne Aktivitäten planerisch zerlegt (ähnlich der Iterationsplanung, vgl. Abschn. 3.2.1), den Zeitaufwand in Stunden abschätzt und auf dieser Basis reale Arbeitstage des Teams bestimmt. Somit kann das Verhältnis zwischen Story Points und Iteration als Schätzwert bestimmt werden.

Im Fallbeispiel SemA gehen wir davon aus, dass das Zweierteam vier Story Points je Iteration bewältigen kann. Dieser Erfahrungswert hat sich aus der Durchführung einer Iteration ergeben. Somit ergibt sich auf der Basis der getroffenen Annahmen eine geschätzte Gesamtlaufzeit (52 Story Points/4 Story Points je Iteration = 13 Iterationen) von 26 Wochen, was ca. einem halben Jahr entspricht. Diese Schätzung ist sicherlich durch ein beachtliches Maß an Unsicherheit charakterisiert. Gemäß obigen Ausführungen ist es daher sinnvoll mit einer Intervallschätzung zu arbeiten. Die unteren und oberen Schranken sind somit 2,4 (4 × 0,8) und 6,4 (4 × 1,6) Story Points je Iteration. Da unser Team noch nicht viel Erfahrung aufweist und auch die Stakeholder in den ersten Gesprächen den Eindruck hinterließen, dass auch bei Ihnen viel Unsicherheit bezüglich der tatsächlichen Anforderungen besteht, ist für eine vorsichtige Abschätzung nur die untere Schranke des Produktivitätsintervalls relevant. Somit ergeben sich für das Fallbeispiel SemA (52 Story Points/2,4 Story Points je Iteration = 21,67 Iterationen 43,33 Wochen 10 Monate) als obere Grenze des Schätzintervalls zehn Monate als eine mögliche Abschätzung. Laut dem iterativen Ansatz des DAD Prozessmodells wächst mit jeder Iteration die Erfahrung und damit verbessert sich auch die Fähigkeit, die Restlaufzeit und damit die Gesamtlaufzeit verlässlicher abzuschätzen. Ein Instrument zum kontinuierlichen Monitoring ist das sogenannte **Burndown Chart** (vgl. Ambler und Lines 2012, S. 210 ff.).

Das Beispiel in Abb. 2.6 geht von 52 Story Points aus. Würde es dem Team gelingen, dass es seine geschätzte Produktivität von vier Story Points je Iteration umsetzen kann, wäre das Projekt nach 13 Iterationen abgeschlossen (vgl. gestrichelte Linie). Nun zeigt sich jedoch in der dritten, vierten und sechsten Iteration, dass netto neue User Stories dazugekommen sind. Dies ist ja bei agilem Vorgehen durchaus nicht ausgeschlossen. Ob welche weggefallen sind, ist nicht auszuschließen, jedoch in dem Diagramm nicht dargestellt. Auch die Produktivität ist nicht konstant bei vier Story Points je Iteration. In den Iterationen vier und sieben liegt die Produktivität nur bei zwei User Stories je Iteration. Schlussendlich würde dies in dem Beispiel zu insgesamt 20 Iterationen und somit zu einer Projektlaufzeit von über neun Monaten führen. In dem konstruierten Beispiel

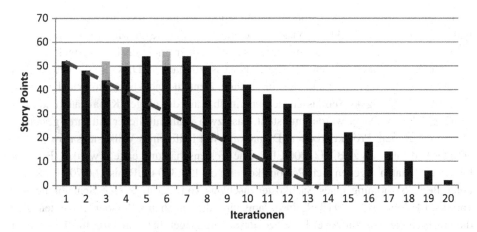

Abb. 2.6   Beispiel für Burndown Chart

läge man damit immer noch in dem oben prognostizierten Intervall von zehn Monaten. Würde sich während der Entwicklungsphase zeigen, dass der geplante Zeitrahmen überschritten wird, dann müsste der Produktverantwortliche zusammen mit den Stakeholdern entscheiden, auf welche User Stories auch verzichtet werden kann bzw. in ein späteres Projekt verschoben werden.

2.5.3   Priorisierung des Arbeitsvorrats unter Berücksichtigung von Risiko, Kosten und Nutzen

Ein nächster Schritt ist die Priorisierung der User Stories. Dabei sollten sowohl der **Nutzen** für den Auftraggeber, das bei der Umsetzung erwartete **Risiko** und geschäftslogische Aspekte, welche durch die Rahmenfunktion des Anwendungsfalls vorgegeben sind, beachtet werden. Risiken führen insbesondere dazu, dass geplante Ergebnisse nicht auf dem angestrebten Qualitätsniveau bzw. im geplanten Zeit- und/oder Kostenrahmen realisiert werden können. Im Rahmen der Vorbereitungsphase sollten möglichst alle vorhersehbaren Risiken aufgelistet und mit ihrer Eintrittswahrscheinlichkeit und ihrem möglichen Einfluss bewertet werden. Dabei sind unterschiedliche Risikokategorien zu unterscheiden, z. B. technische, organisatorische und prozessorientierte. **Technische Risiken** könnten etwa darin bestehen, dass die eingesetzte Technik nicht die notwendige Leistungsfähigkeit besitzt, z. B. zu lange Antwortzeiten oder die Funktionsfähigkeit einer zu entwickelnden Schnittstelle zu einer vorhandenen Anwendung ist unsicher. **Organisatorische Risiken** könnten darin bestehen, dass wichtige Stakeholder nicht im notwendigen Ausmaß zeitgerecht verfügbar sind. **Prozessorientierte Risiken** könnten sich ergeben, wenn eine notwendige neue Softwarekomponente nicht rechtzeitig vom Lieferanten geliefert werden kann. Im schlechtesten Fall kann die Risikobetrachtung dazu führen, dass die Entscheidungsempfehlung resultiert, das Projekt abzubrechen und nicht mit der Entwicklungsphase zu beginnen. In der Regel wird die Risikoanalyse jedoch dazu führen, dass man Strategien sucht, Risiken möglichst zu vermeiden bzw. unvermeidbare Risiken bei den Beteiligten bewusst zu machen. Diese Risikoliste ist auch während der Entwicklungsphase stets im Team präsent zu machen und zu aktualisieren.

Die **Entwicklungskosten** lassen sich unmittelbar aus der obigen Kapazitäts- und Zeitplanung ableiten. Dabei wurde unterstellt, dass zwei Teammitglieder mit ihrer gesamten Arbeitszeit an dem Projekt arbeiten. Damit kann mit Hilfe eines Vollkostensatzes je Mitarbeiter und Jahr von z. B. 100.000 EUR eine Kostenschätzung erstellt werden. Bei acht bis zehn Monaten ergeben sich Personalkosten von 133.300 EUR bis 166.700 EUR und unter Berücksichtigung eines Sachkostenzuschlags von ca. 20 % eine Spannbreite von 160.000 EUR bis 200.000 EUR. Insgesamt läge dies noch im Ressourcenrahmen, den die Hochschulleitung mit zwei Personenjahren vorgegeben hat (vgl. Abschn. 1.5). Dabei wird jedoch davon ausgegangen, dass die Rolle des Produktverantwortlichen vom Leiter Qualitäts- und Prozessmanagement wahrgenommen wird. Dieser Mitarbeiter zeichnet sich insbesondere dadurch aus, dass er als langjähriger Mitarbeiter sowohl die Prozessabläufe als auch vielfältige Erfahrungen aus anderen IT-Projekten mitbringt.

Der **Nutzen** für den Auftraggeber lässt sich vielfach in reduzierten bzw. vermiedenen Kosten und/oder aber in zusätzlichen Umsätzen ausdrücken. Neben finanziellen Kenngrößen können aber auch andere quantitative und qualitative Verbesserungen als Wertmaßstab dienen, so z. B. die Verringerung von Reaktionszeiten oder die Zufriedenheit der Kunden. Im Fallbeispiel SemA wurde die Zielsetzung in vermiedenen Kosten (Verdopplung der Studentenzahl und nur 50 % Ausweitung der personellen Ressourcen) und in einer Verbesserung des Zufriedenheitsindex von 3,5 auf unter zwei ausgedrückt (vgl. Abschn. 1.5). Weiterhin sollten Verbesserungen so schnell wie möglich realisiert werden. Für die Priorisierung des Arbeitsvorrats ist jeweils zu betrachten, inwieweit ein Beitrag zur Produktivitätssteigerung und zur Zufriedenheit erwartet wird.

Rein sachlogisch wäre es naheliegend, die einzelnen Anwendungsfälle bzw. User Stories gemäß dem Geschäftsprozessablauf (vgl. Abb. 2.1) zu priorisieren und schlussendlich umzusetzen. Dabei blieben jedoch die Kriterien Nutzen für den Auftraggeber, das Risiko und die möglichst schnelle Nutzenrealisierung außen vor. Im Fallbeispiel SemA soll den User Stories *3.1 „Der Student will sein Learning-Agreement mit den korrespondierenden Lehrveranstaltungen der Heimat- und Partnerhochschule im System anlegen können.“* und *3.2 „Der Student will sein Learning-Agreement bis zur endgültigen Festlegung editieren können.“* die Priorität eins und zwei vergeben werden. Die Priorität drei bekommt *3.5 „Der Student will sein Learning-Agreement als PDF-Datei ausdrucken können.“* und die Priorität vier wird der Technical Story *6.1 „Das System muss eine rollenspezifische Authentifizierung bereitstellen, damit Benutzer nur ihre rollenspezifischen Funktionen benutzen können.“* zugewiesen (vgl. Tab. 2.6).

Wesentliche Gründe für den Start mit User Stories aus dem Anwendungsfall *„Learning-Agreement erstellen“* sind, dass eine unmittelbare Wirkung auf die Studenten gegeben ist. Bei der Diskussion des Geschäftsprozesses (vgl. Abschn. 2.3.1.1) sowie der

Tab. 2.6 Prioritäten für die User Stories

Id	User Story	Prioriät
3.1	Der Student will sein Learning-Agreement mit den korrespondierenden Lehrveranstaltungen der Heimat- und Partnerhochschule im System anlegen können	1
3.2	Der Student will sein Learning-Agreement bis zur endgültigen Festlegung editieren können	2
3.5	Der Student will sein Learning-Agreement als PDF-Datei ausdrucken können	3
6.1	Das System muss benutzen können	4
3.3	Der Student soll bei der Erfassung von Lehrveranstaltungen der Heimathochschule nur solche erfassen können, für die er noch keinen Leistungsnachweis erbracht hat. Damit sollen Fehler frühzeitig vermieden werden	5
3.4	Der Student soll bei der Erfassung von Lehrveranstaltungen der Partnerhochschule bereits passende Lehrveranstaltungen vorgeschlagen bekommen, damit die Bestätigung durch den Hochschulbeauftragten vereinfacht wird	6
1.1	Der Student will seine Bewerbung für ein Auslandssemester mit seiner Prioritätenliste und seinen Angaben zum Auslandsstudium an der Partnerhochschule im System anlegen können, damit er im Auswahlprozess sachgerecht berücksichtigt werden kann	7
1.2	Der Student will seine Bewerbung für ein Auslandssemester bis zum Bewerbungsschluss bearbeiten können, damit alle notwendigen Daten für den Auswahlprozess zur Verfügung stehen	8
1.3	Der Student will bei seiner Bewerbung bei den einzelnen Hochschulen sehen, wie viel Plätze zur Verfügung stehen und wie viel Bewerbungen bereits vorliegen, damit er seine Chancen ausgewählt zu werden erhöhen kann	9
2.1	Der Mitarbeiter im Auslandsamt will für jede Partnerhochschule geeignete Bewerber aus einer Vorschlagsliste auswählen können, damit den Bewerbern gemäß ihren Wünschen und ihrem Leistungsprofil ein Studienplatz im Ausland angeboten werden kann	10
2.2	Der Mitarbeiter im Auslandsamt will vom System benachrichtigt werden, wenn ein Student einen angebotenen Studienplatz ablehnt, damit möglichst schnell ein Nachrücker bestimmt werden kann	11
2.3	Der Mitarbeiter im Auslandsamt will nicht angenommene Studienplätze in einem Nachrückverfahren Bewerbern anbieten, sodass möglichst viele Studierende ihren Wunsch, im Ausland zu studieren, erfüllen können	12
4.1	Der Student will sein Learning-Agreement so ergänzen können, dass der Hochschulbeauftragte die Änderung vollständig nachvollziehen kann	13
4.2	Solange der Hochschulbeauftragte die Änderung nicht genehmigt hat, will der Student sein Learning-Agreement samt seinen Änderungen bearbeiten können	14

(Fortsetzung)

Tab. 2.6 (Fortsetzung)

Id	User Story	Prioriät
1.4	Der Bewerber möchte bei seiner Bewerbung die Daten, die schon in anderen Systemen der Hochschulen vorhanden sind, nicht noch einmal erfassen, damit einerseits unnötige Arbeit und andererseits Fehler vermieden werden	15
5.1	Der Hochschulbeauftragte will die erbrachten Noten der Partnerhochschule und die umgerechneten Noten erfassen können	16
5.2	Der Hochschulbeauftragte will die Noten der Partnerhochschule durch das System nach festen Regeln umrechnen lassen, damit ein Höchstmaß an Objektivität gewährleistet werden kann	17

User Stories (vgl. Abschn. 2.3.1.2) mit den Stakeholdern hat sich ergeben, dass das Auslandsamt bereits eine teilweise durch IT unterstützte Lösung für die Anwendungsfälle *„Für das Auslandssemester bewerben"* und *„Bewerbern Studienplätze anbieten"* hat. Diese Lösung ist zwar absolut nicht ausreichend, jedoch ist der Produktverantwortliche mit den Stakeholdern zu der Auffassung gelangt, dass der Anwendungsfall *„Learning-Agreement erstellen"* bisher sehr stark zur Unzufriedenheit der Studenten beiträgt. Die zeitliche Inanspruchnahme der Hochschulverantwortlichen ist bisher enorm und auch beim Auslandsamt gehen eine Vielzahl von Nachfragen ein, sodass in diesem Bereich ein hohes Verbesserungspotential liegt, das auch relativ schnell genutzt werden könnte. Im Sinne einer möglichst schnellen Verfügbarkeit wurden die User Stories 3.3 und 3.4 mit niedrigerer Priorität versehen. Zur Realisierung von 3.3 ist beispielsweise eine Schnittstelle zum hochschulzentralen Prüfungssystem notwendig und zur effektiven Nutzung von 3.4 wäre es notwendig, dass Vergangenheitsdaten erfasst würden.

2.5.4 Ableitung eines vorläufigen Zeitplans

Betrachtet man die User Stories 3.1, 3.2 und 3.5, so eignen sich diese auch dafür, dass sie nach Fertigstellung produktiv gesetzt werden könnten. Allerdings zeigt sich, dass dann auch ein geordneter Zugang zum System gewährleistet sein müsste. Daher ist die Authentifizierung als eine notwendige Eigenschaft des Systems vor einem Release zu implementieren. Damit wäre ein erstes Release mit insgesamt 11 Story Points definiert, das nach voraussichtlich drei Iterationen eingeführt werden könnte. Der Zeitaufwand für die Einführung wird als vernachlässigbar eingeschätzt. Die weiteren vorläufigen Prioritäten sind aus Tab. 2.6 ersichtlich. Ein zweites Release könnten die User Stories 3.3 und 3.4 sein. Mit insgesamt acht Story Points wäre dieses Release nach zwei weiteren Iterationen möglich. Daraus lässt sich ein vorläufiger **Zeitplan** ableiten (vgl. Abb. 2.7).

Dieser muss im Rahmen der wiederkehrenden Iterationsplanungen fortgeschrieben, detailliert und präzisiert werden, sodass das Intervall zwischen dem frühesten Ende (nach 26 Wochen) und dem spätesten Ende (nach 43 Wochen) kleiner wird. In der

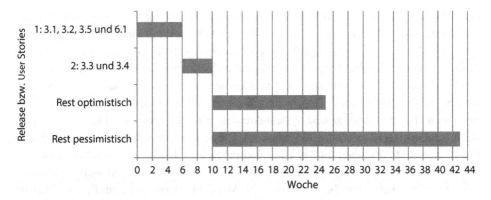

Abb. 2.7 Vorläufiger Zeitplan

jetzigen Fassung des Beispielplans wurde aufgrund der hohen Unsicherheit darauf verzichtet, die weiteren Iterationen zu detaillieren. Dieser Verzicht auf eine zu frühe Detailplanung ist ein übliches Vorgehen in agilen Projekten.

Erfolgt die Entwicklung des Systems durch einen externen Auftragnehmer ist auch
der Abschluss eines Vertrages notwendig (vgl. Abschn. 1.4). Hierfür muss die Termin-
planung entsprechende Eckdaten liefern. Entsprechend dem Konzept des agilen Festpreises ist etwa die Festlegung einer Checkpoint-Phase vorgesehen. Diese entspricht im
DAD Prozessmodell dem Bewährung-Meilenstein. Im Fallbeispiel SemA könnte der
Bewährung-Meilenstein entweder nach drei oder fünf Iterationen festgelegt werden.
Damit wäre nach Release 1 oder 2 eine Ausstiegsoption aus dem Vertrag für Auftraggeber und Auftragnehmer definiert.

2.6   Zusammenfassung

Die Vorbereitungsphase hat insbesondere dann große Bedeutung, wenn es sich um ein
innovatives Software-Projekt handelt, bei dem der Projektgegenstand relativ neu und damit
in weiten Bereichen noch unbekannt ist. In diesen Fällen sollte am Ende der Vorbereitungsphase bei allen Beteiligten und Betroffenen ein Konsens über den Projektinhalt, den Projektumfang, die absehbaren Risiken, den erwarteten Nutzen sowie Kosten und Zeitplan bestehen.
Auf dieser Basis muss fundiert entschieden werden können, ob das Projekt realisiert
wird. Wird das Projekt realisiert, dann muss auch geklärt sein, welche Anforderungen
zuerst umgesetzt werden sollen. Auf der Basis der vorgegebenen Projektidee werden die
Anforderungen aus Benutzersicht mit den Stakeholdern identifiziert und sowohl verbal in
Form von User Stories, als auch mit überblicksartigen UML Diagrammen dokumentiert.
Hierbei können zur Geschäftsprozessdarstellung Aktivitätsdiagramme, zur Modellierung
der Anwendungsfälle Anwendungsfalldiagramme und zur Darstellung von Begriffsmodellen Klassendiagramme verwendet werden. Beim Einsatz von diesen Modellen ist

eine Abwägung zwischen Modellierungsaufwand und Erkenntnisgewinn bzw. Verbesserung der Kommunikation unerlässlich. Die User Stories bringen dabei zum Ausdruck, was ein spezieller Akteur zu welchem Zweck von dem zu entwickelnden System erwartet. Ergänzt werden diese funktionalen Anforderungen durch nicht-funktionale Anforderungen, die u. a. durch Software-Qualitätsmerkmale und Anforderungen an die Dialoggestaltung ausgedrückt werden können. Sollen diese Anforderungen durch ein Software-System erfüllt werden, muss auch über die grundsätzliche System-Architektur Klarheit bestehen. Diese technischen Rahmenbedingungen definieren die Implementierungsplattform, determinieren damit die Qualifikationsanforderungen für das Team und haben auch Einfluss auf den Entwicklungs-aufwand. Im Abschn. 2.4 lag der Schwerpunkt auf einer mehrschichtigen Web-Architektur. Als dritte wesentliche Aufgabe im Rahmen der Vorbereitungsphase, ist ein Release-Plan zu erstellen. Wesentliche Inhalte dieses Planes sind die abgeschätzte Projektgröße, der voraus-sichtliche Zeitaufwand, die voraussichtlichen Kosten, die absehbaren Risiken und der erwartete Nutzen. Grundlage dafür ist der ausreichend detaillierte und priorisierte Arbeitsvor-rat, der in der Entwicklungsphase abzuarbeiten ist. Der Arbeitsvorrat ist letztlich die Menge der User Stories, deren Größe im Team mittels dimensionsloser Story Points geschätzt wird. Auf der Basis von Risiko- und Nutzenüberlegungen werden die User Stories in eine Priori-tätenfolge gebracht. Mit der Produktivität lässt sich abschätzen, wie viel Story Points pro Iteration durch das Entwicklerteam realisiert werden können. Mit dem Burndown Chart kann verdeutlicht werden, wie sich der Arbeitsvorrat über die Zeit abbauen lässt. Während des Projektverlaufes kann das Burndown Chart eingesetzt werden, um ein kontinuierliches Monitoring durchzuführen. Im Sinne einer groben Projektplanung kann ein einfaches Gantt-Diagramm erstellt werden. Dieses stellt die geplante Abarbeitung des Arbeitsvorrates im Zeitablauf dar und kann im Laufe des Projektes fortgeschrieben und konkretisiert werden. Damit steht am Ende der Vorbereitungsphase fest, welche User Stories in den nachfolgenden Iterationen der Entwicklungsphase bearbeitet werden sollen. Der Release-Plan liefert die Vor-gaben und den vorläufigen Rahmen für die nachfolgenden Iterationsplanungen.

2.7   Wiederholungsfragen und Aufgaben

Die Lösungen zu den nachfolgenden Fragen und Aufgaben finden Sie auf der Website des Buches.

Frage 2.1
Welche der folgenden User Stories sind weniger geeignet?

a) Als Nutzer kann ich „OK" drücken, um den Dialog zu schließen.

b) Als Autor muss ich das Löschen meines Dokuments bestätigen, um ein versehent-liches Löschen zu verhindern.

c) Als Mitarbeiter möchte ich meine Tagesarbeitszeit und die Pausen erfassen, damit ich gegenüber dem Arbeitgeber und dem Arbeitszeitgesetz meine Arbeitszeiten nach-weisen kann.

d) Als Benutzer kann ich die Kommt-Zeit eingeben, um den Beginn meines Arbeitstages zu protokollieren.

e) Als Benutzer kann ich die Geht-Zeit eingeben, um das Ende meines Arbeitstages zu protokollieren.

Frage 2.2

Welche der folgenden Aussagen sind korrekt?

a) Eine weborientierte Architektur ermöglicht Mehrplatzanwendungen.

b) .Net von Microsoft ist ein typisches Beispiel für eine plattformübergreifende Laufzeitumgebung.

c) Die Anwendungsschicht stellt der Präsentationsschicht die Funktionalität der Fachkonzeptschicht zur Verfügung.

d) Die Domänenschicht implementiert die Geschäftslogik einer Anwendung.

e) In einer Web-Architektur werden im Webbrowser die Entscheidungen getroffen, welche Funktionen der Domänenschicht ausgeführt werden.

Frage 2.3

Welche der folgenden Aussagen sind falsch?

a) Der Portfolio-Plan baut auf dem Release-Plan auf.

b) Die Function-Point-Analyse eignet sich zur Aufwandsschätzung insbesondere bei wasserfallartigem Vorgehen.

c) Ein Story Point entspricht einem idealen Arbeitstag von acht Stunden.

d) Bei agilen Vorgehensweisen erstreckt sich eine Iteration über eine bis vier Wochen

e) Für die Priorisierung von User Stories ist allein der Nutzen für die Anwender entscheidend.

Aufgabe 2.1

Der Leiter Materialwirtschaft beschreibt den Geschäftsprozess Beschaffung wie folgt:

Wenn die Disposition einen Bedarf feststellt, wird eine Bedarfsmeldung erstellt, liegt ein gültiges Angebot vor, so wird die Bestellung mit Angebotsbezug erstellt, ansonsten wird ein Angebot eingeholt und im System erfasst. Wird die Ware geliefert, wird der Wareneingang bearbeitet. Trifft die Rechnung ein, wird diese geprüft. Im Bedarfsfall wird reklamiert und die korrigierte Rechnung wird auch geprüft. Bei Fälligkeit wird die Rechnung bezahlt, womit der Beschaffungsprozess abgeschlossen sei.
Im Aktivitätsdiagramm (siehe Abb. 2.8) ist der zeitliche und sachlogische Ablauf dokumentiert. Offensichtlich ist das Aktivitätsdiagramm unvollständig bzw. fehlerhaft. Berichtigen Sie das Modell, sodass es der Beschreibung des Leiters Materialwirtschaft entspricht.

Abb. 2.8 Geschäftsprozess
Beschaffung durchführen

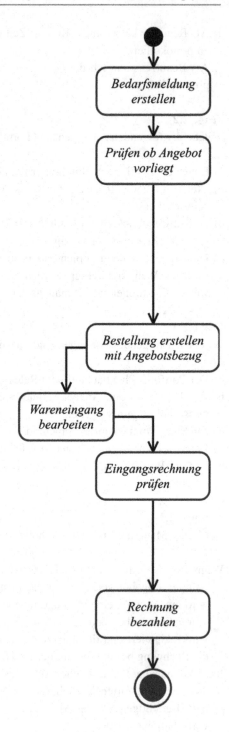

Aufgabe 2.2

Im Geschäftsprozess *Beschaffung durchführen* der Aufgabe 2.1 ist der Geschäftsanwendungsfall Eingangsrechnung prüfen modelliert. Diese Aktivität kommt einerseits häufig vor, andererseits können die einzelnen Aktivitätsschritte auch in hohem Maße standardisiert werden. Daher soll dieser Geschäftsanwendungsfall vom zu entwickelnden Software-System unterstützt werden. Der zugehörige Anwendungsfall lässt sich als Epic formulieren:

Als Kreditorenbuchhalter möchte ich Lieferantenrechnungen hinsichtlich Mengen und Werten überprüfen, damit eine korrekte Zahlung und Verbuchung der Rechnung gewährleistet ist.

Dieses Epic lässt sich in folgende User Stories zerlegen:

Der Unternehmer will gewährleistet haben, dass nur .... Kreditorenbuchhalter die Zahlung der Rechnung veranlassen können, damit .... vermieden wird.

Der Kreditorenbuchhalter will eine ....als korrekt oder nicht .... im System kennzeichnen können, sodass nur .... bezahlt und verbucht werden.

Der .... will die in Rechnung gestellten Mengen mit .... des Wareneingangs im System abgleichen können, damit manueller .... reduziert wird.

Der Kreditorenbuchhalter will die in Rechnung gestellten .... mit den Preisen der zugehörigen .... im System abgleichen können, damit manueller Aufwand .... wird.

Ergänzen Sie obige User Stories so, dass diese dem Muster:
Als *(Akteur)* möchte ich *(folgende Funktion durchführen)*, um *(daraus folgenden Nutzen zu ziehen)* entsprechen.

Literatur

Ambler, S. W., & Lines, M. (2012). *Disciplined agile delivery. A practitioner's guide to agile software delivery in the enterprise.* Upper Saddle River: IBM Press/Pearson plc.

Balzert, H. (2001). *Lehrbuch der Software-Technik. Software-Entwicklung* (2. Aufl.). Heidelberg: Spektrum Akademischer.

Balzert, H. (2011). *Lehrbuch der Softwaretechnik: Entwurf, Implementierung, Installation und Betrieb* (3. Aufl.). Heidelberg: Spektrum Akademischer.

Bohlen, M. (2015). Software mit mehr Feedback und weniger Risiko entwickeln. *Objektspektrum,* 4(2015), 66–69.

Cockburn, A. (2003). *Use cases effektiv erstellen. Übersetzung aus dem Amerikanischen von Rüdiger Dieterle.* Heidelberg: mitp.

Cockburn, A. (2008). Why I still use use cases. http://alistair.cockburn.us/Why+I+still+use+use+cases. Zugegriffen: 18. März 2014.

Cohn, M. (2010a). *User Stories für die agile Software-Entwicklung mit Scrum, XP u. a.* Heidelberg: mitp.

Cohn, M. (2010b). *Succeeding with agile.* Upper Saddle River: Addison-Wesley.

Hummel, O. (2011). *Aufwandsschätzungen in der Software- und Systementwicklung kompakt.* Heidelberg: Spektrum Akademischer.

Jacobson, I., Spence, I., & Kerr, B. (2015). Use case 2.0: The hub of software development. Ivar jacobson international. http://www.ivarjacobson.com/uploadedFiles/Pages/Knowledge_Centre/Resources/White_Paper/Resources/UC20_HubofSoftwareDev.pdf. Zugegriffen am 13. Aug. 2015.

Kreienbrink, I., & Gogolin, B. (2015). Wieviel Architektur braucht ein agiles Team? *Objektspektrum, 4*(2015), 75–79.

Ludewig, J., & Lichter, H. (2013). *Software engineering. Grundlagen, menschen, prozesse, techniken* (3. Aufl.). Heidelberg: dpunkt.

Oestereich, B., & Weiss, C. (2008). *APM – Agiles Projektmanagement. Erfolgreiches Timeboxing für IT-Projekte.* Heidelberg: dpunkt.

Poensgen, B. (2012). *Function-point-analyse. Ein Praxishandbuch* (2. Aufl.). Heidelberg: dpunkt.

Rupp, C., & die Sophisten (2009). *Requirements-Engineering und –Management. Professionelle, iterative Anforderungsanalyse für die Praxis* (5. Aufl.). München: Hanser.

Schneider, W. (2013). Übersicht über die Grundsätze der Dialoggestaltung nach DIN EN ISO 9241–110. ergo online – Gesellschaft Arbeit und Ergonomie – online e. V. http://www.ergo-online.de/site.aspx?url=html/software/grundlagen_der_software_ergon/grundsaetze_der_dialoggestalt.htm. Zugegriffen: 14. Febr. 2014.

Schwaber, K., & Sutherland, J. (2013). Scrum guide. The definitive guide to scrum: The rules of the game. July 2013. http://www.scrumguides.org/docs/scrumguide/v1/Scrum-Guide-US.pdf#zoom=100. Zugegriffen: 17. Febr. 2015.

Stevens, P. (2014). The three faces of done. http://www.scrum-breakfast.com/2014/05/the-three-faces-of-done.html. Zugegriffen: 17. Febr. 2015.

Thesmann, S. (2010). *Einführung in das Design multimedialer Webanwendungen.* Wiesbaden: Vieweg+Teubner.

Iteration 1: Iterationsplanung und methodische Grundlagen

Überblick

Zu Beginn der Entwicklungsphase liegt ein gemeinsames Verständnis aller Stakeholder hinsichtlich grundsätzlicher Anforderungen vor (vgl. Prozessmodell in Abb. 1.1). Der priorisierte Arbeitsvorrat wird in der Entwicklungsphase in zeitlich begrenzten Iterationen abgearbeitet. Den Entwurfs- und Implementierungsaktivitäten ist in jeder Iteration eine kurze Iterationsplanung vorgeschaltet. Insbesondere die funktionalen Anforderungen werden in sogenannten System-Operations-Spezifikationen konkretisiert und mittels Vor- und Nachbedingungen beschrieben. Das Ergebnis der Iterationsplanung ist eine konkrete Aufgabenliste mit geschätztem Zeitaufwand. Bevor im nächsten Kapitel der konkrete Entwurf und die programmtechnische Implementierung anhand des Fallbeispiels im Mittelpunkt stehen, werden neben der Methodik und Anwendung der Iterationsplanung methodische Grundlagen behandelt. Es werden Muster vorgestellt, welche dem Entwickler dabei helfen zu entscheiden, welche Klasse für welche Verarbeitungsschritte der System-Operation verantwortlich sein soll. Im Mittelpunkt stehen das Controller-, Erzeuger, Experten- und Polymorphismus-Muster. Neben diesen sogenannten General Responsibility Assignment Software Patterns (GRASP) werden ausgewählte Entwurfsmuster skizziert. Die Anwendung von Mustern dient generell dem Zweck, eine hohe Software-Qualität durch kluge Entwurfsentscheidungen zu erreichen.

© Springer Fachmedien Wiesbaden GmbH, ein Teil von Springer Nature 2021
K.-H. Rau und T. Schuster, *Agile objektorientierte Software-Entwicklung*,
https://doi.org/10.1007/978-3-658-33395-9_3

3.1 Teilgebiete und Lernergebnisse

Wichtige Teilgebiete sind:
- Ableitung von Teilaufgaben zur Erfüllung von User Stories der Iteration
- Struktur und Anwendung des Controller-Musters
- Struktur und Anwendung des Erzeuger-Musters
- Struktur und Anwendung des Experten-Musters
- Struktur und Anwendung des Polymorphismus-Musters
- Kennzeichnung ausgewählter Erzeugungsmuster
- Beschreibung ausgewählter Strukturmuster
- Charakterisierung ausgewählter Verhaltensmuster

Lernergebnisse
Der Leser soll
- System-Operationen mit UML-Sequenzdiagramm modellieren können.
- System-Operationen strukturiert beschreiben können.
- User Story in Teilaufgaben zerlegen können.
- das Controller-Muster verstehen und anwenden können.
- das Erzeuger-Muster verstehen und anwenden können.
- das Experten-Muster verstehen und anwenden können.
- das Polymorphismus-Muster verstehen und anwenden können.
- das Erzeugungsmuster Fabrikmethode verstehen und anwenden können.
- das Erzeugungsmuster Singleton verstehen und anwenden können.
- das Strukturmuster Adapter verstehen und anwenden können.
- das Strukturmuster Kompositum verstehen und anwenden können.
- das Verhaltensmuster Schablonenmethode verstehen und anwenden können.
- das Verhaltensmuster Beobachter verstehen und anwenden können.

3.2 Iterationsplanung in der Entwicklungsphase

3.2.1 Grundlagen zur Iterationsplanung

In der **Entwicklungsphase** werden inkrementell Teillösungen erstellt, die sich in der Summe zur intendierten Software-Lösung ergänzen. Jede Teillösung entsteht in einer **Iteration** , deren Zeitumfang bereits im Release-Plan (vgl. Abschn. 2.5.1) fixiert wurde. Ausgangspunkt der Iterationsplanung ist der priorisierte Arbeitsvorrat, der im Wesentlichen die User Stories und Technical Stories sowie sonstige Aufgaben enthält. Im Abschn. 2.3.1 wurden User Stories zwar unter der Überschrift „Modellierung funktionaler Anforderungen" näher betrachtet und für das Fallbeispiel SemA auch entwickelt, allerdings repräsentieren User Stories eher die Anforderungen, als dass sie bereits Anforderungen selbst sind. Sie können als Platzhalter für notwendige Diskussionen angesehen werden. Diese Diskussionen mit dem Produktverantwortlichen und/oder den Stakeholdern sind notwendig, um ein Verständnis zu haben, das für eine Implementierung ausreicht (vgl. Cohn 2010, S.239). Zu diesem Verständnis tragen insbesondere **Akzeptanzkriterien** bei, die zumindest ansatzweise schon in der Vorbereitungsphase entwickelt wurden (vgl. Abschn. 2.3.1.2). Es ist jedoch durchaus üblich, dass während der Iterationsplanung oder auch während der Implementierung zusätzliche Akzeptanzkriterien identifiziert werden. Letztlich tragen sie zum besseren Verständnis der eigentlichen Anforderungen bei und liefern dem Team die Kriterien, anhand derer sie beurteilen können, ob die entwickelte Software den User Stories entspricht und damit dem Anwender den intendierten Nutzen liefert. Mit der Iterationsplanung soll gewährleistet werden, dass Ressourcen und Aktivitäten in einer Iteration aufeinander abgestimmt sind. Um diese Abstimmung zu erreichen, sind im Wesentlichen drei Aktivitäten relevant (vgl. Ambler und Lines 2012, S.290):

- Aus dem Arbeitsvorrat werden die Arbeitspakete (z.B. User Stories) mit höchster Priorität ausgewählt. Diese werden soweit detailliert, dass eine verbindliche Abschätzung des Zeitaufwands möglich wird und sich das Team dazu verpflichten kann, diese im Rahmen der geplanten Iteration zu implementieren.
- Vielfach nutzen erfolgreiche agile Teams die Möglichkeiten der Modellierung, um das gegenseitige Verständnis der Anforderungen und des Entwurfs entscheidend zu verbessern.
- Insbesondere bei komplexen und neuartigen Anforderungen kann eine Vorausplanung vor der eigentlichen Iterationsplanung hilfreich sein. Beispiel hierfür kann etwa die Machbarkeitsprüfung für eine bisher nicht angewandte technische Lösung sein.

Im Sinne eines agilen Vorgehens wird die Zeit für die Iterationsplanung beschränkt. Als Orientierung dienen zwei Stunden je Iterationswoche (vgl. Ambler und Lines 2012, S.281).

3.2.2 Ableitung von Teilaufgaben zur Erfüllung von User Stories

Auf der Basis des vorläufigen Zeitplans, der in der Vorbereitungsphase erstellt wurde (vgl. Abschn. 2.5.4), wird im Fallbeispiel SemA die User Story 3.1 *„Der Student will sein Learning-Agreement mit den korrespondierenden Lehrveranstaltungen der Heimat- und Partnerhochschule im System anlegen können."* ausgewählt und in Teilaufgaben zerlegt. Die Ausführung dieser Teilaufgaben führt schließlich zur Erfüllung der Anforderungen der Anwender. Daher ist es notwendig diese Anforderungen noch besser zu verstehen. Gemäß der gewählten mehrstufigen Architektur (vgl. Abschn. 2.4) beziehen sich die Anforderungen überwiegend auf die Präsentations-, Anwendungs- und Fachkonzeptschicht. Eine Möglichkeit, Anforderungen besser zu verstehen, sind

Modelle. Hierzu bieten sich Dialogentwürfe und UML-Modelle an. Das Ziel dieser **Iterations-Modellierung** ist es, soweit ins Detail zu gehen, dass das Entwicklerteam ein gemeinsames Verständnis von den Anforderungen hat, sodass das Team auf dieser Basis eine Vorstellung davon hat, was im Rahmen des Software-Entwurfs und der Implementierung zu machen ist. Hierzu reichen vielfach Skizzen aus, die in der Gruppe am Whiteboard oder am Flipchart entwickelt werden. Insbesondere bei größeren Entwicklerteams, die u. U. auch an unterschiedlichen Standorten arbeiten, kann der Einsatz von Modellierungswerkzeugen angebracht sein. Im Rahmen des Fallbeispiels soll trotz des kleinen Entwicklerteams aus didaktischen Gründen mit einem Modellierungswerkzeug gearbeitet werden. Aus der Sicht des Anwenders lassen sich die Anforderungen bei dialogorientierten Anwendungen an Dialogentwürfen am einfachsten verdeutlichen.

Aus Abb. 3.1 wird ersichtlich, was der Anwender vom zu entwickelnden System erwartet, sodass die Anforderungen der User Story 3.1 erfüllt werden. In der User Story 3.1 wird davon ausgegangen, dass sich der Student als relevanter Akteur bereits authentifiziert hat. Konkret erfolgt die Implementierung dieser Authentifizierung gemäß der Technical Story 6.1 in einer späteren Iteration. Offenbar will Student *Bosch* aufgrund seiner Bewerbung für ein Auslandsstudium und der Vergabe eines Studienplatzes

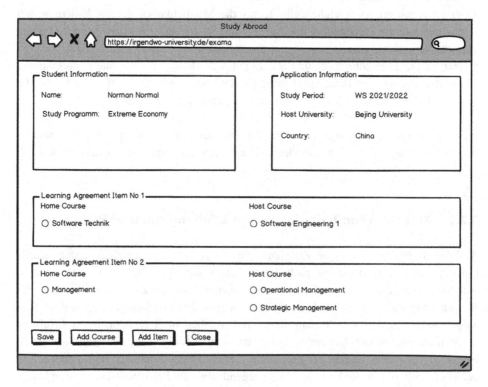

Abb. 3.1 Dialogentwurf für Learning-Agreement anlegen

an einer Partnerhochschule an ihn (vgl. Geschäftsprozess Abb. 2.1) ein Learning-Agreement für sein Auslandssemester im Wintersemester 2014/2015 anlegen. Dieses Learning-Agreement umfasst mehrere Learning-Agreement-Positionen. Jede Learning-Agreement-Position umfasst eine oder mehrere Lehrveranstaltungen der Heimathochschule, auf die eine oder mehrere Lehrveranstaltungen der Partnerhochschule angerechnet werden sollen. Dabei können alle möglichen Lehrveranstaltungen der Heimathochschule, die dem Studiengang des Studierenden zugeordnet sind, aus einer Auswahlliste ausgewählt werden. Bei Partnerhochschulen können Lehrveranstaltungen aufgrund bereits erstellter Learning-Agreements schon im System vorhanden sein. Wenn die gewünschte Lehrveranstaltung noch nicht erfasst wurde, kann diese im Rahmen des Anlegens eines Learning-Agreements erfasst werden.

Eine Schaltfläche im Dialogentwurf kann als System-Ereignis interpretiert werden, das vom Akteur ausgelöst wird und in der Regel durch eine System-Operation bearbeitet werden muss (vgl. Larmann 2005, S. 204 ff.). Diese System-Ereignisse können zum Zwecke der Übersichtlichkeit in einem System-Sequenzdiagramm festgehalten werden (vgl. Abb. 3.2). Dabei wird das System als Blackbox verstanden. Im Mittelpunkt steht, was das System tun soll ohne zu beschreiben, wie es dies tut.

In Abb. 3.2 sind nur die beiden Kommunikationspartner *Student* und *System* als **Lebenslinien** in der Horizontalen repräsentiert. Die Systemereignisse sind als **Nachrichten** wiedergegeben. Die vertikale Anordnung bringt die **zeitliche Reihenfolge** zum Ausdruck. Der Rahmen fasst alle Elemente einer Interaktion zusammen und trägt im Fallbeispiel den Namen *Learning-Agreement Anlegen*. Zur semantischen Verfeinerung sind sogenannte **kombinierte Fragmente** zur Ablaufsteuerung verwendet (vgl. Rupp et al. 2012, S. 401 ff.). Der **loop-Operator** (Schleife) dient dazu, Systemereignisse, die wiederholt auftreten, zusammenzufassen. Dies trifft einerseits für das Anlegen der Learning-Agreement-Positionen zu und andererseits kann es für die einer Position zuzuweisenden Lehrveranstaltungen gelten. Die in eckigen Klammern angegebenen Wiederholungsbedingungen dienen der näheren Spezifikation. Neben der Schleife wird noch der **opt-Operator** für Alternativen verwendet. Die Alternativen-Bedingung spezifiziert, in welcher Situation das näher beschriebene System-Ereignis eintritt. Im Fallbeispiel wird eine Lehrveranstaltung der Partnerhochschule grundsätzlich aus einer Auswahlliste ausgewählt. Ist die gewünschte Lehrveranstaltung noch nicht im System erfasst, kann diese unmittelbar angelegt und anschließend aus der Liste ausgewählt werden.

Grundsätzlich stellt sich bei agiler Modellierung immer die Frage, wie detailliert ein Modell sein sollte bzw. ob das Modell überhaupt notwendig ist. Die Zweckmäßigkeit eines Modells ist immer dann gegeben, wenn dieses die Kommunikation und das gegenseitige Verständnis verbessert. Gleiches gilt für die Detaillierung. Im vorliegenden Beispiel mutet die Verwendung des loop- und opt-Operators durchaus kompliziert an, allerdings kann es zur Verdeutlichung des mit der Implementierung verbundenen Aufwands durchaus hilfreich sein. Auf formale Details wurde bei dem System-Sequenzdiagramm in Abb. 3.2 durchaus verzichtet, da diese nicht sonderlich zum gegenseitigen Verständnis von Anwender und Entwicklerteam beitragen. So wurde beispielsweise auf

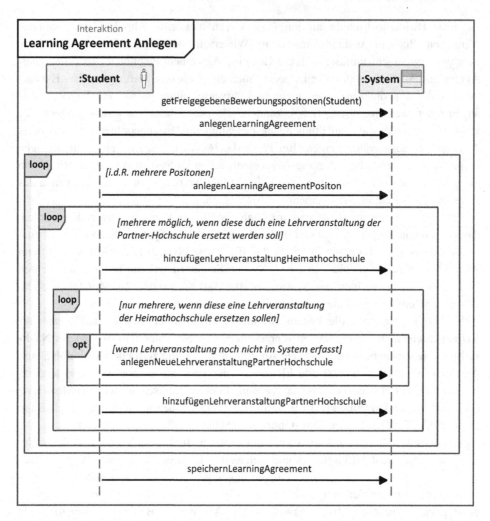

Abb. 3.2 System-Sequenzdiagramm für „Learning-Agreement" anlegen

die Verwendung von Aktivierungen auf den Lebenslinien oder Rückantworten (returns) als Ergebnis der Operationsabarbeitung verzichtet (vgl. Rupp et al. 2012, S. 403 ff.; Oestereich 2012, S. 360 ff.).

Um letztlich prüfen zu können, ob die Implementierung der User Story dem Anwender das Ergebnis liefert, das ihm den gewünschten Nutzen stiftet, ist es sinnvoll, **Akzeptanzkriterien** zu definieren. Ein Mittel, diese Kriterien zu beschreiben, sind die Spezifikationen von System-Operationen . Diese Beschreibungen werden auch als **operation contracts** bezeichnet (vgl. Larman 2005, S. 209 ff.). Mit Vor- und Nachbedingungen werden gewollte Veränderungen des Systems beschrieben. Die Vorbedingungen beschreiben wesentliche Voraussetzungen, welche im System erfüllt sein müssen, damit die System-Operation ausgeführt werden kann, z. B. Lehrveranstaltungen der Heimathochschule sind im System hinterlegt. In der Regel drücken sich diese Vorbedingungen dadurch aus, dass bestimmte Daten im System vorhanden sind.

Die Nachbedingungen beschreiben in deklarativer Weise den Zustand des Systems, nachdem die System-Operation abgeschlossen ist. Diese Zustandsänderungen vollziehen sich an konkreten fachlichen Objekten des Systems und lassen sich in folgende Kategorien einteilen:

- Objekte wurden erzeugt oder gelöscht,
- Attributwerte wurden verändert und/oder
- Beziehungen zwischen Objekten wurden aufgebaut oder gelöst.

Bei einer Suchen-Operation erfolgt keine Veränderung des Systems. In diesem Fall kann die Nachbedingung beschreiben, was vom System als Suchergebnis bereitgestellt wird. Bei genauerem Hinsehen, beschreiben damit die Nachbedingungen genau die Eigenschaften, die im Sinne der **testgetriebenen Entwicklung** in einem Unit-Test überprüft werden sollten (vgl. Link 2005, S. 81f.). Damit lassen sich mit der Spezifikation der System-Operationen die Akzeptanzkriterien für die fachliche Logik der Anwendung exakt beschreiben.

Wie bereits angedeutet umfasst die Spezifikation einer System-Operation im Wesentlichen die drei Aspekte Operationsbezeichner, Vorbedingungen und Nachbedingungen.

Schema zu Spezifikation von System-Operationen

Operation	Bezeichner der Operation und evtl. Parameter
Vorbedingungen	Wichtige Objekte, die vor Ausführung der System-Operation im System vorhanden sein sollten
Nachbedingungen	Zustand von Objekten, nach Ausführung der System-Operation

In den Tab. 3.1 bis 3.7 sind die Spezifikationen für die System-Operationen *getFreige gebeneBewerbungspositionen* (vgl. Tab. 3.1), *anlegenLearningAgreement* (vgl. Tab. 3.2), *anlegenLearningAgreementPosition* (vgl. Tab. 3.3), *hinzufuegenLehrveranstaltungH eimathochschule* (vgl. Tab. 3.4), *hinzufuegenLehrveranstaltungPartnerHochschule* (vgl. Tab. 3.5), *anlegenNeueLehrveranstaltungPartnerHochschule* (vgl. Tab. 3.6) sowie *speichernLearningAgreement* (vgl. Tab. 3.7) als Beispiele ausformuliert.

Tab. 3.1 Spezifikation der System-Operation *getFreigegebeneBewerbungspositionen*

Operation	*getFreigegebeneBewerbungspositionen*
Vorbedingungen	Der relevante Student muss sich erfolgreich im System authentifiziert haben
Nachbedingungen	Es ist kein oder ein freigegebenes Bewerbungspositions-Objekt bzw. mehrere zur weiteren Bearbeitung zur Verfügung gestellt

Tab. 3.2 Spezifikation der System-Operation *anlegenLearningAgreement*

Operation	*anlegenLearningAgreement*
Vorbedingungen	Für den ausgewählten Studenten muss eine freigegebene Bewerbungsposition für eine Partnerhochschule im System vorhanden sein
Nachbedingungen	1. Es ist ein neues Learning-Agreement-Objekt mit aktuellem Datumsfeld angelegt 2. Das neue Learning-Agreement-Objekt ist mit dem zugehörigen Studenten-Objekt verbunden 3. Das neue Learning-Agreement-Objekt ist mit dem zugehörigen Bewerbungspositions-Objekt verbunden

Tab. 3.3 Spezifikation der System-Operation *anlegenLearningAgreementPosition*

Operation	*anlegenLearningAgreementPosition*
Vorbedingungen	Es ist ein Learning-Agreement-Objekt im System vorhanden.
Nachbedingungen	1. Es ist ein neues Learning-Agreement-Positions-Objekt angelegt 2. Das neue Learning-Agreement-Positions-Objekt ist mit dem zugehörigen Learning-Agreement-Objekt verbunden

Tab. 3.4 Spezifikation der System-Operation *hinzufuegenLehrveranstaltungHeimathochschule*

Operation	*hinzufuegenLehrveranstaltungHeimathochschule*
Vorbedingungen	1. Es stehen alle Lehrveranstaltungs-Objekte der Heimathochschule des Studiengangs des betreffenden Studenten zur Auswahl zur Verfügung 2. Das aktuelle Learning-Agreement-Positions-Objekt ist im System vorhanden
Nachbedingungen	Das ausgewählte Lehrveranstaltungs-Objekt der Heimathochschule ist mit dem aktuellen Learning-Agreement-Positions-Objekt verbunden

Tab. 3.5 Spezifikation der System-Operation *hinzufuegenLehrveranstaltungPartnerHochschule*

Operation	*hinzufuegenLehrveranstaltungPartnerHochschule*
Vorbedingungen	1. Es stehen relevante Lehrveranstaltungs-Objekte der ausgewählten Partnerhochschule zur Auswahl zur Verfügung 2. Das aktuelle Learning-Agreement-Positions-Objekt ist im System vorhanden
Nachbedingungen	1. Das ausgewählte Lehrveranstaltungs-Objekt der Partnerhochschule ist mit dem aktuellen Learning-Agreement-Positions-Objekt verbunden 2. Wenn mit dem Learning-Agreement-Positions-Objekt bereits ein Lehrveranstaltungs-Objekt der Partnerhochschule verbunden ist, kann ein weiteres nur verbunden werden, wenn das Learning-Agreement-Positions-Objekt nur mit einem Lehrveranstaltungs-Objekt der Heimathochschule verbunden ist

Tab. 3.6 Spezifikation der System-Operation *anlegenNeueLehrveranstaltungPartnerHochschule*

Operation	*anlegenNeueLehrveranstaltungPartnerHochschule(lehrveranstaltungsnummer, bezeichnung, credits)*
Vorbedingungen	Das relevante Partnerhochschul-Objekt ist im System vorhanden
Nachbedingungen	1. Es ist ein neues Lehrveranstaltungs-Objekt für die relevante Partnerhochschule angelegt 2. Das neue Lehrveranstaltungs-Objekt ist mit dem Partner-Hochschul-Objekt verbunden

Tab. 3.7 Spezifikation der System-Operation *speichernLearningAgreement*

Operation	*speichernLearningAgreement*
Vorbedingungen	Alle gewünschten Learning-Agreement-Positionen sind erfasst
Nachbedingungen	1. Das aktuelle Learning-Agreement-Objekt samt seinen Positions-Objekten ist gespeichert 2. Das aktuelle Studenten-Objekt ist aktualisiert

Die Beispiele machen deutlich, dass die System-Operations-Spezifikationen sehr detaillierte und präzise Einzelheiten enthalten. Dabei drängt sich die berechtigte Frage auf, in welchen Fällen dieser Aufwand notwendig ist. Wenn die Entwickler aufgrund der User Story oder aufgrund der System-Operationen und deren Darstellung im System-Sequenzdiagramm problemlos verstehen, was verlangt wird, wäre es reine Zeitverschwendung System-Operations-Spezifikationen in obiger Form anzufertigen. Handelt es sich jedoch um eine komplexe User Story oder sind die Entwickler mit der Fachlichkeit der Anwendung wenig bzw. nicht vertraut, ist es sicherlich sinnvoll, die Vor- und vor allem die Nachbedingungen präzise herauszuarbeiten und festzuhalten. Die Frage, ob dies für die User Story 3.1 des Fallbeispiels wirklich notwendig gewesen wäre, kann durchaus unterschiedlich beantwortet werden. Die Spezifikation der System-Operationen erfolgte vor allem aus didaktischen Überlegungen. Es sollte deutlich werden, welches Wissen notwendig ist, um seriös die Aufgaben für die Iteration überblicken und deren Aufwand abschätzen zu können. Dabei ist es absolut unerheblich, ob diese Aspekte explizit aufgeschrieben werden oder aber implizit durch das Entwicklerteam in der Diskussion berücksichtigt werden.

Neben den Aufgaben, die sich aus den fachlichen Anforderungen im Sinne von Entwurfs- und Implementierungsaufgaben für die Anwendungs- und Fachkonzeptschicht (vgl. Abb. 2.4) ergeben, sind noch Aufgaben zu planen, die für den Entwurf und Implementierung der Präsentations- und Datenhaltungsschicht notwendig sind. Für die **Datenhaltung** ist das **Klassenmodell** die konzeptionelle Grundlage. Vor diesem Hintergrund ist in der Entwicklungsphase ein Klassenmodell zu entwickeln, das auf dem Begriffsmodell (vgl. Abb. 2.3) aufbaut. Aus didaktischen Gründen soll ein UML

Klassenmodell explizit erstellt werden. Es ist auch denkbar, dass bei einfachen Problemstellungen die Klassen ohne Modell direkt implementiert werden können. Hinsichtlich der Datenhaltung sind im Programmcode die für die **Java Persistence API** (**JPA**; vgl. Abschn. 4.3.1) notwendigen Annotationen vorzunehmen.

Zur Entwicklung der Präsentationsschicht sind gemäß der im Fallbeispiel gewählten Web-Architektur (vgl. Abb. 2.5) einerseits die **Dialoge** (Ansichten) zu gestalten und andererseits die **Interaktionssteuerung** zu entwerfen und zu implementieren. Anhaltspunkte für die Dialoggestaltung aber auch die Interaktionssteuerung liefern die diesbezüglichen nicht-funktionalen Anforderungen (Abschn. 2.3.2). Als eine weitere nicht-funktionale Anforderung wurde für das Fallbeispiel festgelegt, dass die **Java EE** Technologie verwendet werden soll. Bei dieser Technologie sollen für die Dialoge **JavaServer Faces** (JSF) und für die Steuerung sogenannte Managed Beans entwickelt werden (vgl. Abschn. 5.2).

Die bisherigen Ausführungen sollten aufzeigen, welche Kategorien von Aufgaben für die Entwicklung (Entwurf und Implementierung) von User Stories in einer Iteration

Tab. 3.8 Aufgabenliste für Iteration 1

ID	User Story/Aufgabe	Geschätzte Stunden
1	*Der Student will sein Learning-Agreement mit den korrespondierenden Lehrveranstaltungen der Heimat- und Partnerhochschule im System anlegen können*	
2	Entwurf des UML Klassenmodells für erste System-Operation	4
3	Implementierung der statischen Elemente des Fachklassenmodells	4
4	Testgetriebene Entwicklung der ersten System-Operation	8
5	Ergänzung der ersten System-Operation um den Datenbankzugriff	8
6	Entwurf und Implementierung der Präsentation für die erste System-Operation	8
7	Entwurf und Implementierung aller drei Schichten der zweiten System-Operation	8
8	Entwurf und Implementierung aller drei Schichten der dritten System-Operation	8
9	Entwurf und Implementierung aller drei Schichten der vierten System-Operation	8
10	Entwurf und Implementierung aller drei Schichten der fünften System-Operation	8
11	Entwurf und Implementierung aller drei Schichten der sechsten System-Operation	8
12	Entwurf und Implementierung aller drei Schichten der siebten System-Operation	8
	Summe	80

anfallen können. Für das Fallbeispiel SemA sei folgende Aufgabenliste der ersten Iteration für die User Story 3.1 *„Der Student will sein Learning-Agreement mit den korrespondierenden Lehrveranstaltungen der Heimat- und Partnerhochschule im System anlegen können."* durch das Entwicklerteam abgeleitet worden (vgl.Tab.3.8).

Die Aufgabenliste der Tab.3.8 orientiert sich an den System-Operationen. Dabei wird davon ausgegangen, dass der Zeitbedarf für die erste System-Operation für das noch relativ unerfahrene Team wesentlich höher ist, als für die weiteren System-Operationen. Die Liste beinhaltet neben den Aufgaben für die User Story 3.1 auch Schätzungen für den zeitlichen Aufwand dieser Aufgaben. Diese Aufwandsschätzung verfolgt mehrere Zwecke. Letztlich stellen die Schätzungen die Grundlage für die Verpflichtung des Entwicklerteams, die ausgewählten User Stories in der aktuellen Iteration auch umzusetzen. Mike Cohn empfiehlt, die Schätzungen gemeinsam im Team zu diskutieren, ohne dass eine vorzeitige Zuordnung der Aufgaben zu den einzelnen Teammitgliedern erfolgt (vgl. Cohn 2006, S.159 ff.). Damit stellen die Schätzungen eine Verpflichtung (commitment) des Teams als Gesamtheit dar. Dies ist umso mehr gerechtfertigt, wenn sich das Team aus **spezialisierten Generalisten** zusammensetzt (vgl. Abschn.1.3.3.2).

Wenn bei der Erstellung des Release-Planes von Unsicherheit bei der Aufwandsschätzung die Rede war (vgl. Abschn.2.5.2), so gilt dies auch für die Schätzung bei der Iterationsplanung. Dies gilt insbesondere für die ersten Iterationen eines neuen Projektes (vgl. Cohn 2006, S.160 f.). Wenn man von der festgelegten Iterationslänge von zwei Wochen und einer Teamgröße von zwei Teammitgliedern ausgeht, so ergeben sich theoretisch ($2 \times 10 \times 8$) 160 verfügbare Stunden pro Iteration. In dieser Zeit müssen auch alle projektunabhängigen Tätigkeiten erledigt werden. Wird dieser Aspekt und die genannte Unsicherheit berücksichtigt, so scheint es gerechtfertigt, pro Tag zwischen vier und sechs Stunden anzusetzen, die produktiv für die Umsetzung der geplanten Aufgaben zur Verfügung stehen. Damit ergibt sich ein verfügbares Zeitbudget von 80 bis 120 Stunden. Vor diesem Hintergrund scheint die Aufgabenliste laut Tab.3.8 in der ersten Iteration bewältigbar. Welcher tatsächliche Zeitaufwand sich ergeben wird, hängt sicherlich davon ab, wie gut die Aufgaben für die User Story identifiziert wurden, wie gut die Zeitschätzungen waren sowie welcher projektunabhängige Arbeitsaufwand sich ergeben hat. Nach Abwicklung einiger Iterationen bekommt ein Team typischerweise eine bessere Erfahrungsbasis dafür, wie viele Stunden pro Iteration realistischer Weise angesetzt werden können.

3.3 Verantwortungsorientierter Entwurf im Rahmen der Entwicklungsphase

3.3.1 Grundlagen eines verantwortungsorientierten Entwurfs

Durch die System-Operationen (vgl. Abb.3.2) werden die funktionalen Anforderungen, die sich aus der User Story ableiten, vorgegeben. Dabei stand anders ausgedrückt der

Aspekt „**das Richtige tun**" im Mittelpunkt. Das Team muss sich nun Gedanken machen, welche Klassen des zu entwickelnden Software-Systems welche Verantwortung zu übernehmen haben. Dabei soll einerseits durch das Zusammenwirken der Objekte die Funktionalität dem Anwender bereitgestellt werden. Andererseits sollen geforderte Qualitätseigenschaften der zu entwickelnden Software erfüllt werden. In diesem Sinne steht nun der Aspekt „**die Dinge richtig zu tun**" im Vordergrund (vgl. Larman 2005, S. 224). Bei einem objektorientierten System besteht die Aufgabe des Entwerfens darin, dass festgelegt werden muss, welche Nachrichten zwischen Objekten ausgetauscht werden. Daraus folgt, dass in der Klasse des die Nachricht empfangenden Objektes eine entsprechende Operation vorhanden sein muss, welche das gewünschte Ergebnis liefert. Eine Nachricht eines Objektes ist in diesem Sinne nichts anderes als ein Arbeitsauftrag an ein anderes Objekt. Was ein Objekt als Arbeitsauftrag erledigen kann, ist davon abhängig, wofür der Systementwickler das Objekt verantwortlich macht. Grundsätzlich kann zwischen zwei Kategorien von Verantwortlichkeiten unterschieden werden (vgl. Larman 2005, S. 300):

- Aktions-Verantwortung und
- Kenntnis-Verantwortung

Eine **Aktions-Verantwortung** kann darin bestehen, dass ein Objekt entweder selbst etwas tut, z. B. ein Objekt erstellen oder ein Ergebnis ermitteln, oder eine Aktion bei einem anderen Objekt anstößt. Die **Kenntnis-Verantwortung** kann sich auf objektspezifische Eigenschaften beziehen oder auf verwandte (assoziierte) Objekte. Die Verantwortlichkeiten von Objekten werden in Klassen definiert. Während sich die Kenntnis-Verantwortung in Form von Attributen und Assoziationen aus den Anforderungen unmittelbar ergeben, gilt dies für die Aktions-Verantwortung nicht in gleicher Weise. Eine Basis für die Identifikation der notwendigen Klassen stellt im Fallbeispiel das **Begriffsmodell** dar (vgl. Abb. 2.3). Aus diesem Begriffsmodell sind die Beziehungen zwischen den Objekten (Assoziationen) bereits bekannt, während sich erste Anhaltspunkte für die Attribute u. a. aus dem Dialogentwurf (vgl. Abb. 3.1) ergeben können.

Die größere Herausforderung für den Entwurf ist die Frage, wie die System-Operationen in Operationen der einzelnen Klassen aufgeteilt werden sollen. Bei dieser Aufteilung hat das Software-Qualitätsziel **Wartbarkeit** eine herausragende Bedeutung. Wie in Abschn. 2.3.2 dargestellt, wird die Wartbarkeit insbesondere durch die Merkmale Analysierbarkeit, Modifizierbarkeit, Stabilität und Testbarkeit bestimmt. Damit der Aufwand für Wartung möglichst klein gehalten wird, sollen beim Entwurf Prinzipien und Muster zur Anwendung kommen. **Prinzipien** sind Grundsätze, welche den Entwurfsentscheidungen zu Grunde gelegt werden sollen. Im Mittelpunkt stehen die Prinzipien „**möglichst geringe Kopplung** " und „**möglichst hohe Bindung** " (vgl. Balzert 2009, S. 37 ff.). Ist die gegenseitige Abhängigkeit zwischen Objekten gering, so ist die Kopplung gering und umgekehrt. Bei geringer gegenseitiger Abhängigkeit sind automatisch die Auswirkungen von Änderungen geringer, was die Wartbarkeit unmittelbar positiv beeinflusst. Ist eine Klasse nur für Aufgaben zuständig, die eng verwandt miteinander sind, so drückt sich das in einer hohen Bindung (Zusammengehörigkeit) aus. Ist eine Klasse jedoch für sehr viele unterschiedliche Aufgaben verantwortlich, die nur wenig miteinander zu tun haben, so ist die Bindung gering. Solch eine geringe Bindung führt zu Problemen, wie schlechte Verständlichkeit, geringe Wiederverwendbarkeit und hohe Änderungshäufigkeit. In der Regel bedingen sich geringe Kopplung und hohe Bindung, z. B. in der Weise, dass Objekte einer Klasse mit geringer Bindung auch mit vielen sehr verschiedenen Objekten anderer Klassen verbunden sind (vgl. Larman 2005, S. 334 ff.).

Neben diesen Prinzipien sollen **Muster** (pattern) verwendet und damit die Entwurfsqualität gesteigert werden. Ein Muster dokumentiert eine bekannte und erprobte Lösung für Problemstellungen in einem bestimmten Kontext. Der große Nutzen von Mustern und damit eine Motivation dafür, Muster zu verwenden, sind

- Wiederverwendung von guten Lösungen und
- Etablieren einer gemeinsamen Fachsprache.

Die **Wiederverwendung** von anerkannt guten Lösungen vermeidet häufige Fehler und nutzt die Erfahrungen anderer. Im Ergebnis wird dadurch die Qualität der Software-Lösung grundsätzlich verbessert. Durch Muster vereinfacht sich auch die Kommunikation der Fachleute. Wenn sich zwei Schreiner unterhalten, so könnten Sie etwa folgende Aussage hören: „Sollen wir die Eckverbindung als Gehrungs-, Schwalbenschwanz- oder Fingerzinkenverbindung herstellen?" Dem Laien sind die Charakteristika dieser Verarbeitungstechniken zumeist nicht geläufig. Dem Fachmann sind diese Lösungskonzepte jedoch wohl bekannt und jeder gelernte Schreiner weiß sofort, worum es geht. Der Fachmann weiß auch, dass die Schwalbenschwanzverbindung die stabilste und schönste aber auch aufwendigste Lösung darstellt. Dieses Schreinerwissen soll hier nicht weiter vertieft werden, sondern sollte nur aufzeigen, dass es auch in anderen Disziplinen so etwas wie Muster gibt (vgl. Rau 2007, S. 105).

Rein technisch stellt sich die Frage, wie nun Prinzipien und Muster beim Software-Entwurf real angewendet werden. Grundsätzlich sind drei Vorgehensweisen denkbar (vgl. Larman 2005, S. 242):

- Der Entwurf und der Programmcode entstehen simultan beim Programmieren. In diesem Fall ist das Entwurfsmodell nur mental beim Programmierer vorhanden. Eine eventuell notwendige Kommunikation im Team erfolgt verbal und auf Basis des entstehenden Codes.
- Ein Entwurfsmodell entsteht in Form von UML-Skizzen oder mit einem Modellierungswerkzeug und stellt die Basis für das Codieren dar. Dabei dient das Modell zur Kommunikation im Team und zum leichteren Durchdenken der intendierten Lösung.

- Das Entwurfsmodell wird mit einem Modellierungswerkzeug so detailliert erstellt, dass der Programmcode automatisch generiert werden kann.

Die erste Variante ist sicherlich für erfahrene Entwickler und überschaubar komplexe Problemstellungen eine brauchbare Lösung. Die dritte Variante ist in dieser Form eher eine theoretische Idealvorstellung. Die zweite Variante wird für den weniger erfahrenen Entwickler ein zielführender Ansatz sein. Da sich diese Publikation an den Studierenden richtet, soll im Weiteren grundsätzlich der ersten und vor allem der zweiten Variante gefolgt werden.

Vor dem konkreten Entwurf der System-Operationen des Fallbeispiels (vgl. Tab. 3.2, 3.3, 3.4, 3.5, 3.6 und 3.7) werden die von Larman (vgl. Larman 2005, S. 295 ff.) vorgestellten **G**eneral **R**esponsibility **A**ssignment **S**oftware **P**atterns (**GRASP**) anhand von Beispielen erläutert. Dabei erfolgt eine Konzentration auf das

- Controller-Muster,
- Erzeuger-Muster,
- Experten-Muster und
- Polymorphismus-Muster.

Die Anwendung dieser Muster wurde für das Fallbeispiel als ein wesentliches Element der Definition of Done (DoD) im Rahmen der Release-Planung festgelegt (vgl. Abschn. 2.5.1).

3.3.2   Struktur und Anwendung des Controller-Musters

Ausgangspunkt des Entwurfs ist die System-Operation, die im Kontext der Anforderungsanalyse im System-Sequenzdiagramm dargestellt ist (vgl. Abb. 3.2). Bei dialogorientierten Anwendungen sind diese von außen eingehenden Ereignisse i. d. R. durch das Betätigen eines Interaktionselementes auf der Anwendungsoberfläche durch den Benutzer ausgelöst, z. B. löst ein Klick auf die Schaltfläche *Create Learning Agreement Item* die System-Operation *anlegenLearningAgreementPosition* aus (vgl. Abb. 3.1 und 3.3).

Aus Entwurfssicht ergibt sich die Frage, welches Objekt außerhalb der Präsentationsschicht soll den Aufruf der System-Operation erhalten und den Ablauf dieser steuern. Gemäß dem **Controller-Muster** ist dies ein Controller-Objekt. Dieses Controller-Objekt hat die Eigenschaften einer Fassade (vgl. Shalloway und Trott 2003, S. 97 ff.). Eine **Fassade** vereinfacht die Benutzung eines Systems zum einen dadurch, dass die Fassade leicht verständliche Operationen bereitstellt, während die eigentlichen Aufgaben von den Objekten des darunter liegenden Systems ausgeführt werden. Zum anderen wird die Anzahl der Objekte vermindert, mit denen ein Objekt, das die Funktionalität eines Systems nutzen will (Client-Objekt) zusammenarbeiten muss. Damit wird die Kopplung

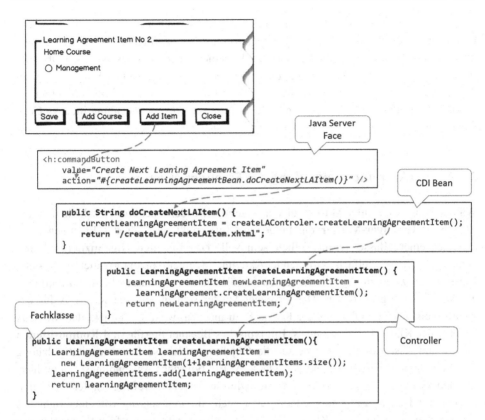

Abb. 3.3 Anwendung des Controller-Musters

zwischen der Präsentationsschicht und der Anwendungs- bzw. Fachkonzeptschicht (vgl. Abb. 2.4) gering gehalten. Wenn in solch einer Fassaden-Klasse all die Operationen zusammengefasst werden, die als System-Operationen in einem Szenario eines Anwendungsfalls identifiziert werden, so wird dieser als **Anwendungsfall-Controller** bezeichnet. Damit weist der Anwendungsfall-Controller einen hohen Grad an Bindung auf, da der Anwendungsfall aus der Sicht des Anwenders die Funktionalität zusammenfasst, die zur Erfüllung einer abgeschlossenen fachlichen Aufgabe notwendig ist (vgl. Abschn. 2.3.1.1). Gemäß der Entscheidung für eine Web-Architektur (vgl. Abb. 2.5) unter Verwendung der Java EE Technologie wird der Anwendungsfall-Controller später als eine **Enterprise JavaBean** (EJB) implementiert. Solch ein EJB-Session-Objekt als Teil der Anwendungsschicht bedient sich der Funktionalität der Klassen in der Fachkonzeptschicht (Domänenschicht). Das Anwendungsfall-Controller-Objekt nimmt im Sequenzdiagramm (vgl. Abb. 3.2) ganz einfach die Rolle des System-Objektes ein.

In unserem Zusammenhang sind die Objekte der Präsentationsschicht (Managed Bean-Objekte) in der Rolle von Client-Objekten. In Abb. 3.3 wird illustriert, wie der Klick auf den Button *Create Next Learning Agreement Item* in der Java Server Face das Ereignis *doCreateNextLAItem* in dem Managed Bean-Objekt auslöst. Das Managed Bean-Objekt schickt die Nachricht *createLearningAgreementItem* an den Anwendungs- fall-Controller und dieses EJB-Session-Objekt bedient sich dann des aktuellen Objektes *learningAgreement* der Fachklasse *LearningAgreement* zum Anlegen des Learning- Agreement-Positions-Objektes. In diesem Beispiel wurde bewusst auf eine Modellierung verzichtet und unmittelbar aufgezeigt, wie sich die Entwurfsentscheidung im Java-Code niederschlägt.

3.3.3 Struktur und Anwendung des Erzeuger-Musters

Während das Controller-Muster an der Schnittstelle der Fachkonzeptschicht ansetzt, steht beim **Erzeuger-Muster** die Frage im Mittelpunkt, wer für das Erzeugen eines Objektes einer Klasse verantwortlich sein soll. Das Erstellen (**Instanziieren**) eines Objektes ist eine vielfach auftretende Aktivität in einem objektorientierten System. Daher ist es zweckmäßig, hierfür einen bewährten Lösungsansatz für die Zuordnung der Verantwortung zu haben. Das Erzeuger-Muster schlägt vor, die Klasse A für das Anlegen eines neuen Objektes der Klasse B zu machen, wenn ein Objekt der Klasse A Objekte der Klasse B kennen muss. Ein typisches Beispiel hierfür sind **Kompositionen** . Dies sind Assoziationen, bei denen die Objekte der Klasse B existenziell abhängig sind vom aggregierenden Objekt der Klasse A. Ein typisches Anwendungsbeispiel hier- für sind viele kaufmännische Dokumente, wie ein Angebot, Auftrag, Lieferschein und Rechnung oder eine Entgeltabrechnung aber auch ein Kontoauszug von einer Bank. Es gibt einerseits Attribute (der Klasse B), die in gleicher Struktur mehrfach Bestandteil des Dokuments sind. Andererseits werden im Dokument Attribute (der Klasse A) dargestellt, deren Attributwerte für alle Objekte der Klasse B gleich sind. Dieses Phänomen wird auch als **Listen-Muster** bezeichnet (vgl. Balzert 2009, S. 551).

Im Beispiel der Abb. 3.4 und 3.5 ist die Klasse Angebot in der Rolle der aggregierenden Klasse A. Sie verfügt über Attribute, wie bspw. Datum, Angebots-, Vor- gangs- und Kundennummer, Vorhaben auf das sich das Angebot bezieht sowie Kunden- nummer und Angaben über den Sachbearbeiter. Die Klasse Angebotsposition nimmt die Rolle der abhängigen Klasse B ein. Sie weist die Attribute Positionsnummer und Menge sowie Angaben zur angebotenen Leistung auf. Das Klassenmodell in Abb. 3.5 gibt die Zusammenhänge wieder. Dabei betrifft das Listen-Muster nur die beiden Klassen Angebot und Angebotsposition. Die Klassen Sachbearbeiter, Kunde und Leistung wurden ergänzt. Diese Klassen und deren konkrete Objekte haben eine eigenständige Existenzberechtigung unabhängig vom Angebot und werden von diesem nur verwendet. Das Beispiel zeigt neben der Anwendung des Erzeuger-Musters für Kompositionen auch noch eine zweite Anwendung. Ein Objekt vom Typ Kunde sollte auch seine Angebots- Objekte kennen.

Der Zusammenhang zwischen den System-Operationen angebotEinholen und angebotsPositionHinzufuegen lässt sich auch mittels Sequenzdiagrammen darstellen.

Herrn
Max Mustermann
Schwalbenstr. 111
71032 Böblingen

Datum	15.10.2014
Angebots-Nr.	**12458**
Vorgang-Nr.	23253
Kunden-Nr.	12498
Sachbearbeiter	Silvio Franko
Durchwahl	07157-999999
Handy	0174-9999999
E-Mail	silvio.franko01@trockend.de

Angebot
Mustermann , Schwalbenstr. 111 Böblingen
Trockenbau-Decken

Sehr geehrter Herr Mustermann,

wir bedanken uns für die Anfrage und bieten Ihnen wunschgemäß folgende
Leistungen an.

Position	Menge	Einh.	Bezeichnung	E-Preis/EUR	Gesamt/EUR
1.1	107,19	m²	Abgehängte Akustikdecken MF-Rasterdecken mit Sichtschienen weiß. Einlegemontage 62,5/62,5 cm. Plattenstärke 15 mm. Muster nach Wahl-Standardmuster Donn oder Armstrong.	40,25	4.314,40
1.2	135,22	lfm	Zulage für das Liefern und Einbauen von Randwinkeln im Wandbereich als Auflage der Unterkonstruktion. Farbton: weiß.	6,10	824,84
1.3	21,49	lfm	Zulage Abgehängte Decken aus GK-Platten auf Metall UK. Streifenausbildung vor Fenstern als UK für die Montage von Vorhangschienen. Breite ca. 20 cm	32,50	698,43

Abb. 3.4 Beispiel Rechnungslegung

In Abb. 3.6 sind die beiden System-Operationen in einem System-Sequenzdiagramm modelliert. Der Anwendungsfall-Controller delegiert dem Erzeuger-Muster gemäß die Operation *anlegenAngebot* an die Klasse Sachbearbeiter. Die Operation *anlegenAngebot* der Klasse Sachbearbeiter ruft den Konstruktor von *Angebot* auf und initialisiert eine Referenzvariable mit der Referenz auf das zugehörige Sachbearbeiter-Objekt. Die System-Operation angebotsPositionHinzufuegen führt dem Erzeuger-Muster gemäß zu der Operation anlegenPosition in der Klasse *Angebot* (vgl. Abb. 3.5) und weist dem Attribut *menge* die Angebotsmenge und der Referenzvariablen *leistung* eine Referenz auf die anzubietende Leistung zu. Die Sequenzdiagramme der Abb. 3.6 stellen einen detaillierten Entwurf für die Implementierung dar und dienen primär dem besseren Verständnis der Struktur und Funktionsweise des Erzeuger-Musters.

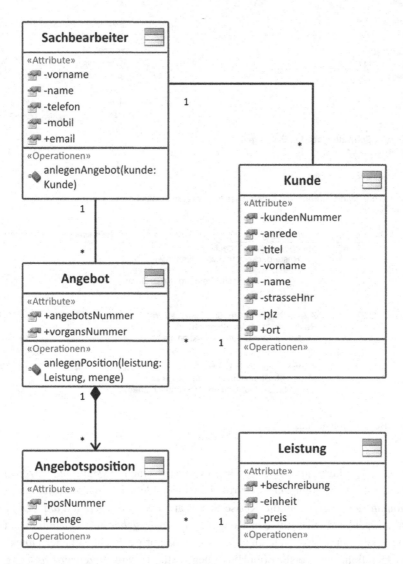

Abb. 3.5 Klassendiagramm zum Beispiel Rechnungslegung

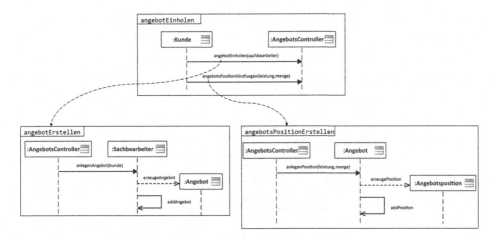

Abb. 3.6 Sequenzdiagramm zum Erzeuger-Muster

3.3.4 Struktur und Anwendung des Experten-Musters

Das Anlegen eines Objektes ist zwar wichtig und Voraussetzung dafür, dass Objekte miteinander agieren können. Allerdings ist der unmittelbare Nutzen für den Anwender nicht sonderlich groß. Der Anwender will ja insbesondere, dass das System Verarbeitungsschritte vornimmt, die zu einem für die Aufgabenerfüllung wichtigen Ergebnis führen. Im Rahmen des Entwurfs eines Software-Systems ist damit häufig die Frage zu beantworten, wer für das **Ermitteln eines Ergebnisses** verantwortlich sein soll. Am Beispiel des Angebotsfalles (vgl. Abb. 3.4) soll dies erläutert werden. Es sei angenommen, dass es die Notwendigkeit gibt, die Angebotssumme aller Angebote eines bestimmten Kunden zu ermitteln. Die spontane Entscheidung des Entwicklers sei, dass diese Aufgabe das entsprechende Kunden-Objekt erledigen soll. Der Lösungsvorschlag in Abb. 3.7 führt sicherlich zu einem richtigen Ergebnis, allerdings weist die Klasse *Kunde* ein hohes Maß an Kopplung auf. Ein Kunden-Objekt greift nicht nur auf die unmittelbar assoziierten Angebots-Objekte zu, sondern es greift auch über die Angebots-Objekte auf die zugehörigen Angebotspositions-Objekte und dann weiterhin auf die mit den Angebotspositions-Objekten verbundenen Leistungs-Objekte zu. In einer geschachtelten Schleife werden in der inneren Schleife die Positionsbeträge eines Angebots und in der

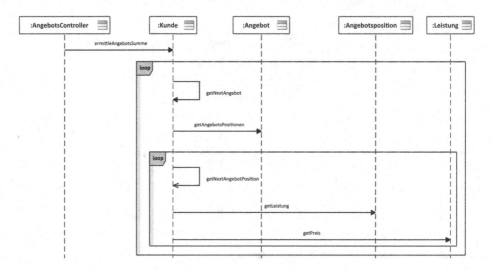

Abb. 3.7 Experten-Muster – Lösung 1

äußeren Schleife die Angebotsbeträge aufaddiert. In diesem Fall ermittelt das Kunden-Objekt eine Summe, obwohl es gar nicht über die notwendigen Informationen unmittelbar verfügt, die zur Ermittlung des Ergebnisses notwendig sind. In einem mehrstufigen Zugriffsprozess besorgt sich das Kunden-Objekt die notwendigen Informationen, um sie zu verarbeiten.

Das **Experten-Muster** sagt hingegen, dass die Verantwortung für die Ausführung einer Aufgabe der Klasse zugewiesen werden soll, die über die notwendigen Informationen unmittelbar verfügt (vgl. Larman 2005, S. 316 ff.). Daraus ergibt sich für das Beispiel die Notwendigkeit, dass die Verantwortung für die System-Operation in mehrere Verantwortlichkeiten zu zerlegen ist. Das Anwendungsfall-Controller-Objekt delegiert an das Kunden-Objekt die Aufgabe, seine Angebotssumme zu ermitteln (vgl. Sequenzdiagramm in Abb. 3.8).

Das Kunden-Objekt delegiert in einer Schleife an seine mit ihm unmittelbar assoziierten Angebots-Objekte jeweils die Aufgabe, die Angebotssummen zu ermitteln. Diese Angebotssummen werden auf Kundenebene aggregiert. Das Angebots-Objekt gibt die Verantwortung für die Ermittlung des Positionsbetrags an die mit ihm unmittelbar assoziierten Angebotspositions-Objekte. Der Positionsbetrag ergibt sich schließlich durch Multiplikation der Attributwerte von Menge und Preis. Die Menge ist ein Attribut

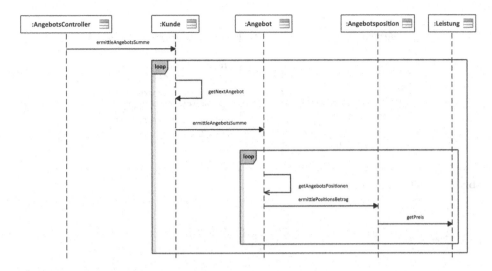

Abb. 3.8 Experten-Muster – Lösung 2

der Angebotsposition und den Preis beschafft sich das Angebotspositions-Objekt von dem mit ihm unmittelbar verbundenen Leistungs-Objekt. Somit wird die Forderung des Experten-Musters erfüllt, dass ein Objekt jeweils für die Aufgabe verantwortlich ist, für deren Erfüllung es auch über die notwendigen Informationen verfügt. Das Kunden-Objekt in der Lösung 2 (vgl. Abb. 3.8) greift nun nicht mehr auf Eigenschaften von Angebotspositionen oder gar Leistungen zu. Die Kopplung und damit die Abhängigkeit sind damit wesentlich kleiner. Ändert sich beispielsweise die Preisermittlung in der Weise, dass der Preis nicht mehr als fester Wert verstanden wird, sondern abhängig von der Menge variiert, so wird sich diese Änderung nur auf die Operation *ermittelnPositionsbetrag* in der Klasse Angebotsposition auswirken und das Kunden-Objekt bleibt davon grundsätzlich unberührt.

3.3.5 Struktur und Anwendung des Polymorphismus-Musters

Im Gegensatz zum Controller-, Erzeuger- und Experten-Muster, die einen eher generellen Charakter aufweisen, greift das **Polymorphismus-Muster** eine eher spezielle Entwurfsentscheidung auf. Die grundsätzliche Frage, auf die das Polymorphismus-Muster eine Antwort geben will, ist: „Wem wird die Verantwortung für die Ausführung

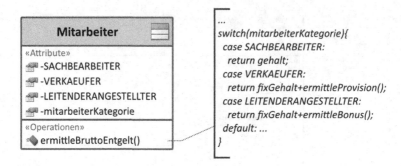

Abb. 3.9 Switch-Case-Ansatz

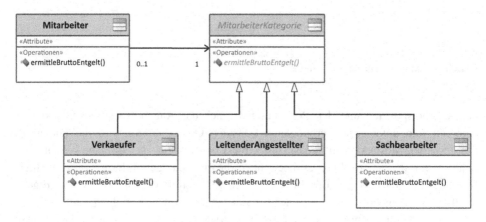

Abb. 3.10 Polymorphismus-Muster mit Zustands-Muster

einer System-Operation übertragen, die für unterschiedliche Kategorien von realen Objekten eine ähnliche, aber nicht gleiche Verarbeitung erfordert?" (vgl. Larman 2005, S. 428 ff.; Shvets et al. o. J.).

Als Beispiel soll eine Situation aus dem Personalwesen dienen. Die System-Operation *ermitteleBruttoEntgelt* hat für die Mitarbeiterkategorien Sachbearbeiter, Verkäufer und Leitender Angestellter unterschiedliche Ausprägung. Ein klassischer Lösungsansatz für diese Problemstellung ist die Verwendung des if-then-else- oder switch-case-Ansatzes (vgl. Abb. 3.9).

Der Nachteil dieser Lösung ist, dass solch eine Case-Struktur oder eine vergleichbare if-then-else-Struktur u. U. komplex ist. Dies trifft insbesondere dann zu, wenn an verschiedenen Stellen im Software-System kategorieabhängige Verarbeitung notwendig ist. Die Erweiterbarkeit um zusätzliche Kategorien ist aufwendig und fehleranfällig. Eine erste Verbesserung wäre die Bildung von spezialisierten Unterklassen

Sachbearbeiter, Verkaeufer und *LeitenderAngestellter*. Somit könnte in jeder speziellen Unterklasse von Mitarbeiter eine entsprechende Operation implementiert werden. Bei genauerem Hinsehen hat eine derartige Lösung jedoch einen gravierenden Nachteil. Übernimmt z. B. ein konkreter Mitarbeiter *Müller*, der ursprünglich Sachbearbeiter war, die Stelle eines Verkäufers, so müsste für den Mitarbeiter *Müller* ein neues Objekt vom Typ *Verkaeufer* erstellt werden und das alte Sachbearbeiter-Objekt müsste zerstört werden. Dies bedingt u. U. den Abbau und den Aufbau einer Vielzahl von Beziehungen zu anderen Objekten. Ein verbesserter Vorschlag ist die Verwendung des Entwurfs-musters Zustand (vgl. Abb. 3.10 und Abschn. 3.4.4). Mit dem **Zustandsmuster** ist es einfach möglich, dass der Mitarbeiter *Müller* von einer Mitarbeiterkategorie zur anderen wechselt. Dabei wird lediglich eine neue Beziehung aufgebaut und eine alte gelöst. Eine komplexe Bedingungslogik ist auch nicht mehr notwendig, sondern die Operation *ermittelnBruttoEntgelt* der Klasse Mitarbeiter ruft einfach die Operation des assoziierten Mitarbeiterkategorie-Objektes auf, das im konkreten Fall ja entweder ein *Sachbe-arbeiter-*, *Verkaeufer-* oder *LeitenderAngesteller*-Objekt ist. Die gleich bezeichnete Operation hat ja im jeweiligen Mitarbeiterkategorie-Objekt ihre unterschiedliche (poly-morphe – verschiedenartige) Implementierung. Aus der Sicht des Mitarbeiter-Objektes wird jedoch stets ein Objekt vom Typ *MitarbeiterKategorie* angesprochen.

Der große Vorteil des Polymorphismus-Musters ist die einfache Erweiterbarkeit um neue Varianten, z. B. Auszubildender oder geringfügig Beschäftigter. Derartige Ergänzungen können eingeführt werden, ohne dass Änderungen an der Klasse *Mit-arbeiter* zu erfolgen haben. Die Nutzung der Polymorphie hält den Grad der Kopplung niedrig.

3.4 Anwendung ausgewählter Entwurfsmuster in der Entwicklungsphase

3.4.1 Grundlagen zu Entwurfsmustern

Die System-Operationen ließen es offen, welche Klassen für die konkrete Ausführung der fachlichen Anforderungen verantwortlich sein sollen. Mit Hilfe des Controller-, Erzeuger-, Experten- und Polymorphismus-Muster wurden Lösungsvorschläge für wohl-begründete Entwurfsentscheidungen vorgestellt. Die nachfolgend darzustellenden Ent-wurfsmuster setzen grundsätzlich nicht bei den fachlichen Anforderungen an, sondern betreffen Entwurfsentscheidungen wie Objekte erzeugt werden (**Erzeugungsmuster),** wie Klassen zusammengesetzt werden, um größere Einheiten zu bilden (**Struktur-muster)** und wie Klassen und Objekte zusammenarbeiten (**Verhaltensmuster)** (vgl. Siebler 2014, S. 3). Diese Kategorisierung geht auf das Buch „Design Patterns" von Erich Gamma, Richard Helm, Ralph Johnson und John Vlissides im Jahr 1995 zurück (vgl. Gamma et al. 1995). Die vier Autoren werden auch vielfach als die „Gang-of-Four" (GoF) bezeichnet. Neben dieser Kategorisierung können Entwurfsmuster in

Klassenmuster und in **Objektmuster** eingeteilt werden. Bei klassenbasierten Mustern werden Klassenbeziehungen im Sinne der Generalisierung/Spezialisierung genutzt, sie sind statisch und werden zur Übersetzungszeit festgelegt. Bei objektbasierten Mustern werden Objektbeziehungen beschrieben, die dynamisch sind und zur Laufzeit geändert werden können. Dabei wird insbesondere die Delegation genutzt.

Wie bereits in Abschn. 3.3.1 dargestellt, stellen auch diese Muster **Erfahrungswissen** ihrer Autoren dar, das sowohl für Software-Architekten als auch für Software-Entwickler eine wertvolle Hilfestellung bei der Wiederverwendung von Entwurfsentscheidungen darstellt. Viele der Muster steigern die Flexibilität, Verständlichkeit und damit die Wartbarkeit von Software-Systemen. Einerseits wird mit der Verwendung die Kommunikation erleichtert („Jeder weiß was ein Fabrikmethoden-Muster ist."), andererseits wird das entwickelte System durch zusätzliche Klassen komplexer (vgl. Eilebrecht und Starke 2013, S. VI). Daher ist stets abzuwägen, ob der Nutzen in Form von Flexibilität, Wiederverwendbarkeit und Wartbarkeit den Nachteil von verringerter Einfachheit des Entwurfs überwiegt. Um dies überhaupt beurteilen zu können, sollen nachfolgend ausgewählte Entwurfsmuster der drei Kategorien beispielhaft gekennzeichnet werden.

3.4.2 Kennzeichnung ausgewählter Erzeugungsmuster

Jeder Java-Entwickler weiß, dass ein Objekt einer Klasse mit dem *new*-Operator erzeugt wird. Erzeugungsmuster verstecken i. d. R. die Details der Objekterzeugung. Damit kann etwa erreicht werden, dass der Code der Anwendung unabhängig vom Typ des zu erzeugenden Objektes ist. Dies hat den Vorteil, dass der Anwendungs-Code nicht verändert werden muss, wenn ein neuer Typ ergänzt wird. Dadurch wird die Kopplung reduziert. Zur Veranschaulichung werden das Fabrikmethoden- und das Singleton-Muster beispielhaft dargestellt. Während das Fabrikmethoden-Muster ein klassenbasiertes Muster ist, gehört das Singleton-Muster zur Gruppe der objektbasierten Muster.

Erzeugungsmuster Fabrikmethode und einfache Fabrik Das Erzeuger-Muster hilft dem Designer bei der Entscheidung, welche Fachklasse für das Erzeugen eines bestimmten Objektes verantwortlich sein soll (vgl. Abschn. 3.3.3). Wenn dieses Objekt nicht immer vom gleichen Typ ist, müsste die Fachklasse u. U. eine umfangreiche Bedingungslogik implementieren, damit jeweils der richtige Konstruktor aufgerufen wird. Unter Umständen könnte der Erzeugungsprozess außer dem Konstruktor-Aufruf noch weitere Verarbeitungsschritte notwendig machen. Die Idee des **Fabrikmethoden-Musters** ist, dass die erzeugende Fachklasse gar nicht wissen muss, von welcher konkreten Klasse ein Objekt zu erzeugen ist. Die erzeugende Fachklasse erwartet nur, dass ihr zur Laufzeit ein Objekt übergeben wird, welches das entsprechende Objekt erzeugt. Die Erläuterung erfolgt an einem vereinfachten Beispielszenario.

Ein Seminarveranstalter will Seminarbuchungen erfassen. Eine Buchung verbindet im Prinzip ein Seminarveranstaltungs-Objekt mit einem Teilnehmer-Objekt. Ist eine Seminarveranstaltung bereits ausgebucht, so soll die Möglichkeit bestehen, dass auch

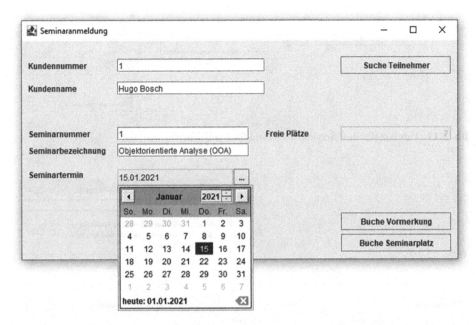

Abb. 3.11   Fabrikmethode – Grafische Oberfläche

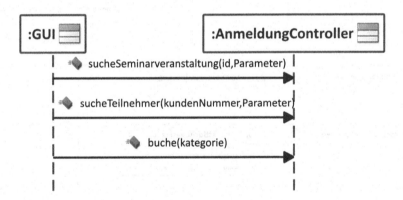

Abb. 3.12   Fabrikmethode – System-Sequenzdiagramm

eine Vormerkungsbuchung vorgenommen werden kann. Diese unterscheidet sich nicht grundsätzlich von der Seminarplatzbuchung. Für eine spätere Entwicklungsphase ist geplant, dass das System noch um weitere Varianten von Buchungen erweitert werden soll, z. B. Buchungen mit Anzahlung, Bonus Buchungen für Stammkunden usw.

Ausgangspunkt des Beispiels ist das System-Sequenzdiagramm der User Story bzw. des Anwendungsfalls. Aus Abb. 3.11 und 3.12 wird der Ablauf und die fachlichen System-

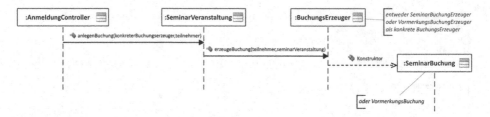

Abb. 3.13 Fabrikmethode – Sequenzdiagramm für das Buchen

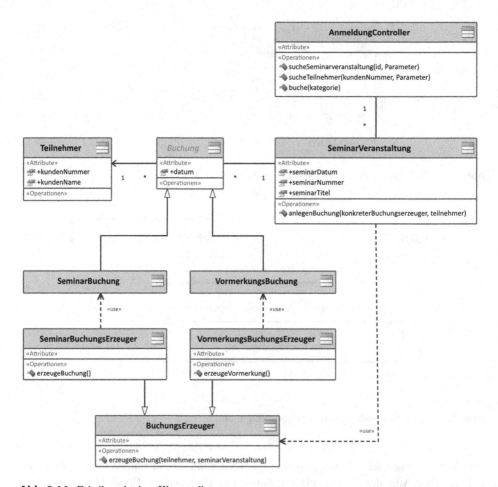

Abb. 3.14 Fabrikmethode – Klassendiagramm

anforderungen deutlich. Nachdem sowohl die gewünschte Seminarveranstaltung als auch der Teilnehmer über Kundenname oder Kundennummer gesucht wurden, soll eine Seminarbuchung oder eine Vormerkungsbuchung durchgeführt werden. Dem Erzeugermuster gemäß wird entschieden, dass die gewünschte Seminarveranstaltung für das Anlegen einer Seminarplatzbuchung bzw. einer Vormerkungsbuchung verantwortlich sein soll (vgl. Abb. 3.13). Das Seminarveranstaltungs-Objekt entscheidet nicht selbst welches Buchungs-Objekt erzeugt werden soll. Dem Erzeugungsmuster gemäß wird dies vor dem Client – in unserem Fall dem Seminarveranstaltungs-Objekt – versteckt. Entschieden wird dies von der konkreten Erzeugerklasse. Die weiteren Zusammenhänge sollen am Klassendiagramm erläutert werden (vgl. Abb. 3.14). Die Fabrikmethode ist in der abstrakten Klasse *BuchungsErzeuger* deklariert. Für jedes konkrete Buchungs-Objekt - im Beispiel bisher *SeminarBuchung* oder *VormerkungsBuchung* – ist eine konkrete Erzeugerklasse (*SeminarBuchungsErzeuger* und *VormerkungsBuchungErzeuger*) definiert. Diese konkreten Erzeugerklassen implementieren jeweils die abstrakt deklarierte Fabrikmethode *erzeugeBuchung* in individueller Weise. Aus der Benutzungsoberfläche (vgl. GUI in Abb. 3.11) bekommt der Anwendungsfall-Controller *(AnmeldungController)* einen String aus einer Enum namens Kategorie, die dem Anwendungsfall-Controller mitteilt, welche Art von Buchung der Benutzer zur Laufzeit anlegen will. Der Anwendungsfall-Controller erzeugt im Rahmen seiner Steuerungsaufgaben das passende Erzeuger-Objekt, das er als Argument dem Aufruf der Operation *anlegenBuchung* (vgl. Abb. 3.13) mitgibt. Dieses konkrete Erzeuger-Objekt vom Typ *BuchungsErzeuger* verwendet der Client *SeminarVeranstaltung* als Adressaten für den Aufruf der Fabrikmethode. Der nachfolgende Programmcode (vgl. Listing 3.1) macht deutlich, dass die Methode *anlegenBuchung* der Klasse Seminarveranstaltung vollkommen unabhängig von dem konkret zu erzeugenden Buchungs-Objekt ist.

Listing 3.1

```
1   public Buchung anlegenBuchung(BuchungsErzeuger buchungsErzeuger,
2                         Teilnehmer ausgewaehlterTeilnehmer) {
3       Buchung buchung = buchungsErzeuger
4                   .erzeugenBuchung(ausgewaehlterTeilnehmer, this);
5       buchungen.add(buchung);
6       return buchung;
7   }
```

Sind Änderungen bei der Objekterzeugung notwendig, sind diese in der jeweiligen Erzeugerklasse gekapselt. Kommen, wie in der obigen Szenario-Beschreibung angedeutet, neue Buchungskategorien hinzu, hat dies keinerlei Einfluss auf die für das Erzeugen eines Buchungs-Objektes verantwortliche Fachklasse. Die Änderungsnotwendigkeiten ergeben sich natürlich in der Präsentationsschicht (vgl. Abb. 3.11), indem eine neue Schaltfläche (Button) hinzugefügt werden muss und im Anwendungsfall-Controller, der auf der Basis der Benutzerentscheidung das notwendige Erzeuger-Objekt instanziiert. Hinsichtlich der allgemeinen Beschreibung mit entsprechender UML-

Darstellung sei auf die einschlägige Literatur verwiesen (vgl. Gamma et al. 1995, S. 121 ff.; Eilebrecht und Starke 2013, S. 34 ff.).

Manchmal wird das Erzeugungsmuster Fabrikmethode, so wie dieses von Gamma et al beschrieben wurde, mit der einfachen Fabrik gleichgesetzt, was jedoch nicht ganz korrekt ist. Im Buch von Eric und Elisabeth Freeman (vgl. Freeman und Freeman 2006, S. 117) wird die **einfache Fabrik** als Idiom bezeichnet. Dabei versteht man unter einem **Idiom** ein für eine bestimmte Programmiersprache spezifiziertes Muster. In unserem Szenario wäre dies sicherlich auch eine gangbare Lösung gewesen. Die Fabrikmethode wird dabei i.d.R. als statische Methode in einer Erzeugerklasse oder auch in der abstrakten Oberklasse der zu erzeugenden Objekte implementiert und der Client ruft diese Fabrikmethode unmittelbar auf. In unserem Beispiel könnte eine Methode *erzeugeBuchung* mit einem Kategorie-Parameter, wie aus nachfolgendem Code-Ausschnitt (vgl. Listing 3.2) ersichtlich, implementiert werden. Die Methode *anlegenBuchung* in der Klasse *SeminarVeranstaltung* würde die statische Fabrikmethode der Klasse *Buchung* mit der Erzeugung des entsprechenden Objektes beauftragen. Da in unserem Beispiel die Objekterzeugung der spezifischen Buchungs-Objekte sehr einfach ist, wäre diese Lösung für unseren Fall sicherlich ausreichend und weniger komplex.

Listing 3.2

```
      Klasse: Buchung

1     public static Buchung erzeugenBuchung(Kategorie kategorie, Teilnehmer
2                        teilnehmer, Seminarveranstaltung seminarveranstaltung){
3       switch(kategorie){
4         case Seminarplatzbuchung:
5           return new Seminarbuchung(teilnehmer, seminarveranstaltung);
6         case Vormerkung:
7           return new Vormerkung(teilnehmer, seminarveranstaltung);
8         default:
9           JOptionPane.showMessageDialog(null, "Falsche Buchungskategorie");
10        }
11      return null;
12    }

      Klasse: Seminarveranstaltung

1     public Buchung anlegenBuchung(Kategorie kategorie,
2                        Teilnehmer ausgewaehlterTeilnehmer) {
3       Buchung buchung = Buchung.erzeugenBuchung(kategorie,
4                        ausgewaehlterTeilnehmer, this);
5       buchungen.add(buchung);
6       return buchung;
7     }
```

In den Java Standard Bibliotheken findet man vielfach die Anwendung der einfachen Fabrik, so z. B. bei der abstrakten Klasse *java.util.Calendar* mit der Fabrikmethode *getInstance()* oder bei der abstrakten Klasse *java.text.DateFormat* mit der Fabrikmethode *getDateInstance()*.

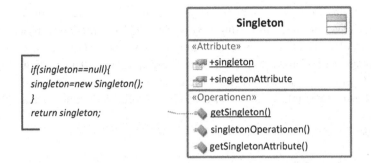

Abb. 3.15 Erzeugungsmuster Singleton

Erzeugungsmuster Singleton

Bei manchen Klassen kann es notwendig sein, dass nur genau ein Objekt existiert. Eine Klasse, welche nach dem Singleton-Muster implementiert wird, muss also gewährleisten, dass **genau ein Objekt** erzeugt werden kann und dass der Zugriff einfach ist. Abb. 3.15 zeigt die grundsätzliche Konstruktion. Die betroffene Klasse erhält ein statisches Attribut vom Typ Singleton, welches auf das einzige Objekt verweist. Der Konstruktor wird *private* deklariert, damit von außen kein Objekt erzeugt werden kann und die Methode *getSingleton* liefert eine Referenz auf das einzige Singleton-Objekt. Ist noch kein Objekt existent, wird dieses in der Methode *getSingleton(*erzeugt (vgl. Kommentar in Abb. 3.15). Eine Variante für die Implementierung des Singleton-Musters ist, dass das statische singleton-Attribut gleich beim Laden der Klasse Singleton durch den Klassenlader mit einer Referenz auf das Singleton-Objekt versehen wird *(private static Singleton singleton=new Singleton();)*. Diese Alternative ist ohne weitere Vorkehrung thread-sicher und vermeidet den vielfachen Vergleich auf null in der *getSingleton*-Methode (vgl. Goll 2014, S. 266 ff.).

Anwendungsbeispiele für die Verwendung des Singleton-Musters sind etwa Fabrik-Klassen oder Logging-Klassen. Mit Fabrik-Klassen sind insbesondere Klassen für die einfache Fabrik gemeint. Im obigen Beispiel hatten wir ja gar keine eigene Klasse verwendet, sondern die Fabrikmethode als statische Methode in der abstrakten Oberklasse der zu erzeugenden Objekte platziert. Eine Alternative wäre, eine eigene Fabrik-Klasse zu schreiben und diese mit der oder den Fabrikmethoden auszustatten. Ist es notwendig, dass neben den Fabrikmethoden Zustandsdaten gehalten werden müssten, so ist es angezeigt, die Fabrik-Klasse als Singleton zu implementieren und in einer Anwendung ein Fabrik-Objekt zu verwenden.

Das nachfolgende Code-Beispiel zeigt die Verwendung eines Singletons für einen Logger, der die Logging-Nachrichten in eine bestimmte Datei schreiben soll. Dieses Beispiel dient lediglich zur Veranschaulichung des Singleton-Musters und erhebt nicht den Anspruch, dass es sich um die ideale Logging-Lösung handelt, da hierzu mehr

Detailwissen über Logging Frameworks notwendig wäre. Die Methode *getMyLog* (vgl. Anweisungen 8 bis 19 in Listing 3.3) ist die Singleton-Methode, in der *initialize*-Methode werden Konfigurationen des Singleton-Attributs (vgl. Abb. 3.15) *logger* vorgenommen. Die Methode *log* (vgl. Anweisungen 27 bis 29 in Listing 3.3) ist als Singleton-Operation (vgl. Abb. 3.15) die Methode zum Absenden von Log-Nachrichten, wobei im Beispiel vereinfachend immer der Logging-Level *info* verwendet wird.

Listing 3.3

```
1    public class MyLog {
2        private static MyLog myLog = null;
3        private static Logger logger = null;
4
5        private MyLog() {
6        };
7
8        public static MyLog getMyLog() {
9            if (myLog == null) {
10               try {
11                   myLog = new MyLog();
12                   initialize();
13               } catch (IOException | SecurityException ex) {
14                   Logger.getLogger(MyLog.class.getName())
15                       .log(Level.SEVERE, null, ex);
16               }
17           }
18           return myLog;
19       }
20
21       private static void initialize() throws IOException {
22           logger = Logger.getLogger("MyLog");
23           logger.addHandler(new FileHandler("c:\\javaLogging\\RauLogger",
24                                    true));
25       }
26
27       public void log(String msg) {
28           logger.info(msg);
29       }
30   }
```

3.4.3 Beschreibung ausgewählter Strukturmuster

Während es bei den Erzeugungsmustern um die Tätigkeit der Erzeugung von Objekten geht, steht bei den Strukturmustern die Zusammensetzung von Klassen und Objekten im Mittelpunkt. Die **Fassade** als ein objektbasiertes Strukturmuster haben wir im Zusammenhang des GRASP-Musters Controller schon kennengelernt (vgl. Abschn. 3.3.2). Das Fassaden-Muster vereinfacht die Benutzung eines komplexen Subsystems durch die Bereitstellung einer ausgewählten Menge von Methoden. Im Fall des Controller-Musters sind dies die System-Operationen, auf die Objekte der Präsentationsschicht zur Ausführung von fachlichen Funktionen der Fachkonzeptschicht zugreifen. Die Fassade reduziert damit die Kopplung, vereinfacht die Benutzung eines Subsystems, erleichtert die Erweiterbarkeit und unterstützt die Portabilität (vgl. Balzert 2011, S. 74). Im Weiteren wird das Adapter-Muster in seiner objekt-und klassenbasierten Version und das objektbasierte Kompositum-Muster beispielhaft beschrieben.

Strukturmuster Adapter

Der Zweck des Adapter-Musters besteht darin, dass die Schnittstelle einer Klasse, die außerhalb des eigenen Gestaltungsbereichs liegt, an eine andere, geforderte Schnittstelle einer Klienten-Klasse angepasst wird. Damit können Klassen zusammenarbeiten, die aufgrund ihrer nicht kompatiblen Schnittstellen sonst dazu nicht in der Lage wären. Ein Adapter „umwickelt" dabei eine Klasse mit der gewünschten Schnittstelle. Daher wird eine derartige Klasse auch gelegentlich als **Wrapper** (Umwickler) bezeichnet. Das Adapter-Muster ist durchaus mit dem Fassaden-Muster verwandt. Beide Muster umhüllen bereits existierende Klassen. Der wesentliche Unterschied besteht darin, dass eine Fassade eine vorhandene Schnittstelle vereinfacht, während ein Adapter eine bereits bestehende Schnittstelle in eine gewünschte Schnittstelle konvertiert.

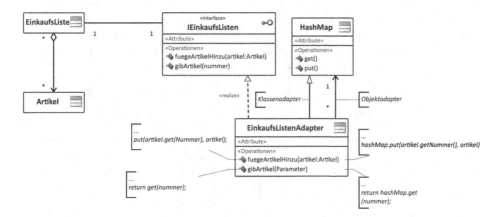

Abb. 3.16 Strukturmuster Adapter

Ein typischer Kontext sind Bibliotheksklassen, die eine Schnittstelle besitzen, welche durch den Benutzer nicht verändert werden kann, da der Quellcode vielfach nicht zugänglich ist. Das Problem besteht darin, dass die Aufrufe der betrachteten Anwendung an die Schnittstelle nicht zu der von der Bibliotheksklasse bereitgestellten Schnittstelle passen. Die Lösung besteht nun darin, einen Adapter zu bauen, der die Aufrufe des verwendenden Systems so umsetzt, dass die Eigenschaften der Bibliotheksklasse genutzt werden können. Das bedeutet, dass der Adapter zwei inkompatible Schnittstellen vereint. Die Implementierung kann entweder über Vererbung (Klassenadapter) oder Delegation (Objektadapter) erfolgen. In Abb. 3.16 sind beide Varianten als Klassenmodell wiedergegeben.

Beim **Klassenadapter** erbt der *EinkauflistenAdapter* von *HashMap* und verfügt damit unmittelbar über die Operationen der zu adaptierenden Klasse. In diesem Fall sind das die Operationen *get* und *put* von *HashMap*. Beim Klassenadapter besteht natürlich keine Assoziation zwischen *EinkaufslistenAdapter* und *HashMap*. Diese Assoziation gilt nur für die Lösung als **Objektadapter**. In diesem Fall hat der *EinkaufsAdapter* eine Referenz auf das *HashMap*-Objekt und ruft die *put*- und *get*-Methode beim referenzierten *HashMap*-Objekt *hashMap* auf.

Wie das Beispiel zeigt, erlauben Adapter, vorhandene Software (z. B. Bibliotheken, Fremd-Software) zu nutzen, ohne dass sich die verwendende Software darüber Gedanken macht. Die Abhängigkeit wird gezielt im Adapter konzentriert. Dadurch sind die beiden Systeme nur **lose gekoppelt** und damit auch leichter austauschbar, da nur der Adapter angepasst werden muss. Soll der Adapter dazu dienen, nicht nur die Verbindung zu einer Klasse, sondern auch zu Unterklassen dieser Klasse zu schaffen,

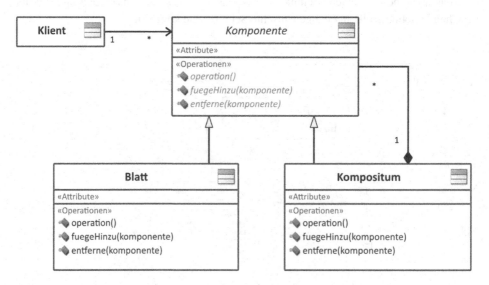

Abb. 3.17 Strukturmuster Kompositum – Allgemein (Vgl. Gamma et al. 1995, S. 185)

so ist die objektbasierte Lösung günstiger. Im anderen Fall wären bei unterschiedlicher Ausprägung der verwendeten Methoden in den Unterklassen für jede Unterklasse ein Adapter notwendig (vgl. Siebler 2014, S. 246 f.).

Strukturmuster Kompositum
In vielen Anwendungssituationen finden sich hierarchische Strukturen. Das Kompositum-Muster erlaubt verschachtelte Strukturen (z. B. Baumstruktur) derart zu bilden, dass einfache und zusammengesetzte Objekte einheitlich behandelt werden können, sodass aus der Sicht des Klienten keine explizite Unterscheidung notwendig ist. In Abb. 3.17 ist die grundlegende Struktur des Musters wiedergegeben.

Die Klasse *Komponente* deklariert die Schnittstelle für die Objekte, welche in der Struktur zusammengefügt werden. Sie beinhaltet insbesondere die Verwaltungs-Operationen (z. B. *fuegeHinzu*, *entferne*) und die gemeinsamen Funktionalitäten (repräsentiert durch *operation*). Die *Blatt*-Klasse definiert das Verhalten der primitiven, nicht zusammengesetzten Objekte der Struktur. Die Klasse *Kompositum* definiert das Verhalten der zusammengesetzten Objekte. Sie speichert auch die Referenzen auf die *Kind*-Objekte. Dabei können *Kind*-Objekte sowohl *Blatt*-Objekte als auch *Kompositum*-Objekte sein. Die *Klient*-Klasse repräsentiert die Objekte, welche die Struktur verwenden. Für die *Klient*-Objekte ist es gleichgültig, ob es sich bei dem *Komponente*-Objekt um ein *Blatt*-Objekt oder ein noch so komplexes *Kompositum*-Objekt handelt. Bei der Implementierung sind u. a. folgende Aspekte zu berücksichtigen. Es kann sinnvoll sein, im *Kind*-Objekt eine Referenz auf das zugehörige *Eltern*-Objekt vorzusehen. Damit ist auch ein Bewegen von unten nach oben möglich. Grundsätzlich ist eine Entscheidung zu treffen, wo die Deklaration der Verwaltungsoperationen für *Kind*-Objekte erfolgen soll. In Abb. 3.17 sind diese in der *Komponente*-Klasse deklariert. Damit wird Transparenz erzeugt, weil alle Komponenten einheitlich behandelt werden können. Allerdings könnte es zu der sinnlosen Aktion kommen, dass *Klient*-Objekte versuchen Objekte zu *Blatt*-Objekten hinzuzufügen bzw. zu entfernen. Mehr Sicherheit brächte die Lösung, die Verwaltungsoperationen nur in der *Kompositum*-Klasse zu deklarieren, was allerdings mit sich bringt, dass *Blatt*- und *Kompositum*-Objekte unterschiedliche Schnittstellen aufweisen.

Als Beispiel wollen wir eine **hierarchische Organisationsstruktur** verwenden. *Stellen* werden als Blätter verstanden, *Abteilungen* werden als Komposita verstanden. Dabei gibt es unterschiedliche Abteilungsarten, z. B. *Abteilung*, *Hauptabteilung*, *Bereich* usw. Die gemeinsame Komponenten-Oberklasse sei die *Organisationseinheit*. In Abb. 3.18 ist das Klassenmodell für dieses Beispiel entsprechend der allgemeinen Struktur des Kompositum-Musters gemäß Abb. 3.17 wiedergegeben. In unserer kleinen Beispielanwendung soll es möglich sein, den Personalaufwand einer beliebigen Organisationseinheit zu ermitteln. Hierfür verfügt jedes *Stelle*-Objekt über ein Attribut *bruttoentgelt*. Die Methode *ermittlePersonalaufwand* in der Klasse *Stelle* besteht einfach in der Rückgabe des Attributwerts von *bruttoentgelt*. In der Klasse *Abteilung* ist diese Methode **rekursiv** formuliert. Aus der Sicht der Anwendung (Klient) sind *Stelle*

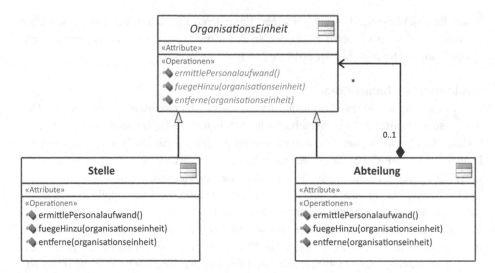

Abb. 3.18 Strukturmuster Kompositum – Beispiel

und *Abteilung* jedoch Organisationseinheiten, sodass sich die Anwendung um die Spezifika aufgrund der polymorphen Nutzung der Methode *ermittlePersonalaufwand* nicht zu kümmern braucht.

3.4.4 Beschreibung ausgewählter Verhaltensmuster

Als letzte Kategorie von Entwurfsmustern werden ausgewählte Verhaltensmuster beispielhaft gekennzeichnet. Verhaltensmuster befassen sich mit der Kommunikation zwischen Objekten. Im Rahmen des Polymorphismus-Musters hatten wir nebenbei schon das Verhaltensmuster **Zustand** kennengelernt (vgl. Abschn. 3.3.5). Das Zustandsmuster erlaubt die Kapselung zustandsabhängigen Verhaltens in separate Objekte. Für den Klienten sieht es aus, wie wenn das Objekt die Klasse geändert hat. Im Abb. 3.9 steht die abstrakte Klasse *Mitarbeiterkategorie* für den Zustand, den ein *Mitarbeiter*-Objekt annehmen kann. In Abhängigkeit vom aktuellen Zustand des *Mitarbeiter*-Objektes wird das Bruttoentgelt entsprechend der jeweiligen Implementierung in den konkreten Zustandsobjekten *(Sachbearbeiter, Verkäufer, Leitender Angestellter)* ermittelt. Per Delegation wird bei diesem objektbasierten Muster von dem *Mitarbeiter*-Objekt auf den jeweiligen Zustand zugegriffen, davon sind Klienten nicht betroffen. **Erweiterungen** sind damit äußerst einfach möglich. Nachfolgend sollen ergänzend die klassenbasierte Schablonenmethode und das objektbasierte Beobachter-Muster beispielhaft charakterisiert werden.

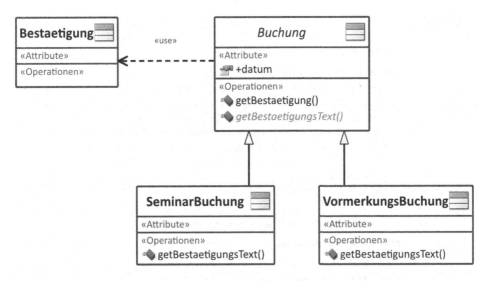

Abb. 3.19 Verhaltensmuster Schablonenmethode

Verhaltensmuster Schablonenmethode

Das Schablonenmethode-Muster ist ein klassenbasiertes Verhaltensmuster. In einer Oberklasse wird der Rahmen für einen Algorithmus in einer Operation definiert. Teilschritte des Algorithmus werden in Unterklassen spezifisch implementiert. Damit werden die **invarianten Teile** des Algorithmus in der Schablonenmethode genau einmal festgelegt, während die Unterklassen das **variierende Verhalten** in spezifischen Operationen implementieren. In Abb. 3.19 ist Bezug genommen auf das Beispiel des Erzeugungsmusters Fabrikmethode (vgl. Abschn. 3.4.2 und Abb. 3.14). Die abstrakte Klasse *Buchung* definiert die Schablonenmethode *getBestaetigung* und deklariert den unterklassenspezifischen Teil dieser Methode in der abstrakten Methode *getBestaetigungsText*. Diese Methode wird in den Unterklassen spezifisch implementiert und zur Laufzeit unterklassenspezifisch als Teil von *getBestaetigung* zur Ausführung gebracht.

Der nachfolgende Programmcode (vgl. Listing 3.4) zeigt, dass es sich bei diesem Beispiel um einen äußerst einfachen Fall handelt, denn die Methode *getBestaetigungsText* liefert nur jeweils einen String spezifischen Inhalts.

Listing 3.4

```
Klasse: Buchung

 1   public Bestaetigung getBestaetigung(){
 2       Bestaetigung bestaetigung=new Bestaetigung();
 3       bestaetigung.setBestaetigungsText(getBestaetigungstyp());
 4       bestaetigung.setBuchungsDatum(datum);
 5       bestaetigung.setKundenName(teilnehmer.getKundenName());
 6       bestaetigung.setSeminarBezeichnung(seminarveranstaltung
 7                       .getSeminarBezeichnung());
 8       return bestaetigung;
 9   }
10
11   protected abstract String getBestaetigungstyp();

Klasse: Seminarbuchung

 1   @Override
 2   protected String getBestaetigungstyp() {
 3       return "Seminarbuchung";
 4   }

Klasse: Vormerkungsbuchung

 1   @Override
 2   protected String getBestaetigungstyp() {
 3       return "Vormerkungsbuchung";
 4   }
```

Das Beispiel zeigt, dass durch die Verlagerung konkreter Verarbeitungsschritte des allgemein definierten Algorithmus in der Oberklasse, eine interessante Möglichkeit zur Wiederverwendung von Programmcode ist.

Verhaltensmuster Beobachter

Das Beobachter-Muster ist ein objektbasiertes Verhaltensmuster. Es erlaubt eine **lose Kopplung** von Objekten zu dem Zweck, dass Änderungen in einem Objekt auch zu entsprechenden Anpassungen in anderen, abhängigen Objekten führen. Grundsätzlich wird zwischen dem **beobachteten Objekt** und den **beobachtenden Objekten** unterschieden. Die beobachtenden Objekte registrieren sich bei dem beobachteten Objekt. Dabei ist die Kopplung allerdings lose. Das heißt, das beobachtete Objekt weiß vom beobachtenden Objekt nur, dass dieses benachrichtigt werden möchte, wenn sich etwas ändert. Aus diesem Grund sieht das Muster vor, dass die beobachtenden Objekte ein standardisiertes Interface implementieren. In Abb. 3.20 ist dies das Interface *Observer*, das im Java-Paket *java.util* enthalten ist. Das beobachtete Objekt muss die Möglichkeit zum Registrieren und zum Benachrichtigen geben. Da dies ebenfalls für alle beobachteten Objekte immer wieder gleich ist, lassen sich diese Eigenschaften in eine Oberklasse extrahieren.

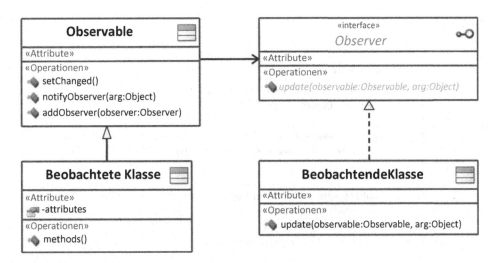

Abb. 3.20 Verhaltensmuster Beobachter

In Abb. 3.20 ist die Klasse *Observable* des Java-Pakets *java.util* modelliert. Die beobachtende Klasse implementiert die abstrakte Methode *update*, in dem die klassenspezifische Reaktion festgelegt wird.

Ein einfaches Beispiel soll die Funktionsweise erläutern. Ein Objekt der Klasse *News* wird von beliebig vielen Objekten der Klasse *Abonnent* beobachtet. Wird im *News*-Objekt eine neue Meldung hinzugefügt, werden die *Abonnent*-Objekte benachrichtigt. In unserem einfachen Fall erfolgt lediglich eine Ausgabe. Zur Veranschaulichung ist der Code im nachfolgenden Listing 3.5 wiedergegeben. Mit der Methode *addNews* in der *News*-Klasse werden Veränderungen in Objekten der beobachteten. Klasse ausgelöst. Daher wird auch hier die Benachrichtigung der beobachtenden Objekte vorgenommen (vgl. *notifyObservers(news);*). In der *Abonnent*-Klasse wird mit der Methode *update* die Reaktion der beobachtenden Objekte festgelegt, was in unserem einfachen Beispiel, wie erwähnt, eine System-Ausgabe ist.

Listing 3.5

```
Klasse: News

1   public class News extends Observable {
2       private List<String> newsList;
3
4       public News() {
5           newsList = new ArrayList<String>();
6       }
7
8       public void addNews(String news) {
9           newsList.add(news);
10          setChanged();
11          notifyObservers(news);
12      }
13  }

Klasse: Abonnent

1   public class Abonnent implements Observer {
2       private String name;
3
4       public Abonnent(String name) {
5           this.name = name;
6       }
7
8       public void update(Observable o, Object arg) {
9           String newNews = (String) arg;
10          System.out.println("To " + name + ": " + newNews);
11      }
12  }
```

Die Bedeutung des Beobachter-Musters ist beispielsweise im Swing-Framework von Java sehr hoch. Das gesamte Event-Handling mit den sogenannten Listenern basiert auf diesem Muster. Weiterhin verwendet das Model-View-Controller-Muster (MVC) das Konzept der Beobachter. Ändert sich das Model, so wird die View als Beobachter über diese Änderung informiert, sodass auch die Sicht, z. B. die Zellen eines *JTable*-Objektes, aktualisiert werden.

Ein großer Vorteil des Beobachter-Musters ist, dass es im Vorhinein nicht notwendig ist zu wissen, welche und wie viel Objekte sich als Beobachter registrieren. Dies vermeidet sonst notwendigen Änderungsaufwand. Dieser Tatbestand kann jedoch auch zum Nachteil werden, wenn bei extensiver Nutzung die lose Kopplung dazu führt, dass man u. U. die Übersicht darüber verliert, welches Objekt wann benachrichtigt und aktualisiert wird (vgl. Eilebrecht und Starke 2013, S. 72 f.).

3.5 Zusammenfassung

In diesem Kapitel standen einerseits die Iterationsplanung und andererseits methodische Grundlagen für die Entwurfsaktivitäten im Mittelpunkt. Die Vorgehensweise der Iterationsplanung wurde anhand des Fallbeispiels für die erste Iteration dargestellt. Methodisch wurde die User Story in System-Operationen zerlegt. Diese wurden mit Hilfe des System-Sequenzdiagramms visualisiert. Die Identifikation der System-Operationen kann bei dialogorientierten Anwendungssystemen durch erste Skizzen der Dialoge unterstützt werden. Ob die geforderte Funktionalität einer User Story erfüllt ist, kann anhand formulierter Akzeptanzkriterien geprüft werden. Für diesen Zweck wurden die System-Operationen mittels Vor- und Nachbedingungen beispielhaft spezifiziert. Die Nachbedingungen liefern unmittelbar die Vorlage für die Formulierung von Testmethoden im Sinne der testgetriebenen Entwicklung im nächsten Kapitel (vgl. Abschn. 4.2). Die Organisation einer Iteration folgt dem Grundsatz der agilen Entwicklung, dass das Erzeugen lauffähiger Software im Vordergrund steht. Dies zeigt sich in der Aufgabenliste als Ergebnis der Iterationsplanung, indem nicht erst alle System-Operationen entworfen und danach programmiert werden, sondern eine System-Operation nach der anderen entworfen und implementiert wird. Damit im vierten Kapitel Software von möglichst hoher Qualität entworfen und entwickelt werden kann, werden methodische Grundlagen gelegt. Zum einen steht die Frage im Mittelpunkt, wie die notwendigen Verarbeitungsschritte zur Umsetzung einer System-Operation auf einzelne Klassen verteilt werden sollen. Sogenannte GRASP-Muster als Blaupausen für immer wieder auftretende Entwurfsentscheidungen wurden anhand von Beispielen vorgestellt. Dabei soll möglichst erreicht werden, dass die Klassen des Software-Systems einerseits eine geringe Kopplung und andererseits ein hohe Bindung aufweisen. Zum anderen wurden ausgewählte Entwurfsmuster an Beispielen erläutert. Diese helfen, Klassen so zu entwerfen, dass Ziele wie gute Wartbarkeit und leichte Änderungs-und Erweiterungsfähigkeit erreicht werden können. Diese methodischen Grundlagen können teilweise beim Entwurf der System-Operationen des Fallbeispiels im folgenden Kapitel (vgl. Kap. 4) angewandt werden.

3.6 Wiederholungsfragen und Aufgaben

Frage 3.1
Welche der folgenden Aussagen sind korrekt?

a)   Das Ziel der Iterations-Modellierung ist es, soweit wie möglich ins Detail zu gehen.
b)   Aus der Sicht des Anwenders lassen sich bei dialogorientierten Anwendungen die Anforderungen am einfachsten an Dialogentwürfen verdeutlichen.
c)   In einem Sequenzdiagramm lassen sich Bedingungen und Schleifen modellieren.

d)   „Eingabe einer Eingangsrechnung" ist ein gutes Beispiel für die Formulierung
     einer Nachbedingung in der Spezifikation einer System-Operation.

e)   Die Zeitschätzung in der Aufgabenliste der Iterationsplanung wird in Story Points
     angegeben.

Frage 3.2
Welche Aussagen zu ‚General Responsibility Assignment Software Patterns' (GRASP)
sind korrekt?

a)   Das Experten-Muster postuliert, dass die Verantwortlichkeit für eine Operation der
     Klasse zugeordnet werden soll, die über die Informationen verfügt, welche zum
     Ausführen der Operation notwendig sind.

b)   Bei der Anwendung des Polymorphismus-Musters führen Erweiterungen einer Ver-
     erbungshierarchie stets zu massiven Veränderungen der verwendenden Klassen.

c)   Das Erzeuger-Muster besagt, dass die Oberklasse für die Erzeugung der Objekte
     der Unterklassen verantwortlich ist.

d)   Das Controller-Muster legt fest, welche Klasse, den Kontrollfluss in den
     Operationen des Systems übernehmen soll.

e)   Das Erzeuger-Muster gehört grundsätzlich nicht zu den Erzeugungsmustern.

Frage 3.3
Welche der folgenden Aussagen zu Entwurfsmustern sind richtig?

a)   Durch Entwurfsmuster wird die Wiederverwendung anerkannt guter Lösungen und
     das Etablieren einer gemeinsamen Fachsprache unterstützt.

b)   Strukturmuster beschreiben die Interaktion zwischen Objekten und komplexe
     Kontrollflüsse, wobei Vererbung und Objektkomposition verwendet werden.

c)   Das Singleton-Muster gehört in die Gruppe der Erzeugungsmuster.

d)   Das Strukturmuster Kompositum eignet sich insbesondere zur Abbildung von
     hierarchischen Strukturen.

e)   Das Verhaltensmuster Schablonenmethode setzt das Vorliegen einer Vererbungs-
     struktur voraus.

Aufgabe 3.1
In Aufgabe 2.2 sind zwei User Stories zur Prüfung von Lieferantenrechnungen
formuliert, die zu einer User Story wie folgt zusammengefasst werden:
*Der Kreditorenbuchhalter will die in Rechnung gestellten Mengen mit den Mengen
des Wareneingangs im System sowie die in Rechnung gestellten Preise mit den Preisen
der zugehörigen Bestellung im System abgleichen können, damit manueller Aufwand
reduziert wird.*

Im Rahmen der Iterationsplanung hat das Entwicklerteam mit dem Produktverantwortlichen und Stakeholdern aus der Kreditorenbuchhaltung einen Dialogentwurf skizziert (vgl. Abb. 3.21).

Auf dieser Basis wurden für die User Story System-Operationen abgeleitet und grafisch in einem System-Sequenzdiagramm zusammengefasst (vgl. Abb. 3.22).

a)   Offenbar ist das System-Sequenzdiagramm (vgl. Abb. 3.22) noch nicht vollständig. Ergänzen Sie dieses vor dem Hintergrund des Dialogentwurfs aus Abb. 3.21.

b)   Mehr als 90 % der Beschaffungsvorgänge sind dadurch charakterisiert, dass für eine Bestellposition gilt, dass die gelieferte Menge gleich der bestellten Menge ist und dass sich eine Rechnung immer auf eine Bestellung bezieht. Daher werden bei der ersten Version der Software-Lösung keine Teillieferungen und keine Sammelrechnungen berücksichtigt. Es kann jedoch sein, dass es für eine Bestellung mehrere Rechnungen gibt, wenn beispielsweise Bestellpositionen zu unterschied-

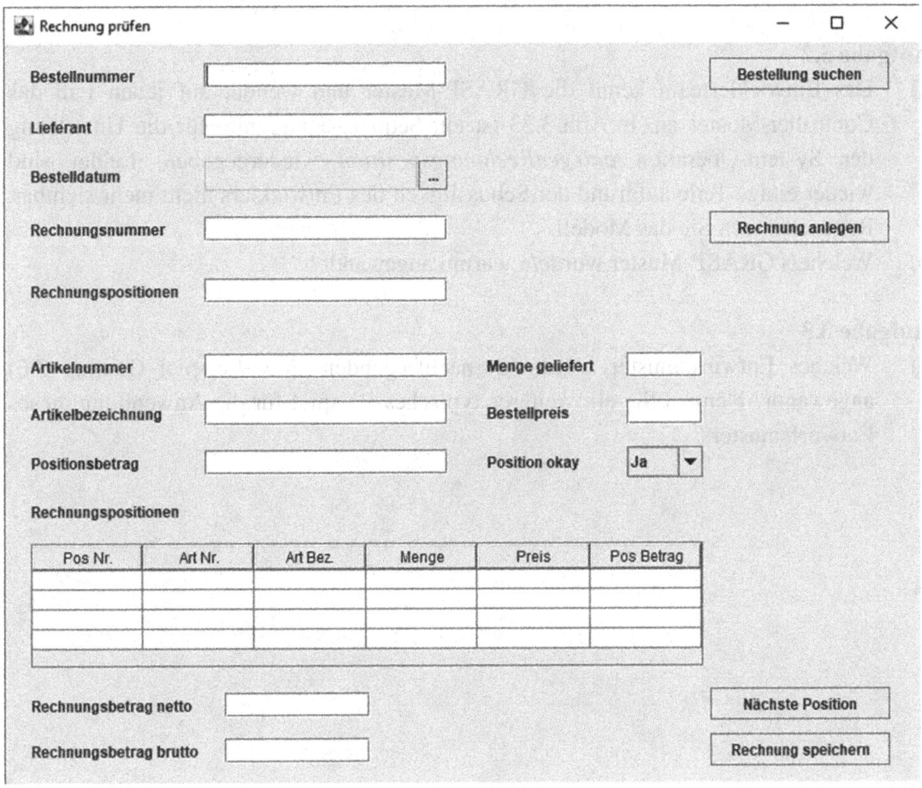

Abb. 3.21   Erster Dialogentwurf Eingangsrechnung prüfen

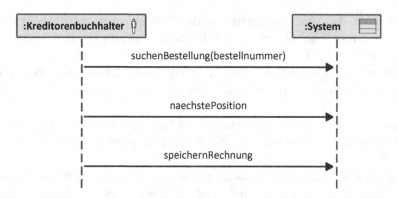

Abb. 3.22 Erstes System-Sequenzdiagramm Eingangsrechnung prüfen

lichen Zeitpunkten geliefert und fakturiert werden. Die identifizierten System-Operationen werden im nächsten Schritt spezifiziert. Durch Fehlfunktion des Druckers ist in den Tab. 3.9 und 3.10 nicht immer alles lesbar. Ergänzen Sie zweckgeeignet.

Aufgabe 3.2

a)   Das Entwicklerteam kennt die GRASP-Muster und wendet auf jeden Fall das Controller-Muster an. In Abb. 3.23 ist ein Sequenz-Diagramm für die Umsetzung der System-Operation *anlegenRechnungsposition* wiedergegeben. Leider sind wieder einige Teile aufgrund der Schussligkeit des Entwicklers nicht mehr sichtbar. Rekonstruieren Sie das Modell.

b)   Welche/s GRASP-Muster wurde/n warum angewandt?

Aufgabe 3.3

a)   Welches Entwurfsmuster wurde im nachfolgenden Code-Beispiel (Listing 3.6) angewandt? Nennen Sie ein weiteres typisches Beispiel für die Anwendung dieses Entwurfsmusters.

Tab. 3.9 Spezifikation der System-Operation suchenBestellung

Operation	suchenBestellungnbestellnummer)
Vorbedingungen	Bestellungen mit ihren eingängen sind im System erfasst
Nachbedingungen	Es wird entweder .... oder .... Bestellung mit spezifizierter Bestellnummer zur weiteren Bearbeitung zur Verfügung gestellt

Tab. 3.10 Spezifikation der System-Operation anlegenRechnungsposition

Operation	anlegenRechnungsposition
Vorbedingungen	1. Rechnungs-Objekt ist im System angelegt 2. Fakturierte Menge und fakturierter Preis sind erfasst und mit Position okay oder nicht okay gekennzeichnet
Nachbedingungen	1. Ein ....-Objekt ist angelegt 2. Das neue Rechnungspositions-Objekt ist mit dem .... verbunden 3. Die fakturierte Menge und der fakturierte Preis sind im Bestell ....-Objekt aktualisiert

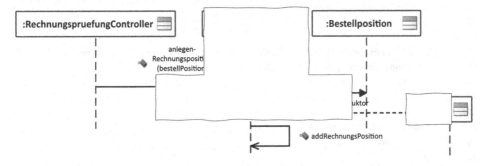

Abb. 3.23 Sequenzdiagramm anlegenRechnungsposition

Listing 3.6

```
1    public abstract class Teil {
2        private int nummer;
3        private String bezeichnung;
4
5        public Teil() {
6        }
7
8        public Teil(int nummer, String name) {
9            this.nummer = nummer;
10           this.bezeichnung = name;
11       }
12
13       public abstract double getMek();
14       public abstract void dazu(Teil teil) throws Exception;
15       public abstract void weg(Teil teil) throws Exception;
16   }
17
18   public class Fremdbezugsteil extends Teil {
19       private double preis;
20
21       public Fremdbezugsteil() {
22       }
23
24       public Fremdbezugsteil(int nummer, String bezeichnung, double preis) {
25           super(nummer, bezeichnung);
26           this.preis = preis;
27       }
28
29       public double getMek() {
30           return preis;
31       }
32
33       public void weg(Teil teil) throws Exception {
34           throw new Exception("Diese Operation ist nicht zulässig");
35       }
36
37       public void dazu(Teil teil) throws Exception {
38           throw new Exception("Diese Operation ist nicht zulässig");
39       }
40   }
41
42   public class Eigenfertigungsteil extends Teil {
43       private ArrayList<Teil> einzelteile;
44
45       public Eigenfertigungsteil() {
46       }
```

```
47
48        public Eigenfertigungsteil(int nummer, String name) {
49            super(nummer, name);
50            einzelteile = new ArrayList<>();
51        }
52
53        public void dazu(Teil teil) {
54            einzelteile.add(teil);
55        }
56
57        public double getMek() {
58            double summe = 0;
59            for (Teil einTeil : einzelteile) {
60                summe += einTeil.getMek();
61            }
62            return summe;
63        }
64
65        public void weg(Teil teil) {
66            einzelteile.remove(teil);
67        }
68   }
```

b)   Die nachfolgende Klasse (Listing 3.7) sollte als Singleton implementiert werden.
     Korrigieren Sie bitte die Fehler.

Listing 3.7

```
1    public class Kontenplan {
2        private TreeMap<Integer, Konto> angelegteKonten;
3        private static Kontenplan einzigerKontenplan = null;
4
5        public Kontenplan() {
6            angelegteKonten = new TreeMap<>();
7        }
8
9        private Kontenplan getEinzigerKontenplan() {
10           if (einzigerKontenplan = null) {
11               einzigerKontenplan = new Kontenplan();
12           }
13           return einzigerKontenplan;
14       }
15   }
```

Literatur

Ambler, S.W. und Lines, M. (2012). Disciplined Agile Delivery. A Practitioner's Guide to Agile Software Delivery in the Enterprise. Upper Saddle River u. a.: IBM Press/Pearson plc.

Balzert, H. (2011). Lehrbuch der Softwaretechnik: Entwurf, Implementierung, Installation und Betrieb. 3.Aufl. Heidelberg : Spektrum Akademischer.

Balzert, H.(2009). Lehrbuch der Softwaretechnik. Basiskonzepte und Requirements Engineering. 3. Aufl. Heidelberg, Berlin: Spektrum Akademischer.

Cohn, M. (2006). Agile Estimating and Planning. Upper Saddle River : Pearson Education.

Cohn, M. (2010). Succeeding with Agile. Upper Saddle River u. a : Addison-Wesley.

Eilebrecht, K. und Starke, G. (2013). Patterns kompakt. Entwurfsmuster für effektive Software-Entwicklung. 4. Aufl., Berlin, Heidelberg : Springer Vieweg.

Freeman, E. und Freeman, E. (2006). Entwurfsmuster von Kopf bis Fuß. Deutsche Übersetzung von L. Schulten und E. Buchholz. Beijing u. a. : O'Reilly.

Gamma, E., Helm, R., Johnson, R. und Vlissides, J. (1995). Design Patterns. Elements of Reusable Object-Oriented Software. Boston u. a. : Addison-Wesley.

Goll, J. (2014). Architektur- und Entwurfsmuster der Softwaretechnik. 2. Aufl. Wiesbaden : Springer Vieweg.

Larman, C. (2005). UML 2 und Patterns angewendet – Objektorientierte Softwareentwicklung. Heidelberg u. a.:mitp.

Link, J. (2005). Softwaretests mit JUnit. 2. Aufl., Heidelberg : dpunkt.

Oestereich, B. (2012). Analyse und Design mit der UML 2.5. Objektorientierte Softwareentwicklung. Unter Mitarbeit von S. Bremer und A. Scheithauer. 10. Aufl., München : Oldenbourg.

Rau, K.-H. (2007). Ausgewählte Entwurfsmuster mit Java-Beispielen (I), In: Das Wirtschaftsstudium 1/07, S. 105–110.

Rupp, C., Queins, S. und die SOPHISTen (2012). UML 2 glasklar. Praxiswissen für die UML-Modellierung. 4. Aufl., München : Hanser.

Shalloway, A. und Trott, J.R. (2003). Entwurfsmuster verstehen. Eine neue Perspektive auf objektorientierte Software-Entwicklung. Bonn : mitp.

Shvets, A., Frey, G. und Pavlova, M. (o.J.). SourceMaking. http://sourcemaking.com. Zugegriffen: 30. Juli 2014.

Siebler, F. (2014). Design Patterns mit Java. München :Hanser.

Iteration 1: Entwurf und Implementierung von Fach- und Datenklassen

4

Überblick

Im Rahmen der ersten Iteration wird nur eine User Story, die sich auf das Anlegen eines Learning-Agreements bezieht, entworfen und implementiert. Im dritten Kapitel wurde diese User Story in einzelne System-Operationen zerlegt. Den agilen Grundgedanken gemäß werden nicht alle Details der System-Operationen entworfen und darauf basierend in Java Code umgesetzt. Vielmehr werden Entwurfsdetails just-in-time im Rahmen der Entwicklungsphase erarbeitet. In diesem Kapitel wird die System-Operation *getApprovedApplicationItems* testgetrieben entwickelt. Auf der Basis eines vorläufigen Klassenmodells werden im ersten Schritt die relevanten Fachklassen ohne funktionalen Inhalt umgesetzt. Im zweiten Schritt wird die Testklasse mit den Testmethoden mittels JUnit erstellt und die Testausführung führt erwartungsgemäß nicht zum Erfolg. Iterativ werden Fachklassen und Testmethoden verfeinert. Im Sinne des Refactorings wird in exemplarischer Weise gezeigt, wie die Anwendung von GRASP-Mustern (General Responsibility Assignment Software Patterns) eine Verbesserung des Entwurfs und damit des Programmcodes erreicht werden kann. Der zweite Schwerpunkt in diesem Kapitel ist die Einführung und Nutzung der Java Persistence API (JPA) zur Umsetzung der Datenhaltung. Der Leser lernt die Grundlagen der JPA beispielhaft kennen und wendet diese Grundlagen für die implementierte System-Operation an. Dabei entsteht die zugehörige relationale Datenbank unter Verwendung des Datenbankmanagement-Systems PostgreSQL.

© Springer Fachmedien Wiesbaden GmbH, ein Teil von Springer Nature 2021   125
K.-H. Rau und T. Schuster, *Agile objektorientierte Software-Entwicklung,*
https://doi.org/10.1007/978-3-658-33395-9_4

4.1   Teilgebiete und Lernergebnisse

Wichtige Teilgebiete sind:

- Grundlagen testgetriebener Entwicklung mit JUnit
- Anwendung von GRASP-Muster im Rahmen des Refactoring
- Grundlagen der Jakarta Persistence API (JPA)
- Abbildung von Objektbeziehungen in JPA
- Abbildung von Klassenbeziehungen in JPA
- Grundlagen zur Persistenzeinheit und zum Persistenzkontext
- Anwendung der JPA auf Fallbeispiel

Lernergebnisse

Der Leser soll

- ein erstes UML Klassenmodell entwerfen können.
- den Aufbau einer JUnit-Testklasse verstehen.
- eine JUnit Testklasse entwickeln können.
- Testmethoden und fachliche Funktionalität iterativ entwickeln können.
- im Rahmen des Refactoring Schwächen erkennen können.
- GRASP-Muster anwenden können.
- die Funktionalität und Architektur der JPA verstehen.
- grundlegende JPA-Annotationen anwenden können.
- eine Persistenzeinheit entwickeln können.
- einfache Funktionen eines Entity Managers anwenden können.

4.2   Testgetriebene Entwicklung der ersten System-Operation

Aufbauend auf der Modellierung der **funktionalen Anforderungen** (vgl. Abschn. 2.3.1), der Priorisierung im Rahmen des **Release-Planes** (vgl. Abschn. 2.5) sowie der **Iterations-planung** (vgl. Abschn. 3.2.2) für das Fallbeispiel SemA sollen im Folgenden, ausgewählte System-Operationen der User Story 3.1 *(Der Student will sein Learning-Agreement mit den korrespondierenden Lehrveranstaltungen der Heimat- und Partnerhochschule im System anlegen können.)* entworfen und implementiert werden. In Tab. 3.2 ist die bisher vorliegende Spezifikation für die System-Operation *getApprovedApplicationItems* wieder-gegeben. Das Entwicklerteam hat sich noch einmal eingehend mit der Anforderung aus-einandergesetzt. Dabei wurde klar, dass diese Funktionalität gemäß dem Geschäftsprozess (vgl. Abb. 2.1 bzw. Abb. 2.2) auf den beiden Anwendungsfällen *Für Auslandssemester bewerben* und *Bewerbern Studienplätze anbieten aufbauen*. Im Rahmen der Priorisierung der User Stories in Abschn. 2.5.3 wurde festgehalten, dass für die Anwendungsfälle *Für das Auslandssemester bewerben* und *Bewerbern Studienplätze anbieten* bereits IT-Lösungen vorliegen, die in einer ersten Phase noch weiterhin genutzt werden sollen. Damit wird für die Implementierung der System-Operation *getApprovedApplicationItems* vorausgesetzt, dass über eine Schnittstelle die notwendigen Daten über den Studenten, die Bewerbung samt den Bewerbungspositionen bereitgestellt werden. Dies schlägt sich in der überarbeiteten System-Operations-Spezifikation in Tab. 4.1 nieder. Dabei wurden zwei weitere Vorbedingungen identifiziert, durch die der Ausgangszustand des Systems vor Ausführung der System-Operation beschrieben wird.

Basierend auf der Analyse der durch die vorgelagerten Anwendungsfälle bereit-gestellten Daten skizzierten die Entwickler ein Klassenmodell (vgl. Abb. 4.1). Wie bereits in Abschn. 3.2.2 dargelegt, liefern die System-Operations-Spezifikationen eine gute Basis für die Entwicklung von Tests (vgl. Link 2005, S. 81 f.). Im Sinne testgetriebener Entwicklung soll die System-Operation *getApprovedApplicationItems* implementiert werden.

Unser Entwicklerteam beginnt mit der um den Rückgabetyp erweiterten Signatur der Methode getFreigegebeneBewerbungspositionen in der Klasse *LearningAgreementController* (vgl. Listing 4.1). Im System-Sequenzdiagramm (vgl. Abb. 3.2) war der Empfänger der System-Operationen das zu entwickelnde System. Im Abschn. 3.3.2 wurde das Controller-Muster eingeführt. Daher nimmt die Klasse *LearningAgreementController* die Funktion eines Anwendungsfall-Controllers wahr. Wie das Listing 4.1 zeigt, wird der Java-Code des Fall-beispiels grundsätzlich in englischer Sprache abgefasst.

Listing 4.1: Klasse: LearningAgreementController

```
1    public class LearningAgreementController {
2        public List<ApplicationItem> getApprovedApplicationItems(Student
3                                  student) {
4            return null;
5        }
6    ...
7    }
```

Tab. 4.1 Überarbeitete Spezifikation der System-Operation *getFreigegebeneBewerbungspositionen*

Operation	*getApprovedApplicationItems*
Vorbedingungen	1. Der relevante Student muss sich erfolgreich im System authentifiziert haben 2. Grunddaten über den Studenten sind im System vorhanden 3. Grundsätzlich ist mindestens eine Bewerbung mit i. d. R. mehreren Bewerbungspositionen im System vorhanden
Nachbedingungen	Es ist kein freigegebenes Bewerbungspositions-Objekt zur weiteren Bearbeitung zur Verfügung gestellt oder eines bzw. mehrere

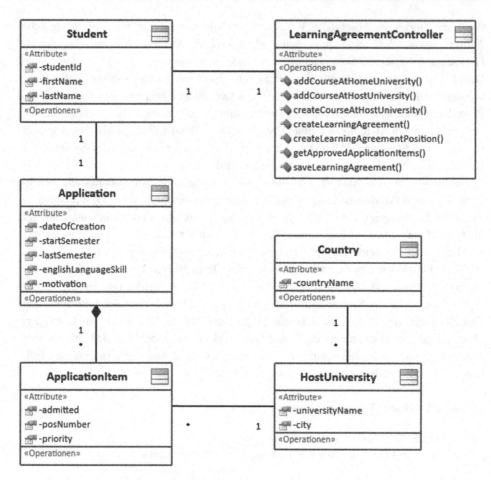

Abb. 4.1 Erstes Klassenmodell – Auslandssemester

Das Entwicklerteam geht im ersten Schritt davon aus, dass ein Student eine Bewerbung mit i. d. R. bis zu drei Bewerbungspositionen eingereicht hat. Die Bewerbungsposition bezieht sich auf jeweils eine Partnerhochschule, wobei der Student jeweils seine persönliche Priorität zuordnet. Will ein Student ein Learning-Agreement anlegen, dann wurde ihm typischerweise ein Studienplatz an einer der von ihm gewünschten Partnerhochschulen angeboten und er hat diesen auch angenommen. Im System ist dann diese Bewerbungsposition mit dem Status freigegeben gekennzeichnet (das binäre Attribut zugelassen ist auf wahr gesetzt). Genau für diesen Fall entwickelte unser Team einen **Test** mit Hilfe von **JUnit** 4 (vgl. Listing 4.2). Dabei liefert die Entwicklungsumgebung NetBeans eine komfortable Unterstützung (vgl. zu den Detailschritten Dantas 2011, S. 245 ff.). Grundsätzlich lässt sich ein Unit Test in drei Schritte unterteilen:

- Im **Setup-Schritt** werden insbesondere Objekte erstellt, die zur Durchführung des Tests notwendig sind.

- Im **Ausführungsschritt** wird die Funktionalität der zu testenden Methode in der durch den Setup-Schritt vorbereiteten Umgebung aufgerufen.
- Im **Verifikationsschritt** wird das Ergebnis der Testausführung mit den erwarteten Ergebnissen verglichen.

Listing 4.2: Klasse: LearningAgreementControllerTest

```
1   public class LearningAgreementControllerTest {
2
3       private static final Logger logger =
4         LogManager.getLogger(LearningAgreementControllerTest.class);
5
6       private Student student;
7       private LearningAgreementController instance;
8
9       public LearningAgreementControllerTest() {
10      }
11
12      @Before
13      public void setUp() {
14          student = new Student("Bosch", "Hugo", 1);
15          Country usa = new Country("USA");
16          Country slovenia = new Country("Slovenia");
17          HostUniverstiy wyoming = new HostUniverstiy(usa, "University of
18                                   Wyoming", "Laramie");
19          HostUniverstiy ljubljana = new HostUniverstiy(slovenia, "University
20                                   of Ljubljana", "LJubljana");
21          Application application = student.createApplication("WS 2019/2020",
22            "WS 2019/2020", "C1", "Strengthen intercultural skills");
23          application.createApplicationItem(wyoming, 1);
24          application.createApplicationItem(ljubljana, 2);
25
26          instance = new LearningAgreementController();
27      }
28
29      @Test
30      public void testGetApprovedApplicationItems() {
31          logger.info("getApprovedApplicationItems");
32          student.getApplications().get(0).getApplicationItems()
33            .get(0).setAdmitted(true);
34
35          List<ApplicationItem> result =
36          instance.getApprovedApplicationItems(student);
37          int expectedNumberOfItems = 1;
38
39          logger.info("Number of approved Items = " + result.size());
40          assertEquals(expectedNumberOfItems, result.size());
41      }
42   }
```

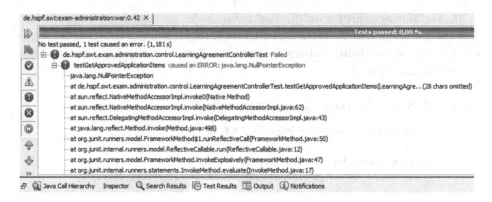

Abb. 4.2 Fehler beim ersten Testlauf

Die **Vorbedingungen** der System-Operation (vgl. Tab. 4.1) werden durch die Initialisierung eines Studenten-Objektes mit Hilfe der Variablen *student* und dem Aufruf der Methode *setUp* (vgl. Anweisungen 11 bis 25 in Listing 4.2) geschaffen. Die Methode *setUp* ist mit der Annotation @*Before* versehen, was bewirkt, dass diese Methode vor allen möglichen Testfällen ausgeführt wird (vgl. Westphal 2006, S. 46). Die eigentliche Testmethode *testGetApprovedApplicationItems* (vgl. Anweisungen 28 bis 39 in Listing 4.2), die mit der Annotation @*Test* ausgezeichnet wird, prüft, ob die richtige Anzahl von freigegebenen Bewerbungspositionen durch die Methode *getFreigegebeneBewerbung sapositionen* zurückgeliefert wird. Hierzu wird in Anweisung 32 die erste Bewerbungsposition für die Partnerhochschule *Wyoming* als freigegeben gekennzeichnet. Die Ausführung dieses Tests muss fehlschlagen (vgl. Abb. 4.2), da gemäß Listing 4.1 die eigentliche Funktionalität noch gar nicht implementiert ist.

Nach diesem erwarteten Misserfolg wird in der Methode *getFreigegebeneBewerbungspositio nen* so viel programmiert, dass der Test erfolgreich laufen müsste (vgl. Listing 4.3). Die Schleife der Anweisungen 4 bis 9 ist so angelegt, dass davon ausgegangen wird, dass nur eine Bewerbung im System für den Studenten angelegt ist. Bewusst soll zunächst nur so viel programmiert werden, dass der Test erfolgreich ist (vgl. Westphal 2006, S. 11 ff.).

Listing 4.3: Klasse: LearningAgreementController

```
1    public List<ApplicationItem> getApprovedApplicationItems(Student student) {
2        List<ApplicationItem> approvedApplicationItems = new ArrayList<>();
3
4        for (ApplicationItem applicationItem :
5          student.getApplications().get(0).getApplicationItems()) {
6            if (applicationItem.isAdmitted()) {
7                approvedApplicationItems.add(applicationItem);
8            }
9        }
10       return approvedApplicationItems;
11   }
```

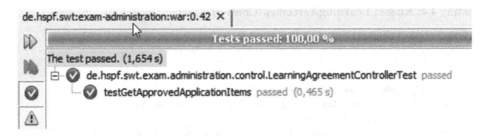

Abb. 4.3   Erfolg bei zweiten Testlauf

Die Durchführung des Tests zeigt, dass der Code seine Aufgabe erfüllt. Ein grüner Balken löst bei unseren Entwicklern ein Erfolgserlebnis aus (vgl. Abb. 4.3). Zwar ist es der Regelfall, dass sich ein Student für ein Auslandssemester bewirbt, allerdings ergibt sich im Gespräch mit dem Produktverantwortlichen, dass es immer wieder vorkommt, dass sich ein Student für zwei, u. U. aufeinanderfolgende Auslandssemester an unterschiedlichen Partnerhochschulen bewirbt. Für diesen Testfall gehen unsere Entwickler davon aus, dass sich der Student *Hugo Bosch* für das Wintersemester 2014/2015 mit erster Priorität für die Partnerhochschule in *Wyoming* bewirbt und mit zweiter Priorität für die Partnerhochschule in *Ljubljana* und für das darauffolgende Sommersemester 2015 für die gleichen Hochschulen allerdings mit vertauschter Priorität bewirbt. Weiterhin geht der Testfall davon aus, dass das Auslandsamt jeweils dem Wunsch mit höchster Priorität entsprechen konnte, sodass *Hugo Bosch* im Wintersemester in *Wyoming* und im Sommersemester in *Ljubljana* studieren kann und somit Learning-Agreements erstellen muss. Das Listing 4.4 gibt den Java-Code für diesen Testfall in gekürzter Form wieder.

Die Ausführung dieses Tests muss wieder fehlschlagen, da ja der bisherige Code lediglich auf eine Bewerbung ausgerichtet ist. In Abb. 4.4 wird angezeigt, warum der Test erfolglos war. Gemäß den Testdaten sollten zwei freigegebene Bewerbungspositionen gefunden werden, wegen einer fehlenden Schleife über alle Bewerbungen eines Studenten, wurde jedoch nur eine Position gefunden. Die Anpassung des Programmcodes (vgl. Listing 4.5) ergänzt den bisherigen Code um eine zweite Schleife, die alle Bewerbungen eines Studenten sequentiell durchsucht. Auf dieser Basis kann der Test mit Erfolg ausgeführt werden.

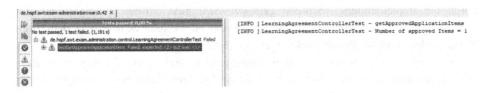

Abb. 4.4   Fehler beim dritten Testlauf

Listing 4.4: Klasse: LearningAgreementControllerTest

```
1    public class LearningAgreementControllerTest {
2        ...
3        @Test
4        public void testGetApprovedApplicationItems() {
5            logger.info("getApprovedApplicationItems");
6            //adjusted code
7            student.getApplications().get(0).getApplicationItems()
8                .get(0).setAdmitted(true);
9            student.getApplications().get(1).getApplicationItems()
10               .get(0).setAdmitted(true);
11
12           List<ApplicationItem> result =
13           instance.getApprovedApplicationItems(student);
14           int expectedNumberOfItems = 1;
15
16           logger.info("Number of approved Items = " + result.size());
17           assertEquals(expectedNumberOfItems, result.size());
18       }
19   }
```

Listing 4.5: Klasse: LearningAgreementController

```
1    public List<ApplicationItem> getApprovedApplicationItems(Student student) {
2        List<ApplicationItem> approvedApplicationItems = new ArrayList<>();
3        for (Application application : student.getApplications()) {
4            for (ApplicationItem applicationItem :
5                    application.getApplicationItems()) {
6                if (applicationItem.isAdmitted()) {
7                    approvedApplicationItems.add(applicationItem);
8                }
9            }
10       }
11       return approvedApplicationItems;
12   }
```

Damit kommt unser Entwicklerteam zu dem Schluss, dass die typischen **Normalfälle** durch die implementierte Methode *getApprovedApplicationItems* richtig verarbeitet werden. Nun ist auch noch zu überlegen, ob die entwickelte Software in denkbaren **Sonderfällen** ordnungsgemäß funktioniert. In unserem Fall stellt sich die Frage, wie das System reagieren soll, wenn keine Bewerbungsposition freigegeben ist oder wenn überhaupt keine Bewerbung im System vorhanden ist. Die formulierte Nachbedingung in der Spezifikation der System-Operation (vgl. Tab. 4.1) gibt ja schon den Hinweis, dass auch

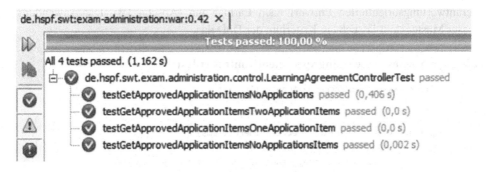

Abb. 4.5   Erfolg beim vierten Testlauf

kein freigegebenes Bewerbungspositions-Objekt zurückgegeben wird. Genau das ist das gewünschte Ergebnis für die gerade formulierten Sonderfälle. Vor diesem Hintergrund sollte unser Entwicklerteam ihre Testklasse noch um zwei Testfälle ergänzen. Der Code der gesamten Testklasse mit den insgesamt vier Testfällen ist in Listing 4.6 in gekürzter Form wiedergegeben. Dabei muss noch auf eine Besonderheit JUnit Frameworks hingewiesen werden (vgl. Westphal 2006, S. 34 f.). Die Reihenfolge, der in einer Testklasse zusammengefassten Testfälle (in unserem Fall *testGetApprovedApplicationItemsNoApplications, testGetApprovedApplicationItemsNoApplicationsItems, testGetApprovedApplicationItemsOneApplicationItem* und *testGetApprovedApplicationItemsTwoApplicationItem*) ist grundsätzlich nicht vorbestimmt. Das bedeutet, dass das Framework für jeden Testfall ein separates Objekt der Testklasse erzeugt und damit die Testfälle unabhängig voneinander ausführt. Wie bereits zur Erläuterung des Listings 4.2 dargelegt, gehen die Testfälle (mit Ausnahme des Testfalls ohne Bewerbung) von einheitlichen Studenten- und Bewerbungsdaten. Im jeweiligen Testfall werden nur noch Variationen hinsichtlich der freigegebenen Bewerbungspositionen festgelegt. Damit hierdurch keine Seiteneffekte auftreten können, wird die *setup*-Methode mit der Annotation @*Before* versehen.

Die Ausführung dieses Tests mit insgesamt vier Testfällen zeigt, dass der entwickelte Programmcode auch für die beiden Sonderfälle das richtige Ergebnis liefert (vgl. Abb. 4.5). Vor diesem Hintergrund hat unser Entwicklerteam die erste System-Operation aus fachlicher Sicht erfolgreich implementiert. Der Definition of Done (**DoD**) (vgl. Abschn. 2.5.1) gemäß sind alle vier **Unit Tests** vorhanden und erfolgreich durchlaufen. Der Ansatz **testgetriebener Entwicklung** motiviert die Entwickler im agilen Kontext jedoch dazu, immer auch zu überlegen, ob sie ihren Code noch verbessern könnten. In diesem Zusammenhang wird vielfach auf das sogenannte **Refactoring** Bezug genommen (vgl. Westphal 2006, S. 17 ff.). Dabei wird unter Refactoring der Prozess verstanden, der das Software-System leichter verständlich macht und Änderungen vereinfacht, ohne dass die Funktionalität verändert wird (vgl. Link 2005, S. 85; Fields et al. 2010, S. 52 f.). Unser Entwicklerteam erinnert diese Definition an die Verwendung von Mustern, um den Entwurf einer Software-Lösung zu verbessern. Insbesondere fallen ihnen die Muster zum verantwortungsorientierten Entwurf nach Larman ein (Abschn. 3.3). Die Anwendung dieser Muster stellt ja auch ein Kriterium der DoD dar.

Listing 4.6: Klasse: LearningAgreementControllerTest

```
1    public class LearningAgreementControllerTest {
2        ...
3
4        private void check(int expectedNumberOfItems) {
5            List<ApplicationItem> result =
6              controllerInstance.getApprovedApplicationItems(student);
7            assertEquals(expectedNumberOfItems, result.size());
8        }
9
10       @Test
11       public void testGetApprovedApplicationItemsNoApplications() {
12           student = new Student("Boss", "Robert", 2);
13
14           int expectedNumberOfItems = 0;
15           check(expectedNumberOfItems);
16       }
17
18       @Test
19       public void testGetApprovedApplicationItemsNoApplicationsItems() {
20           int expectedNumberOfItems = 0;
21           check(expectedNumberOfItems);
22       }
23
24       @Test
25       public void testGetApprovedApplicationItemsOneApplicationItem() {
26           student.getApplications().get(0).getApplicationItems()
27             .get(0).setAdmitted(true);
28
29           int expectedNumberOfItems = 1;
30           check(expectedNumberOfItems);
31       }
32
33       @Test
34       public void testGetApprovedApplicationItemsTwoApplicationItems() {
35           student.getApplications().get(0).getApplicationItems()
36             .get(0).setAdmitted(true);
37           student.getApplications().get(1).getApplicationItems()
38             .get(0).setAdmitted(true);
39
40           int expectedNumberOfItems = 2;
41           check(expectedNumberOfItems);
42       }
43   }
```

Unser Entwicklerteam ist bisher dem Vorgehen gefolgt, dass der Entwurf mit dem Programmieren entsteht. Dabei stand der Algorithmus für das Finden aller freigegebenen Bewerbungspositionen im Vordergrund. Die Methode wurde unmittelbar als Teil der Controller-Klasse entwickelt. Das widerspricht dem Grundsatz, dass der Anwendungs-fall-Controller grundsätzlich keine fachliche Verarbeitungslogik beinhalten sollte. Daher stellt sich nun das Entwicklerteam die Frage, welcher Klasse bzw. welchen Klassen eigentlich die Verantwortung für das Finden der freigegebenen Bewerbungs-positionen übertragen werden sollte. Relevant scheint hier das **Experten-Muster** zu sein (Abschn. 3.3.4). Ein Indikator, für einen verbesserbaren Entwurf geben auch die Anweisungen 3 bis 5 im Listing 4.5. Die Methode *getApprovedApplicationItems* der *Klasse CreateLeraningAgreementController* greift über Objekte der Klassen *Student* und *Application* auf ein *ApplicationItem*-Objekt zu. Dieses Vorgehen widerspricht der Regel von Demeter (**Law of Demeter** – LoD) (vgl. Eilebrecht und Starke 2013, S. 10). Diese Regel besagt vereinfacht, dass Objekte nur mit ihrer unmittelbaren Umgebung, d. h. direkt assoziierten Objekten kommunizieren sollten. Denn wie bereits bekannt, führt dies zu einer geringeren Kopplung (vgl. Abschn. 3.3.1) und damit grundsätzlich zu erhöter **Wartbarkeit**.

Das Entwicklerteam versucht das Experten-Muster anzuwenden. Bei näherem Hin-sehen wird klar, dass die System-Operation *getApprovedApplicationItems* der System-Operation *ermittelnAngebotsSumme* des Angebots-Beispiels in Abschn. 3.3.4 sehr ähnlich ist. Um sicher zu gehen, skizziert das Team die verbesserte Lösung mit Hilfe eines **Sequenzdiagramms** (vgl. Abb. 4.6).

Diesem Entwurf gemäß benötigt die Klasse Bewerbung im ersten Schritt eine Operation *getFreigegebeneBewerbungspositionen*, welche die Positionen einer einzelnen Bewerbung zurückliefert. Unser Entwicklerteam beginnt wieder mit der Entwicklung des Tests. Dabei können viele Aspekte aus der bisherigen Lösung übernommen werden (vgl. Listing 4.7).

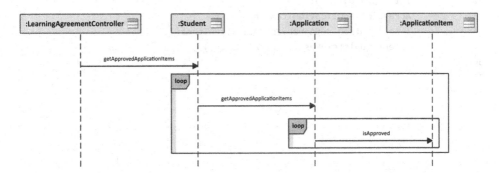

Abb. 4.6 Anwendung des Experten-Musters für getFreigegebeneBewerbungspositionen()

Listing 4.7: Klasse: ApplicationTest

```
1    public class ApplicationTest {
2
3        private Application application;
4
5        @Before
6        public void setUp() {
7
8            Country usa = new Country("USA");
9            Country slovenia = new Country("Slovenia");
10           HostUniverstiy wyoming = new HostUniverstiy(usa, "University of
11             Wyoming", "Laramie");
12           HostUniverstiy ljubljana = new HostUniverstiy(slovenia, "University
13             of Ljubljana", "LJubljana");
14
15           application = new Application("WS 2019/2020", "WS 2019/2020", "C1",
16             "Strengthen intercultural skills", null);
17           application.createApplicationItem(wyoming, 1);
18           application.createApplicationItem(ljubljana, 2);
19       }
20
21       @Test
22       public void testGetApprovedApplicationItems() {
23           application.getApplicationItems().get(0).setAdmitted(true);
24           int expResult = 1;
25           ArrayList<ApplicationItem> result =
26             application.getApprovedApplicationItems();
27           assertEquals(expResult, result.size());
28       }
29
30       @Test
31       public void testNoApprovedApplicationItems() {
32           int expResult = 0;
33           ArrayList<ApplicationItem> result =
34             application.getApprovedApplicationItems();
35           assertEquals(expResult, result.size());
36       }
37   }
```

Wie bereits zuvor, besitzt die neue Methode *getApprovedApplicationItems* der Klasse *Application* noch keinen sinnvollen Methodenrumpf. Daher werden auch, wie erwartet, beide Testfälle fehlschlagen. Im Sinne der testgetriebenen Entwicklung wurde anschließen Quellcode entwickelt, der das geforderte Ergebnis liefern sollte (vgl. Listing 4.8).

Listing 4.8: Klasse: Application

```
1    public ArrayList<ApplicationItem> getApprovedApplicationItems() {
2        ArrayList<ApplicationItem> approvedApplicationItems =
3                            new ArrayList<>();
4        for ( ApplicationItem applicationItem : applicationItems ) {
5            if ( applicationItem.isAdmitted() ) {
6                approvedApplicationItems.add(applicationItem);
7            }
8        }
9        return approvedApplicationItems;
10   }
```

Ein nochmaliges Ausführen des Tests ist aufgrund dieses Programmcodes erfolgreich.

Nun muss gemäß Abb. 4.6 noch die Operation *getFreigegebeneBewerbungspositionen* in der Klasse *Student* implementiert werden. Dem Sequenzdiagramm der Abb. 4.6 gemäß wird diese Methode einfach von dem Anwendungsfall-Controller-Objekt der Klasse *LearningAgreementController* aufgerufen (vgl. Listing 4.9). Damit kann der Test gleich für die Methode *getApprovedApplicationItems* der Controller-Klasse geschrieben werden.

Listing 4.9: Klasse: LearningAgreementController

```
1    public List<ApplicationItem> getApprovedApplicationItemsNew(
2                            Student student) {
3        return student.getApprovedApplicationItems();
4    }
```

Da die Methode *getApprovedApplicationItems* in der Klasse Student (vgl. Lisiting 4.10) bisher keine fachliche Logik enthält, scheitert die Testausführung an einer Null-Pointer-Exception. Auf dieser Basis wird die Methode in der Klasse *Student*, wie in Listing 4.11 abgebildet, implementiert. Nun läuft der Test für alle vier Testfälle erfolgreich durch. Mit dieser Lösung ist die fachliche Funktionalität nun in den Klassen platziert, die auch über die notwendigen Informationen verfügen. Ein Zugreifen auf Objekte über mehrere andere Objekte (vgl. Listing 4.5) ist nicht mehr notwendig. Die Methode in der Controller-Klasse (vgl. Listing 4.9) hat nur noch Weiterreichungsfunktion.

Listing 4.10: Klasse: Student

```
1    public ArrayList<ApplicationItem> getApprovedApplicationItems() {
2        return null;
3    }
```

Listing 4.11: Klasse Student

```
 1    public ArrayList<ApplicationItem> getApprovedApplicationItems() {
 2        ArrayList<ApplicationItem> approvedApplicationItems =
 3          new ArrayList<>();
 4
 5        for (Application application : applications) {
 6            approvedApplicationItems.addAll(
 7                application.getApprovedApplicationItems());
 8        }
 9        return approvedApplicationItems;
10    }
```

4.3　Ergänzung der ersten System-Operation um den Datenbankzugriff

Bisher waren für die Software-Entwicklung lediglich Grundlagenkenntnisse in Java notwendig. Im Abschn. 4.2 wurden Grundlagen der testgetriebenen Entwicklung angewendet. Bei dieser Gelegenheit konnte unser Entwicklerteam das JUnit-Framework in seiner Anwendung beispielhaft kennenlernen. Unser Entwicklerteam will nun die entwickelte Software mit einer *relationalen Datenbank* verbinden. Gemäß der Architektur-Entscheidung, die Jakarta EE Technologie einzusetzen, sollen vor der konkreten Programmierung die Grundlagen der **Jakarta Persistence API** (JPA) skizziert werden.

4.3.1　Grundlagen der Jakarta Persistence API

Das Verhalten und die zustandsrelevanten Attribute eines Objektes werden in der Klasse definiert. Die Attributwerte werden im Laufe der Nutzung des Software-Systems festgelegt. In unserem Fallbeispiel gilt dies beispielsweise für die Bewerbung für ein Auslandssemester. Die Klassendefinition einer Java-Klasse wird in einer Java-Datei auf dem Dateisystem des Rechners gespeichert. Dies gilt jedoch nicht für die Attributwerte. Hierfür gibt es unterschiedliche Mechanismen. Zu nennen sind beispielhaft die **Objekt-Serialisierung**, die Speicherung in **objektorientierten Datenbanken** (OODB) oder die Speicherung in **relationalen Datenbanken** (vgl. u. a. Rau 2013). Insbesondere im Bereich kaufmännischer Anwendungen dominiert der Einsatz relationaler Datenbankmanagementsysteme (**RDBMS**). Grundsätzlich passt jedoch ein objektorientiertes System, wie Java, und ein RDBMS nicht zusammen. Diese **objektrelationale Unverträglichkeit** (impedance mismatch) macht es notwendig, eine objektrelationale Abbildung, auch **O-R-Mapping** (ORM) genannt, durchzuführen. Im Laufe der Jahre gab es unterschiedliche Lösungsansätze. Aktuell ist die **Jakarta-Persistence API** (JPA) relevant. Im Jahr 2006 stellte Sun die Spezifikation in der Version 1.0 vor, seit 2013 existiert die Version 2.1. Für die konkrete Anwendung werden Implementierungen dieser Spezifikation verwendet. Beispiele hierfür sind die Referenzimplementierung von EclipseLink, der Eclipse Foundation, Hibernate von JBoss oder OpenJPA der Apache Software Foundation (vgl. Müller und Wehr 2012, S. 17). Alle drei ORM-Frameworks sind Open-Source-Lösungen. JPA ist sowohl in der Java Standard Edition (SE) als auch in der Jakarta Enterprise Edition (EE) verfügbar. Bevor JPA näher beschrieben wird, soll auf Eigenschaften eingegangen werden, die eine ORM-Lösung idealerweise aufweisen sollte (vgl. Keith und Schincariol 2009, S. 2):

- Die Java Anwendung arbeitet nicht mit Tabellen und Fremdschlüssel, sondern mit Klassen bzw. Objekten sowie deren Attribute und insbesondere den Referenzattributen.
- Die ORM-Lösung benötigt die objektrelationale Abbildung als Input.
- Eine ORM-Lösung muss auch mit vorhandenen Datenbanken (Altdaten) umgehen können. So müssen beispielsweise Mittel bereitgestellt werden, um sich an vorhandene Tabellen- oder Spaltennamen anzupassen.
- Eine gute ORM-Lösung löst typische Problemstellungen, ohne zusätzlichen Ballast einzuführen, mit dem sich der Anwender auseinandersetzen muss.

JPA kann als eine sogenannte leichtgewichtige ORM-Lösung bezeichnet werden. Sie basiert auf ganz normalen Java-Objekten (Plain Old Java Objects – **POJO**). Zur Konfiguration von JPA werden Metadaten verwendet, die mittels Annotationen in den Anwendungsklassen und/oder durch XML-Dateien bereitgestellt werden. Über diese Metadaten bekommt JPA die notwendigen Informationen, sodass die JPA-Implementierung ihre anwendungsspezifische Unterstützung bereitstellen kann. Dabei ist zu erwähnen, dass JPA mit einer großen Zahl von Standardeinstellungen (defaults) arbeitet, sodass sich die Konfiguration auf ein Minimum beschränken kann (**Configuration-by-Exception**). (vgl. Keith und Schincariol 2009, S. 19 f.)

4.3.2 Grundlegende Vorbereitung der Fachklassen für die Persistierung

Ein erster Schritt ist, die Klassen zu kennzeichnen, deren Objekte in einer Datenbank zu speichern sind. Dies geschieht mit der Annotation @*Entity*. Besitzt die Klasse einen parameterlosen Standardkonstruktor sowie Standard-Getter- und -Setter-Methoden, so wird aus dem POJO bzw. der JavaBean eine persistente Klasse. Ergänzend gibt es noch einige Einschränkungen, auf die nicht im Detail eingegangen wird (vgl. Müller und Wehr 2012, S. 33). Ein gespeichertes (persistentes) Objekt wird in einer relationalen Datenbank i. d. R. als eine Zeile in einer Tabelle in der relationalen Datenbank abgebildet. Die Identifikation erfolgt über den sogenannten Primärschlüssel. Daraus folgt, dass eine persistente Klasse über ein Attribut mit Primärschlüsseleigenschaft verfügen muss. Dieses Attribut wird mit der Annotation *@ID* versehen. Ein Objekt hat nicht zwangsläufig ein Schlüsselattribut. Daher muss vielfach eine Instanzvariable in der Klasse ergänzt werden. Grundsätzlich können fachliche Schlüssel, wie z.B. die Matrikelnummer (*studentId*) eines Studenten (vgl. Abb. 4.1) diese Funktion übernehmen. Wenn etwa aufgrund organisatorischer Veränderungen fachliche Schlüssel nachträglich geändert werden, kann dies jedoch zu aufwendigen Änderungen führen. Daher empfiehlt sich aus softwaretechnischer Sicht die Verwendung sogenannter **Surrogatschlüssel** (künstlicher Schlüssel), die eine rein identifizierende Funktion haben. Die Verwendung einer durch Java generierten **UUID** (Universal Unique Identifier) stellt eine datenbankunabhängige Möglichkeit dar. Die UUID ist eine 16-Byte-Zahl, die hexadezimal notiert wird, z.B. *7acbcf47-ce45-46e4-96e5-2f45cc87f2b3*. In Java kann eine UUID etwa durch folgende Anweisung erzeugt werden: *id=UUID.randomUUID().toString()*. Es gibt durchaus Unternehmen, die die Regelung haben, dass unabhängig von irgendwelchen fachlichen Attributen eine UUID als Primärschlüsselwert verwendet wird. Mit der Annotation *@GeneratedValue* bietet JPA auch die Möglichkeit, mit Unterstützung der Datenbank Primärschlüsselwerte zu erzeugen.

Im Listing 4.12 finden sich Code-Ausschnitte der relevanten Klassen (*Country*, *Student*, *Application*, *ApplicationItem* und *HostUniversity*). Alle POJOs wurden mit der Annotation *@Entity* versehen, da die Objekte aller Klassen persistiert werden sollen. Damit das Entwicklerteam die JPA-Annotationen verwenden kann, ist es notwendig, dass in NetBeans die Bibliothek Persistence JPA 2.1 mit eingebunden wird. In Anweisung 3 und 4 der Klasse *Country* ist das Attribut *countryName* als Primärschlüssel ausgezeichnet. Dabei wird davon ausgegangen, dass der Feldinhalt per Definition eindeutig ist und damit als Schlüssel geeignet ist. Ob dies schlussendlich wirklich klug ist, kann bezweifelt werden, da sich Ländernamen ändern können (z.B. Myanmar, das früher Birma genannt wurde) und sich dadurch aufwendige Änderungen bei Fremdschlüsseln in der Datenbank ergeben könnten. Für die Klasse *Student* wurde für die Matrikelnummer (*studentID*) ein Table-Generator mit dem Namen *NextStudentId* definiert (vgl. Anweisungen 12 und 13). In diesem Beispiel ist festgelegt, dass die Matrikelnummern sechsstellig sind, mit der Nummer *100100* beginnen und fortlaufend vergeben werden. In der Datenbank wird hierfür eine Tabelle *IdGenerator* mit den beiden Spalten *Class* und *Id* angelegt. Da der Parameter *allocationSize* mit dem Wert *1* belegt wurde, erfolgt eine fortlaufende und lückenlose Nummernvergabe.

Listing 4.12

Klasse: Country

```
1    @Entity
2    public class Country {
3
4        @Id
5        private String countryName;
6
7        public Country() {}
8
9        ...
10   }
```

Klasse: Student

```
1    @Entity
2    public class Student {
3
4        @TableGenerator(
5                name = "NextStudentId",
6                table = "IdGenerator",
7                pkColumnName = "Class",
8                valueColumnName = "ID",
9                pkColumnValue = "Student",
10               initialValue = 100100,
11               allocationSize = 1)
12
13       private String firstName;
14       private String lastName;
15
16       @Id
17       @GeneratedValue(strategy = GenerationType.TABLE,
18          generator = "NextStudentId")
19       private int studentID;
20
21       ...
22   }
```

Klasse: Application

```
1    @Entity
2    public class Application {
3
4        @Id
5        @GeneratedValue(strategy = GenerationType.AUTO)
6        private int id;
7
8        ...
9    }
```

Klasse: ApplicationItem

```
1    @Entity
2    public class ApplicationItem {
3
4        @Id
5        private String id;
6
7        ...
8
9        public ApplicationItem() {
10           id = UUID.randomUUID().toString();
11       }
12
13       ...
14   }
```

Klasse: HostUniversity

```
1    @Entity
2    public class HostUniverstiy {
3
4        @TableGenerator(
5                name = "NextUniversityId",
6                table = "IdGenerator",
7                pkColumnName = "Class",
8                valueColumnName = "ID",
9                pkColumnValue = "University",
10               initialValue = 1,
11               allocationSize = 1)
12
13       @Id
14       @GeneratedValue(strategy = GenerationType.TABLE,
15          generator = "NextUniversityId")
16       private int id;
17
18       ...
19   }
```

Für die Klasse *Application* wurde eine andere automatische Nummernvergabe festgelegt. Aus Anwendersicht sollte die eindeutige Bewerbungsnummer zwar lesbar sein,
jedoch an den Aufbau werden im Gegensatz zur Matrikelnummer keine Anforderungen
gestellt. Mit den Anweisungen 4 und 5 in dieser Klasse, überlässt es der Entwickler
der JPA Implementierung im Zusammenspiel mit dem relationalen Datenbankmanagementsystem eine eindeutige ganze Zahl zu vergeben. Von EclipseLink wird in
der PostgreSQL-Datenbank eine Tabelle *sequence* angelegt, die in gleicher Weise die
Nummern vergibt, wie der Table-Generator der Klasse *Student*, allerdings beginnen
die Zahlen mit 1 und die Nummernvergabe erfolgt nicht lückenlos fortlaufend. Bei der
Klasse *ApplicationItem* könnte man auf die Idee kommen, das Attribut *posNo* als Primärschlüssel zu verwenden. Bei genauem Hinsehen wird jedoch klar, dass die Positionsnummer nur innerhalb einer Bewerbung eindeutig ist. Aus Anwendersicht ist eine
eindeutige Nummer überhaupt nicht relevant, daher ist es vollkommen in Ordnung eine
rein technische Lösung zu wählen. Daher hat sich das Entwicklerteam für die UUID
entschieden. Für die Klasse *HostUniversity* wird nach dem gleichen Muster wie bei
der Klasse *Student* die Id über eine Tabelle automatisch vergeben, allerdings beginnen
die Werte bei eins und werden ebenfalls fortlaufend vergeben. Dabei fällt auf, dass
für diesen Table-Generator die gleiche Tabelle in der Datenbank verwendet wird (vgl.
Anweisung 53).

   Mittels der Annotationen *@Table*, *@Column* und weiteren können unterschiedliche
Bezeichner in Java und in der Datenbank aufeinander abgebildet werden. In unserem
Zusammenhang werden die Möglichkeiten des Configuration-by-Exception genutzt und
durch Weglassen solcher Notationen Namensgleichheit zwischen Klassen und Tabellen
erreicht. Da keine Anforderungen vorliegen, diese Möglichkeiten zu nutzen, finden diese
Annotationen in unserem einfachen Fallbeispiel keine Anwendung.

4.3.3 Abbildung von Objektbeziehungen

Die Assoziationen zwischen Objekten führen zu Beziehungen zwischen Tabellen in
der Datenbank. Dabei sind insbesondere **Eins-zu-eins-, Eins-zu-viele- und Viele-
zu-viele-Beziehungen** zu unterscheiden. Weiterhin können **uni- und bi-direktionale
Assoziationen** unterschieden werden, die durch entsprechende JPA-Annotationen
abzubilden sind. Hierfür stehen die Annotationen *@OneToOne*, *@OneToMany* bzw. *@
ManyToOne* und *@ManyToMany* zur Verfügung. Diese Annotationen bewirken in der
JPA, dass auf Tabellenebene die Beziehungen mittels Fremdschlüssel so hergestellt
werden, wie es auch beim Übergang von einem Entity-Relationship-Modell zu einem
Datenbankschema der Fall ist (Meier 2010, S. 28 ff.).

   Im Listing 4.13 sind Code-Ausschnitte aus den bisher verwendeten Klassen des
Fallbeispiels wiedergegeben. Dabei ist anzumerken, dass es bei der Verwendung der
NetBeans-Entwicklungsumgebung (IDE – integrated development environment)
empfehlenswert ist, zuerst alle Klassen mit der Annotation *@Entity* zu versehen, bevor

die Annotationen zur Kennzeichnung der Assoziationen codiert werden. In diesem Fall unterstützt die Code-Completion der IDE bei der Formulierung der Annotationen.

Listing 4.13

Klasse: Student

```
1   @Entity
2   public class Student {
3
4       ...
5
6       @OneToMany(mappedBy = "student")
7       private List<Application> applications;
8       ...
9   }
```

Klasse: Application

```
1    @Entity
2    public class Application {
3
4        ...
5      @OneToMany(mappedBy = "application", cascade = {PERSIST, REMOVE})
6        private List<ApplicationItem> applicationItems;
7
8        @Temporal(javax.persistence.TemporalType.DATE)
9        private Date dateOfCreation = new Date();
10
11       @ManyToOne
12       private Student student;
13
14       ...
15   }
```

Klasse: ApplicationItem

```
1    @Entity
2    public class ApplicationItem {
3
4        ...
5
6        @ManyToOne
7        private HostUniverstiy hostUniversity;
8        @ManyToOne
9        private Application application;
10       ...
11   }
```

```
      Klasse: HostUniversity
1     @Entity
2     public class HostUniverstiy {
3
4          ...
5
6          @ManyToOne
7          private Country country;
8          ...
9     }
```

Zwischen den Objekten der Klassen *Student* und *Application* hat das Entwicklerteam eine bidirektionale 1:n-Beziehung implementiert. In Anweisung 4 bringt der Parameter *mappedBy* mit dem Argument student zum Ausdruck, dass jedes Application-Objekt ein Referenzattribut *student* besitzt, das auf den zur Bewerbung gehörenden Studenten verweist. Dies führt in der Datenbank automatisch zu entsprechenden Fremdschlüsselbeziehungen und die JPA weiß auch, dass sowohl vom Studenten auf die zugehörigen Bewerbungen als auch von der Bewerbung auf den zugehörigen Studenten zugegriffen werden kann. Die NetBeans IDE ergänzt automatisch die Annotation in der Anweisung 14 in der Klasse *Application*. Die bidirektionale Eins-zu-viele-Beziehung zwischen Bewerbung und Bewerbungsposition (vgl. Abb. 4.1) wurde mit den Anweisungen 16 und 26 in analoger Weise implementiert. Allerdings fällt in Anweisung 16 auf, dass neben *mappedBy* der Parameter *cascade* verwendet wird. Die Beziehung zwischen Bewerbung und Bewerbungsposition ist im Klassendiagramm (vgl. Abb. 4.1) als Komposition (vgl. zur näheren Erläuterung die Ausführungen in Abschn. 3.3.3) modelliert. Damit sind die Bewerbungspositions-Objekte existenziell abhängig von dem zugehörigen Bewerbungs-Objekt. Wird also eine Bewerbung mit ihren Positions-Objekten angelegt und es erfolgt die Speicherung in der Datenbank, so bewirkt das *cascade*-Argument *PERSIST* der Enumeration *CascadeType*, dass die Speichern-Operation nicht nur auf das Bewerbungs-Objekt sondern auch auf alle Bewerbungspositions-Objekte angewandt wird. Das *cascade*-Argument *REMOVE* bewirkt, dass die Anwendung der remove-Operation auf ein Bewerbungs-Objekt automatisch auch auf die existenziell abhängigen Positions-Objekte angewandt wird und damit alle Objekte von der Datenbank gelöscht werden. In der Anweisung 16 sind die beiden Parameter als Java-Array übergeben (vgl. zu Details Müller und Wehr 2012, S. 93 f.).

Bei dieser Gelegenheit soll auch kurz auf die Annotation in der Anweisung 11 eingegangen werden. Die Klasse *java.util.Date* repräsentiert eine Zeitangabe in Millisekunden. SQL dagegen kennt die Datentypen *date*, *time* und *timestamp*. Soll also in der Datenbank alleinig ein Datum abgelegt werden, so wird dies über die Annotation @*Temporal* mit dem Argument *TemporalType.DATE* erreicht. Die Anweisung 24 implementiert eine unidirektionale Viele-zu-eins-Beziehung zwischen einer Bewerbungsposition und der gewünschten Partnerhochschule. Eine gleichartige Beziehung zwischen Partnerhochschule und Land wird durch Anweisung 34 implementiert.

4.3.4 Abbildung von Klassenbeziehungen

Während die Objektbeziehungen in Form der Assoziationen ihr Äquivalent in der Datenbankwelt haben, trifft dies für die **Vererbungsbeziehungen** auf Klassenebene nicht zu. Hierzu stellt die JPA drei Realisierungsmöglichkeiten zur Verfügung:

- eine einzige Tabelle für die gesamte Vererbungshierarchie (**Single-Table-Inheritance**),
- für jede Klasse eine Tabelle (**Class-Table-Inheritance**) oder
- je eine Tabelle für jede konkrete Unterklasse (**Concrete-Table-Inheritance**).

Obwohl das Klassenmodell (vgl. Abb. 4.1) für die aktuell zu implementierende System-Operation keine Vererbungsbeziehung beinhaltet, sollen die drei Realisierungs-möglichkeiten an dieser Stelle anhand eines einfachen Beispiels erläutert werden. Das Beispiel-Szenario weist einen vereinfachten Bezug zum Bankwesen auf. Das Klassen-modell umfasst die Klassen *Giro-* sowie *Sparkonto* als Spezialisierungen der Oberklasse *Konto* (vgl. Abb. 4.7).

Bei der **Single-Table-Inheritance** werden die Attribute aller Klassen der Vererbungs-hierarchie zu Spalten in einer Tabelle. Damit beim Laden eines Objektes klar ist, um welchen Objekttyp es sich bei den Daten einer Tabellenzeile handelt, wird eine zusätz-liche Diskriminatorspalte benötigt (vgl. *dtype* in Abb. 4.7). JPA füllt diese Spalte mit dem Klassennamen.

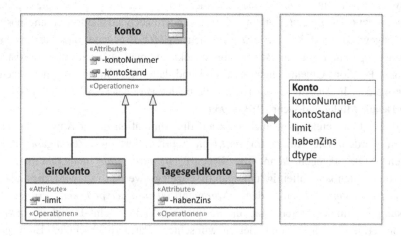

Abb. 4.7 Single-Table-Inheritance

Bei der Entscheidung, ob diese Lösung geeignet ist, sollten u. a. folgende Eigenschaften beachtet werden:

- Es sind keine Tabellenverknüpfungen (joins) notwendig, um Objekte wieder zu erzeugen.
- Werden Attribute bei einem Refactoring/Redesign zwischen den Klassen verschoben, muss die Datenbank nicht geändert werden.
- Spalten, die nicht in allen Klassen verwendet werden, blähen die Größe der Tabelle auf. Allerdings hängt die Größe des Problems davon ab, wie das verwendete Datenbankmanagementsystem mit optionalen Feldern umgeht.
- Bei Verwendung einer Tabelle verfügt man nur über einen Namensraum für die Felder, d. h. gleiche Feldnamen in unterschiedlichen Klassen der Hierarchie können zu Problemen führen.

Zur Konfiguration der JPA kann in der Klassendefinition die Annotation @*Inheritance(strategy = InheritanceType.SINGLE_TABLE)* verwendet werden. Wird diese Annotation weggelassen, ist die Wirkung dieselbe, da JPA diese Lösung als Voreinstellung definiert hat.

Bei der **Class-Table-Inheritance** Lösung folgt die Tabellenstruktur der Klassenstruktur (vgl. Abb. 4.8). Damit die Attribute der konkreten Unterklassen wieder zusammengefügt werden können, wird der Primärschlüssel der Oberklassentabelle (im Beispiel die *kontonummer*) in den Tabellen der Unterklassen (Giro- und Sparkonto) ebenfalls als Primärschlüssel geführt. Diese Lösung lässt sich im konkreten Einzelfall anhand folgender Kriterien beurteilen:

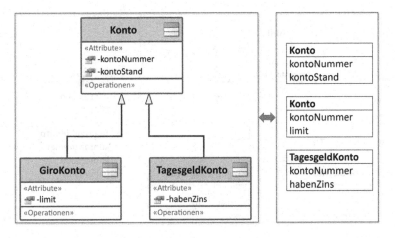

Abb. 4.8   Class-Table-Inheritance

- Alle Spalten einer Tabelle sind notwendig, sodass kein Speicherplatz verschwendet wird.
- Beziehung zwischen Klassenmodell und Datenbankschema ist klar und einfach.
- Um ein Objekt zu laden, müssen mehrere Tabellen über Joins verbunden werden. Bei sehr tiefen Vererbungshierarchien kann dies zu Performanz-Problemen führen.
- Auf Tabellen der übergeordneten Klassen muss vielfach zugegriffen werden, was zu Engpässen führen kann.

Zur Konfiguration von JPA wird die Annotation *@Inheritance(strategy = InheritanceType. JOINED)* verwendet. Die Referenz-Implementierung EclipseLink verwendet, wie bei der Single-Table-Inheritance Lösung, in der Tabelle der Oberklasse die Spalte *dtype*, um die jeweilige Unterklasse zu identifizieren. Die JPA Implementierungen Hibernate und OpenJPA verwenden andere Lösungen (vgl. Müller und Wehr 2012, S. 140 f.).

Die **Concrete-Table-Inheritance** Lösung ist der dritte Ansatz, bei dem nur für jede konkrete Unterklasse eine Tabelle in der Datenbank angelegt wird (vgl. Abb. 4.9). Dabei werden Attribute aus der Oberklasse in die Tabellen der davon abgeleiteten Unterklassen übernommen.

Bei der Abwägung, ob diese Lösung im konkreten Anwendungsfall relevant ist, sollten folgende Eigenschaften berücksichtigt werden:

- Jede Tabelle ist für sich genommen vollständig und enthält keine zusätzlich notwendigen Felder.
- Es sind keine Joins notwendig, um die Objekte zu laden.
- Bei einem Zugriff auf ein Objekt über die Oberklasse müssen u. U. Datenbankzugriffe auf unterschiedliche Tabellen stattfinden.

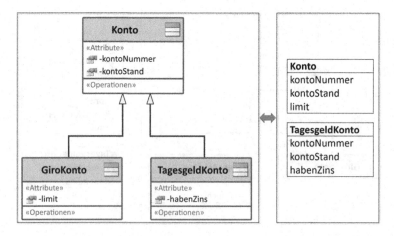

Abb. 4.9 Concrete-Table-Inheritance

Bei dieser Lösung erfolgt die Konfiguration von JPA durch die Annotation @ *Inheritance(strategy = InheritanceType.TABLE_PER_CLASS)*. Der JPA Spezifikation gemäß ist diese Vererbungslösung optional, d.h. eine spezifikationskonforme Implementierung muss diesen Ansatz nicht implementieren. Bei Anfragen, die sich auf alle Objekte der Klassenhierarchie beziehen, z.B. *select k from Konto k*, werden bei EclipseLink zwei Select-Anweisungen auf der Datenbankebene ausgeführt.

4.3.5   Grundlagen zur JPA-Architektur

Mit Hilfe der obigen Konzepte lassen sich einfache Klassen auf Tabellen eines relationalen Datenbanksystems abbilden und damit die Voraussetzungen für das Persistieren von Objekten schaffen. Zum besseren Verständnis soll im Folgenden auf die zentralen Elemente der **JPA-Architektur** eingegangen werden (vgl. Abb. 4.10). Die **Persistenz-Einheit** (persistence unit) in Form einer XML-Datei beschreibt die Datenbank, die zu persistierenden Klassen (entity classes) und die verwendete JPA Implementierung (persistence provider). Diese Informationen dienen dazu, das Entity Manager Factory-Objekt zu konfigurieren.

Dieses Fabrik-Objekt ermöglicht, wie der Name nahelegt, ein Entity Manager-Objekt zu erzeugen. Der **Entity Manager** ist das zentrale Element der JPA. Der Entity Manager verwaltet die persistenten Objekte. Diese Menge von Objekten wird als **Persistenz-Kontext** (persistence context) bezeichnet. Der Entity Manager stellt dem Anwendungsentwickler insbesondere folgende Operationen bereit: *persist, find, createQuery, remove, merge, flush* und *refresh*. Diese Operationen lassen sich im Folgenden anhand der unter-

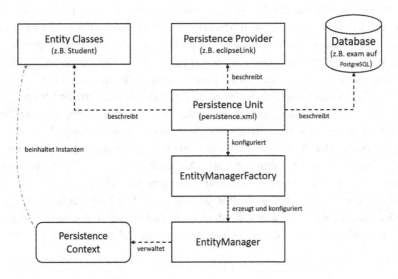

Abb. 4.10 Elemente der JPA-Architektur

schiedlichen Objektzustände charakterisieren. Wird ein Java-Objekt erzeugt befindet es sich im Status transient, d.h. das Objekt wurde dem Entity Manager noch nicht zur Verwaltung übergeben. Über die Operation *persist* gelangt das Objekt in den Zustand verwaltet (managed). Damit ist das Objekt Teil des Persistenz-Kontextes. Spätestens nach Abschluss der Transaktion werden die Objektattribute in der Datenbank gespeichert und damit mit der Datenbank synchronisiert. Mit der Operation *flush* kann eine sofortige Synchronisierung mit der Datenbank erzwungen werden. In den Status verwaltet kann ein Objekt auch gebracht werden, indem es mittels der Operation *find* von der Datenbank gelesen wird. Dieser Datenbankzugriff erfolgt jedoch nur, wenn das Objekt nicht schon im Persistenz-Kontext existiert. Der Zugriff auf das Objekt erfolgt über den Primärschlüsselwert, der der *find*-Operation übergeben wird. Soll auf ein Objekt über andere Suchkriterien als den Primärschlüssel zugegriffen werden oder gar alle Objekte eines Typs geladen werden, dann kann dies mit einer Abfrage (z.B. über die Operation *createQuery*) geschehen. Die dadurch gefundenen Objekte haben ebenfalls den Zustand verwaltet. Losgelöste (detached) Objekte sind nicht mehr durch einen Entity Manager verwaltet. Der Unterschied zu transient besteht darin, dass das Objekt (genauer die Objektattributwerte) gespeichert sind. Der Zustandsübergang von verwaltet zu losgelöst kann über die Operation *detach* erreicht werden. Der Operation *merge* kann das losgelöste Objekt übergeben werden. Das Ergebnis ist, dass diese Operation ein inhaltlich gleiches Objekt zurückliefert, das dann auch auf die Datenbank geschrieben wird. Mit Hilfe der Operation *remove* kann ein verwaltetes Objekt in den Status gelöscht (removed) versetzt werden. Dies führt zum Löschen des Objektes in der Datenbank. Mit der Operation *refresh* kann ein Objekt in den Zustand des Objektes auf der Datenbank gebracht werden. Damit werden eventuelle Änderungen durch die Inhalte der Datenbank überschrieben.

Für das Fallbeispiel hat das Entwicklerteam die *persistence.xml* für Testzwecke entwickelt (vgl. Listing 4.14). Die darin beschriebene Persistenzeinheit ist darauf ausgelegt unabhängig von einem Applikationsserver benutzbar zu sein. Prinzipiell handelt es sich um eine Verbindung zur Datenbank, die wir später auch als Ressource im Applikationsserver verfügbar machen werden (dies ist bereits in den Zeilen 6 bis 14 in Listing 4.14 ersichtlich). Dabei unterstützt die NetBeans IDE mit einem komfortablen Wizard, sodass nur die spezifischen Inhalte eingegeben werden müssen. Der Prolog in Anweisung 1 und der Beginn-Tag des Wurzelelements *persistence* in Anweisung 2 werden automatisch generiert. Der Name der Persistenzeinheiten in Anweisung 6 und Anweisung 15 wird später referenziert, wenn ein Entity Manager Factory-Objekt instanziiert wird. Die Anwendung des Fallbeispiels wird zwar später eine Web-Anwendung im Sinne einer Java EE-Anwendung sein, bisher wollen wir die speziellen Gegebenheiten einer Web-Anwendung nicht behandeln und außerdem noch unabhängig von einem Applikationsserver testen können. Wir behandeln die Anwendung daher zunächst wie eine Java

SE-Anwendung. Für Java SE-Anwendungen ist der Transaktionstyp standardmäßig *RESOURCE_LOCAL*. Beachten Sie, dass in den Anweisungen 6 bis 14 eine zweite Persistence Unit deklariert wird, die einen anderen Typ aufweist. Diese ist speziell zur Nutzung in unserem Applikationsserver geeignet und wird die aktuelle Einheit später ersetzen. Wie sie vielleicht schon bemerkt haben, ist die Deklaration deutlich schlanker und beinhaltet beispielsweise keine Benutzerdaten.

Über das Entity Manager-Objekt kann ein Entity-Transaction-Objekt bereitgestellt werden, das auf dem Transaktionskonzept des JDBC-Frameworks (Java Database Connectivity) aufbaut. Ein Transaktionsobjekt ist für schreibende Zugriffe auf eine Datenbank notwendig. Der Provider für die JPA Implementierung kann in dem Wizard ausgewählt werden. In unserem Beispiel ist dies EclipseLink (vgl. Listing 4.14). In der Anweisung 17 sind die zu persistierenden Klassen spezifiziert, der Einfachheit halber nehmen wir zunächst alle Klassen, die als Entity deklariert wurden. Die URL der PostgreSQL-Datenbank *exama* ist in Anweisung 19 als erstes Property eingetragen. Der Benutzername und das notwendige Passwort sind in den Anweisungen 23 und 25 angegeben. Die Anweisung 21 verweist auf den verwendeten Datenbanktreiber, der als Maven Abhängigkeit (mit dem Scope test) in das NetBeans-Projekt eingebunden wurde. Mit der Anweisung 33 wird die JPA veranlasst, dass auf der Systemausgabe alle Details der erzeugten SQL-Anweisungen ausgegeben werden. Dies ist insbesondere im Fehlerfall recht hilfreich und erlaubt für Lernzwecke auch ein Nachvollziehen, der einzelnen Schritte (insbesondere ausgeführte SQL-Anweisungen), welche die JPA ausführt. Aufgrund der Anweisung 29 wird JPA angewiesen, dass automatisch die Tabellen auf der angegebenen Datenbank entsprechend den Annotationen generiert werden (siehe *create*). Insbesondere für Testzwecke ist es während der Entwicklung sinnvoll, dass durch die JPA erstmal alle Tabellen der Datenbank gelöscht werden (siehe *drop*). Wenn die Datenbank schließlich in Ordnung ist, wird diese Anweisung aus der *persistence.xml* gelöscht und später wechseln wir zu einer Persistence Unit, die durch den Applikationsserver verwaltet wird.

Listing 4.14: persistence.xml

```
1    <?xml version="1.0" encoding="UTF-8"?>
2    <persistence version="2.1" xmlns="http://xmlns.jcp.org/xml/ns/persistence"
3    xmlns:xsi="http://www.w3.org/2001/XMLSchema-instance"
4    xsi:schemaLocation="http://xmlns.jcp.org/xml/ns/persistence
5        http://xmlns.jcp.org/xml/ns/persistence/persistence_2_1.xsd">
6        <persistence-unit name="examAdminPU" transaction-type="JTA">
7            <jta-data-source>jdbc/postgres</jta-data-source>
8            <exclude-unlisted-classes>true</exclude-unlisted-classes>
9            <properties>
10                <property
11                    name="javax.persistence.schema-generation.database.action"
12                    value="create"/>
13            </properties>
14        </persistence-unit>
15        <persistence-unit name="integration-test"
16                          transaction-type="RESOURCE_LOCAL">
17            <exclude-unlisted-classes>false</exclude-unlisted-classes>
18            <properties>
19                <property name="javax.persistence.jdbc.url"
20                          value="jdbc:postgresql://localhost:5432/exama" />
21                <property name="javax.persistence.jdbc.driver"
22                          value="org.postgresql.Driver" />
23                <property name="javax.persistence.jdbc.user"
24                          value="postgres" />
25                <property name="javax.persistence.jdbc.password"
26                          value="adminadmin" />
27                <property name="eclipselink.target-database"
28                          value="PostgreSQL" />
29                <property name="eclipselink.ddl-generation"
30                          value="drop-and-create-tables" />
31                <property name="eclipselink.ddl-generation.output-mode"
32                          value="database" />
33                <property name="eclipselink.logging.level" value="FINEST "/>
34            </properties>
35        </persistence-unit>
36    </persistence>
```

4.3.6   Test der System-Operation mit Datenbankanbindung

Mit den Annotationen in den zu persistierenden Fachklassen sowie der Erstellung der *persistence.xml* sind die Voraussetzungen dafür gegeben, dass Objekte nicht nur erzeugt, sondern auch auf einer relationalen Datenbank gespeichert werden können. Für unser Fallbeispiel hat das Entwicklerteam eine PostgreSQL-Datenbank *exama* angelegt (vgl. Anweisung 19 in Listing 4.14). Das Listing 4.15 zeigt die schon aus Listing 4.10 bekannte Klasse *Create LearningAgreementControllerTest*. Der wesentliche Unterschied bei dieser Testklasse ist die

Nutzung der JPA, um die Objekte auch in die Datenbank zu schreiben. Wir führen daher hiermit einen sogenannten Integrationstest durch (vgl. Sommerville 2018, S. 260 ff.).

Listing 4.15: Test mit Datenbankintegration

```
1    public class LearningAgreementControllerTest {
2
3        private Student student;
4        private LearningAgreementController controllerInstance;
5
6        private EntityManagerFactory emf;
7        private EntityManager em;
8
9        @Before
10       public void setUp() {
11           emf = Persistence.createEntityManagerFactory("integration-test");
12           em = emf.createEntityManager();
13
14           em.getTransaction().begin();
15           student = new Student("Bosch", "Hugo");
16           em.persist(student);
17           Country usa = new Country("USA");
18           em.persist(usa);
19           Country slovenia = new Country("Slovenia");
20           em.persist(slovenia);
21           HostUniverstiy wyoming = new HostUniverstiy(usa, "University
22                                        of Wyoming", "Laramie");
23           em.persist(wyoming);
24           HostUniverstiy ljubljana = new HostUniverstiy(slovenia, "University
25                                        of Ljubljana", "LJubljana");
26           em.persist(ljubljana);
27
28           Application application1 = student
29             .createApplication("WS 2019/2020", "WS 2019/2020", "C1",
30                           "Strengthen intercultural skills");
31           Application application2 = student
32             .createApplication("WS 2019/2020", "WS 2019/2020", "C1",
33                           "Strengthen intercultural skills");
34           application1.createApplicationItem(wyoming, 1);
35           application1.createApplicationItem(ljubljana, 2);
36           application2.createApplicationItem(ljubljana, 1);
37           application2.createApplicationItem(wyoming, 2);
38           em.persist(application1);
39           em.persist(application2);
40           em.getTransaction().commit();
41
42           controllerInstance = new LearningAgreementController();
43       }
44
```

```
45        @After
46        public void tearDown() {
47            em.close();
48            emf.close();
49        }
50
51        ...
52
53        @Test
54        public void testGetApprovedApplicationItemsNoApplicationsDB() {
55            em.getTransaction().begin();
56            student = new Student("Boss", "Robert");
57            em.persist(student);
58            logger.info("no Applications are created for this student");
59            em.getTransaction().commit();
60            int expectedNumberOfItems = 0;
61            check(expectedNumberOfItems);
62            Student s = em.find(Student.class, student.getStudentID());
63            // was this student really stored in db?
64            assertNotNull(s);
65            assertEquals(s.getLastName(), student.getLastName());
66        }
67
68        ...
69    }
```

Die *setup*-Methode mit der Annotation *@Before* (vgl. Anweisungen 10 bis 43) ist uns bereits bestens bekannt und wird wiederum vor jeder Testmethode ausgeführt. Sie wurde so erweitert, dass darin das EntityManagerFactory-Objekt für die Persistenzeinheit *integration-test* erzeugt wird (vgl. Persistence Unit *integration-test* in Listing 4.14). Mithilfe dieses Fabrik-Objektes wird das EntityManager-Objekt *em* instanziiert. Darüber hinaus werden Objekte erzeugt, die in der Datenbank gespeichert werden sollen. Aufgrund der notwendigen schreibenden Zugriffe, sind diese Datenbank-Operationen in einer Datenbank-Transaktion abzuwickeln. Daher wird in Anweisung 13 eine Transaktion mit der Methode *begin* gestartet. Die nachfolgenden Anweisungen 15 bis 39 haben jeweils den gleichen Aufbau. Es wird ein Objekt erzeugt, das anschließend persistiert werden soll. Das erzeugte Objekt ist zunächst transient und wird mithilfe der EntityManager-Methode *persist* in den Zustand managed versetzt. Ab dann ist das Objekt Teil des Persistenz-Kontextes (vgl. Abb. 4.10). In der Anweisung 40 wird mit der Methode *commit* die **Datenbank-Transaktion** bestätigt. Dies führt dazu, dass auf die Datenbank geschrieben wird. Wir könnten die einzelnen *persist*-Anweisungen auch reduzieren und am Ende nur das Studentenobjekt persistieren, wenn wir in den Beziehungsdeklarationen festlegen, dass kaskadierend geschrieben werden soll (vgl. Gupta 2016). Genauso lässt sich kaskadierend löschen oder aktualisieren. Beachten Sie dabei jedoch, dass sie dann automatisch mehrere Objekte verändern, wenn diese miteinander assoziiert sind.

In Anweisung 62 wird das gerade gespeicherte Studenten-Objekt des Studenten *Boss* mithilfe der EntityManager-Methode *find* gelesen. Da das Studenten-Objekt sich noch im aktiven Persistenz-Kontext befindet erfolgt in diesem Fall kein SQL-Zugriff auf die Datenbank. Mit dem Lesen des Studenten-Objektes stehen auch alle davon abhängigen Objekte, wie Bewerbungen, Bewerbungspositionen und die damit verbundenen Partnerhochschulen zur Verfügung. Es sei jedoch angemerkt, dass entsprechend der Standard-Konfiguration von JPA die dafür notwendigen Datenbankzugriffe erst dann automatisch ausgeführt werden, wenn auf die entsprechenden Attribute gemäß der Anwendungslogik zugegriffen wird. Dieses Verhalten wird als lazy-load bezeichnet. Der Anwendungsentwickler kann auch eager-load (vgl. *FetchType.EAGER* in Müller und Wehr 2012, S. 102 f.) festlegen.

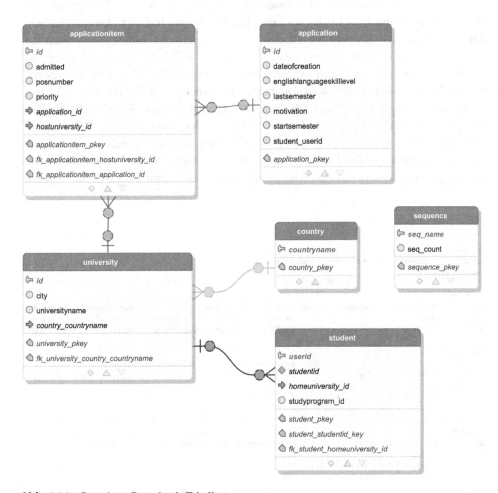

Abb. 4.11 Generierte Datenbank-Tabellen

Die JPA hat aufgrund der Anweisungen 29 und 30 in Listing 4.14 die Tabellen mit allen notwendigen Spalten und Verknüpfungen gemäß den Annotationen in den Entity-Klassen angelegt. Die Abb. 4.11 zeigt, dass die Tabellen die gleichen Namen wie die Klassen aufweisen. Gleiches gilt für die Attribute. Die Assoziationen wurden über Fremdschlüsselbeziehungen abgebildet. Aufgrund fehlender spezifischer Annotationen wurden die Fremdschlüsselspalten standardmäßig von JPA benannt (z. B. *STUDENT_ STUDENTID* in der Klasse *Application*). Die Tabelle *idgenerator* dient zur spezifischen Vergabe der Primärschlüsselwerte für die Klassen *Student* und *HostUniversity* (vgl. jeweils Anweisung 6 in den Klassen in Listing 4.12). Die gleiche Struktur weist die Tabelle *sequence* auf, die von JPA automatisch angelegt wurde und zur Primärschlüssel-vergabe für die Klasse *Application* dient (vgl. Anweisung 5 der Klasse in Listing 4.12).

Die Testdaten aufgrund der angelegten Objekte (vgl. *setup*-Methode in Listing 4.15) sind in Abb. 4.12 dargestellt. Der erste angelegte Student *Bosch* erhält gemäß der Anweisungen 15 und 16 in Listing 4.12 die Matrikelnummer *100.100*. Dementsprechend wird laut der ersten Zeile in der Tabelle *idgenerator* für den nächsten Studenten die Matrikelnummer *100.101* vergeben, da in der Generator-Tabelle immer der letzte ver-gebene Wert hinterlegt wird und entsprechend der Anweisung 11 in Listing 4.12 jeweils um den Wert von eins erhöht wird. Die beiden Bewerbungen in der Tabelle *application* verweisen jeweils auf den Studenten mit der Matrikelnummer *100.100*. Die Primär-schlüssel weisen die Werte *1* und *2* auf. Aufgrund der Annotationen in Listing 4.12 verwendet JPA den gleichen Mechanismus zur Primärschlüssel-Vergabe wie durch die explizite Spezifikation des Table-Generators für die Klassen Student und Partnerhoch-schule (*HostUniversity*) mit den Ausnahmen, dass Standardnamen verwendet werden

Student

userid	studentid	homeuniversity_id	studyprogram_id
hugo@bosch.cc	23	1	8

Application

id	dateofcreation	englishlanguageskilllevel	lastsemester	motivation	startsemester	student_userid
24	2020-12-27	C1	WS 2020/2021	Strengthen intercultural skills	WS 2020/2021	hugo@bosch.cc
26	2020-12-27	C1	WS 2020/2021	Strengthen intercultural skills	WS 2020/2021	hugo@bosch.cc

ApplicationItem

id	admitted	posnumber	priority	application_id	hostuniversity_id
1a4212e6-4a05-4b0e-a062-4a26a66e7f62	False	2	2	24	9
2359ab1b-ee15-477e-8e88-e1a9fbb11fd8	True	1	1	24	10
728db068-8b4d-4468-b43c-9f7832a0a92c	False	2	2	26	10
b2b92d27-2983-4084-aaa7-ffe0ebc35960	True	1	1	26	9

University

id	city	universityname	country_countryname
9	Ljubljana	University of Ljubljana	Slovenia
10	Laramie	University of Wyoming	USA
11	College Park	University of Maryland	USA

Country

countryname
Slovenia
USA

Abb. 4.12 Testdaten in der Datenbank

und die Nummernvergabe in 50er-Schritten erfolgt. Bei EclipseLink wird z. B. innerhalb der ersten Transaktion bei der Nummernvergabe in die Tabelle *sequence* der Wert *50* als der zuletzt vergebene Wert geschrieben. Damit können in dieser Transaktion bis zu 50 neue Primärschlüsselwerte fortlaufend vergeben werden, ohne dass jeweils ein Update der *sequence*-Tabelle zu erfolgen hat. Werden mehr als 50 neue Objekte geschrieben erfolgt ein erneuter Update der Tabelle auf 100 usw. In unserem Fall wurden lediglich zwei Bewerbungs-Objekte angelegt. Werden in einer späteren Transaktion wieder Bewerbungs-Objekte gespeichert, wird als nächster Primärschlüsselwert die Zahl 51 vergeben. Damit ist zwar eine eindeutige aber keine fortlaufende Id-Vergabe gewährleistet. In der Tabelle *applicationitem* erscheint eine hexadezimale Darstellung der ID. In der Fachklasse *ApplicationItem* (vgl. Anweisung 44 in Listing 4.12) wurde festgelegt, dass ein UUID (Universal Unique Identifier) als Attributwert verwendet wird. Die beiden Spalten *APPLICATION_ID* und *HOSTUNIVERSITY_ID* sind die Fremdschlüssel, um die Viele-zu-eins-Beziehungen zur zugehörigen Bewerbung und Partnerhochschule herzustellen. Die Primärschlüsselwerte in der Tabelle *hostuniversity* wurden fortlaufend über die Tabelle *idgenerator* vergeben und der Fremdschlüssel *COUNTRY_COUNTRYNAME* verweist auf das Land-Objekt der Partnerhochschule.

Zur Vereinfachung stellt Listing 4.15 nur die Testmethode *testGetApprovedApplicati onItemsNoApplicationsDB* dar. In dieser wird ein Student ohne Bewerbungen simuliert. In Abweichung zu dem Test ohne Datenbank (vgl. Listing 4.4) werden die Änderungen auch in der Datenbank aktualisiert. Hierzu wird in den Anweisungen 55 und 59 in Listing 4.15 eine UserTransaction gestartet und beendet. Mit dem Commit werden die Änderungen auf die Datenbank geschrieben. Dies ist auch in der System-Ausgabe der SQL-Transaktionen in Listing 4.16 nachvollziehbar. Als Testergebnis wird das Studenten-Objekt dann anschließend aus der Datenbank abgefragt. Beachten Sie, dass JPA nun eine Matrikelnummer vergeben hat, sonst würde der Aufruf von *getStudentID* in Anweisung 62 von Listing 4.15 fehlschlagen. Darüber hinaus wird durch die *find*-Methode nun ein neues Objekt erstellt, das dem zuvor gespeicherten Student entsprechen muss. Dies prüfen wir durch die *assert*-Anweisung in Zeile 65 ab.

Listing 4.16: Logausgabe

```
1    [EL Finer]: transaction: 2019-02-24 20:36:43.668--ClientSession(677120200)-
2            Connection(1064154107)--Thread(Thread[main,5,main])--begin
3            transaction
4    [INFO ] 2019-02-24 20:36:43.770 [main] LearningAgreementControllerTest -
5                    Student in test: Robert Boss
6    [EL Finest]: query: 2019-02-24 20:36:43.784--UnitOfWork(34073107)—
7            Thread(Thread[main,5,main])--Execute query
8            ReadObjectQuery(name="readStudent" referenceClass=Student
9            sql="SELECT STUDENTID, FIRSTNAME, LASTNAME FROM STUDENT WHERE
10           (STUDENTID = ?)")
11   [EL Finer]: transaction: 2019-02-24 20:36:43.785--UnitOfWork(34073107)—
12           Thread(Thread[main,5,main])--release unit of work
13
14   [EL Finer]: transaction: 2019-02-24 20:36:43.723--ClientSession(677120200)-
15           Connection(1064154107)--Thread(Thread[main,5,main])--commit
16           transaction
17
18   ...
19   [INFO ] 2019-02-24 20:36:43.770 [main] LearningAgreementControllerTest -
20                   Number of approved Items = 0
21   [INFO ] 2019-02-24 20:36:43.770 [main] LearningAgreementControllerTest -
22                   Student in test: Robert Boss
23   [EL Finest]: query: 2019-02-24 20:36:43.784--UnitOfWork(34073107)—
24           Thread(Thread[main,5,main])--Execute query
25           ReadObjectQuery(name="readStudent" referenceClass=Student
26           sql="SELECT STUDENTID, FIRSTNAME, LASTNAME FROM STUDENT WHERE
27           (STUDENTID = ?)")
28
29   Tests run: 1, Failures: 0, Errors: 0, Skipped: 0, Time elapsed: 3.929 sec
```

▶ Anstelle von *persist*, können Sie auch *merge*-Anweisungen absetzen. Diese
dienen grundsätzlich dazu, dass losgelöste (*non-managed/detached*) Objekte
wieder dem Persistenz-Kontext hinzugefügt werden. Dies ist nicht notwendig,
wenn sich Objekte noch im managed-Status befinden. Beachten Sie aber,
wenn ein Objekt noch gar nicht gespeichert wurde (neue Entity), dann wird
bei merge eine Kopie des Objekts erstellt und diese dem Persistenz-Kontext
hinzugefügt. Genaueres hierzu finden Sie in der Dokumentation des Lebenszyklus von Entity-Objekten gängiger JPA-Implementierungen (vgl. OpenJPA
2018).

4.4 Zusammenfassung

In diesem Kapitel wurde die erste System-Operation der höchst priorisierten User Story umgesetzt. Dies beinhaltet nicht nur den Java-Code, sondern auch die Datenbankanbindung, die mit Hilfe der Java Persistence API realisiert wurde. Mit der integrierten Entwicklungsumgebung NetBeans wurden die Fachklassen auf der Basis eines ersten Klassendiagramms implementiert. JUnit wurde eingesetzt, um eine Testklasse zu generieren und diese auf die konkreten Belange anzupassen. In einem ersten Schritt verzichtete das Entwicklerteam bewusst auf ein Entwurfsmodell und startete unmittelbar mit der Java-Implementierung. Auf diesem Weg kam im Wechselspiel von fehlgeschlagenen Tests und iterativ ergänztem Programmcode eine korrekte Lösung zustande. Erst im Rahmen des Refactorings griff man auf das Experten-Muster zurück und modellierte einen Entwurf für die System-Operation mithilfe eines Sequenzdiagramms. Dieses Vorgehen sollte aus didaktischer Sicht aufzeigen, dass die Anwendung von Mustern durchaus zu verbesserten Lösungen führen kann. Neben der testgetriebenen Entwicklung von einfachen Fachklassen wurden die Voraussetzungen für die Anwendung der JPA auf einfache Problemstellungen geschaffen. Dabei standen die erforderlichen Annotationen im Mittelpunkt. Diese sind notwendig, um die Fachklassen für die Persistierung von Fachobjekten vorzubereiten sowie die Abbildung von Objekt- und Klassenbeziehungen zu definieren. Nach dem Anlegen einer Persistenzeinheit war es möglich, mit Hilfe von Testdaten eine PostgreSQL-Datenbank zu generieren sowie Objekte zu speichern und auch wieder abzufragen. In diesem Kontext wurde ein Integrationstest umgesetzt. Weitere Details zu JPA werden in den folgenden Kapiteln dann erläutert, wenn sie zur konkreten Problemlösung benötigt werden. Zum Abschluss wurde die korrekte Funktionsweise der Datenanbindung und die in der Datenbank erstellten Objekte (Tabellen und Datensätze) geprüft.

4.5 Wiederholungsfragen und Aufgaben

Frage 4.1
Welche der folgenden Aussagen zur testgetriebenen Entwicklung mit dem Framework JUnit sind korrekt?

a) Die Annotation *@BeforeClass* wird nur einmal vor allen möglichen Testfällen einer Testklasse ausgeführt.

b) Eine Testklasse kann immer nur eine Testmethode beinhalten.

c) Die Annotation *@Test* in einer Testklasse kennzeichnet eine Testmethode, die i.d.R. mehrere Testfälle umfasst.

d) Das JUnit-Framework arbeitet die Testfälle genau in der Reihenfolge ab, wie sie in der Testklasse nacheinander codiert sind.

e) Die testgetriebene Entwicklung postuliert, dass die Entwickler ihren Code sukzessiv über Refactoring-Maßnahmen verbessern.

Frage 4.2
Welche der folgenden Aussagen zur Java Persistence API (JPA) sind korrekt?

a) Die objekt-relationale Unverträglichkeit (impedance mismatch) macht ein O-R-Mapping (ORM) notwendig.
b) Da Surrogatschlüssel nur eine identifizierende Funktion haben, sollten diese nur im Ausnahmefall mit der Annotation *@Id* als Primärschlüssel verwendet werden.
c) Mit Hilfe eines Table-Generator lassen sich Primärschlüsselwerte in der Weise generieren, dass sie beispielsweise eine bestimmte Stellenzahl aufweisen und lückenlos fortlaufend vergeben werden.
d) Wenn die Annotation *@Table* nicht verwendet wird, dann hat die für eine Klasse generierte Tabelle in der Datenbank den gleichen Namen wie die Klasse.
e) Eine UUID (Universal Unique Identifier) kann mit Hilfe der verwendeten Datenbank durch die Java-Methode der Klasse UUID ermittelt werden.

Frage 4.3
Welche der folgenden Aussagen zur Java Persistence API (JPA) sind falsch?

a) Sind die Objekte zweier Klassen durch eine Komposition verbunden, so ist es zwar sinnvoll, dass die *persist*-Operation des Entity Managers mittels des *cascade*-Parameters auf die abhängigen Objekte übertragen wird, jedoch nicht die *remove*-Operation.
b) Mit Hilfe des mappedBy Parameters lassen sich unidirektionale Assoziationen abbilden.
c) Zur Abbildung der Vererbung kann die Notation *@Inheritance(strategy = InheritanceType.SINGLE_TABLE)* verwendet werden. In diesem Fall wird in der zugehörigen Datenbanktabelle eine Spalte aufgenommen, die zur Identifikation des Typs der Unterklassen dient.
d) Das Entity Manager-Objekt stellt dem Anwendungsentwickler die Methoden *persist* und *merge* zur Verfügung, um Objekte in den Status managed zu versetzen.
e) Die *find*-Methode des Entity Managers löst grundsätzlich keine SQL-Anweisung in der Datenbank aus.

Aufgabe 4.1
Im Listing 4.17 ist die Fachklasse Person unvollständig implementiert. Dazu wurde die Testklasse PersonTest entwickelt. Die Ausführung der beiden Testfälle für die Methoden *greet* und *getAlterBisZurPensionierung* werden fehlschlagen.

a) Ergänzen Sie die Klasse *Person* so, dass die beiden Tests erfolgreich verlaufen.
b) Wenn die Ergänzungen korrekt durchgeführt wurden und die Testklasse ausgeführt wird, dann erscheint in NetBeans die Ausgabe wie in (Abb. 4.13) . Ist die Reihenfolge der Ausgaben auf der rechten Seite immer gleich? Begründen Sie Ihre Antwort kurz.

Listing 4.17

Klasse: Person

```
1  public class Person {
2      private String name;
3      private int age;
4
5      public void setAge( int age) {
6          this.age = age;
7      }
8
9      public void setName( String name) {
10         this.name = name;
11     }
12
13     public String greet() {
14         return null;
15     }
16
17     public int getJahreBisPensionierung( int pensionierung) {
18     }
19 }
```

Klasse: PersonTest

```
1  public class PersonTest {
2      private static Person instance;
3
4      @BeforeClass
5      public static void setUpClass() {
6          instance = new Person();
7      }
8
9      @Test
10     public void testGetAlterBisZurPensionierung() {
11         logger.info("Test getJahreBisPensionierung");
12         int age =
13         instance.setAge(age);
14         int pensionierung =
15         int expectedJahreBisZurPensionierung =
16         assertEquals(expectedJahreBisZurPensionierung,
17         instance.getJahreBisPensionierung(pensionierung));
18     }
```

```
19        @Test
20        public void testGreet() {
21            logger.info("Test greet");
22            String name = "Hugo";
23            instance.setName( name);
24            int age = instance.setAge( age);
25            String expResult = "Hallo, mein Name ist " + name + " und mein
26                               Alter ist " + age + ". \n Es freut mich Sie
27                               zu wiederzusehen!";
28            String result = instance.greet();
29            assertEquals( expResult, result);
30        }
31    }
```

Aufgabe 4.2

In den Aufgaben 3.1 und 3.2 wurde die User Story „Eingangsrechnung prüfen" thematisiert. Hierzu hat das Entwicklerteam ein vorläufiges Klassenmodell skizziert (Abb. 4.14).

Auf dieser Basis ist folgender Quellcode entstanden (vgl. Listing 4.18).

a) Stellen Sie sicher, dass die neu angelegten Bestell-Objekte eine lückenlos fortlaufend nummerierte Bestellnummer erhalten, die sechsstellig ist und mit einer 4 beginnt.

b) Stellen Sie sicher, dass beim Anlegen bzw. Löschen eines Bestell-Objektes auch alle Bestellpositions-Objekte in der Datenbank gespeichert bzw. gelöscht werden.

c) Während der Codierung haben Rücksprachen mit dem Produktverantwortlichen ergeben, dass die Assoziation zwischen Rechnungs- und Bestell-Objekten entgegen dem vorläufigen Klassenmodell (vgl. Abb. 4.14) bidirektional sein soll. Falls dies im Code nicht richtig umgesetzt ist, sollten Sie dies korrigieren.

d) Stellen Sie sicher, dass die bidirektionale Assoziation zwischen Lieferanten- und Bestellung-Objekt korrekt implementiert ist.

e) Warum wurde die Operation ermittelnPositionsBetrag in die Klasse Rechnungsposition ausgelagert?

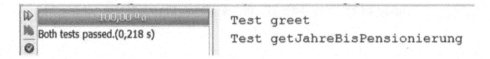

Abb. 4.13 Ausgabe PersonTest

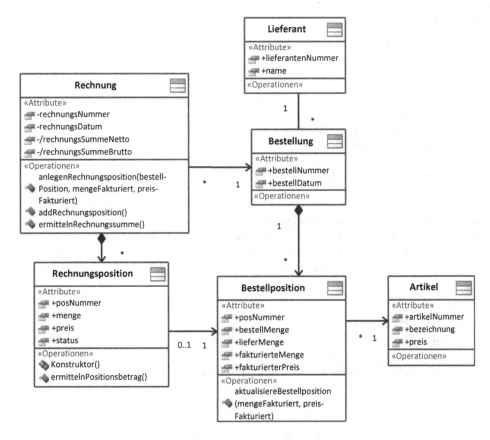

Abb. 4.14 Vorläufiges Klassenmodell Eingangsrechnung prüfen

Aufgabe 4.3

Die implementierten Klassen der Aufgabe 4.2 werden im Folgenden verwendet, um eine Datenbank zu generieren und mit Hilfe von Test-Objekten soll auch die Methode ermittelnRechnungssumme mit einem JUnit-Test getestet werden.

a) Im Listing 4.19 ist die persistence.xml zur Beschreibung der Persistenz-Einheit abgebildet. Beim konkreten Testen tritt immer ein Fehler auf, der sinngemäß sagt, dass Artikel keine Entity-Klasse sei.
   – Überprüfen und korrigieren Sie den Programmcode in Listing 4.18 und/oder in Listing 4.19.
   – Was bewirken die Anweisungen 24 bis 27 in Listing 4.19?

Listing 4.18

Klasse: Artikel

```
1    @Entity
2    public class Artikel {
3        @Id
4        private int artikelNummer;
5        private String bezeichnung;
6        private double preis;
7
8        public Artikel() {
9        }
10
11       public Artikel(int artikelNummer, String bezeichnung, double preis) {
12           this.artikelNummer = artikelNummer;
13           this.bezeichnung = bezeichnung;
14           this.preis = preis;
15       }
16   }
```

Klasse: Bestellung

```
1    @Entity
2    public class Bestellung {
3      @TableGenerator(name = "NextBestellId", table = "IdGenerator",
4                      pkColumnName = "Class", valueColumnName = "ID",
5                      pkColumnValue = "Bestellung")
6      @Id
7      @GeneratedValue(strategy = GenerationType.TABLE,
8                      generator ="NextBestellId")
9      private int bestellNummer;
10     @Temporal(javax.persistence.TemporalType.DATE)
11     private Date bestellDatum;
12     @ManyToOne
13     private Lieferant lieferant;
14     @OneToMany
15     private List<Bestellposition> bestellPositionen;
16     @OneToMany
17     private List<Rechnung> rechnungen;
18
19       public Bestellung() {
20           bestellPositionen = new ArrayL ist<>();
21           rechnungen=new ArrayList<>();
22       }
23
24       public Bestellung(Date bestellDatum) {
25           this();
26           this.bestellDatum = bestellDatum;
```

```
27              this.lieferant = lieferant;
28          }
29
30          public Bestellposition anlegenBestellPosition(int bestellMenge,
31                                              Artikel artikel) {
32              int posNr = bestellPositionen.size() + 1;
33              Bestellposition bestellposition = new Bestellposition(posNr,
34                  bestellMenge, artikel);
35              bestellPositionen.add(bestellposition);
36              return bestellposition;
37          }
38
39          public Rechnung anlegenRechnung(Date rechnungsDatum,
40                                      int rechnungsNummer) {
41              Rechnung rechnung = new Rechnung(this, rechnungsDatum,
42                                      rechnungsNummer);
43              rechnungen.add(rechnung);
44              return rechnung;
45          }
46      }
```

Klasse: Bestellposition

```
1   @Entity
2   public class Bestellposition {
3       private int posNummer;
4       private int bestellmenge;
5       private int lieferMenge;
6       private int fakturierteMenge;
7       private double fakturierterPreis;
8       @ManyToOne
9       private Artikel artikel;
10      @Id
11      @GeneratedValue(strategy = GenerationType.AUTO)
12      private Long id;
13
14      public Bestellposition() {
15      }
16
17      public Bestellposition(int posNummer, int bestellmenge,
18                              Artikel artikel) {
19          this.posNummer = posNummer;
20          this.bestellmenge = bestellmenge;
21          this.artikel = artikel;
22      }
23
24      public void aktualisiereBestellposition(int mengeFakturiert,
25                                      double preisFakturiert){
```

```
26                setFakturierteMenge(mengeFakturiert);
27                setFakturierterPreis(preisFakturiert);
28          }
29     }
```

Klasse: Lieferant

```
1    @Entity
2    public class Lieferant {
3        @Id
4        private int lieferantenNummer;
5        private String name;
6        @OneToMany(mappedBy = "lieferant")
7        private List<Bestellung> bestellungen;
8
9        public Lieferant() {
10           bestellungen = new ArrayList<>();
11       }
12
13       public Lieferant(int lieferantenNummer, String name) {
14           this();
15           this.lieferantenNummer = lieferantenNummer;
16           this.name = name;
17       }
18
19       public Bestellung anlegenBestellung(Date bestellDatum) {
20           Bestellung bestellung = new Bestellung(bestellDatum);
21           bestellungen.add(bestellung);
22           return bestellung;
23       }
24   }
```

Klasse: Rechnung

```
1    @Entity
2    public class Rechnung {
3        @TableGenerator(name = "NextRechnungId", table = "IdGenerator",
4                        pkColumnName = "Class", valueColumnName = "ID",
5                        pkColumnValue = "Rechnung",
6                        initialValue = 800000, allocationSize = 1)
7        @Id
8        @GeneratedValue(strategy = GenerationType.TABLE,
9                        generator = "NextRechnungId")
10       private int id;
11       private int rechnungsNummer;
12       @Temporal(javax.persistence.TemporalType.DATE)
13       private Date rechnungsDatum;
14       private double rechnungsSummeNetto;
15       private double rechnungsSummeBrutto;
```

```
16        @ManyToOne
17        private Bestellung bestellung;
18        @OneToMany(cascade = { CascadeType.PERSIST, CascadeType.REMOVE })
19        private List<Rechnungsposition> rechnungsPositione n;
20
21        public Rechnung() {
22            rechnungsPositionen = new ArrayList<>();
23        }
24
25        public Rechnung(Bestellung bestellung, Date rechnungsDatum,
26                        int rechnungsNummer) {
27            this();
28            this.bestellung = bestellung;
29            this.rechnungsDatum = rechnungsDatum;
30            this.rechnungsNummer = rechnungsNummer;
31        }
32
33        public Rechnungsposition anlegenRechnungsposition(int menge,
34                              double preis, boolean status,
35            Bestellposition bestellposition) {
36            int posNr = rechnungsPositionen.size() + 1;
37            Rechnungsposition rechRechnungsposition =
38              new Rechnungsposition(posNr, menge, preis,
39                                  status, bestellposition);
40            rechnungsPositionen.add(rechRechnungsposition);
41            return rechRechnungsposition;
42        }
43
44        public void ermittelnRechnungssumme(){
45            double summe=0;
46            for(Rechnungsposition rechnungsposition:rechnungsPositionen){
47                if(rechnungsposition.isStatu s()){
48                    summe+=rechnungsposition.ermittelnPositionsbetrag();
49                }
50            }
51            rechnungsSummeNetto=summe;
52            rechnungsSummeBrutto=rechnungsSummeNetto*1.19;
53            rechnungsSummeBrutto=Math.round(rechnungsSummeBrutto*100)/100;
54            rechnungsSummeNetto=Math.round(rechnungsSummeNetto*100)/100;
55        }
56  }
```

Klasse: Rechnungsposition

```
1   @Entity
2   public class Rechnungsposition {
3       @Id
```

```
4       @GeneratedValue(strategy = GenerationType.AUTO)
5       private Long id;
6       private int posNummer;
7       private int menge;
8       private double preis;
9       private boolean status;
10      @OneToOne
11      private Bestellposition bestellPosition;
12
13      public Rechnungsposition() {
14      }
15
16      public Rechnungsposition(int posNummer, int menge, double preis,
17              boolean status, Bestellposition bestellPosition) {
18          this.posNummer = posNummer;
19          this.menge = menge;
20          this.preis = preis;
21          this.status = status;
22          this.bestellPosition = bestellPosition;
23          bestellPosition.aktualisiereBestellposition(menge, preis);
24      }
25
26      public double ermittelnPositionsbetrag() {
27          return menge * preis;
28      }
29  }
```

Listing 4.19: persistence.xml

```
1    <?xml version="1.0" encoding="UTF-8"?>
2    <persistence version="2.1"
3      xmlns="http://xmlns.jcp.org/xml/ns/persistence"
4      xmlns:xsi="http://www.w3.org/2001/XMLSchema-instance"
5      xsi:schemaLocation="http://xmlns.jcp.org/xml/ns/persistence
6          http://xmlns.jcp.org/xml/ns/persistence/persistence_2_1.xsd">
7      <persistence-unit name="RechnungPruefenPU"
8                        transaction-type="RESOURCE_LOCAL">
9        <provider>org.eclipse.persistence.jpa.PersistenceProvider</provider>
10         <class>entityClasses.Bestellposition</class>
11         <class>entityClasses.Bestellung</class>
12         <class>entityClasses.Lieferant</class>
13         <class>entityClasses.Rechnung</class>
14         <class>entityClasses.Rechnungsposition</class>
15       <properties>
16         <property name="javax.persistence.jdbc.url"
17                   value="jdbc:mysql://localhost:3306/
18                        rechnungsPruefung?zeroDateTimeBehavior=
19                        convertToNull" />
20         <property name="javax.persistence.jdbc.password" value="mysql" />
21         <property name="javax.persistence.jdbc.driver"
22                   value="com.mysql.jdbc.Driver" />
23         <property name="javax.persistence.jdbc.user" value="root" />
24         <property name="javax.persistence.schema-generation.database.action"
25                   value="drop-and-create" />
26         <property name="eclipselink.logging.level" value="FINEST" />
27       </properties>
28     </persistence-unit>
29   </persistence>
```

b) Im Listing 4.20 ist eine JUnit Testklasse wiedergegeben.

   – Mit welcher Zahl müssen die Fragezeichen in Anweisung 72 ersetzt werden, damit
     der Test erfolgreich ausgeführt wird?

   – Ist der Test nach wie vor erfolgreich, wenn die Anweisungen 69 bis 71 gelöscht
     werden? Was ändert sich, wenn diese Anweisungen gelöscht werden?

Listing 4.20

```
1    public class RechnungTest {
2        private Rechnung rechnung;
3        private static EntityManagerFactory emf;
4        private static EntityManager em;
5
6        private void initialize() throws ParseException {
7            em.getTransaction().begin();
8            Lieferant lieferant = new Lieferant(228248,
9                                   "Bau - und Heimwerkermarkt");
10           em.persist(lieferant);
11           Bestellung best1 = lieferant.anlegenBestellung(
12               new GregorianCalendar(2014, 8, 28).getTime());
13           Artikel art1 = new Artikel(4119070, "Runddusche Bristol", 179.99);
14           em.persist(art1);
15           Artikel art2 = new Artikel(1600604, "Überkopf Brauseset", 114.99);
16           em.persist(art2);
17           Artikel art3 = new Artikel(1875321, "Montage Tips", 19.99);
18           em.persist(art3);
19           Artikel art4 = new Artikel(4119075, "Duschtasse halbrund", 58.99);
20           em.persist(art4);
21           Artikel art5 = new Artikel(4118055, "Wand WC Hygie", 48.95);
22           em.persist(art5);
23           Bestellposition bestpos11 = best1.anlegenBestellPosition(2, art1);
24           Bestellposition bestpos12 = best1.anlegenBestellPosition(2, art2);
25           Bestellposition bestpos13 = best1.anlegenBestellPosition(1, art3);
26           Bestellposition bestpos14 = best1.anlegenBestellPosition(2, art4);
27           Bestellposition bestpos15 = best1.anlegenBestellPosition(1, art5);
28           bestpos11.setLieferMenge(2);
29           bestpos12.setLieferMenge(1);
30           bestpos13.setLieferMenge(1);
31           bestpos14.setLieferMenge(0);
32           bestpos15.setLieferMenge(1);
33           em.persist(best1);
34           rechnung = best1.anlegenRechnung(
35               new GregorianCalendar(2014, 9, 6).getTime(), 201410188);
36           Rechnungsposition repos11 = rechnung.anlegenRechnungsposition(
37               2, 179.99, true, bestpos11);
38           Rechnungsposition repos12 = rechnung.anlegenRechnungsposition(
39               1, 114.99, true, bestpos12);
40           Rechnungsposition repos13 = rechnung.anlegenRechnungsposition(
41               1, 19.99, true, bestpos13);
42           Rechnungsposition repos15 = rechnung.anlegenRechnungsposition(
43               2, 48.95, false, bestpos15);
44           em.persist(rechnung);
45           em.getTransaction().commit();
46       }
```

```
47
48    @BeforeClass
49    public static void setUpClass() {
50        System.out.println("Test Rechnung");
51        emf = Persistence.createEntityManagerFactory("RechnungPruefenPU");
52        em = emf.createEntityManager();
53    }
54
55    @AfterClass
56    public static void tearDownClass() {
57        em.close();
58        emf.close();
59    }
60
61    @Before
62    public void setUp() throws ParseException, InterruptedException {
63    initialize();
64
65    @Test
66    public void testErmittelnRechnungssumme() {
67        System.out.println("Test ErmittelnRechnungssumme");
68        rechnung.ermittelnRechnungssumme ();
69        em.getTransaction().begin();
70        em.merge(rechnung);
71        em.getTransaction().commit();
72        double expSummeBrutto= ?????;
73        System.out.println(rechnung.getRechnungsNummer());
74        assertEquals(expSummeBrutto,
75                     rechnung.getRechnungsSummeBrutto(), 0.004);
76    }
77  }
```

Literatur

Dantas, R. (2011). NetBeans IDE 7 Cookbook. Birmingham, Mumbai: Packt Publishing.

Eilebrecht, K., & Starke, G. (2013). Patterns kompakt. Entwurfsmuster für effektive Software-Entwicklung. 4. Aufl., Berlin, Heidelberg: Springer Vieweg.

Fields, J., Harvie, S. & Fowler, M. (2010). Refactoring. Upper Saddle River u.a.: Addison-Wesley.

Gupta, L. (2016). Hibernate JPA cascade types. In How to do in Java. https://howtodoinjava.com/hibernate/hibernate-jpa-cascade-types. Zugegriffen: 24. Febr. 2019.

Keith, M., & Schincariol, M. (2009). Pro JPA 2. Mastering the Java Persistence API. New York: Apress.

Link, J. (2005). Softwaretests mit JUnit. 2. Aufl., Heidelberg: dpunkt.

Meier, A. (2010). Relationale und postrelationale Datenbanken. 7. Aufl., Heidelberg u.a.: Springer.

Müller, B., & Wehr, H. (2012). Java Persistence API 2. München: Hanser.

OpenJPA Documentation (2018). Entity lifecycle management. http://openjpa.apache.org/
   builds/3.0.0/apache-openjpa/docs/main.html. Zugegriffen: 24. Febr. 2019.
Rau, K.-H. (2013). Speicherung von Java-Objekten. *WISU, 5*(2013), 676–684.
Sommerville, I. (2018). Software engineering. 10. Aufl., Pearson Studium.
Westphal, F. (2006). Testgetriebene Entwicklung – mit JUnit & FIT. Wie Software änderbar bleibt.
   Heidelberg: dpunkt.

Iteration 1: Entwurf und Implementierung der Präsentationsschicht

5

Überblick

Um die fachliche Funktionalität, die im letzten Kapitel im Mittelpunkt stand, für den Benutzer verfügbar zu machen, wird in diesem Kapitel die Präsentationsschicht entwickelt. Hierzu nutzen wir das Komponenten-Framework Jakarta Server Faces (JSF). Nach einem Überblick über die Architektur von JSF und der Positionierung in der Architektur einer Java EE Anwendung, erfolgt die beispielhafte Anwendung anhand eines einfachen Anmeldedialogs. Dabei wird die Abfragesprache JPQL (Java Persistence Query Language) als weiteres Element von JPA verwendet. Weiterhin werden CDI-Beans (Contexts and Dependency Injection) als Bindeglied zwischen der View (in Form der JSF) und dem Anwendungsfall-Controller (in Form der EJB) eingeführt. Im einfachen Anmeldedialog werden sowohl Standard-Validierer, als auch individuelle Validierer angewandt. Auch an diesem Beispiel wird gezeigt, dass eine grundsätzlich funktionsfähige Lösung durch Refactoring noch verbessert werden kann. Statt den Validierern in JSF wird die elegante Möglichkeit der Bean Validation eingesetzt. Im letzten Abschnitt wird die erste System-Operation in der Jakarta EE Umgebung implementiert. Um eine einheitliche Struktur der Benutzeroberfläche zu gewährleisten werden das Vorlagensystem (template) von JSF und CSS (Cascading Style Sheets) eingesetzt.

© Springer Fachmedien Wiesbaden GmbH, ein Teil von Springer Nature 2021
K.-H. Rau und T. Schuster, *Agile objektorientierte Software-Entwicklung*,
https://doi.org/10.1007/978-3-658-33395-9_5

5.1   Teilgebiete und Lernergebnisse

Wichtige Teilgebiete sind
- JSF- und Jakarta EE-Architektur
- Anwendung von JPA mit EJBs
- Grundlagen und Anwendung von Facelets und CDI Managed Beans
- Anwendung von Bean Validation
- Anwendung des JSF Vorlagensystems

Lernergebnisse
Der Leser soll

- die Architektur einer Jakarta EE Web-Anwendung verstehen.
- die Architektur des JSF Komponenten-Frameworks verstehen.
- EJBs als Anwendungsfall-Controller einsetzen können.
- JPA im Jakarta EE-Kontext anwenden können.
- Grundfunktionen der Bean Validation verwenden können.
- mit JSF und CDI Managed Beans eine Oberfläche mit Templates und Daten-tabellen entwickeln können.

5.2   Grundlagen des JavaServer Faces Frameworks sowie der Enterprise JavaBeans

5.2.1   Allgemeine Grundlagen des JavaServer Faces Frameworks im Kontext einer Java EE Anwendung

In Abschn. 2.4 wurde bereits festgelegt, dass für das Fallbeispiel eine **Web-Archi-tektur** verwendet werden soll (vgl. Abb. 2.5). Zur konkreten Implementierung wird die Jakarta Plattform Enterprise Edition (**Jakarta EE**) in der Version 8 (früher bekannt als Java EE) verwendet. Die Spezifikationen von Jakarta EE liefern dem Entwickler einen vorgegebenen Rahmen und eine Vielzahl von Infrastrukturdiensten. Die Abb. 5.1 baut auf Abb. 2.5 auf und benennt die verwendeten Technologien. Die JPA der Datenhaltungs-schicht wurde bereits in Abschn. 4.3 angewandt. Dabei beschränkte sich die Anwendung auf die Möglichkeiten, die bereits im Rahmen der Java Standard Edition (Java SE) zur Verfügung stehen. Die Session Beans in Form der Jakarta Enterprise Beans (**EJB**) werden insbesondere den Aspekt der Transaktionssteuerung nutzen. Während die bis-herige Implementierung der Fachklassen auch in Java SE möglich gewesen ist, macht

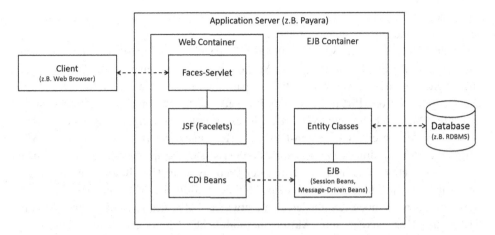

Abb. 5.1   Jakarta EE Architektur für Web-Anwendung

die Abb. 5.1 deutlich, dass die Anwendung nun in einem Anwendungs-Server ausgeführt wird. Diese Laufzeitumgebung ist in unserem Fall der bereits eingangs erwähnte Payara Server. Dieser stellt neben der JPA und den EJBs auch die Umgebung für die **Jakarta Server Faces** (JSF) der Präsentationsschicht bereit. Darüber hinaus werden später (vgl. Abschn. 7.5) auch die Sicherheitsfunktionen des Anwendungs-Servers (vgl. Technical Stories in Abschn. 2.3.2) genutzt. Wie bereits eingangs erwähnt (vgl. Abschn. 1.6) verfügt der Payara Server über eine ganze Reiher weiterer Dienste, auf die wir hier aber nicht tiefer eingehen werden. In diesem Kapitel steht die **Dialogschicht** im Mittelpunkt. Als Client wird der Webbrowser auf der Benutzerseite verwendet, die Präsentationslogik selbst wird serverseitig durch JSFs und Managed Beans auf dem Anwendungs-Server bereitgestellt.

JSF ist ein **Komponenten-Framework** zur Entwicklung von grafischen Oberflächen im Java Umfeld. Die für den Benutzer sichtbaren Interaktionselemente, wie ein Eingabefeld oder eine Schaltfläche (button), sind auf dem Server als Java-Objekte implementiert. Das Konzept lehnt sich an das Swing-Framework für Java Desktop Anwendungen an (vgl. Müller 2010, S. 9 ff.). Grundsätzlich können diese UI-Komponenten (user interface components) unterschiedlich dargestellt werden (rendering). Beim typischen Webbrowser erfolgt die Interaktion zwischen Client und Server mittels einer HTTP-Anfrage (http request) und einer HTTP-Antwort (http response), wobei dies grundsätzlich eine HTML-Seite ist. Jede HTTP-Anfrage richtet sich an das sogenannte **Faces-Servlet**. Die **Servlet** -Technologie war 1997 der erste Schritt zur dynamischen Erzeugung von HTML-Seiten auf dem Server. Der zweite Schritt war die JavaServer Page (**JSP**) Technologie im Jahre 1998. Eine JSP-Seite bestand aus statischem Inhalt (HTML – template text), JSP-Direktiven (Anweisungen an JSP Compiler), JSP-Skriptelemente (z. B. Skriptlets, Ausdrücke, Deklarationen) sowie JSP-Aktionen (z. B. Objekte erzeugen, vorhandene Objekte modifizieren), die in Tag-Bibliotheken hinterlegt wurden. Server-seitig wurde eine JSP in ein Servlet übersetzt.

Im Jahr 2004 wurde die Version 1.0 von JSF spezifiziert. In den Programmbeispielen wird die seit April 2017 freigegebene Version 2.3 von JSF eingesetzt. JSF wird mit einer Seitenbeschreibungssprache (**PDL** – page description language) festgelegt. Bei der Version 1 war das JSP, heute werden **Facelets** verwendet, dabei wird die Extensible HyperText Markup Language (**XHTML**) als textbasierte Auszeichnungssprache genutzt. Neben XHTML ist eine Expression-Language (**EL**) integraler Bestandteil von JSF. Mit Hilfe eines Wertausdrucks (value expression) lässt sich beispielsweise der Wert einer JSF-Komponente (z.B. Eingabefeld) mit der Property einer **CDI Bean** verbinden (vgl. Attributbindung in Abb. 5.2). Mittels eines Methodenausdrucks (method expression) lässt sich eine Bean Methode referenzieren, die etwa als Folge des Auslösens einer Schalt-fläche ausgeführt werden soll (**Aktionsmethode**). Die bereits erwähnten CDI Beans sind einfache POJOs, die von der Laufzeitumgebung verwaltet werden. Sie definieren die Attribute und Methoden der UI-Komponenten einer Seite und werden in dieser Rolle auch als **Backing Beans** bezeichnet. Die Methoden sind insbesondere Event- bzw. Aktionsmethoden, welche auf Funktionalität der Fachkonzeptschicht zugreifen (vgl. Abb. 5.1) und die über Rückgabewerte die Navigation zur nächsten View steuern (vgl. Abb. 5.2). Alternativ kann diese Navigation auch über die optionale *faces-config.xml*-Datei (vgl. Abb. 5.2) definiert werden.

In Abb. 5.2 ist weiterhin angedeutet, dass die UI-Komponenten auch mit Kon-vertierern und Validierern verbunden sein können (vgl. Müller 2010, S. 72 ff.). Die Verbindung erfolgt teilweise durch die Faces-Umgebung automatisch und kann auch explizit durch EL-Ausdrücke spezifiziert werden. So werden die Standardkonvertierer automatisch verwendet, wenn der Attribut-Typ in der Managed Bean dem **Konvertierer** entspricht. Wird im Browser beispielsweise eine Zahl für die Credits einer Lehrver-anstaltung eingegeben, so wird über die HTTP-Anfrage eine Zeichenkette (query string) übermittelt und auf Serverseite wird der Wert entsprechend dem Typ in der Managed

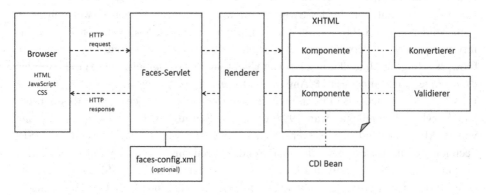

Abb. 5.2 JSF-Architektur (vgl. Goncalves 2010, S. 278)

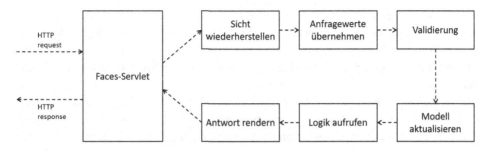

Abb. 5.3 Vereinfachtes Bearbeitungsmodell einer JSF-Anfrage

Bean in einen double-Wert übersetzt. Ähnlich verhält es sich mit **Validierern.** JSF stellt beispielsweise Standardvalidierer zur Überprüfung der Länge von Texteingaben oder Zahlenbereichen für numerische Eingaben zur Verfügung. Des Weiteren können individuelle Validierer- und Konvertiererklassen implementiert werden.

Zum besseren Verständnis ist es durchaus sinnvoll, sich zu vergegenwärtigen, wie die Abarbeitung einer JSF-Anfrage auf dem Server abläuft. Wie aus Abb. 5.3 hervorgeht, kommt beim zentralen Faces-Servlet die HTTP-Anfrage an. Im ersten Schritt des **JSF-Anfrage-Lebenszyklus** wird der Komponentenbaum mit den gespeicherten Zuständen der Komponenten wiederhergestellt. Die POST-Parameter der HTTP-Anfrage werden im zweiten Schritt in die UI-Komponenten übernommen. Erst dann erfolgen Konvertierung und Validierung, sodass gewährleistet ist, dass die Attribute nach dem nächsten Schritt im CDI Bean-Objekt bzw. den dort referenzierten Fachklassen korrekt zur Verfügung stehen. Insbesondere bei der Konvertierung und Validierung können natürlich Fehler festgestellt werden, sodass keine Übernahme stattfindet, sondern sofort zum Rendern der Antwort gesprungen wird. Dies und weitere Details wurden in der Abb. 5.3 aus Gründen der Übersichtlichkeit weggelassen. Mit dem Aufruf der Anwendungslogik wird die intendierte fachliche Verarbeitung durch Zugriff auf den Anwendungsfall-Controller (vgl. Abb. 5.1 und Abschn. 3.3.2) angestoßen. Im Regelfall wird zum Schluss die Antwort wiedergegeben (rendern), sodass beim Webbrowser eine HTML-Seite ankommt. Dabei erfolgen auch wieder Konvertierungen, z. B. wird ein Date-Objekt als String dargestellt. Auf die Besonderheiten bei der Verwendung von Ajax wird nicht näher eingegangen (vgl. Schießer und Schmollinger 2015, S. 98 ff.). In dieser letzten Phase wird auch der Komponentenbaum für weitere Anfragen der gleichen Sicht (View) gespeichert. Die Render-Phase kann auch wegfallen, wenn z. B. binäre Daten wie ein Bild oder ein pdf-Dokument die Antwort darstellen.

Als Backing Beans werden sogenannte CDI Beans verwendet. Bis JSF 2.2 wurden auch JSF Managed Beans (mit der Annotation *@ManagedBean*) verwendet. Inzwischen wird empfohlen stattdessen CDI Beans einzusetzen. **CDI** steht für Contexts and Dependency Injection und ist Teil der Jakarta EE Technolgie. Das CDI Framework ist umfassend (vgl. Jendrock et al. 2014, S. 23–1) und soll hier lediglich im Zusammenspiel mit JSF näher betrachtet werden. Damit mit der EL auf eine **CDI Bean** referenziert werden kann, ist diese mit der Annotation *@Named* mit dem optionalen Parameter *name* zu versehen (vgl. Anweisung 3 in Listing 5.1). Wird der *name*-Parameter weggelassen, wird der Klassenbezeichner mit kleinem Anfangsbuchstaben als Standardnamen für die Bean verwendet. Wird die Bean in einer JSF Seite erstmalig referenziert, so sorgt die CDI Umgebung (container) dafür, dass ein Objekt erzeugt wird (z. B. Datei index.xhtml, Zeile 3 in Listing 5.1) und über die Umgebung während der Lebensdauer zur Verfügung steht. Diesen Vorgang bezeichnet man als Dependency Injection (DI). Die Lebensdauer oder Sichtbarkeit wird durch die Scope-Angabe (vgl. Klasse LearningAgreementBean, Zeile 2 in Listing 5.1) festgelegt. Im Umfeld des Scopes ist die Bean ein Singleton (vgl. Abschn. 3.4.2). Im Beispiel des Listing 5.1 ist die Bean nicht nur während der aktuellen Anfrage *(@RequestScope),* sondern während der gesamten Benutzersitzung *(@SessionScope)* verfügbar. Daneben gibt es insbesondere noch den Application- und Conversation-Scope (vgl. Weil 2013, S. 42 ff.).

Listing 5.1

```
Klasse: LearningAgreementBean

1    @Named(value = "learningAgreementBean")
2    @SessionScoped
3    public class LearningAgreementBean implements Serializable {
4        ...
5    }

Datei: index.xhtml

1    ...
2    <h:outputText id="studentId"
3                  value="#{LearningAgreementBean.student.studentID}"/>
4    <h:commandButton value="Create Learning-Agreement"
5                  action="#{LearningAgreementBean
6                        .doCreateLearningAgreement()}"/>
7    ...
```

5.2.2   Grundlagen des JavaServer Faces Frameworks sowie Enterprise JavaBeans anhand eines einfachen Beispiels

Bevor im nächsten Abschnitt die **Dialogschicht** für die erste System-Operation *getFre igegebeneBewerbungspositionen* entworfen und implementiert wird, sollen die nun bekannten Grundzüge von JSF anhand einer einfachen Anmelde-System-Operation demonstriert werden. Dabei steht die Anwendung der **JSF-Architektur** im Mittelpunkt, allerdings werden beiläufig auch weitere Aspekte der **JPA** angewandt und die einfache

Verwendung einer Enterprise JavaBean (**EJB**) gezeigt. Für dieses Beispiel wird die einfache Fachklasse User mit den beiden Attributen *userId* und *password* verwendet (vgl.
Listing 5.2).

Listing 5.2 – Klasse: User

```
1    @Entity
2    @Table(name = "UserData")
3    @NamedQuery(name = "User.loginUser",
4                query = "Select u from User u where u.userId = :userId and
5                         u.password= :password")
6    public class User implements Serializable {
7
8        private String password;
9
10       //userId is expected to be in email format
11       @Id
12       private String userId;
13       ...
14   }
```

In Abschn. 4.3.2 wurde darauf verwiesen, dass sich bei JPA die notwendigen
Konfigurationseinstellungen auf ein Minimum beschränken (**Configuration-by-
Exception**). In Anweisung 2 von Listing 5.2 finden wir solch eine Ausnahme. Die
Objekte der Klasse User werden in der Datenbank-Tabelle *UserData* abgespeichert.
Der abweichende Name wurde deshalb notwendig, weil User im SQL99-Standard ein
reservierter Begriff ist und daher nicht verwendet werden kann. Natürlich hätte man auch
die Klasse UserData nennen können.

In den Anweisungen 3 und 4 von Listing 5.2 wird das Konstrukt einer *NamedQuery*
verwendet. Damit ist das weite Gebiet der Suchanfragen angesprochen. Bisher wurde
lediglich die Objektsuche über den Primärschlüssel mit der *find*-Methode des Entity
Managers angewandt (vgl. Abschn. 4.3.5 und Listing 4.15). Die JPA stellt die objektorientierte Abfragesprache **Java Persistence Query Language (JPQL)** bereit. Damit
können Abfragen formuliert werden, die Objekte als Ergebnis zurückliefern. Die
Syntax von JPQL ist der Structured Query Language (**SQL**) der relationalen Datenbankmanagementsysteme sehr ähnlich (vgl. Keith und Schincariol 2009, S. 179 ff.; Weil
2013, S. 118 ff.). Eine JPQL-Abfrage setzt sich aus den Mussklauseln *Select* und *From*
sowie den optionalen Klauseln *Where, GroupBy, Having* und *OrderBy* zusammen. In
Anweisung 4 ist die einfache Abfrage formuliert, die nach einem User-Objekt sucht,
das den spezifizierten Suchargumenten *userID* und *password* entspricht. In diesem Fall,
kann die Suche kein Objekt oder ein Objekt zurückliefern. Die Spezifikation der Abfrage
kann an unterschiedlichen Orten im Programmcode platziert werden. Eine Möglichkeit
ist, die Abfrage dort zu formulieren, wo sie unmittelbar auch zur Ausführung kommt.

Dies hat den Nachteil, dass u. U. die gleiche Abfrage mehrfach formuliert werden muss, was die Fehlerwahrscheinlichkeit und den Wartungsaufwand bei Änderungen grundsätzlich erhöht. In unserem Fall wird die Abfrage als sogenannte *NamedQuery* in der Klasse formuliert, die einen engen Bezug zum Abfrageergebnis aufweist.

In der *Select*-Klausel werden die Instanzvariablen definiert, die ausgewählt werden sollen. Im Beispiel werden keine einzelnen Instanzvariablen (z. B. *u.userId*), sondern das gesamte Objekt der Klasse angegeben, die in der *From*-Klausel angegeben wird. In der *From*-Klausel wird die Klasse *User* (nicht etwa die Tabelle *userdata*) spezifiziert. Mit *u* wird der Bezeichner für das gesuchte Objekt festgelegt. Auch wenn eine Menge von Objekten als Abfrageergebnis erwartet wird, ist die Formulierung gleich. Ebenso ist die längere Formulierung *from User as u* möglich. Die *Where*-Klausel dient zur Selektion des Objekts bzw. der gesuchten Objekte. Hier wird mit Hilfe der Punkt-Notation auf die Instanzvariablen Bezug genommen. Im Beispiel sind die *Where*-Bedingungen parametrisiert. Das bedeutet der Vergleichswert für *userId* und *password* wird nicht unmittelbar in der Abfrage angegeben, sondern erst später bei der Ausführung der Abfrage. In diesem Fall werden die benannten Parameter *userId* und *password* verwendet, was durch die Notation *:userId* bzw. *:password* erreicht wird. Im Beispiel wurde die Abfrage mit dem Namen *User.loginUser* bezeichnet. Grundsätzlich ist dies ein frei vergebener Bezeichner, allerdings hat sich die Punkt-Notation mit dem Klassennamen eingebürgert. Im späteren Code kann damit einfacher und mit einem hohen Grad an Selbstdokumentation Bezug genommen werden.

Laut der Abb. 5.1 wird die Abfrage vom Anwendungsfall-Controller in Form einer EJB ausgeführt. Im Listing 5.3 ist die Enterprise JavaBean *LoginController* wiedergegeben. Durch die Annotation *@Stateless* (vgl. Anweisung 1 in Listing 5.3) wird die POJO *LoginController* zu einer zustandslosen Session Bean, die Dienste bereitstellt, welche die Anforderungen von System-Operationen erfüllen.

Listing 5.3 – Klasse: LoginController

```
1   @Stateless
2   public class LoginController {
3       @PersistenceContext
4       private EntityManager em;
5
6       private static final Logger logger =
7         LogManager.getLogger(LoginController.class);
8
9       public User loadUser(String userId, String password) {
10          try {
11              TypedQuery<User> query =
12                em.createNamedQuery("User.loginUser", User.class);
13              query.setParameter("userId", userId);
14              query.setParameter("password", password);
15              User userData = query.getSingleResult();
16              return userData;
17          } catch (Exception e) {
18              logger.error(e.getMessage());
19              return null;
20          }
21
22      }
23      ...
24  }
```

Im vorliegenden Login-Beispiel wird die Methode *loadUser* bereitgestellt. Diese greift auf die Datenbank zu. Hierzu ist der Zugriff auf ein Entity Manager-Objekt notwendig. Im Gegensatz zur Verwendung von Entity-Manager-Objekten im Java SE Umfeld (vgl. Abschn. 4.3.5) wird das Entity Manager-Objekt im Java EE Umfeld von der Laufzeitumgebung des Anwendungs-Servers (EE-Container) über Injektion zur Verfügung gestellt (vgl. Anweisungen 3 und 4 in Listing 5.3). Ist im Projekt nur ein Persistenzkontext relevant, kann der *name*-Parameter in Anweisung 3 auch weggelassen werden. Die Aufrufe der Methoden *createEntityManagerFactory* und *createEntityManager* erfolgen nicht wie in den Anweisungen 11 und 12 von Listing 4.15 im Programmcode, sondern werden vom Anwendungs-Server ausgeführt. Damit liegt die Verwaltung der damit zusammenhängenden Ressourcen, z.B. Pool von Datenbankverbindungen, beim Anwendungs-Server. Da eine ressourcenintensive Datenbankverbindung nur für einen Bruchteil der Sitzungsdauer eines Benutzers benötigt wird, führt die serverseitige Verwaltung bei einer Enterprise-Anwendung zu dem positiven Effekt, dass deutlich weniger Datenbankverbindungen als gleichzeitig aktive Benutzer notwendig sind (vgl. Müller und Wehr 2012, S. 68 f.). Unter anderem ist damit auch verbunden, dass die *persistence. xml* einer Java EE-Anwendung einen anderen Inhalt aufweist. Im Gegensatz zur Java SE

Lösung (vgl. Anweisung 3 in Listing 4.14) wird die Transaktionsverwaltung **JTA** (Java Transaction API) verwendet (vgl. Anweisung 3 in Listing 5.4). Die gesamten Angaben zur Datenbankverbindung fehlen und sind auf dem Anwendungs-Server hinterlegt.

Listing 5.4 – persistence.xml

```
1    <?xml version="1.0" encoding="UTF-8"?>
2    <persistence version="2.1" xmlns="http://xmlns.jcp.org/xml/ns/persistence"
3    xmlns:xsi="http://www.w3.org/2001/XMLSchema-instance"
4    xsi:schemaLocation="http://xmlns.jcp.org/xml/ns/persistence
5        http://xmlns.jcp.org/xml/ns/persistence/persistence_2_1.xsd">
6        <persistence-unit name="examAdminPU" transaction-type="JTA">
7            <jta-data-source>jdbc/postgres</jta-data-source>
8            <exclude-unlisted-classes>false</exclude-unlisted-classes>
9            <properties>
10               <property
11                   name="javax.persistence.schema-generation.database.action"
12                   value="create"/>
13           </properties>
14       </persistence-unit>
15   </persistence>
```

In Abb. 5.4 findet sich die **JDBC Resource** unter dem **JNDI** (Java Naming and Directory Interface) Namen *jdbc/postgres*. Diese Ressource verweist wiederum auf den Pool an Datenbankverbindungen mit dem Bezeichner *mysql_userLogin_rootPool*. Die Sicht auf diesen Pool (vgl. unterer Teil in Abb. 5.4) beinhaltet insbesondere die oben erwähnten Verbindungsdaten.

In den Anweisungen 11 bis 15 (vgl. Listing 5.3) erfolgt ein lesender Datenbankzugriff auf den Benutzer, der sich gerade anmelden möchte. Der Typparameter des *TypedQuery*-Objektes in Anweisung 11 und 12 gibt den erwarteten Ergebnistyp der Abfrage an. In der Parameterliste der Entity Manager-Methode *createNamedQuery* wird auf die in der Entity-Klasse User (vgl. Anweisungen 3, 4 und 5 in Listing 5.2) definierte *NamedQuery User.login* Bezug genommen. Die beiden Suchargumente werden in den Anweisungen 13 und 14 (vgl. Listing 5.3) in die Abfrage eingefügt. Die *getSingleResult*-Methode wird im Erfolgsfall das gesuchte *User*-Objekt zurückliefern oder aber eine *NoResultException*

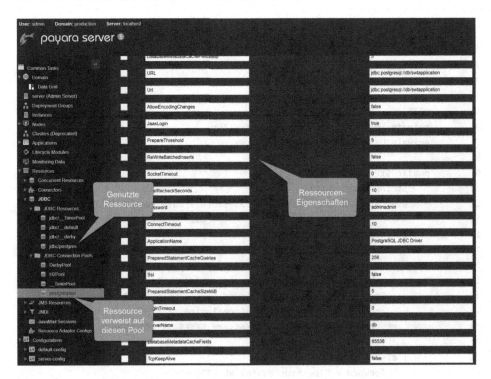

Abb. 5.4 JDBC Ressource auf dem Anwendungs-Server

werfen. Im Erfolgsfall gibt die *loadUser*-Methode eine Referenz auf das *User*-Objekt zurück. Im Misserfolgsfall wird *null* zurückgeliefert. Der catch-Block ist eher großzügig gestaltet, da mehrere Methoden Exceptions unterschiedlicher Art werfen könnten. Der catch-Block verwendet den Log4J LogManager, um den Fehlerfall entsprechend protokollieren zu können.

Listing 5.5 – Klasse: LoginBean

```
1   @Named
2   @SessionScoped
3   public class LoginBean implements Serializable {
4
5       @EJB
6       private LoginController loginController;
7       private User userData;
8
9       public String doLogin() {
10          String forward;
11          userData = loginController.loadUser(userData.getUserId(),
12                                              userData.getPassword());
13          if (userData == null) {
14              FacesContext context = FacesContext.getCurrentInstance();
15              UIComponent component =
16                  UIComponent.getCurrentComponent(context);
17              String msg = "- No user found, error with userId or password";
18              context.addMessage("loginForm:loginButton",
19                  new FacesMessage(FacesMessage.SEVERITY_ERROR, msg, msg));
20              forward = "login.xhtml";
21          } else {
22              forward = "loginsuccessful.xhtml";
23          }
24          return forward;
25      }
26
27      public void validateEMail(FacesContext context,
28        UIComponent component, Object value) throws ValidatorException {
29          boolean emailOk = Pattern.compile(
30            "[_\\w-]+(\\.[_\\w-]+)*@[\\w-]+(\\.[\\w]+)*(\\.[A-Za-z]{2,3})",
31            Pattern.CASE_INSENSITIVE).matcher((String) value).matches();
32          if (!emailOk) {
33              String msg = "-email-formatnot valid";
34              FacesMessage fMsg = new
35                  FacesMessage(FacesMessage.SEVERITY_ERROR, msg, msg);
36              throw new ValidatorException(fMsg);
37          }
38      }
39   ...
40  }
41
```

Es kommt die berechtigte Frage auf, welches Objekt die *loadUser*-Methode in der EJB aufruft. Wie aus Abb. 5.1 ersichtlich, steht die CDI Bean in direktem Austausch mit der EJB. In der CDI Bean Aktionsmethode *doLogin,* die als Folge einer Benutzerinteraktion ausgeführt wird, erfolgt der Aufruf der EJB Methode *loadUser* (vgl. Anweisung 11 in Listing 5.5). Das EJB-Objekt *loginController* wird über die Annotation *@EJB* vom EJB-Container (Anwendungs-Server Payara) injiziert. Die CDI Bean steht als Backing Bean in unmittelbarem Zusammenhang mit der JSF (vgl. Listing 5.6).

Wird die JSF mit dem Wizard von NetBeans angelegt, so muss man sich um den Kopf der Seitendefinition in den Anweisungen 1 bis 6 in Listing 5.6 nicht kümmern (vgl. zu Details Weil 2013, S. 196 f.). Die Eingabe der User-Id und des Passworts wird in einer HTML-Tabelle dargestellt und erfolgt in einem HTML-Formular. Auf dem Server sind dies entsprechende JSF-Komponenten. Die Eingabewerte werden in den Anweisungen 21 und 29 mit Hilfe der Expression Language (EL) direkt an die Objektvariablen *userId* und *password* der Managed Bean *loginBean* gebunden. In Anweisung 20 in Listing 5.6 wird der Parameter *required* mit dem Wert *true* verwendet. Dies führt im Bearbeitungsmodell auf dem Server (vgl. Abb. 5.3) zur Validierung und bei fehlendem Eingabewert zur Anzeige der Fehlermeldung, die im *requiredMessage*-Parameter (vgl. Anweisung 23) festgelegt wurde. Der Eingabewert wird mit der Property *userId* der Backing Bean verbunden. Als User-Id wird eine E-Mail-Adresse verwendet. Daher wird der Eingabewert vor der Aktualisierung der Model-Objekte (vgl. Abb. 5.3) mittels eines individuell entwickelten Validierers hinsichtlich des Formats überprüft. In Anweisung 22 wird die Validierer -Methode, die in der Backing Bean definiert ist, referenziert. In den Anweisungen 27 bis 37 in Listing 5.5 ist die Validierer-Methode codiert. Mit Hilfe eines regulären Ausdrucks wird das Format geprüft. Die Validierer-Methode hat eine festgelegte Signatur, sodass insbesondere der Faces-Context, die JSF-Komponente, von der die Validierer-Methode aufgerufen wurde, und das zu validierende Objekt als Argumente übergeben werden können. Die Methode wirft eine *ValidatorException,* wobei diesem Objekt eine Faces-Nachricht als Argument mitgegeben wird.

In Anweisung 31 wird zu Demonstrationszwecken ein Standardvalidierer zur Überprüfung der Länge der Passwort-Eingabe verwendet. Die Benutzerinteraktion in Anweisung 38 ruft die Aktionsmethode *doLogin* in der Backing Bean *loginBean* auf. Liefert der Aufruf der EJB-Methode *loadUser* kein gültiges *User*-Objekt zurück *(null),* so wird im Anweisungsblock 13 bis 20 in Listing 5.5 eine Fehlermeldung erzeugt und als Faces-Message der aktiven JSF-Komponente zugeordnet. In diesem Misserfolgsfall wird die Navigationsvariable *forward* mit *login.xhtml* belegt, was dazu führt, dass die Login-View wieder angezeigt wird, allerdings mit dem Fehlerhinweis, dass kein passender User gefunden wurde. Im Erfolgsfall wird zum nächsten Dialogbild navigiert, das in diesem Beispiel lediglich eine bestätigende Nachricht anzeigt. In Abb. 5.5 ist der Ablauf der System-Operation *LoginUser* noch einmal im Zusammenhang dargestellt.

Listing 5.6 – login.xhtml

```
1    <?xml version='1.0' encoding='UTF-8' ?>
2    <!DOCTYPE html PUBLIC "-//W3C//DTD XHTML 1.0 Transitional//EN"
3    "http://www.w3.org/TR/xhtml1/DTD/xhtml1-transitional.dtd">
4    <html xmlns="http://www.w3.org/1999/xhtml"
5         xmlns:h="http://java.sun.com/jsf/html"
6         xmlns:f="http://java.sun.com/jsf/core">
7        <h:head>
8            <title>User Login</title>
9            <link href="#{request.contextPath}/styles/basic.css"
10                   rel="stylesheet" type="text/css"/>
11        </h:head>
12        <h:body>
13            <h:form id="LoginForm">
14                <h:panelGrid  columns="2"  headerClass="panelHeading">
15                    <f:facet name="header">
16                        <h:outputText value="User Login " />
17                    </f:facet>
18                    <h:outputLabel for="UserId" value="UserId/E-Mail"/>
19                    <h:panelGroup>
20                        <h:inputText id="UserId" required="true"
21                                    value="#{loginBean.userData.userId}"
22                                    validator="#{loginBean.validateEMail}"
23                                    requiredMessage="- Please enter userId"/>
24                        <h:message for="UserId" errorClass="error"/>
25                    </h:panelGroup>
26                    <h:outputLabel for="password" value="Password"/>
27                    <h:panelGroup>
28                        <h:inputSecret id="password" required="true"
29                                    value="#{loginBean.userData.password}"
30                                    requiredMessage="- Please enter password">
31                            <f:validateLength minimum="4"/>
32                        </h:inputSecret>
33                        <h:message for="password" errorClass="error"/>
34                    </h:panelGroup>
35                </h:panelGrid>
36                <h:commandButton value="Login"
37                                    action="#{loginBean.doLogin()}"/>
38            </h:form>
39        </h:body>
40    </html>
```

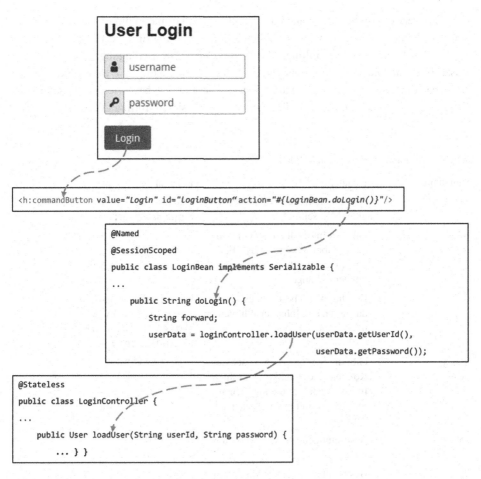

Abb. 5.5 Login System-Operation

Die entwickelte Lösung erfüllt die Anforderungen, wobei klar ist, dass diese Login-System-Operation lediglich als ein einfaches Beispiel zur Erläuterung der verwendeten Java EE-Architekturelemente EJB mit JTA, CDI Beans und JSF mit Facelets dienen sollte.

Im Sinne des Refactorings greift unser Entwicklerteam nun noch die Möglichkeit der **Bean Validation** auf. Bisher wurde zur Gewährleistung des zulässigen Formats der User-Id in Form einer E-Mail-Adresse eine eigenentwickelte JSF-Validator-Methode in der Backing Bean verwendet (vgl. Anweisungen 27 bis 37 in Listing 5.5). Dieses Vorgehen hat zur Konsequenz, dass u. U. solch eine Validierung an unterschiedlichen Stellen im System implementiert werden müsste. Nun ist die Anforderung an ein bestimmtes Format der E-Mail-Adresse ja gar nicht ein Aspekt, der die Präsentationsschicht betrifft, sondern es ist eine Eigenschaft des fachlichen Attributs User-Id in der Fachklasse *User.*

Konsequenterweise gehört dann auch die Regel für das Format in die Entity-Klasse *User*. Dies wird durch die sogenannte Bean Validation, die seit Java EE 6 verfügbar ist, ermöglicht (vgl. Schießer und Schmollinger 2015, S. 221 ff.). Die Bedingungen in der Entity-Klasse User sind in den Anweisungen 8, 9 und 11 in Listing 5.7 eingefügt. Weitere mögliche Annotationen zur Bean Validation sind in Tab. 5.1 beschrieben, für eine vollständige Übersicht sei auf die Spezifikation verwiesen (siehe Morling 2019).

Tab. 5.1 Annotationen zur Bean Validation

Annotation	Erläuterung	Beispiel
`@NotNull`	Derart annotierte Attribute dürfen nicht Null sein.	`@NotNull` `String username;`
`@Size`	Gibt ein Intervall an, indem sich das Attribut bewegen muss. Für eine Zeichenkette handelt es sich um deren Länge	`@Size(min=5, max=100)` `String name;`

`@Pattern`	Beschreibt ein bestimmtes Muster, das durch den Inhalt erfüllt werden muss.	`@Pattern(regexp=`
		`"\\(\\d{3}\\)\\d{3}-`
		`\\d{4}") String`
		`phoneNumber;`

`@Digits`	Gibt die Stellen vor und nach dem Komma einer Gleitkommazahl an. Integer bestimmt die möglichen Stellen vor und Fraction die nach dem Komma.	`@Digits(integer=6,`
		`fraction=2) BigDecimal`
		`price;`

`@Max`	Bestimmt den Maximalwert einer Zahl.	`@Max(10)` `int quantity;`
`@Min`	Bestimmt analog zum Maximum das Minimum einer Zahl.	`@Min(5)` `int quantity;`
`@AssertTrue`	Garantiert, dass ein boolscher Wert wahr sein muss.	`@AssertTrue` `boolean isActive;`
`@AssertFalse`	Garantiert, dass ein boolscher Wert falsch sein muss.	`@AssertFalse` `boolean isNotPossible;`
`@Past`	Das derart annotierte Datum muss sich in der Vergangenheit befinden.	`@Past` `Date birthday;`
`@Future`	Das derart annotierte Datum muss sich in der Zukunft befinden.	`@Future` `Date lastSemester;`

Listing 5.7 – Klasse: User

```
1    @Entity
2    @Inheritance(strategy = InheritanceType.JOINED)
3    @Table(name = "UserData")
4    @NamedQuery(name = "User.loginUser",
5              .     query = "Select u from User u where u.userId = :userId and
6                            u.password= :password")
7    public class User implements Serializable {
8
9        //password is expected to be longer than three letters
10       @Size(min = 4, message = " - Password must be longer than 3 letters")
11       private String password;
12       //userId is expected to be in email format
13       @Id
14       @Pattern(regexp =
15         "[_\\w-]+(\\.[_\\w-]+)*@[\\w-]+(\\.[\\w]+)*(\\.[A-Za-z]{2,3})",
16         message = " - no valid email")
17       private String userId;
18       ...
19   }
```

Diese Bedingungen werden nun sowohl in der Validierungsphase des JSF Bearbeitungszyklus (vgl. Abb. 5.3) als auch bei der Persistierung der Entitäten wirksam. Damit die JSF-Validierung funktioniert, müssen allerdings die Eingaben direkt an Entitätsattribute gebunden werden. Bisher werden in der Backing Bean separate Attribute *userId* und *password* verwendet (vgl. Anweisungen 4 und 5 in Listing 5.5). In der Klasse *LoginBean* mussten daher ein paar Änderungen vorgenommen werden. Über die *PostConstruct* Methode wird gewährleistet (vgl. Anweisungen 7 bis 10 in Listing 5.8), dass bei der Instanziierung auch ein *User*-Objekt erzeugt wird, auf das in der JSF Bezug genommen werden kann. Der gleiche Effekt hätte in diesem Fall auch durch die Instanziierung des *User*-Objektes im Standard-Konstruktor erreicht werden können. In Anweisung 13 werden die *User*-Attribute als Argumente verwendet. Die Positionierung des Fehlerhinweises, dass kein *User*-Objekt gefunden wurde, wurde bei der Überarbeitung auch noch angepasst. Die Nachricht *-no user found ...* wird nun direkt beim Login-Button in der JSF angezeigt. In der Anweisung 17 in Listing 5.8 wird die JSF-Komponente *loginButton* in dem Formular *loginForm* (vgl. Anweisungen 2 und 24 in Listing 5.9) direkt adressiert. Vorher erschien dieser unterhalb des Dialogs. Da unsere EJB Misserfolgsfall Null statt einem *User*-Objekt zurückliefert, muss in der *getUserData*-Methode ein *User*-Objekt erzeugt werden.

Listing 5.8 – Klasse: LoginBean

```
1    @Named
2    @SessionScoped
3    public class LoginBean implements Serializable {
4
5        @EJB
6        private LoginController loginController;
7        private User userData;
8
9        public LoginBean() {
10       }
11
12       public String doLogin() {
13           String forward;
14           userData = loginController.loadUser(userData.getUserId(),
15                                     userData.getPassword());
16           if (userData == null) {
17               FacesContext context = FacesContext.getCurrentInstance();
18               String msg = " - No user found, error with userId or password";
19               context.addMessage("loginForm:loginButton",
20                 new FacesMessage(FacesMessage.SEVERITY_ERROR, msg, msg));
21               forward = "login.xhtml";
22           } else {
23               forward = "loginsuccessful.xhtml";
24           }
25           return forward;
26       }
27
28       public User getUserData() {
29           if (userData == null) {
30               userData = new User();
31           }
32           return userData;
33       }
34
35       public void setUserData(User userData) {
36           this.userData = userData;
37       }
38
39   }
```

Weitere Anpassungen im Sinne von Vereinfachungen mussten noch in der JSF vorgenommen werden. Der *validator*-Parameter des *inputText*-Tags sowie das *validateLength*-
Tag (vgl. Anweisungen 22 und 31 in Listing 5.6) entfallen. Die Anweisungen 34 bis 38
in Listing 5.9 sind in dieser Form neu und erlauben die gezielte Positionierung der Nachricht, dass kein User gefunden wurde (vgl. Anweisung 19 in Listing 5.8). Hierzu wurde

für den Login-Button eine Id vergeben und das *commandButton*-Tag sowie das *message*-Tag zu einer *panelGroup* zusammengefasst, was bewirkt, dass im Bedarfsfall beide in der gleichen Zeile als eine Einheit angezeigt werden. Durch diese Refactoring-Maßnahmen ist der Ablauf gemäß Abb. 5.5 grundsätzlich gleich geblieben.

Listing 5.9 – login.xhtml

```
1   <?xml version='1.0' encoding='UTF-8' ?>
2   <!DOCTYPE html PUBLIC "-//W3C//DTD XHTML 1.0 Transitional//EN"
3   "http://www.w3.org/TR/xhtml1/DTD/xhtml1-transitional.dtd">
4   <html xmlns="http://www.w3.org/1999/xhtml"
5        xmlns:h="http://java.sun.com/jsf/html"
6        xmlns:f="http://java.sun.com/jsf/core">
7      <h:head>
8          <title>User Login</title>
9          <link href="#{request.contextPath}/styles/basic.css"
10              rel="stylesheet" type="text/css"/>
11     </h:head>
12     <h:body>
13         <h:form id="LoginForm">
14             <h:panelGrid  columns="2"  headerClass="panelHeading">
15                 <f:facet name="header">
16                     <h:outputText value="User Login " />
17                 </f:facet>
18                 <h:outputLabel for="UserId" value="UserId/E-Mail"/>
19                 <h:panelGroup>
20                     <h:inputText id="UserId" required="true"
21                                 value="#{loginBean.userData.userId}"
22                                 requiredMessage=" - Please enter userId"/>
23                     <h:message for="UserId" errorClass="error"/>
24                 </h:panelGroup>
25                 <h:outputLabel for="password" value="Password"/>
26                 <h:panelGroup>
27                     <h:inputSecret id="password" required="true"
28                                 value="#{loginBean.userData.password}"
29                                 requiredMessage="- Please enter password">
30                     </h:inputSecret>
31                     <h:message for="password" errorClass="error"/>
32                 </h:panelGroup>
33             </h:panelGrid>
34             <h:panelGroup>
35                 <h:commandButton value="Login" id="LoginButton"
36                                 action="#{loginBean.doLogin()}"/>
37                 <h:message for="LoginButton" errorClass="error"/>
38             </h:panelGroup>
39         </h:form>
40     </h:body>
41   </html>
```

5.3   Anwendung des JavaServer Faces Frameworks sowie der Enterprise JavaBeans

Im Folgenden soll für die System-Operation *getFreigegebeneBewerbungspositionen* die Präsentationsschicht mit dem JavaServer Faces Framework und die Anwendungsschicht (vgl. Abb. 2.4) mit Enterprise JavaBeans entwickelt werden. Dabei kann einerseits auf die Grundlagen aus dem Login-Beispiel (Abschn. 5.2.2) und anderseits auf die implementierten Fachkonzeptklassen samt der Datenanbindung mit JPA (vgl. Abschn. 4.3.6) zurückgegriffen werden. Die bisherige Implementierung aus Kap. 4 erfolgte im Umfeld der Java Standard Edition. Die weitere Implementierung erfolgt im Java EE Umfeld. Weiterhin wurde bei der bisherigen Implementierung vorausgesetzt, dass das Studenten-Objekt, für das die freigegebenen Bewerbungspositionen dargestellt werden sollen, bereits vorliegt. Nachdem im vorherigen Abschnitt eine einfache Login-Lösung implementiert wurde, soll diese gleich weiterverwendet werden. Allerdings sei noch einmal darauf hingewiesen, dass diese Login-Lösung nicht die Anforderungen erfüllt, welche durch die Technical Story 6.1 mit einer rollenspezifischen Authentifizierung (vgl. Abschn. 2.3.2) vorgegeben sind.

In Abb. 5.6 ist die Dialogbildfolge für das Anzeigen freigegebener Bewerbungspositionen des angemeldeten Studenten grundsätzlich ersichtlich. Durch den Klick auf den Login-Button und nach erfolgreicher Authentifizierung werden die Studentendaten angezeigt und mit der Schaltfläche *Show Approved Applications* wird nach diesen gesucht und in einer Tabelle im vierten Schritt ausgegeben. Über den Link *Select* wird der weitere Dialog fortgesetzt.

Zur Implementierung wird in der NetBeans Entwicklungsumgebung ein neues Java Web Projekt angelegt. Unter Source Packages können die Java Pakete *application, entities, exceptions, helper* und *managedBeans* angelegt werden. Aus dem Java SE-Projekt (vgl. Abschn. 4.3) können die Fachklassen *Application, ApplicationItem, Country, HostUniversity* und *Student* kopiert werden. Aus der Login-Anwendung wird noch die Fachklasse *User* kopiert. *Student* wird als Spezialisierung der Klasse *User* implementiert. Damit wird auch die *userId* (vgl. Anweisung 10 in Listing 5.7) zum Primärschlüssel von *Student*. Somit entfällt die systemseitige Vergabe der *studentId* in der Klasse Student durch JPA (vgl. Anweisungen 12 bis 23 in Listing 4.12). Die Klasse *User* wird damit zur Oberklasse und wird mit der Annotation *@Inheritance(st rategy = InheritanceType.JOINED)* versehen. Damit werden in der Datenbank Tabellen für die Klassen User und Student angelegt. In der Klasse Student wird die Anweisung *@NamedQuery(name = "Student.findByUserid", query = "SELECT s FROM Student s WHERE s.userId = :userid")* ergänzt.

Abb. 5.6 Dialogbildfolge für Anzeigen freigegebene Bewerbungspositionen

Neben den Fachklassen werden die Session Bean Klasse *LoginController* aus dem Login-Projekt übernommen und eine EJB Klasse *CreateLearningAgreementControl ler* als Anwendungsfall-Controller angelegt. Das Anlegen der Testdaten erfolgt ähnlich wie bei dem Login-Projekt in der Methode *initialize* (vgl. Anweisungen 19 bis 36 in Listing 5.10). Die Methode *getNextIdForStudent,* die in Anweisung 21 aufgerufen wird, liefert ähnlich der tabellengesteuerten Primärschlüsselvergabe der JPA eine fortlaufende und eindeutige Student Id. Erledigt wird diese Aufgabe von der Methode, die in den Anweisungen 25 bis 35 (vgl. Listing 5.10) wiedergegeben ist.

Dabei soll auf eine Besonderheit eingegangen werden. Die Id-Vergabe erfolgt über eine Datenbanktabelle. Der Einfachheit halber wird die Tabelle *IdGenerator* ver- wendet, die von JPA für die Primärschlüsselvergabe der Universitäts-Objekte genutzt wird. Direkt in der PostgreSQL-Datenbank kann eine neue Zeile mit den Spaltenwerten *Student* und *100.099* eingegeben werden. Damit bekommt die erste vergebene Student Id den Wert *100.100.* In der Methode *getNextIdForStudent* muss direkt auf diese SQL- Tabelle zugegriffen werden, da ja gar keine korrespondierende Java-Klasse existiert. Hierzu bietet die JPA die sogenannten **Native SQL-Queries** an. In Anweisung 38 wird eine SQL-Select-Anweisung formuliert, die den letzten Id-Eintrag in der Zeile mit dem Primärschlüsselwert *Student* ausliest. Dieser Wert wird um eins erhöht und wieder in die Datentabelle mit einer SQL-Update-Anweisung zurückgeschrieben (vgl. Anweisungen 27 bis 33 in Listing 5.10). Ansonsten werden die gleichen Testdaten angelegt wie im Abschn. 4.3.6. In der Session Bean Klasse *LearningAgreementController* wird für den Anwendungsfall die Methode *getApprovedApplicationItems* unverändert aus dem Anwendungsfall-Controller der Lösung aus Kap. 4 übernommen (vgl. Listing 4.9).

Listing 5.10 – Klasse: LoginController

```
1    @Stateless
2    public class LoginController {
3
4        @PersistenceContext
5        private EntityManager em;
6
7        private static final Logger logger =
8    LogManager.getLogger(LoginController.class);
9
10       public User loadUser(String userId, String password) {
11           try {
12               TypedQuery<User> query =
13                   em.createNamedQuery("User.loginUser", User.class);
14               query.setParameter("userId", userId);
15               query.setParameter("password", password);
16               User userSem = query.getSingleResult();
17               return userSem;
18           } catch (Exception e) {
19               logger.error(e.getMessage());
20               return null;
21           }
22
23       }
24
25       private int getNextIdForStudent() {
26           String sql = "Select id from idgenerator where class='student'";
27           Query query = em.createNativeQuery(sql);
28           int studentId = (Integer) query.getSingleResult();
29           studentId++;
30           sql = "update idgenerator set id=" + studentId +
31               " where class='student'";
32           query = em.createNativeQuery(sql);
33           query.executeUpdate();
34           return studentId;
35       }
36
37   }
```

Auf dieser Basis kann die Präsentationsschicht mit Facelets und Managed Beans entworfen und entwickelt werden. Wie bereits oben erwähnt, wird die Login-Lösung aus Abschn. 5.2.2 grundsätzlich übernommen. Allerdings wird aus Abb. 5.6 ersichtlich, dass die Webanwendung immer ein einheitliches Erscheinungsbild hat. Dies wurde bereits in Abschn. 2.5.1 als Teil der Definition of Done (DoD) gefordert. Hierzu bietet es sich an, das **Vorlagensystem von JSF** zu nutzen. Mit einer Vorlage (facelets template) kann das grundsätzliche Aussehen und die Aufteilung der Seiten einheitlich definiert werden. Bei der Erstellung unterstützt NetBeans sehr weitgehend. Die Abb. 5.7 zeigt die

Vorlagentypen, die der Vorlagen-Assistent von NetBeans anbietet. Unser Entwicklerteam entscheidet sich in Absprache mit dem Produktverantwortlichen für die Vorlage mit einem Kopf-, Fuß- und Inhaltsbereich sowie einem Navigationsbereich auf der linken Seite. In der Vorlage werden diese Platzhalter mit dem *<ui:insert>*-Tag definiert. Die eindeutigen Namen der Tags sind im Beispiel *top, bottom, left* und *left_content* (vgl. Anweisungen, 14, 18, 24 und 28 in Listing 5.11) und diese können in den Template-Clients (JSF-Seiten) referenziert werden. Die Seitenstruktur wird auch schon aus Abb. 5.6 ersichtlich.

Im Kopf- und Fußbereich sind feste Texte platziert (vgl. Anweisungen 15 und 29 in Listing 5.11) und im linken Navigationsteil können die Anwendungsfälle gestartet werden. Bisher beschränkt sich dies auf das Anlegen des Learning-Agreements und dem Beenden des Dialogs (vgl. Anweisungen 21 bis 25 in Listing 5.11). Die Vorlage ist eine XHTML-Datei, zu der auch gleich zwei CSS (Cascading Stylesheet) Dateien im Pfad *resources.css* generiert werden. Die *cssLayout.css* Datei enthält Formatierungsvorschläge für die einzelnen Strukturelemente der Vorlage, welche entsprechend den individuellen Anforderungen angepasst werden können. Alle CSS-Dateien sind in die Vorlage eingebunden (vgl. Anweisungen 9 bis 11). Die Vorlage wurde als *default.xhtml* angelegt.

Die einzelnen Seiten, die in der Dialogabfolge (vgl. Abb. 5.6) mit den Ziffern 1 bis 4 gekennzeichnet sind, verweisen auf die Vorlagen-Seite und werden insbesondere im

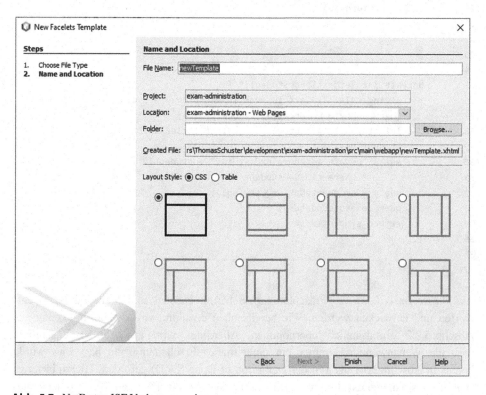

Abb. 5.7   NetBeans JSF Vorlage generieren

Strukturelement *content* durch entsprechenden JSF Code ergänzt. Bei der Startseite *index.xhtml* ist der *content* leer. Beim Login ist im Prinzip der Code aus der *login.xhtml* (vgl. Listing 5.9) übernommen worden. Im Listing 5.12 ist der Dialog nach erfolgreicher Anmeldung wiedergegeben. Die wichtigsten Tags für die konkreten JSF Seiten **(Template Clients)** sind *<ui:composition>* und *<ui:define>*. Mit Hilfe des *composition*-Tags wird insbesondere auf die verwendete Vorlage verwiesen (vgl. Anweisung 9 in Listing 5.12). Mit *<ui:define>* wird innerhalb einer Composition auf den Inhaltsbereich der Vorlage Bezug genommen.

Listing 5.11 – default.xhtml

```
1    <?xml version='1.0' encoding='UTF-8' ?>
2    <!DOCTYPE html PUBLIC "-//W3C//DTD XHTML 1.0 Transitional//EN"
3    "http://www.w3.org/TR/xhtml1/DTD/xhtml1-transitional.dtd">
4    <html xmlns="http://www.w3.org/1999/xhtml"
5          xmlns:ui="http://xmlns.jcp.org/jsf/facelets"
6          xmlns:h="http://xmlns.jcp.org/jsf/html">
7      <h:head>
8        <meta http-equiv="Content-Type" content="text/html; charset=UTF-8" />
9        <h:outputStylesheet name="./css/default.css"/>
10       <h:outputStylesheet name="./css/cssLayout.css"/>
11       <h:outputStylesheet name="./css/basic.css"/>
12       <title>Study Abroad</title>
13     </h:head>
14     <h:body>
15       <div id="top">
16         <p><b>Study Abroad System</b></p>
17       </div>
18       <div>
19         <div id="left">
20           <h:form>
21             <p><h:commandLink action="Login.xhtml"
22                              value="Create/Edit Learning
23                              Agreement"/></p>
24             <p><h:commandLink action="#{logoutBean.logout}"
25                              value="Logout" /></p>
26           </h:form>
27         </div>
28         <div id="content" class="Left_content">
29           <ui:insert name="content"></ui:insert>
30         </div>
31       </div>
32       <div id="bottom">
33         <p><b>Agile objektorientierte Software-Entwicklung</b></p>
34       </div>
35     </h:body>
36   </html>
```

Listing 5.12 – loginSuccessful.xhtml

```
1    <?xml version='1.0' encoding='UTF-8' ?>
2    <!DOCTYPE html PUBLIC "-//W3C//DTD XHTML 1.0 Transitional//EN"
3    "http://www.w3.org/TR/xhtml1/DTD/xhtml1-transitional.dtd">
4
5    <ui:composition xmlns="http://www.w3.org/1999/xhtml"
6                    xmlns:h="http://java.sun.com/jsf/html"
7                    xmlns:f="http://java.sun.com/jsf/core"
8                    xmlns:ui="http://xmlns.jcp.org/jsf/facelets"
9                    template="/default.xhtml">
10       <ui:define name="content">
11           <h:form id="showStudentData">
12               <h:panelGrid columns="4" styleClass="standardTable"
13                            headerClass="panelHeading">
14                   <f:facet name="header">
15                       <h:outputText value="Create Learning Agreement - Logged
16                                        in Student " />
17                   </f:facet>
18                   <h:outputLabel for="studentId" value="Student ID"/>
19                   <h:outputText id="studentId"
20                           value="#{learningAgreementBean.student
21                                   .studentID}"/>
22                   <h:outputLabel for="studentName" value="Name of Student"/>
23                   <h:outputText id="studentName"
24                           value="#{learningAgreementBean.student
25                                   .LastName}"/>
26               </h:panelGrid>
27               <br/>
28               <h:commandButton value="Show approved applications"
29                   title="All approved applications of the signed-in/selected
30                       student will be displayed"
31                   action="#{learningAgreementBean
32                           .doGetApprovedApplications()}"/>
33           </h:form>
34       </ui:define>
35   </ui:composition>
```

Im Beispiel wird der Inhaltsbereich *content* (vgl. Anweisung 28 in Listing 5.11 und Anweisung 10 in Listing 5.12) mit dem HTML-Formular *showStudentData* gefüllt. In diesem einfachen Dialog (vgl. Dialogbild 3 in Abb. 5.6) werden die Student-Id (Matrikelnummer) und der Nachname des Studenten angezeigt, der sich als Benutzer angemeldet hat. Weiterhin wird dem Benutzer die Schaltfläche angeboten, um die freigegebenen Bewerbungen anzuzeigen. Zur Anzeige der Studentendaten wird auf Eigenschaften der Managed Bean *learningAgreementBean* zugegriffen.

Zum Verständnis ist es notwendig, dass man sich diese CDI Bean genauer anschaut. Sie ist als **CDI** implementiert und bekommt in den Anweisungen 4 und 5 (vgl. Listing 5.13) die Session Bean *learningAgreementController* als Anwendungsfall-Controller zur Verfügung gestellt. Neben dieser EJB wird vom Anwendungs-Server (CDI Container) auch die Referenz auf das Managed Bean-Objekt der *LoginBean* bereitgestellt. Dies erfolgt durch die *@Inject* -Annotation (vgl. Schießer und Schmollinger 2015, S. 172 ff.). Da die *LoginBean* aufgrund der *@SessionScoped* Annotation in der Benutzer-Sitzung einmal existiert. wird genau dieses Objekt vom Anwendungs-Server zur Laufzeit zur Verfügung gestellt. Somit verfügt der Anwendungsfall-Controller über das *User*-Objekt des angemeldeten Benutzers und damit über die User Id, welche in der Methode *loadStudent* verwendet wird, um das zugehörige Studenten-Objekt von der Datenbank zu laden. Die Besonderheit dieser Methode *loadStudent* besteht nun darin, dass diese mit der Annotation *@PostConstruct* versehen ist und damit zu einer **Lebenszyklusmethode** wird (vgl. Schießer und Schmollinger 2015, S. 174 ff.). Die *learningAgreementController* Bean wird vom Anwendungs-Server instanziiert wenn erstmalig darauf zugegriffen werden soll. In dem vorliegenden Beispiel erfolgt dies in der JSF des Listing 5.12 in Anweisung 20. Nachdem das Objekt vom CDI Container instanziiert ist, werden aufgrund der *@EJB*- und *@Inject*-Annotation die Beziehungen zum *LearningAgreementController*- und zum *LoginBean*-Objekt hergestellt (vgl. Anweisungen 5 bis 8 in Listing 5.13) und daran anschließend die *PostConstruct*-Methode ausgeführt (vgl. Anweisungen 15 bis 19).

Die Methode *loadStudent* ruft die gleichnamige Methode des Anwendungsfall-Controllers auf und übergibt die User Id des angemeldeten Benutzers. In den Anweisungen 13 bis 16 in Listing 5.14 verwendet die Session Bean Methode *loadStudent* die Named Query, die in der Klasse *Student* zusätzlich implementiert wurde. Bei der Methode wird unterstellt, dass zu jeder User Id auch ein Studenten-Objekt existiert, da beim Anlegen eines Studenten-Objektes stets das zugehörige Objekt der Oberklasse User vom Konstruktor der Unterklasse Student erzeugt wird.

Die Benutzerinteraktion in der JSF-View *successfulLogin* (vgl. Listing 5.12, Anweisungen 28–32) löst in der zugehörigen Managed Bean die Ausführung der Methode *doGetApprovedApplications* aus. Diese delegiert die Aufgabe an den Anwendungsfall-Controller (vgl. Anweisungen 22 und 23 in Listing 5.13), welcher das Ergebnis von dem Fachklassen-Objekt *student* (vgl. Anweisung 13 in Listing 5.14) ermitteln lässt. Die Details dazu wurden bereits in Abschn. 4.2 erarbeitet (vgl. insbesondere Listing 4.11).

Listing 5.13 – Klasse: LearningAgreementBean

```
1    @Named(value = "learningAgreementBean")
2    @SessionScoped
3    public class LearningAgreementBean implements Serializable {
4
5        @EJB
6        LearningAgreementController learningAgreementController;
7        @Inject
8        LoginBean loginBean;
9        private ArrayList<ApplicationItem> applicationItems;
10       private Student student;
11
12       public LearningAgreementBean() {
13       }
14
15       @PostConstruct
16       public void loadStudent() {
17           String userId = loginBean.getUserData().getUserId();
18           student = learningAgreementController.loadStudent(userId);
19       }
20
21       public String doGetApprovedApplications() {
22           applicationItems = (ArrayList<ApplicationItem>)
23             learningAgreementController.getApprovedApplicationItems(student);
24
25           switch (applicationItems.size()) {
26             case 0:
27                 FacesContext.getCurrentInstance()
28                   .getExternalContext().invalidateSession();
29                 return "noApprovedApplicationFound.xhtml";
30             default:
31                 return "selectApplicationItems.xhtml";
32           }
33       }
34
35       ...
36   }
```

Listing 5.14 – Klasse: LearningAgreementController

```
1   @Stateful
2   public class LearningAgreementController {
3
4       @PersistenceContext
5       private EntityManager em;
6
7       public List<ApplicationItem> getApprovedApplicationItems(
8                               Student student) {
9           return student.getApprovedApplicationItems();
10      }
11
12      public Student loadStudent(String userId) {
13          TypedQuery<Student> query =
14            em.createNamedQuery("Student.findByUserid", Student.class);
15          query.setParameter("userid", userId);
16          Student student = query.getSingleResult();
17          return student;
18      }
19
20  }
```

Aus der Perspektive der Präsentationsschicht interessiert nun vielmehr das Facelet *selectApplicationItem.xhtml* und damit die Darstellung der freigegebenen Bewerbungspositionen (vgl. Dialog 3 in Abb. 5.6). Die freigegebenen Bewerbungspositionen sind die Datenquelle, die in der Variablen *value* in der *dataTable* Komponente zur Verfügung gestellt wird (vgl. Anweisung 14 in Listing 5.15). Dabei wird mit Hilfe der Expression Language auf die Liste *applicationItems* in der Backing Bean *createLearningAgreementBean* zugegriffen. Die *dataTable*-Komponente arbeitet mit der Variablen *var*, die beim Durchlaufen der Liste von Objekten jeweils auf das aktuelle Objekt verweist. Bei der Definition der Spalten wird mit Bezug auf diese Variable festgelegt, was von den Objekten der Liste in der jeweiligen Spalte angezeigt werden soll.

Listing 5.15 – selectApprovedApplicationItems.xhtml

```
1    <?xml version='1.0' encoding='UTF-8' ?>
2    <!DOCTYPE html PUBLIC "-//W3C//DTD XHTML 1.0 Transitional//EN"
3    "http://www.w3.org/TR/xhtml1/DTD/xhtml1-transitional.dtd">
4    <ui:composition xmlns="http://www.w3.org/1999/xhtml"
5                    xmlns:h="http://java.sun.com/jsf/html"
6                    xmlns:f="http://java.sun.com/jsf/core"
7                    xmlns:ui="http://xmlns.jcp.org/jsf/facelets"
8                    template="/default.xhtml">
9        <ui:define name="content">
10           <h1>Please select the desired application item for student
11               #{learningAgreementBean.student.lastName}</h1>
12           <br/>
13           <h:form id="selectApprovedApplicationForm">
14               <h:dataTable value="#{learningAgreementBean.applicationItems}"
15                   var="ai"
16                   styleClass="order-table"
17                   headerClass="order-table-header"
18                   rowClasses="order-table-odd-row,order-table-even-row">
19                 <h:column>
20                   <!-- column header -->
21                   <f:facet name="header">Host University</f:facet>
22                   <!-- row record -->
23                   #{ai.hostUniversityName}
24                 </h:column>
25                 <h:column>
26                   <f:facet name="header">Start Semester</f:facet>
27                   #{ai.startSemester}
28                 </h:column>
29                 <h:column>
30                   <f:facet name="header">Last Semester</f:facet>
31                   #{ai.lastSemester}
32                 </h:column>
33                 <h:column>
34                   <f:facet name="header">Select</f:facet>
35                   <h:commandLink action=
36                     "#{learningAgreementBean.doCreateLearningAgreement(ai)}"/>
37                 </h:column>
38               </h:dataTable>
39           </h:form>
40       </ui:define>
41   </ui:composition>
```

In den Anweisungen 19 bis 37 werden für jede Spalte jeweils die Spaltenüberschrift mit dem *facet*-Tag und der Spalteninhalt spezifiziert. Dabei wird auf die Attribute der Bewerbungspositionen über die Variable *ai* Bezug genommen. Eine Ausnahme stellt die letzte Spalte dar. Hier wird ein Link festgelegt, der die Methode *doSelectApplicationItem* der Backing Bean aufruft und als Argument die ausgewählte Bewerbungposition, für die ein Learning-Agreement angelegt werden soll, übergibt.

Damit hat es unser Entwicklerteam geschafft, die erste System-Operation zu implementieren. Da alle Schichten im Sinne des Fachkonzepts, der Datenhaltung und der Präsentation implementiert sind, kann das Ergebnis als lauffähige und präsentierbare Software-Lösung dem Produktverantwortlichen und u. U. auch ausgewählten Stakeholdern präsentiert werden. Gegenstand der weiteren Implementierung sind die System-Operationen *anlegenLearningAgreement*, *anlegenLearningAgreementPosition*, *hinzufuegenLehrveranstaltungHeimathochschule*, *anlegenNeueLehrverantstaltungPartnerHochschule*, *hinzufuegenLehrveranstaltungPartnerHochschule* und *speichernLearningAgreement* (vgl. Abb. 3.2).

5.4 Zusammenfassung

Um das Zusammenspiel von Dialog-, Fachkonzept- und Datenhaltungsschicht auf dem Java EE Anwendungs-Server Payara grundsätzlich kennenzulernen, wurde nach einer grundsätzlichen Einführung ein Beispiel für einen Anmeldedialog entworfen und implementiert. Dabei wurde der Webdialog mit JSF in der Darstellung von Facelets realisiert. Das JSF Framework unterstützt den Entwickler durch die Bereitstellung entsprechender Dialog-Komponenten, wie Eingabefelder oder Schaltflächen, die im Browser als HTML-Elemente repräsentiert werden. Über die Aktionsmethode *doLogin* in der zur JSF gehörenden CDI Bean wurde die Verarbeitung angestoßen. Dabei wurde die eigentliche Verarbeitung an das Anwendungsfall-Controller-Objekt delegiert. Dieser Anwendungsfall-Controller wurde als EJB bereitgestellt. Diese zustandslose Session Bean veranlasste in diesem einfachen Beispiel einen lesenden Zugriff auf die Benutzer-Daten in der Datenbank. Im Gegensatz zum vierten Kapitel werden die Datenbankzugriffe über sogenannte Container-Managed-Transactions abgewickelt, wobei einige Details vom Anwendungs-Server übernommen werden. An diesem Beispiel konnte auch sehr schön deutlich gemacht werden, wie komfortabel die Möglichkeiten der Bean Validation individuelle Validierungsmethoden überflüssig machen können. Vor dem Hintergrund des beispielhaft erarbeiteten Grundwissens wurde im letzten Abschnitt die erste System-Operation des Fallbeispiels im Java EE Web-Umfeld realisiert. Dabei wurde auf dem im vierten Kapitel bereits erarbeiteten Fachkonzept aufgebaut. Hinsichtlich des Dialogs wurde das Vorlagensystem von JSF verwendet. Dadurch wurde ein einheitliches Erscheinungsbild der Dialoge unterstützt. Bei der Zusammenführung der ersten System-Operation mit dem beispielhaft entwickelten Anmeldedialog konnte auch noch die grundsätzliche Funktionalität des nativen SQL innerhalb von JPA gezeigt werden.

5.5   Wiederholungsfragen und Aufgaben

Frage 5.1
Welche der folgenden Aussagen zur Java EE-Architektur einer Web-Anwendung sind korrekt?

a) Eine JSF kann entweder mit einer JSP-Datei oder einer XHTML-Datei beschrieben werden.
b) Der Datenbankzugriff erfolgt nicht in der JSF, sondern typischerweise in einer Managed Bean.
c) Durch die Einführung der JSF-Technologie werden Servlets überflüssig.
d) In einer Managed Bean werden u.a. Aktionsmethoden implementiert, die auf Benutzereingaben reagieren.
e) Die Bearbeitung einer JSF-Anfrage erfolgt in Phasen und umfasst auch eine Validierung hinsichtlich formaler Eigenschaften der Eingabedaten.

Frage 5.2
Welche der folgenden Aussagen zur Java EE-Architektur einer Web-Anwendung sind falsch?

a) Die Dialogsteuerung erfolgt in der Session Bean (EJB).
b) Ein Managed Bean-Objekt wird von CDI-Umgebung instanziiert.
c) Ist eine Managed Bean mit der *@RequestScope* annotiert, so steht das gleiche Managed Bean-Objekt für alle Anfragen einer Benutzer-Sitzung zur Verfügung.
d) Bei JSF werden die Parameter einer HTTP-Anfrage gleich im richtigen Typ, z.B. int oder double, über das Internet übertragen.
e) Bei einer JSF-Anfrage kann es durchaus sein, dass nicht alle Phasen des Bearbeitungsmodells durchlaufen werden.

Frage 5.3
Welche der folgenden Aussagen zu JSF, CDI Managed Beans und JPA sind korrekt?

a) In einem JSF Template können Inhaltsbereiche definiert werden, die von den konkreten JSF Seiten benutzt und anwendungsspezifisch gefüllt werden können.
b) Der Entwickler hat besonderes Augenmerk darauf zu richten, dass das notwendige CDI Managed Bean-Objekt auch zum richtigen Zeitpunkt durch das Programm instanziiert wird.
c) Ist eine Methode mit der Annotation *@PostConstruct* ausgezeichnet, dann wird diese automatisch nach dem Erzeugen des Objektes ausgeführt.
d) Native SQL Anweisungen sind insbesondere dann notwendig, wenn auf Tabellen der Datenbank zugegriffen werden soll, für die keine Entity Klassen definiert sind.
e) Eine Named Query führt zu redundanten JPQL Abfragen.

Aufgabe 5.1: Java Server Faces

In Aufgabe 3.1 wurde die User Story

„Der Kreditorenbuchhalter will die in Rechnung gestellten Mengen mit den Mengen des Wareneingangs im System sowie die in Rechnung gestellten Preise mit den Preisen der zugehörigen Bestellung im System abgleichen können, damit manueller Aufwand reduziert wird. "

dokumentiert.

Dafür wurden ein Dialog-Entwurf (Abb. 3.19) und System-Operationen entworfen. In der Aufgabe 4.2 wurde ein Klassenmodell entworfen (Abb. 4.14) und die Fachklassen wurden einschließlich der Datenhaltung implementiert und getestet.

Nun soll auf dieser Basis eine Java EE Web-Lösung für diese User Story entwickelt werden. Aus Abb. 5.8 sind die wesentlichen Schritte einer fehlerfreien Abarbeitung der einzelnen System-Operationen ersichtlich.

Im Listing 5.16 ist die JSF-Vorlage (template) für den Dialog in Abb. 5.8 abgedruckt.

a) In Listing 5.16 hat der Drucker nicht alle Anweisungen vollständig ausgegeben. Ergänzen Sie die Anweisungen 19, 22 und 27.

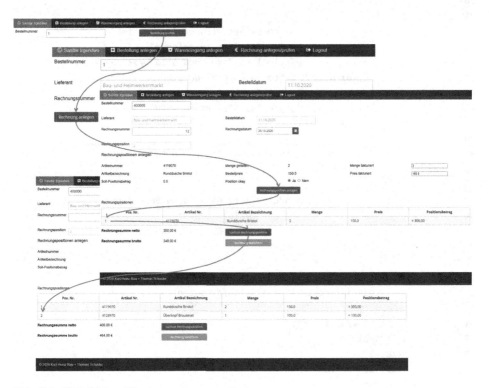

Abb. 5.8 Web-Dialog ‚Eingangsrechnung prüfen'

Listing 5.16 – default.xhtml

```
1   <?xml version=' encoding='UTF- ?>
2   <!DOCTYPE html PUBLIC "-//W//DTD XHTML Transitional//EN"
3       "http://www.worg/TR/xhtmlDTD/xhtmltransitional.dtd">
4   <html xmlns="http://www.worg/xhtml"
5       xmlns:ui="http://xmlns.jcp.org/jsf/facelets"
6       xmlns:h="http://xmlns.jcp.org/jsf/html">
7       <h:head>
8           <meta http-equiv="Content-Type"
9               content="text/html; charset=UTF-8" />
10          <h:outputStylesheet name="./css/default.css"/>
11          <h:outputStylesheet name="./css/cssLayout.css"/>
12          <h:outputStylesheet name="./css/basic.css"/>
13          <title>Aufgabe /title>
14      </h:head>
15      <h:body>
16          <div id="top">
17              <p><b>Sanitär Irgendwo</b></p>
18          </div>
19          <div>
20              <div id="left">
21              _____
22                  <p><h:link outcome="bestellungAnlegen.xhtml"
23                      value="Bestellung anlegen"
24                      styleClass="standard_bold" /></p>
25                  <p><h:link outcome="wareneingangAnlegen.xhtml"
26                      value="Wareneingang anlegen"
27                      styleClass="standard_bold" /></p>
28                  <p><h:link
29              _____
30                      styleClass="standard_bold" />
31                  </p>
32                  <p>
33                      <h:commandLink action="#{logoutBean.logout}"
34                          value="Logout"
35                          styleClass="standard_bold" />
36                  </p>
37                  </h:form>
38              </div>
39              <div id="content" class="left_content">
40              _____
41                  </ui:insert>
42              </div>
43          </div>
44          <div id="bottom">
45              <p>
46                  <b>Agile objektorientierte Software-Entwicklung</b>
```

```
47                    </p>
48                 </div>
49           </h:body>
50    </html>
```

In Listing 5.17 ist auszugsweise die JSF wiedergegeben, die den Dialog aus Abb. 5.8 beinhaltet. Auch hier fehlen einzelne Anweisungen, die Sie ergänzen sollten.

b) Ergänzen Sie die Anweisungen 25 und 26 so, dass für die Bestellnummer Werte von 1 bis 499999 eingegeben werden können und bei Fehleingaben beim Eingabefeld eine individuell gestaltete Fehlermeldung ausgegeben wird.

c) Ergänzen Sie die Anweisung 51 so, dass Bestelldatum im Format TT.MM.JJJJ angezeigt wird.

d) In den Anweisungen 69 bis 80 wird die Primefaces Datums-Komponente verwendet, sodass das Rechnungsdatum ausgewählt werden kann. Ergänzen sie die Anweisungen 77 und 78 so, dass sichergestellt ist, dass der Benutzer einen Hinweis bekommt, wenn er vergessen hat, einen Datumswert auszuwählen.

e) Stellen Sie in Anweisung 106 sicher, dass der eingegebene Wert für den fakturierten Preis in der Variablen fakturierteMenge in der ManagedBean rechnungPruefenBean zur Verfügung steht.

f) Stellen Sie in Anweisung 114 sicher, dass die Datentabelle mit der Liste rechnungspositionen der rechnungPruefenBean so verbunden ist, dass die einzelnen Objekte in der Liste über den Objektbezeichner rechPos adressiert werden können.

Aufgabe 5.2: CDI Managed Beans

In Listing 5.18 ist auszugsweise der Java-Code der CDI Bean *RechnungPruefenBean*, die mit der JSF *rechnungAnlegen* verbunden ist, wiedergegeben. Im Gegensatz zu den Managed Beans im Textteil wird hier der Conversation Scope verwendet, bei dem der Entwickler über den Beginn und das Ende der Konversation (siehe Anweisungen 26, 27, 31 und 58) und damit die Existenz der Bean entscheidet.

a) Erklären Sie die Auswirkungen der Anweisungen 24 und 25 in Listing 5.18.

b) Stellen Sie in den Anweisungen 41 und 42 sicher, dass im Fehlerfall die Fehlermeldung der Anweisung 39 beim suchenBestellungButton ausgegeben wird.

Listing 5.17 – JSFRechnungAnlegen.xhtml

```
1    <?xml version='1.0' encoding='UTF-8' ?>
2    <!DOCTYPE html PUBLIC "-//W3C//DTD XHTML 1.0 Transitional//EN"
3    "http://www.w3.org/TR/xhtml1/DTD/xhtml1-transitional.dtd">
4    <ui:composition xmlns="http://www.worg/1999/xhtml"
5                    xmlns:ui="http://xmlns.jcp.org/jsf/facelets"
6                    template="/default.xhtml"
7                    xmlns:h="http://xmlns.jcp.org/jsf/html"
8                    xmlns:f="http://xmlns.jcp.org/jsf/core"
9                    xmlns:p="http://primefaces.org/ui">
10       <ui:define name="content">
11          <h:form id="sucheBestellungForm">
12             <h:panelGrid columns="4" styleClass="borderTable"
13                headerClass="panelHeading" cellspacing="2"
14                style="width: 100%">
15                <f:facet name="header">
16                   <h:outputText value="Rechnung prüfen"
17                                 styleClass="standard_bold" />
18                </f:facet>
19                <h:outputLabel for="bestellNr" value="Bestellnummer"
20                              styleClass="standard_bold"/>
21                <h:panelGroup>
22                   <h:inputText id="bestellNr" required="true"
23                      requiredMessage="Bitte Bestellnummer eingeben"
24                      value="#{rechnungPruefenBean.bestellNummer}"
25                      validator ...............................................................
26                         <f:validateLongRange ...............................................
27                   </h:inputText>
28                   <h:message for="bestellNr" style="color:red" />
29                </h:panelGroup>
30                <h:outputLabel/>
31                <h:panelGroup>
32                  <h:commandButton id="suchenBestellungButton"
33                     value="Bestellung suchen"
34                     action="#{rechnungPruefenBean.doSuchenBestellung}"
35                     rendered="#{rechnungPruefenBean.renderBestSuchen
36                          and not rechnungPruefenBean.renderBestGefunden}"/>
37                  <h:message for="suchenBestellungButton"/>
38                </h:panelGroup>
39                <h:outputLabel for="lieferant" value="Lieferant"
40                     styleClass="standard_bold"
41                     rendered="#{rechnungPruefenBean.renderBestGefunden}"/>
42                <h:outputText id="lieferant"
43                     rendered="#{rechnungPruefenBean.renderBestGefunden}"
44                     value="#{rechnungPruefenBean.bestellung.lieferantenName}"/>
45                <h:outputLabel for="bestellDatum" value="Bestelldatum"
46                     styleClass="standard_bold"
```

```
47                        rendered="#{rechnungPruefenBean.renderBestGefunden}"/>
48               <h:outputText id="bestellDatum"
49                        rendered="#{rechnungPruefenBean.renderBestGefunden}"
50                        value="#{rechnungPruefenBean.bestellung.bestellDatum}">
51                 <f:convert ...........................................................................................................
52               </h:outputText>
53               <h:outputLabel for="rechnungsNummer"
54                        value="Rechnungsnummer" styleClass="standard_bold"
55                        rendered="#{rechnungPruefenBean.renderBestGefunden}"/>
56               <h:panelGroup>
57                 <h:inputText id="rechnungsNummer"
58                        validatorMessage="Gültige Rechnungsnummer eingeben"
59                        value="#{rechnungPruefenBean.rechnungsNummer}"
60                        rendered="#{rechnungPruefenBean.renderBestGefunden}">
61                   <f:validateLongRange minimum="1" maximum=" 999999999" />
62                 </h:inputText>
63                 <h:message for="rechnungsNummer" style="color:red" />
64               </h:panelGroup>
65               <h:outputLabel for="rechnungsDatum"
66                        value="Rechnungsdatum" styleClass="standard_bold"
67                        rendered="#{rechnungPruefenBean.renderBestGefunden}"/>
68               <h:panelGroup>
69                 <p:calendar id="rechnungsDatum"
70                        readonlyInput="true"
71                        style="font:arial; font-size: 12px;"
72                        value="#{rechnungPruefenBean.rechnungsDatum}"
73                        styleClass="width:145px; height:12px;"
74                        showOn="button" pattern="dd.MM.yyyy"
75                        navigator="true"
76                        rendered="#{rechnungPruefenBean.renderBestGefunden}"
77                        ...................................................................................................
78                        ...................................................................................................
79                   <f:convertDateTime type="date" pattern="dd.MM.yyyy" />
80                 </p:calendar>
81                 <h:message for="rechnungsDatum"/>
82               </h:panelGroup>
83             </h:panelGrid>
84             <br/>
85             <h:commandButton value="Rechnung anlegen"
86                  action="#{rechnungPruefenBean.doAnlegenRechnung}"
87                  rendered="#{rechnungPruefenBean.renderBestSuchen and
88                              rechnungPruefenBean.renderBestGefunden and not
89                              rechnungPruefenBean.renderRechnungspositionen}"/>
90             <br/>
91             <h:outputLabel for="rechnPos" value="Rechnungsposition "
92                          rendered="#{rechnungPruefenBean.renderRechnung}"/>
```

```
93            <h:outputText id="rechnPos"
94                          value="#{rechnungPruefenBean.aktuelleRechnungsPosNr}"
95                          rendered="#{rechnungPruefenBean.renderRechnung}"/>
96            <h:panelGrid columns="6" styleClass="borderTable"
97                         headerClass="panelHeading"
98                         cellspacing="2" style="width: 100%"
99                         rendered="#{rechnungPruefenBean.renderRechnung}">
100             <f:facet name="header">
101                 <h:outputText value="Rechnungspositionen anlegen"
102                               styleClass="standard_bold"/>
103             </f:facet>
104             ...
105             <h:outputLabel for="mengeFakturiert" value="Menge fakturiert"/>
106             <h:inputText ................................................................................
107             <h:outputLabel for="artikelbezeichnung"
108                            value="Artikelbezeichnung"/>
109             ...
110         <h:outputLabel value="Rechnungspositionen"
111             rendered="#{rechnungPruefenBean.renderRechnungspositionen}"/>
112         <h:dataTable
113             rendered="#{rechnungPruefenBean.renderRechnungspositionen}"
114             value="................................................................................................
115             styleClass="order-table"
116             headerClass="order-table-header"
117             rowClasses="order-table-odd-row,order-table-even-row">
118             <h:column> <f:facet name="header">Pos. Nr.</f:facet>
119                 #{rechPos.posNummer}
120             </h:column>
121             <h:column>
122                 <f:facet name="header">Artikel Nr.</f:facet>
123                 #{rechPos.bestellPosition.artikel.artikelNummer}
124             </h:column>
125             <h:column>
126                 <f:facet name="header">Artikel Bezeichnung</f:facet>
127                 #{rechPos.bestellPosition.artikel.bezeichnung}
128             </h:column>
129             <h:column>
130                 <f:facet name="header">Menge </f:facet>
131                 #{rechPos.menge}
132             </h:column>
133             <h:column>
134                 <f:facet name="header">Preis</f:facet>
135                 #{rechPos.preis}
136             </h:column>
137             <h:column>
138                 <f:facet name="header">Positionsbetrag</f:facet>
```

```
139                 #{rechPos.positionsbetrag}
140             </h:column>
141           </h:dataTable>
142           ...
143         </h:form>
144       </ui:define>
145   </ui:composition>
```

Listing 5.18 – Klasse: RechnungPruefenBean

```
1    @Named
2    @ConversationScoped
3    public class RechnungPruefenBean implements Serializable {
4
5        private int bestellNummer;
6        private int rechnungsNummer;
7        private Date rechnungsDatum;
8        private Bestellung bestellung;
9        private Rechnung rechnung;
10       private int aktuelleBestellPosNr;
11       private int aktuelleRechnungsPosNr;
12       private Bestellposition aktuelleBestellposition;
13       private int fakturierteMenge;
14       private double fakturierterPreis;
15       private boolean status;
16       private boolean renderRechnung = false;
17       private boolean renderRechnungspositionen = false;
18       private boolean renderRechnungSpeichern = false;
19       private boolean renderNaechstePosition = false;
20       private boolean renderSpeichernMeldung = false;
21       private boolean renderBestSuchen = true;
22       private boolean renderBestGefunden = false;
23
24       @EJB
25       private RechnungPruefenController rechnungPruefenController;
26       @Inject
27       Conversation conv;
28
```

```
29        @PostConstruct
30        public void initialize() {
31          conv.begin();
32          rechnungPruefenController.initialize();
33        }
34
35        public String doSuchenBestellung() {
36          bestellung = rechnungPruefenController.getBestelllung(bestellNummer);
37          if (bestellung == null) {
38              FacesContext context = FacesContext.getCurrentInstance();
39              String msg = "- keine Bestellung zur Nummer " + bestellNummer + "
40                              gefunden";
41              _____
42              _____
43              return "rechnungAnlegen.xhtml";
44          }
45          aktuelleBestellPosNr = 0;
46          setAktuelleBestellPosition();
47          renderBestGefunden = true;
48          return "rechnungAnlegen.xhtml";
49        }
50
51        ...
52
53        public String doSpeichernRechnung() {
54          rechnungPruefenController.speichernRechnung();
55          renderNaechstePosition = false;
56          renderRechnungSpeichern = false;
57          renderSpeichernMeldung = true;
58          conv.end();
59          return "rechnungAnlegen.xhtml";
60        }
61        ...
62      }
```

Literatur

Goncalves, A. (2010). *Beginning Java EE 6 platform with GlassFish 3. From novice to professional* (2. Aufl.). New York: apress.

Jendrock, E., Cervera-Navarro, R., Evans, I., Haase, K., & Markito, W. (2014). The Java EE 7 tutorial. Release 7 for Java EE platform. Oracle. https://docs.oracle.com/javaee/7/tutorial/. Zugegriffen: 2. Jan. 2020.

Keith, M., & Schincariol, M. (2009). *Pro JPA 2. Mastering the Java persistence API.* New York: Apress.

Morling, G (2019). Jakarta bean validation 2.0. https://jakarta.ee/specifications/bean-validation/2.0/bean-validation_2.0.pdf. Zugegriffen: 2. Jan. 2020.

Müller, B. (2010). *JavaServer Faces 2.0. Ein Arbeitsbuch für die Praxis* (2. Aufl.). München: Hanser.

Müller, B., & Wehr, H. (2012). *Java persistence API 2*. München: Hanser.

Schießer, M., & Schmollinger, M. (2015). *Workshop Java EE 7* (2. Aufl.). Heidelberg: dpunkt.

Weil, D. (2013). *Java EE 7. Enterprise-Anwendungsentwicklung leicht gemacht*. Frankfurt: entwickler.press.

Iteration 1: Entwurf und Implementierung weiterer Operationen

6

Überblick

Im vierten und fünften Kapitel stand die System-Operation *getFreigegebeneBewerb ungspositionen()* im Zentrum. Sowohl für den Entwurf und die Implementierung der Präsentations-, Fachkonzept- und Datenhaltungsschicht wurden beispielhaft auch die methodischen und technischen Grundlagen gelegt. Demgegenüber stehen in diesem Kapitel der Entwurf und die Implementierung der weiteren System-Operationen der User Story 3.1 (*Learning-Agreement anlegen,* vgl. Tab. 2.2) im Mittelpunkt. Die notwendigen Modelle und Entwurfsentscheidungen werden zeitnah zur Implementierung realisiert. Dabei werden einerseits GRASP-Muster beim Entwurf von Fachklassen verwendet und andererseits neue Möglichkeiten zur Gestaltung von JSF-Seiten angewandt. Mit der Implementierung dieser System-Operationen wird die Iteration 1 fertiggestellt. Daher wird das Kapitel mit einem exemplarischen Iterationsbericht (iteration review) sowie einer Retrospektive und Überprüfung des Arbeitsvorrats abgeschlossen. Im Rahmen des Iterationsberichts wird das System präsentiert, sodass einerseits der Auftraggeber den Entwicklungsstand beurteilen kann und andererseits dem Entwicklerteam ein frühzeitiges Feedback geben kann. Dieser Dialog kann auch zu einer Überarbeitung und Repriorisierung des Arbeitsvorrats führen. Die Retrospektive motiviert das Team, eine Reflexion ihrer Vorgehens- und Arbeitsweise durchzuführen.

© Springer Fachmedien Wiesbaden GmbH, ein Teil von Springer Nature 2021   215
K.-H. Rau und T. Schuster, *Agile objektorientierte Software-Entwicklung,*
https://doi.org/10.1007/978-3-658-33395-9_6

6.1   Teilgebiete und Lernergebnisse

Wichtige Teilgebiete sind
- Auswahllisten (SelectOneMenu-Komponente) in einer JSF
- Konverter String-to-Object und Object-to-String
- Interaktionsabhängige Sichtbarkeit von JSF-Komponenten
- Iterationsbericht
- Überarbeitung des Arbeitsvorrats
- Retrospektive

Lernergebnisse
Der Leser soll

- GRASP-Muster sachgerecht verwenden können.
- JSF professionell einsetzen können.
- Nutzeffekte des Iterationsberichts erkennen.
- den Arbeitsvorrat für die nächsten Iterationen vorbereiten können.

6.2   Entwurf und Implementierung weiterer System-Operationen

6.2.1   Entwurf und Implementierung von anlegenLearningAgreement und anlegenLearningAgreement Position

Ausgangspunkt der folgenden Entwurfs- und Implementierungsschritte sind die in Abschn. 3.2.2 formulierten Spezifikationen der System-Operationen (vgl. Tab. 3.3 und 3.4). Auf dieser Basis ergänzt das Entwicklerteam im ersten Schritt das Klassenmodell aus Abb. 4.1 um die beiden Klassen Learning-Agreement und Learning-Agreement-Position (vgl. Abb. 6.1). Daraus wird ersichtlich, dass zu jedem Learning-Agreement mindestens eine Learning-Agreement-Position gehört. Somit folgt, dass beim Anlegen eines Learning-Agreement-Objektes auch immer ein erstes Learning-Agreement-Positions-Objekt angelegt werden muss. In Abstimmung mit dem Produktverantwortlichen wird daher entschieden, dass die System-Operations-Beschreibung entsprechend anzupassen ist (vgl. Tab. 6.1).

Im Klassenmodell wurden aufgrund der Navigationspfeile an den Assoziationskanten auch die Entwurfsentscheidungen getroffen, dass das Studenten-Objekt der

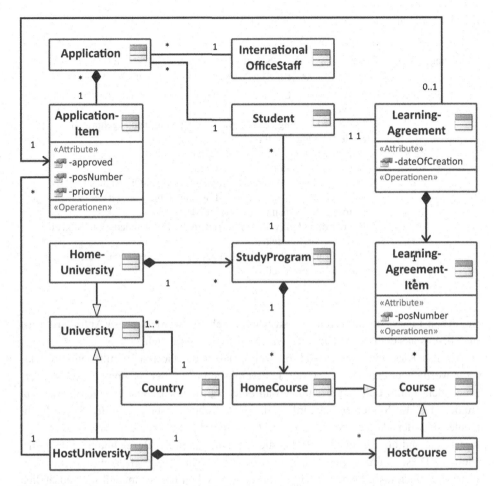

Abb. 6.1 Zweites Klassenmodell – Auslandssemester

freigegebenen Bewerbungsposition seine Learning-Agreement-Objekte kennt und
das Learning-Agreement-Objekt seine Learning-Agreement-Positions-Objekte kennt.
Gemäß dem **Erzeuger-Muster** (vgl. Abschn. 3.3.3) wird im Studenten-Objekt eine
Methode *createLearningAgreement* (vgl. Anweisungen 1 bis 6 in Listing 6.1) und im
Learning-Agreement-Objekt die Methode *createLearningAgreementPosition* (vgl.
Anweisungen 17 bis 21 in Listing 6.1) implementiert. Die Nachbedingungen (6) und
(7) schaffen die Voraussetzungen für die nächsten Dialogschritte. In diesen werden
laut den System-Operationen *hinzufuegenLehrveranstaltungHeimathochschule* (vgl.
Tab. 3.5) und *hinzufuegenLehrveranstaltungPartnerHochschule* (vgl. Tab. 3.6) Lehrver-
anstaltungen der Learning-Agreement-Position hinzugefügt. Dabei soll nicht nach den
Lehrveranstaltungen gesucht werden, sondern dem Benutzer sollen die vorhandenen und

Tab. 6.1 Spezifikation der System-Operation *anlegenLearningAgreement*

Operation	*anlegenLearningAgreement*
Vorbedingungen	Für den ausgewählten Studenten muss eine freigegebene Bewerbungsposition für eine Partnerhochschule im System vorhanden sein
Nachbedingungen	1. Es ist ein neues Learning-Agreement-Objekt mit aktuellem Datumsfeld angelegt 2. Das neue Learning-Agreement-Objekt ist mit dem zugehörigen Studenten Objekt verbunden 3. Das neue Learning-Agreement-Objekt ist mit dem zugehörigen Bewerbungsposition-Objekt verbunden 4. Es ist ein neues Learning-Agreement-Positions-Objekt angelegt 5. Das neue Learning-Agreement-Positions-Objekt ist mit dem zugehörigen Learning-Agreement-Objekt verbunden 6. Die relevaten Lehrveranstaltungen an der Heimathochschule sind zur Auswahl bereitgestellt 7. Die relevanten Lehrveranstaltungen an der Partnerhochschule sind zur Auswahl bereitgestellt

möglichen Lehrveranstaltungen zur Auswahl angeboten werden. Diese Anforderung ist auch bereits aus dem ersten Dialogentwurf in Abb. 3.1 ersichtlich.

Wie das Klassenmodell in Abb. 6.1 zeigt, haben die Gespräche mit dem Produktverantwortlichen ergeben, dass die Lehrveranstaltungen der Heimathochschule, die ein Student durch Lehrveranstaltungen an einer Partnerhochschule ersetzen kann, dem Studiengang des Studenten zugeordnet sind. Die Lehrveranstaltungen der Partnerhochschule sind der Partnerhochschule direkt zugeordnet. Für beide Lehrveranstaltungskategorien sind in einem ersten Schritt die Attribute Nummer, Bezeichnung und Credits relevant. Diese wurden entsprechend dem Begriffsmodell (vgl. Abb. 2.3) in einer abstrakten Oberklasse modelliert (vgl. Abb. 6.1). Aus dem Klassenmodell wird zusätzlich deutlich, dass die Partner-Hochschul-Objekte vom relevanten Heimathochschul-Objekt aggregiert werden. Bei der Diskussion über die Hochschul-Klassen hat sich weiterhin ergeben, dass es sinnvoll ist, eine abstrakte Oberklasse Hochschule einzuführen, deren Objekte eine Beziehung zu einem Land-Objekt aufweisen. Darüber hinaus werden die Studenten-Objekte von dem Objekt ihrer Heimathochschule aggregiert.

Auf die Details der Implementierung der genannten Klassen Hochschule, Heimathochschule, Lehrveranstaltung samt Unterklassen und Studiengang sowie der JPA-Aspekte soll nicht näher eingegangen werden. Diese können in dem online bereitgestellten Programmcode leicht nachvollzogen werden. Im nächsten Schritt werden die notwendigen Ergänzungen der Präsentationsschicht näher betrachtet.

Die CDI Bean *LearningAgreementBean* erhält die Aktionsmethode *initObjects (ApplicationItem item)* (vgl. Anweisungen 5 bis 10 in Listing 6.2), die aufgrund der Benutzerinteraktion *navigate2LearningAgreement(ApplicationItem applicationItem)* im Dialog (vgl. Abb. 5.6 und Anweisung 30 in Listing 5.15) ausgeführt wird. Wie aus

Anweisung 4 der ApplicationBean in Listing 6.2 zu ersehen ist, wird diese fachliche Aufgabe dort realisiert, indem dynamisch eine *LearningAgreementBean* erzeugt wird. Die *LearningAgreementBean* übernimmt anschließend die Verwaltung, Erzeugung und Speicherung des *LearningAgreements* sowie der *LearningAgreementItems*. Dazu wird ein spezieller Scope verwendet (*@ConversationScoped*), sodass die Bean nur innerhalb einer anwendungsgesteuerten Konversation gültig ist. Im Gegensatz zu den bereits bekannten Application- und Session-Scopes, kann der Scope diesem Fall gezielt durch die Anwendung beeinflusst werden. Wir nutzen dies an dieser Stelle aus, um die *LearningAgreementBean* genau für die Dauer der Bearbeitung des *LearningAgreements* und der *LearningAgreementItems* zu aktivieren. Sobald der Benutzer die Bearbeitung beendet, wird auch die Bean wieder der Garbage Collection überlassen. Alle notwendigen Informationen werden nun über entsprechende Objekte bereitgestellt, die die *LearningAgreementBean* für die Dauer der Bearbeitung bereitstellt (vgl. Nachbedingungen 6 und 7 in Tab. 6.1).

Listing 6.1

```
Klasse: Student
1    public LearningAgreement createLearningAgreement(
2            ApplicationItem applicationItem) {
3        LearningAgreement learningAgreement = new
4            LearningAgreement(applicationItem);
5        learningAgreements.add(learningAgreement);
6        return learningAgreement;
7    }

Klasse: LearningAgreement
1    public class LearningAgreement {
2
3
4        public LearningAgreement(ApplicationItem applicationItem) {
5            this();
6            this.applicationItem = applicationItem;
7        }
8
9        public final LearningAgreementItem createLearningAgreementItem() {
10            LearningAgreementItem learningAgreementItem = new
11   LearningAgreementItem();
12            learningAgreementItem.setPosNo(learningAgreementItems.size() + 1);
13            learningAgreementItems.add(learningAgreementItem);
14            return learningAgreementItem;
15        }
```

Listing 6.2

```
Klasse: ApplicationBean

1    public String navigate2LearningAgreement(ApplicationItem applicationItem) {
2            Logger.info("navigate to learning agreement");
3            conversation.begin();
4            learningAgreementBean.get().initObjects(applicationItem);
5            return "learningAgreementListView.xhtml";
6    }

Klasse: LearningAgreementBean

1    @Named(value = "learningAgreementBean")
2    @ConversationScoped
3    public class LearningAgreementBean implements Serializable {
4    ...
5        public void initObjects(ApplicationItem appItem) {
6            applicationItem = appItem;
7            initLearningAgreement();
8            learningAgreementItems =
9                learningAgreement.getLearningAgreementItems();
10        }
11
12        private void initLearningAgreement() {
13            if ( applicationItem.getLearningAgreement() == null ) {
14                logger.info("created new learning agreement for application
15                            item: " + applicationItem.getId());
16                setLearningAgreement(loginBean.getStudent().
17                createLearningAgreement(applicationItem));
18            } else {
19                setLearningAgreement(applicationItem.getLearningAgreement());
20            }
21        }
22    ...
```

Letztlich geht der mehrstufige Zugriffspfad bei den Lehrveranstaltungen der Heimathochschule über das gerade angelegte Learning-Agreement-Objekt, das dazugehörige
Bewerbungspositions-Objekt, die Bewerbung und den Studenten mit dem Studiengang, dem er zugeordnet ist. Dieser Zusammenhang wird aus dem Klassenmodell (vgl.
Abb. 6.1) deutlich. Ähnliches gilt für die Lehrveranstaltungen an der Partnerhochschule.

In Abb. 6.2 wird das Ergebnis der System-Operation *createLearningAgreement*
ersichtlich. Es ist das Learning-Agreement mit einer ersten Learning-Agreement-
Position und die im System vorhandenen Lehrveranstaltungen werden über den

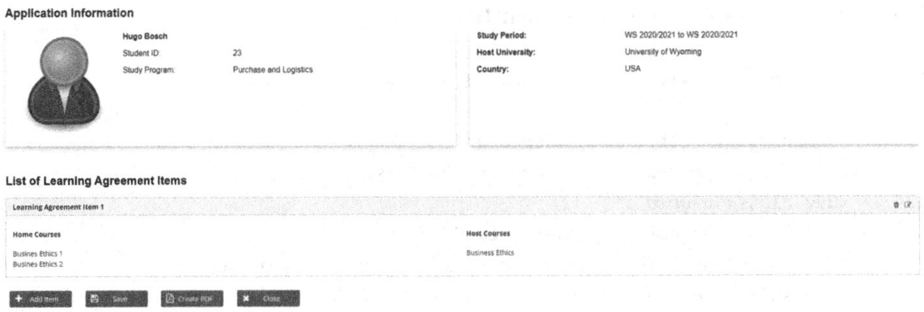

Abb. 6.2 Ausgangsdialog für Learning-Agreement bearbeiten

Button *Add Item* sowie die jeweiligen editieren/löschen Schaltflächen des jeweiligen *LearningAgreementItems* bereitgestellt. Details der Implementierung finden sich auszugsweise in Listing 6.3 und sind in Abb. 6.3 im Überblick dargestellt. In den Anweisungen 8 bis 28 sind auszugsweise die beiden Auswahlmenüs *(selectManyMenu)* spezifiziert. Das Design ist insgesamt responsiv gehalten. Dies ist erkennbar an der Verwendung der Klasse *p-grid* und der anschließenden Spaltendefinitionen für die unterschiedlichen Bildschirmgrößen (klein: *p-col-12;* mittel: *p-md-6* groß: *p-lg-6*). Im value-Attribut (vgl. Anweisung 9) der *selectManyMenu*-Komponente wird der selektierte Wert mit Hilfe einer Expression Language Value-Expression an die CDI Bean-Eigenschaft selectedHomeCourses gebunden (vgl. Kurz und Marinschek 2014, S. 129). Die zur Auswahl stehenden Optionen werden durch das selectItems-Tag bereitgestellt. Dabei handelt es sich im Beispiel um die auswählbaren Lehrveranstaltungen der Heimathochschule bzw. der Partnerhochschule. Wiederum mit einer Value-Expression werden die Fachklassen-Kollektionen homeCourses bzw. hostCourses der CDI Bean CourseBean bereitgestellt (vgl. Anweisung 13 in Listing 6.3). Wie bei der dataTable-Komponente (vgl. Anweisungen 13 und 14 in Listing 5.15) steht das Attribut var zur Verfügung und damit können den Attributen itemLabel (Anzeigewert in der Auswahlliste) und itemValue-Werte aus dem Objekt der Auswahlliste zugewiesen werden (vgl. Anweisungen 14 und 15). Dabei verweist das Attribut itemValue auf den Wert, der für das ausgewählte Objekt als HTTP-Request-Parameter an den Server übertragen wird.

Listing 6.3 – createLearningAgreementItem.xhtml

```
1    <ui:composition xmlns="http://www.w3.org/1999/xhtml"
2      ...
3      xmlns:jsf="http://xmlns.jcp.org/jsf">
4    <h:form id="frmCreateLearningAgreementItems">
5     <div class="p-grid">
6      <div class="p-col-12 p-md-6 p-lg-6">
7       <p:outputLabel for="selHomeCourses" value="Home Course(s):" />
8       <p:selectManyMenu id="selHomeCourses"
9            value="#{courseBean.selectedHomeCourses}"
10           converter="#{courseConverter}"
11           var="dc" filter="true" filterMatchMode="contains"
12           showCheckbox="true" validatorMessage="#{MSG.V_SELECTCOURSE}">
13        <f:selectItems value="#{courseBean.homeCourses}" var="homeCourses"
14                        itemLabel="#{homeCourses.courseTitle}"
15                        itemValue="#{homeCourses}" />
16        <p:column>
17          <h:outputText value="#{dc.courseTitle}" />
18        </p:column>
19        <p:column>
20          <h:outputText value="#{dc.ects}" />
21        </p:column>
22       </p:selectManyMenu>
23      </div>
24      <div class="p-col-12 p-md-6 p-lg-6">
25       <p:outputLabel for="selHostCourses" value="#{MSG.COURSESHOST}:" />
26       <p:selectManyMenu id="selHostCourses"
27            ...
28       </p:selectManyMenu>
29      </div>
30      <div class="p-col-12 p-md-6 p-lg-2">
31       <p:commandButton value="#{MSG.ADDITEM}" style="width: 120px"
32          icon="fa fa-fw fa-save" update="@form"
33          action="#{courseBean.finishSelection()}"
34          oncomplete="if (!args.validationFailed) PF('itemsDialog').hide()" />
35      </div>
36      <div class="p-col-12 p-md-6 p-lg-2">
37       <p:commandButton value="#{MSG.CANCEL}" .../>
38      </div>
39     </div>
40    </h:form>
41   </ui:composition>
```

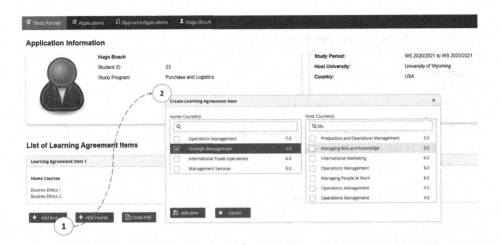

Abb. 6.3 Ausgangsdialog zur Bearbeitung der Learning-Agreement-Items

Wenn man sich das Beispiel genauer ansieht, fällt einerseits auf, dass sowohl das value-Attribut als auch die itemValue-Attribute auf Objekte verweisen. Andererseits sind HTTP-Request-Parameter vom Typ String. Daraus erklärt sich die Verwendung des converter-Attributs (siehe Anweisung 10). Mit Hilfe der Expression-Language wird auf das Konverter-Objekt courseConverter verwiesen (vgl. Listing 6.4). Der Konverter sorgt mit der Methode getAsString dafür, dass beim Aufbau der HTML-Seite das Course-Objekt als String repräsentiert wird. Dies wird dadurch umgesetzt, dass der Wert des itemValue Attributs homeCourse bzw. hostCourse tatsächlich dem String-Wert des id-Attributs der Klasse Course entspricht. Wenn im nächsten Schritt der Benutzer eine Lehrveranstaltung selektiert und danach einen HTTP-Request auslöst, wird über diesen Request der id-Wert der ausgewählten Lehrveranstaltung als String an den Server übermittelt und auf Serverseite mittels der getAsObjekt-Methode des Konverters (vgl. Anweisungen 13 bis 23 in Listing 6.4) im Attribut selectedHomeCourse bzw. selectedHostCourse der CDI Bean CourseBean das ausgewählte Lehrveranstaltungs-Objekt bereitgestellt.

Die Methoden *getAsObjekt* und *getAsString* werden von der Klasse *Converter* geerbt und wurden überschrieben. Dabei soll kurz auf *getAsObject* eingegangen werden. Die Methode bekommt als Parameter den *FacesContext* der aktuellen Anfrage, die UI-Komponente, die den zu konvertierenden *String*-Wert enthält. Die *courseConverter*-Bean kann sowohl für Lehrveranstaltungen der Heimathochschule als auch der Partnerhochschule verwendet werden. Hierzu wird gemäß der vorliegenden UI-Komponente verzweigt (vgl. Anweisung 18 in Listing 6.4). Bei der Konvertierung wird auf die Liste der zur Auswahl bereitgestellten Lehrveranstaltungen in der Enterprise Java Bean *homeCourse* respektive *hostCourse* zurückgegriffen. Daher wird diese Bean in den Anweisungen 7 und 10 durch Injektion zur Verfügung gestellt. Beide EJBs erben von der

Klasse AbstractFacade. Sie implementieren das Fassaden-Muster, um den Zugriff auf die Datenbank zu kapseln (siehe hierzu auch Listing 6.5).

Listing 6.4 – Klasse: CourseConverter

```java
1    @Named(value = "courseConverter")
2    @Dependent
3    @FacesConverter(forClass = Course.class)
4    public class CourseConverter implements Converter, Serializable {
5
6        @EJB
7        HomeCourseFacade homeCourseBean;
8
9        @EJB
10       HostCourseFacade hostCourseBean;
11
12       @Override
13       public Object getAsObject( FacesContext context,
14               UIComponent component, String value ) {
15         if ( value == null || value.isEmpty() ) {
16           return null;
17         }
18         if ( component.getId().equals("selHomeCourses") ) {
19           return homeCourseBean.find(Integer.valueOf(value));
20         } else {
21           return hostCourseBean.find(Integer.valueOf(value));
22         }
23       }
24
25       @Override
26       public String getAsString( FacesContext context,
27               UIComponent component, Object value ) {
28         if ( !(value instanceof Course) ) {
29           return "";
30         }
31         Integer id = ((Course) value).getId();
32         return id.toString();
33       }
34   }
```

6.2.2 Entwurf und Implementierung von anlegenNeueLehrveranst altungPartnerHochschule

Während die auswählbaren Lehrveranstaltungen der Heimathochschule durch die Studien- und Prüfungsordnung des jeweiligen Studiengangs festgelegt sind, gehen wir in unserem Fallbeispiel in diesem Entwicklungsstadium davon aus, dass die

zugehörigen Daten aus einem vorhandenen Lehrveranstaltungskatalog in die Datenbank des zu entwickelnden Systems übernommen werden können. Anders sieht es bei
den Lehrveranstaltungen an den Partnerhochschulen aus. Üblicherweise publizieren
die Partnerhochschulen ihre angebotenen Lehrveranstaltungen mit entsprechenden
Beschreibungen auf ihren Websites. Der Student wählt auf dieser Basis die Lehrveranstaltungen aus, die er an der Partnerhochschule besuchen möchte und überlegt sich
dabei parallel, auf welche Leistungsnachweise der Heimathochschule die Anrechnung
erfolgen soll. Das bedeutet, dass die Lehrveranstaltungen der Partnerhochschulen
erst über das Erstellen von Learning-Agreements in das zu entwickelnde System aufgenommen werden. Wenn nun beispielsweise fünf Studierende an der gleichen Partnerhochschule ihr Auslandssemester verbringen und auch die gleiche Lehrveranstaltung
(z. B. Business Ethics) besuchen wollen, so sollte vermieden werden, dass die Daten
mehrfach erfasst werden. Mit Hilfe der System-Operation *anlegenNeueLehrveranstal
tungPartnerHochschule* soll nach Tab. 3.7 ein Lehrveranstaltungs-Objekt mit Lehr-
anstaltungsnummer, Lehrveranstaltungsbezeichnung und Leistungspunkten (credits)
erfasst werden. Damit wächst die Anzahl der auswählbaren Lehrveranstaltungen in der
Auswahlliste Host Course in Abb. 6.2 kontinuierlich. Das Entwicklerteam hat aufgrund
der obigen Erkenntnisse eine ergänzte System-Operations Beschreibung angefertigt (vgl.
Tab. 6.2).

Das Klassenmodell in Abb. 6.1 zeigt die strukturellen Zusammenhänge bereits
auf und legt es aufgrund der Komposition zwischen Partnerhochschule und Lehrveranstaltung Partnerhochschule nahe, dass die Klasse Partnerhochschule dem
Erzeuger-Muster gemäß (vgl. Abschn. 3.3.3) die Verantwortung für die Erzeugung des
Lehrveranstaltungs-Objektes bekommt.

Diese System-Operation ist überschaubar komplex und das Entwicklerteam konnte
die Lösung schnell umsetzen. Anhand von Listing 6.5 und Abb. 6.4 sollen einige Details
erläutert werden. Die Nummer, Bezeichnung und die Leistungspunkte werden als
Attribute eines Lehrveranstaltungs-Objektes eingegeben (vgl. Anweisungen 6 bis 23 in
Listing 6.5). Alle Attribute sind mit den korrespondierenden Instanzattributen der CDI
Bean über das *value*-Attribut der *inputText*-Komponenten verbunden. Im Zuge von

Tab. 6.2 Spezifikation der System-Operation *anlegenNeueLehrveranstaltungPartnerHochschule*

Operation	*anlegenNeueLehrveranstaltungPartnerHochschule(lehrveranstaltungs-nummer, bezeichnung, leistungspunkte)*
Vorbedingungen	Das relevante Partner-Hochschul-Objekt ist im System vorhanden
Nachbedingungen	1. Es ist ein neues Lehrveranstaltungs-Objekt für die relevante Partnerhoch-schule angelegt 2. Das neue Lehrveranstaltungs-Objekt ist mit dem Partner-Hochschul-Objekt verbunden 3. Die Liste der durch den Benutzer auswählbaren Lehrveranstaltungs-Objekte ist ergänzt

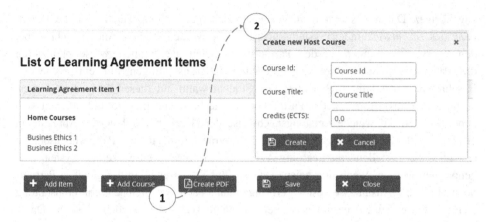

Abb. 6.4 Dialog ‚anlegenNeueLehrveranstaltungPartnerHochschule'

inkrementellen Verbesserungen und um dem Expertenmuster gerecht zu werden, wurde die im vorangegangenen Kapitel erstellte *LearningAgreementBean* aufgeteilt. Dadurch entstand eine neue *ApplicationBean*.

Das Team hat in diesem Zuge zwei weitere Neuerungen in die Anwendung integriert. Einerseits wurden die Texte durch sogenannte Resource-Bundles externalisiert und andererseits wurden in der Eingabemaske auch Platzhalter eingefügt. Bei den beiden textbasierten Eingabefeldern (inputText, vgl. Anweisung 7 und 14) werden beide Ansätze kombiniert, also ein Platzhalter unter Verwendung eines Resource-Bundles umgesetzt. Bei der Eingabe der ECTS Punkte wird neben dem Platzhalter auch eine Eingabemaskierung und Konvertierung (vgl. Anweisungen 21 und 22) in eine Zahl mit einer Nachkommastelle vorgenommen.

Auf die Resource-Bundles wird erneut über die Expression Language zugegriffen (vgl. Anweisungen 4, 7, 10, 14, 17 und 26). Hierdurch wird es möglich die Texte der Webseite auszulagern und gleichzeitig auch eine Internationalisierung umzusetzen. Zu diesem Zweck wird das Ressource-Bundle in der Konfiguration der Web-Anwendung eingetragen (siehe Auszug aus der *faces-config.xml* in Listing 6.6). Indem mehrere Resource-Bundles hinterlegt werden, kann die Anwendung internationalisiert werden. Neben der Trennung von Inhalt und Logik besteht damit ein weiterer Vorteil in der automatisierten Sprachumschaltung je nach Benutzereinstellungen – die sogenannte Lokalisierung. Neben der Konfiguration besteht die Spezifikation der Texte darin, eine einfach Properties-Datei (siehe Auszug in Listing 6.6, *msg.properties*) zu pflegen und diese dann über die Unified-Expression-Language anzusteuern.

Benutzt ein Anwender mit englischen Spracheinstellungen die Web-Anwendung erhält er eine englische Ausgabe, ein Anwender mit deutschen Spracheinstellungen analog deutsche Ausgabetexte. Weitere Sprachen lassen sich leicht analog ergänzen, es muss nur eine Deklaration der Sprache in der faces-config.xml erfolgen und anschließend die entsprechende Sprachdatei angefertigt werden.

Listing 6.5

```
createHostCourse.xhtml
1   <h:form id="frmCreateHostCourse">
2     <div class="p-grid">
3       <div class="p-col-12 p-md-12 p-lg-4">
4         <p:outputLabel for="courseId" value="#{MSG.COURSEID}:" />
5       </div><div class="p-col-12 p-md-12 p-lg-8">
6         <p:inputText id="courseId" value="#{courseCreationBean.courseId}"
7                      placeholder="#{MSG.COURSEID}"/>
8       </div>
9       <div class="p-col-12 p-md-12 p-lg-4">
10        <p:outputLabel for="courseTitle" value="#{MSG.COURSETITLE}:" />
11      </div><div class="p-col-12 p-md-12 p-lg-8">
12        <p:inputText id="courseTitle"
13                     value="#{courseCreationBean.courseTitle}"
14                     placeholder="#{MSG.COURSETITLE}"/>
15      </div>
16      <div class="p-col-12 p-md-12 p-lg-4">
17        <p:outputLabel for="courseCredits" value="#{MSG.COURSECREDITS}:" />
18      </div><div class="p-col-12 p-md-12 p-lg-8">
19        <p:inputMask id="courseCredits"
20                     value="#{courseCreationBean.courseEcts}"
21                     placeholder="0.0" mask="9.9">
22          <f:convertNumber pattern="#0.0" />
23        </p:inputMask>
24      </div>
25      <div class="p-col-12 p-md-6 p-lg-4">
26        <p:commandButton value="#{MSG.CREATE}" style="width: 120px"
27          icon="fa fa-fw fa-save" update="@form"
28          action="#{courseCreationBean.createCourse()}"
29          oncomplete="if (!args.validationFailed)
30                      PF('hostCourseDialog').hide()" />
31      </div>
32      ...
33    </h:form>
```

```
Klasse: CourseCreationBean
1   @Named(value = "courseCreationBean")
2   @ViewScoped
3   public class CourseCreationBean implements Serializable {
4
5       private static final Logger logger =
6         LogManager.getLogger(CourseCreationBean.class);
7
8       @EJB
9       HostCourseFacade hostCourseBean;
10
```

```
11        private String courseId;
12        private String courseTitle;
13        private Double courseEcts;
14
15        public void createCourse() {
16            Logger.info("started to create new host course");
17            HostCourse course =
18              new HostCourse(courseId, courseTitle, courseEcts);
19            hostCourseBean.create(course);
20        }
21        ...
22    }
```

Klasse: HostUniversityFacade

```
1    @Stateless
2    public class HostCourseFacade extends AbstractFacade<HostCourse> {
3
4        @PersistenceContext(unitName = "examAdminPU")
5        private EntityManager em;
6
7        public HostCourseFacade() {
8            super(HostCourse.class);
9        }
10
11       @Override
12       public EntityManager getEntityManager() {
13           return em;
14       }
15
16       public void setEm(EntityManager em) {
17           this.em = em;
18       }
19
20    }
```

Listing 6.6

```
faces-config.xml
```

```
1   <locale-config>
2       <default-locale>en_US</default-locale>
3       <supported-locale>de_DE</supported-locale>
4       <supported-locale>en_US</supported-locale>
5   </locale-config>
6   <resource-bundle>
7       <base-name>msg</base-name>
8       <var>MSG</var>
9   </resource-bundle>
10  <resource-bundle>
11      <base-name>/Bundle</base-name>
12      <var>bundle</var>
13  </resource-bundle>
```

```
msg.properties
```

```
1   # Sprachabh\u00e4ngige Texte (Standard)
2   #-----------------------------------------------
3   # General Properties
4   HOME=Home
5   LOGIN=Login
6   ...
7
8   #Edit actions
9   CREATE=Create
10  SAVE=Save
11  CANCEL=Cancel
12  ABORT=Abort
13  CLOSE=Close
14  SAVE=Save
15  ADDITEM=Add Item
16  ...
```

6.2.3 Entwurf und Implementierung der verbleibenden System-Operationen

Mit der Ausführung der System-Operation *anlegenLearningAgreement* (vgl. Tab. 6.1) ist das erste Learning-Agreement-Positions-Objekt bereits angelegt, auch wenn noch keine Zuordnungen von Kursen erfolgt sind – also wenn noch kein *LearningAgreementItem* angelegt wurde. Um Lehrveranstaltungen der Heimat- und Partnerhochschule zuzuordnen, werden die System-Operationen *hinzufuegenLehrveranstaltungHeimathochsch ule* (vgl. Tab. 3.5) und *hinzufuegenLehrveranstaltungPartnerHochschule* (vgl. Tab. 3.6) implementiert. Im einfachen Fall wird eine Lehrveranstaltung bzw. der damit verbundene

Leistungsnachweis der Heimathochschule durch den Leistungsnachweis einer Lehrveranstaltung an der Partnerhochschule ersetzt. Das Klassenmodell in Abb. 6.1 zeigt
jedoch, dass einer Learning-Agreement-Position sowohl mehrere Lehrveranstaltungen
von der Heimat- als auch Partnerhochschule zugeordnet sein können. Wie schon die
Nachbedingung 2 in Tab. 3.6 ausweist, darf jedoch zu mehreren Lehrveranstaltungen
der Heimathochschule nur eine anzurechnende Lehrveranstaltung der Partnerhochschule zugeordnet sein. Es kann jedoch den Fall geben, dass einer Lehrveranstaltung
der Heimathochschule mehrere Lehrveranstaltungen der Partnerhochschule zugeordnet
sind. Dies ist auch im Dialog (vgl. Abb. 6.5) ersichtlich. Im Nachfolgenden soll auf die
wesentlichen Entwurfs- und Implementierungsschritte für die System-Operationen *hinz
ufügenLehrveranstaltungHeimathochschule,   hinzufügenLehrveranstaltungPartnerhochs
chule* und *anlegenLearningAgreementPosition* hinsichtlich der Fachkonzeptschicht und
Dialogschicht eingegangen werden.

Im Dialog (vgl. Abb. 6.4) werden Schaltflächen zum Hinzufügen von Lehrveranstaltungen der Heimat- und Partnerhochschule angeboten, auch neue Veranstaltungen der Partnerhochschule *(Add Course)* können in einem Dialog eingegeben
werden. Ist dieses Hinzufügen erfolgreich, wird das Ergebnis gleich in der Kachel-
ansicht des Dialogs angezeigt. Mittels der Schaltfläche *Add Item* wird ein neues
Learning-Agreement-Item-Objekt erzeugt. Hierzu wird ein neuer Dialog geöffnet,
über den der Benutzer die Zuordnung von Lehrveranstaltungen der Heimat- und
Partnerhochschule vornehmen kann. Der Dialog selbst ist als eigenes Facelet
(*createLearningAgreementItem.xhtml,* vergleiche Listing 6.3) realisiert. Im Zuge der
Bearbeitung durch den Benutzer setzt das Team verschiedene Mechanismen ein, um
die Bearbeitung zu steuern und die Bedienung für den Benutzer zu vereinfachen. Wir
wollen diese Mechanismen nun am Bespiel der Bearbeitung noch genauer betrachten. Im
Einzelnen werfen wir einen Blick auf verschiedene Möglichkeiten der Validierung, Konvertierungen, die Sitzungssteuerung und die Einblendung von Overlays.

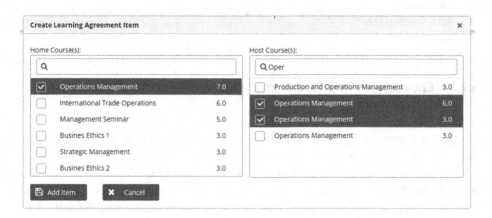

Abb. 6.5 Dialog Learning-Agreement anlegen

Betrachten wir zuerst den Overlay-Mechanismus. Um diesen zu realisieren, wird in Listing 6.7 *(learningAgreementListView.xhtml)* ein entsprechender Tag (p:dialog, siehe Anweisungen 21 und 25) eingebunden und durch den Klick auf den bereits erwähnten *Add Item* Button über die JavaScript-API (vergleiche PrimeFaces Dokumentation 2020) aktiviert (siehe Anweisung 5). Durch das onComplete-Attribut des Buttons wird der Dialog eingeblendet und erscheint als Overlay zur aktuellen Seite. Gemäß Experten-Muster wird die Zuordnung von Lehreinheiten dann im Dialog durch eine separate Bean (*CourseBean* siehe Listing 6.8) gesteuert. Die *CourseBean* ist eine CDI Bean, die ausschließlich die Zuordnung von Lehrveranstaltungen steuert. Über die Methoden *finishSelection* und *cancelSelection* werden die Benutzerinteraktionen passend verwaltet.

Listing 6.7 – learningAgreementListView.xhtml

```
1    ...
2      <p:commandButton id="addLAItem" value="#{MSG.ADDITEM}"
3         icon="fa fa-fw fa-plus" style="min-width:130px;"
4         action="#{learningAgreementBean.navigate2LearningAgreementItem()}"
5         oncomplete="PF('itemsDialog').show();"
6         update="dlgItems"/>
7    </div>
8    <div class="ui-g-12 ui-md-6 ui-lg-1">
9      <p:commandButton id="createHostCourse" value="#{MSG.ADDCOURSE}"
10        icon="fa fa-fw fa-plus" style="min-width:130px;"
11        action="#{learningAgreementBean.navigate2HostCourseCreation()}"
12        oncomplete="PF('hostCourseDialog').show();"
13        update="dlgHostCourse"/>
14   </div>
15   <div class="ui-g-12 ui-md-6 ui-lg-1">
16     <p:commandButton id="saveLA" value="#{MSG.SAVE}"
17        action="#{learningAgreementBean.saveLearningAgreement()}"
18        immediate="true" icon="fa fa-fw fa-save" style="min-width:130px;"/>
19   </div>
20   </h:form>
21   <p:dialog id="dlgHostCourse" widgetVar="hostCourseDialog" showEffect="fade"
22      header="#{MSG.NEWHOSTCOURSE}" width="480">
23      <ui:include src="./includes/createHostCourse.xhtml" />
24   </p:dialog>
25   <p:dialog id="dlgItems" widgetVar="itemsDialog" showEffect="fade"
26      header="#{MSG.NEWLEARNITEM}" dynamic="true">
27      <ui:include src="./includes/createLearningAgreementItem.xhtml" />
28      <p:ajax event="close" update="frmItemList"
29            listener="#{learningAgreementBean.handleReturn()}" />
30   </p:dialog>
31   ...
```

Im Falle des Add Item Buttons wird die *init*-Methode (ab Anweisung 13) der *CourseBean* und im Falle von Bearbeitungen bestehender Zuordnungen die open-Methode (ab Anweisung 22) aufgerufen. Sodass entweder neue Zuordnungen getroffen oder bestehende Zuordnungen verändert werden können. Soll die Änderung der Zuordnung gespeichert werden und wird dazu im Overlay-Dialog die Speichern-Schaltfläche (siehe Anweisungen 31 bis 34 in Listing 6.3) betätigt, so erfolgen mehrere Aktionen nacheinander. Einerseits wird wiederum der Konverter (vgl. Listing 6.4) genutzt, um die gewählten Lehrveranstaltungs-Objekte der Hochschulen für die CDI Bean bereitzustellen. Außerdem greifen clientseitig noch einige JavaScript-Ereignisse in die Logik ein. So wird das oncomplete-Ereignis (siehe Anweisung 34 in Listing 6.3), welches direkt mit der Speichern-Schaltfläche verknüpft ist dazu führen, dass der Dialog nur dann geschlossen wird, wenn die Validierung erfolgreich (fehlerlos) war. Anschließend wird das AJAX-Ereignis *close* (siehe Anweisungen 28 und 29 in Listing 6.7) dazu führen, dass die Methode *handleReturn* in der *LearningAgreementBean* aufgerufen wird.

Innerhalb der Methode *handleReturn* wird zunächst geprüft, ob die Eingabe durch den Benutzer abgeschlossen wurde (vergleiche Anweisung 28 in Listing 6.9). Dies ist dann der Fall, wenn der Benutzer die Speichern-Schaltfläche (vergleiche Anweisungen 31–34 in Listing 6.3) gedrückt und dadurch den entsprechenden Wahrheitswert (siehe Anweisung 45 in Listing 6.8) gesetzt hat. Im Rahmen der Methode *handleReturn* wird schließlich noch geprüft, ob es sich um eine gänzlich neue Zuordnung von Lehrveranstaltungen handelt oder ob diese bereits vorhanden ist. Neue Zuordnungen werden dementsprechend hinzugefügt (Anweisung 33), falls diese nur geändert wurden ist es ausreichend die Seite (in diesem Fall genauer gesagt den Seitenbereich des Formulars *frmItemList*) neu zu laden, um die entsprechende Zuordnung anzuzeigen. Wenn der Benutzer den Dialog durch die Abbrechen-Schaltfläche verlassen hat, geschieht im Prinzip nichts. Der Benutzer kann dann jederzeit eine neue Zuordnung erstellen oder eine vorhandene bearbeiten, dabei wird dann jeweils eine Konversation geöffnet und eine entsprechende CourseBean geladen.

Listing 6.8 – Klasse: CourseBean

```
1    public class CourseBean implements Serializable {
2
3        private List<HomeCourse> homeCourses;
4        @Size(min = 1, max = 1)
5        private List<HomeCourse> selectedHomeCourses;
6        private List<HostCourse> hostCourses;
7        @Size(min = 1)
8        private List<HostCourse> selectedHostCourses;
9        private boolean selectionComplete;
10       private LearningAgreementItem item;
11       ...
12
13       public void init(List<HomeCourse> homeCourses,
14                        List<HostCourse> hostCourses) {
15         item = new LearningAgreementItem();
16         this.homeCourses = homeCourses;
17         this.hostCourses = hostCourses;
18         selectedHomeCourses = new ArrayList<>();
19         selectedHostCourses = new ArrayList<>();
20       }
21
22       public void open(List<HomeCourse> availableHomeCourses,
23                        List<HostCourse> availableHostCourses,
24                        LearningAgreementItem item) {
25         this.item = item;
26         this.homeCourses = availableHomeCourses;
27         item.getHomeCourses().forEach((course) -> {
28             this.homeCourses.add(course);
29         });
30         this.hostCourses = availableHostCourses;
31         item.getHostCourses().forEach((course) -> {
32             this.hostCourses.add(course);
33         });
34         this.selectedHomeCourses = selectedHomeCourses;
31         this.selectedHostCourses = selectedHostCourses;
32       }
33
34       public LearningAgreementItem returnLearningAgreementItem() {
35
36         item.setHomeCourses(selectedHomeCourses);
37         item.setHostCourses(selectedHostCourses);
38         selectedHomeCourses = new ArrayList<>();
39         selectedHostCourses = new ArrayList<>();
40
41         return item;
42       }
```

```
43
44     public void finishSselectmelection() {
45       selectionComplete = true;
46     }
47
48     public void cancelSelection() {
49       Logger.info("aborted or finished learning agreement item creation");
50       selectionComplete = false;
51     }
52   }
```

Die Methode *getLearningAgreementItemsListed* iteriert über alle Learning-Agreement-Positionen (vgl. for-each-Schleife in Anweisung 37 in Listing 6.8). Die Kommentare im Quellcode erläutern den Zweck der einzelnen Code-Abschnitte.

Somit fehlt nur noch die System-Operation *speichernLearningAgreement* laut der Spezifikation in Tab. 3.8. Im Listing 6.9 sind die relevanten Code-Ausschnitte dargestellt. In Anweisung 1 fällt das *immediate* Attribut auf (vgl. Müller 2010, S. 121 f.). Im Normalfall hat dieses Attribut den Wert *false*. Damit wird der JSF Lebenszyklus (vgl. Abb. 5.3) in standardisierter Weise abgearbeitet. Dies würde im vorliegenden Fall dazu führen, dass der Benutzer aufgefordert würde, die Lehrveranstaltungsnummer und die Lehrveranstaltungsbezeichnung für eine neue Lehrveranstaltung einzugeben. Dies ist durch die Auszeichnung dieser Eingabekomponenten als Mussfelder bedingt (vgl. *required = „true“* in den Anweisungen 7 und 11 in Listing 6.5). Wird bei der Befehlskomponente *saveLA* das *immediate* Attribut auf *true* gesetzt, wird die Aktionsmethode *doSaveLearningAgreement* im Sinne des Aufrufs der Anwendungslogik bereits im Verarbeitungsschritt „Übernahme der Anfragewerte" ausgeführt. Die dazwischen liegenden Verarbeitungsschritte werden übersprungen (vgl. Abb. 5.3). Der Wert des Attributs *rendered* (vgl. Anweisung 3 in Listing 6.9) steuert, dass die Schaltfläche zum Speichern des Learning-Agreements dann dem Benutzer angezeigt wird, wenn mindestens einer Learning-Agreement-Position eine Lehrveranstaltung der Heimat- und einer Partnerhochschule zugewiesen sind.

Listing 6.9 – Klasse: LearningAgreementBean

```
1    ...
2    @Inject
3    Instance<CourseBean> courseBean;
4    ...
5    public void navigate2LearningAgreementItem() {
6        logger.info("initialize CourseBean");
7        courseBean.get().init(getHomeCourses(), getHostCourses());
8    }
9    ...
10   public String navigate2Applications() {
11       conversation.end();
12       return "selectApplicationItems.xhtml";
13   }
14   ...
15   private List<HomeCourse> getHomeCourses() {
16       List<HomeCourse> homeCourses = getApplicationItem().getHomeCourses();
17       logger.info("number of home courses: " + homeCourses.size());
18       // remove all home course that have already been selected
19       getLearningAgreementItems().forEach((item) -> {
20         homeCourses.removeAll(item.getHomeCourses());
21       });
22       logger.info("updated number of home courses: " + homeCourses.size());
23       return homeCourses;
24   }
25   ...
26   public void handleReturn() {
27       logger.info("returned from Learing Agreement selection");
28       if (courseBean.get().isSelectionComplete()) {
29         logger.info("user selection is complete");
30         LearningAgreementItem item =
31           courseBean.get().returnLearningAgreementItem();
32         if (!getLearningAgreementItems().contains(item)) {
33           addLearningAgreementItem(item);
34           courseBean.get().cancelSelection();
35         }
36       }
37   }
38   ...
```

Beim Speicherungsvorgang wird die Verantwortlichkeit mehrfach delegiert. Die *LearningAgreementBean* (vergleiche Anweisung 5 in Listing 6.10) nutzt hierzu die *LearningAgreementFacade*. Wie der Name andeutet, wird in dieser Klasse das Fassaden-Muster umgesetzt. Darüber hinaus machen wir uns Polymorphie und Generics zunutze, indem wichtige Standard-Methoden von der abstrakten Klasse *AbstractFacade* geerbt und durch die Spezialisierung in der *LearningAgreementFacade* konkretisiert werden. Es ist auch erkennbar, dass wir einfach das LearningAgreement als Ganzes speichern (durch den Aufruf der *edit*-Methode) – in unserer Fassade wird ein *merge* über den aktuellen *EntityManager* abgesetzt und das Objekt somit aktualisiert. Die korrespondierenden und geänderten Zuordnungen der Lehrveranstaltungen *(LearningAgreementItem)* werden in diesem Zug automatisch ebenfalls aktualisiert. Dies ist dadurch bedingt, dass in der Klasse *LearningAgreement* die JPA Annotation *@OneToMany(cascade = CascadeType. ALL)* für die Eins-zu-viele Beziehung *(private List <LearningAgreementItem> learningAgreementItems;)* verwendet wurde. Dies ist für eine **Kompositions** -Beziehung (vgl. Klassenmodell in Abb. 6.1) typisch (vgl. Abschn. 4.3.3).

Damit auch der Verweis vom Studenten auf das neu angelegte Learning-Agreement in der Datenbank gespeichert wird, muss das Studenten-Objekt mit der *merge*-Methode des Entity Managers aktualisiert werden. Bei der Umsetzung ist das Entwicklerteam noch auf ein Problem gestoßen. Die Learning-Agreement-Position hat zwei Viele-zu-viele-Beziehungen zu Lehrveranstaltungen der Heimat- bzw. Partnerhochschule. Diese werden von der Eclipse-Implementierung von JPA automatisch nicht richtig in das Tabellen-schema überführt. Daher mussten noch zusätzliche Annotationen zur Konfiguration von JPA eingefügt werden (vgl. Anweisungen 6 bis 17 der Klasse *LearningAgreementItem* in Listing 6.10). Für beide Beziehungen werden explizit die Verknüpfungstabellen sowie die Spaltenbezeichner sowie die Quellen für die Fremdschlüsselwerte angegeben.

Listing 6.10

Klasse: LearningAgreementBean

```
1   ...
2   @EJB
3   LearningAgreementFacade learningAgreementManager;
4
5   public void saveLearningAgreement() {
6       learningAgreementManager.edit(learningAgreement);
7   }
8   ...
```

Klasse: LearningAgreementFacade

```
1   @Stateless
2   public class LearningAgreementFacade extends
3                   AbstractFacade<LearningAgreement> {
4
5       @PersistenceContext(unitName = "examAdminPU")
6       private EntityManager em;
7
8       public LearningAgreementFacade() {
9           super(LearningAgreement.class);
10      }
11
12      @Override
13      public EntityManager getEntityManager() {
14          return em;
15      }
16
17      public void setEm(EntityManager em) {
18          this.em = em;
19      }
20
21  }
```

Klasse: AbstractFacade

```
1   public abstract class AbstractFacade<T> {
2
3       private Class<T> entityClass;
4
5       public AbstractFacade(Class<T> entityClass) {
6           this.entityClass = entityClass;
7       }
8
9       public abstract EntityManager getEntityManager();
10
11      public void create(T entity) {
```

```
12            getEntityManager().persist(entity);
13        }
14
15        public void edit(T entity) {
16            getEntityManager().merge(entity);
17        }
18    ...
```

Klasse: **LearningAgreement**

```
1     @Entity
2     public class LearningAgreement implements Serializable {
3
4         private static final long serialVersionUID = 8028900872366356030L;
5         @OneToOne
6         private ApplicationItem applicationItem;
7         @Temporal(javax.persistence.TemporalType.DATE)
8         private Date dateOfCreation;
9         @Id
10        @GeneratedValue(strategy = GenerationType.AUTO)
11        private int id;
12        @OneToMany(cascade = CascadeType.ALL)
13        private List<LearningAgreementItem> learningAgreementItems;
```

Klasse: **LearningAgreementItem**

```
1     @Entity
2     public class LearningAgreementItem implements Serializable,
3     Comparable<LearningAgreementItem> {
4
5         private static final long serialVersionUID = -9188404637351245766L;
6         @JoinTable(name = "learningAgreementItem_homeCourse", joinColumns = {
7             @JoinColumn(name = "LearningAgreementItem_ID",
8                         referencedColumnName = "ID")}, inverseJoinColumns = {
9             @JoinColumn(name = "courses_ID", referencedColumnName = "ID")})
10        @ManyToMany
11        private List<HomeCourse> homeCourses;
12        @JoinTable(name = "learningAgreementItem_hostCourse", joinColumns = {
13            @JoinColumn(name = "LearningAgreementItem_ID",
14                        referencedColumnName = "ID")}, inverseJoinColumns = {
15            @JoinColumn(name = "courses_ID", referencedColumnName = "ID")})
16        @ManyToMany
17        private List<HostCourse> hostCourses;
18        @Id
19        private String id;
20        private int posNo;
```

Abb. 6.6 Learning-Agreement

Nach erfolgreicher Speicherung kann der Benutzer die Bearbeitung durch den Button *Close* beenden (siehe Abb. 6.6). Damit wird dann auch die zuvor beschriebene und programmatisch geöffnete Konversation geschlossen (siehe Anweisung 11 in Listing 6.9), sodass keine unabsichtliche weitere Veränderung des LearningAgreements und der zugeordneten Lehrveranstaltungen in den Items mehr erfolgen kann.

6.3 Iterationsbericht, Retrospektive und Überprüfung des Arbeitsvorrats

Dem **DAD Prozessmodell** gemäß wird jede Iteration durch einen **Iterationsbericht** (iteration review) und falls notwendig eine **Retrospektive** (Rückschau) abgeschlossen (vgl. Abschn. 1.3.3.3 und Ambler und Lines 2012, S. 363 ff.). Im Mittelpunkt des Iterationsberichts stehen nicht irgendwelche Dokumente, welche den Projektfortschritt repräsentieren, sondern die Demonstration der potenziell einsetzbaren Software. Unser Projektteam entscheidet sich für die Installation der Software auf einer Demonstrations-Umgebung. Die Alternative wäre die Installation in der **Produktionsumgebung** gewesen, die allerdings nicht realisiert wurde. Die Zielgruppe der Demonstation der Software sind die Stakeholder. Die Demonstration wird idealerweise von einem der Teammitglieder nach dem Rotationsprinzip durchgeführt. Dies ermöglicht die direkte Kommunikation zwischen Teammitgliedern und den Benutzern. Die Demonstration soll eine Win-Win-Situation für den Auftraggeber und das Entwicklerteam erzeugen. Einerseits sehen die Auftraggeber in kurzen Zeitzyklen, welchen Fortschritt das Projekt macht und welcher Nutzen die entstehende Software-Lösung liefert. Andererseits hat das Entwicklerteam die Möglichkeit zum einen ihr Arbeitsergebnis zu präsentieren und zum anderen ein zeitnahes Feedback von den zukünftigen Nutzern zu bekommen. Im konkreten Fall der ersten Iteration unseres Fallbeispiels sind die Akteure die Studenten (vgl. Anwendungsfallmodell in Abb. 2.2). Daher haben sich das Entwicklerteam und der Produktverantwortliche dafür entschieden, die Software-Lösung nicht nur zu präsentieren, sondern Studierenden die aktuell ein Auslandssemester vor sich haben, die Möglichkeit zu geben, Learning-Agreements anzulegen. Hierfür wurden die konkreten Bewerbungsdaten der Test-Studierenden als Testdaten im System angelegt.

Nach einer kurzen Erläuterung der Funktionalität ohne eine explizite Demonstration des Dialogablaufs, waren die Studierenden in der Lage ihre beispielhaften Learning-Agreements anzulegen. Als eine sehr hilfreiche Eigenschaft der Software wurden die Verwendung verständlicher Fachbegriffe und die Verfügbarkeit von Hilfetexten, welche durch Mouse-over Effekte realisiert wurden (vgl. DoD, Abschn. 2.5.1). Allerdings hat sich gezeigt, dass es nach dem erfolgreichen Anlegen einer Learning-Agreement-Position sinnvoll wäre, diese noch verändern zu können. Im Gespräch ergab sich, dass es ausreicht, wenn die alte Position gelöscht und eine neue Position angelegt werden kann. In diesem Zusammenhang wurde auch der Arbeitsvorrat noch einmal kritisch angeschaut (vgl. Tab. 2.6). Die beiden User Stories 3.2 *(Der Student will sein Learning-Agreement bis zur endgültigen Festlegung editieren.)* und 3.5 *(Der Student will sein Learning-Agreement als PDF-Datei ausdrucken können.)* werden hinsichtlich ihrer Priorität bestätigt. Die in unmittelbarem Zusammenhang stehende User Story 3.3 *(Der Student soll bei der Erfassung von Lehrveranstaltungen der Heimathochschule nur solche erfassen können, für die er noch keinen Leistungsnachweis erbracht hat. Damit sollen Fehler frühzeitig vermieden werden.)* wird als nicht wirklich sinnvoll eingeordnet.

Während des beispielhaften Anlegens von Learning-Agreements hat die Diskussion zwischen Studierenden und Hochschulbeauftragten einerseits und dem Produktverantwortlichen andererseits folgendes ergeben: Zum einen wird das Learning-Agreement vielfach sechs Monate und länger vor dem Auslandssemester erstellt. In der Regel können zu diesem Zeitpunkt im Prüfungssystem noch gar nicht alle relevanten Daten vorliegen. Damit ist eine programmtechnische Auswahl der Lehrveranstaltungen der Heimathochschule, für die noch kein Leisungsnachweis erbracht wurde, nicht zuverlässig möglich. Zum anderen hat insbesondere der Vertreter der Hochschulverantwortlichen folgenden Aspekt eingebracht: Wenn der Student nur bis zur endgültigen Festlegung des Learning-Agreements ändern darf, dann sollte dies im System irgendwie festgehalten sein. Bisher war der Produktverantwortliche davon ausgegangen, dass der Hochschulbeauftragte und der Student auf dem ausgedruckten PDF-Dokument unterschreiben. Damit wäre jedoch systemseitig nicht festgehalten, dass keine Änderungen mehr möglich sind. Vor diesem Hintergrund wird folgende neue User Story 3.3 formuliert: *Der Hochschulbeauftragte will Learning-Agreements von seinen betreuten Partnerhochschulen editieren und freigeben können, damit durch das System spätere Änderungen durch Studierende verhindert werden.* Das Team schätzt den Aufwand für diese Story auch auf ungefähr vier Story Points. Aufgrund der Tatsache, dass zu dieser Freigabe nur Hochschulbeauftragte berechtigt sein dürfen, wurde noch einmal unterstrichen, dass die Technical Story 6.1 *(Das System muss eine rollenspezifische Authentifizierung bereitstellen, damit Benutzer nur ihre rollenspezifischen Funktionen benutzen können.)* wie bisher geplant mit Priorität 4 umgesetzt werden muss.

Dieses Beispiel zeigt in idealer Weise auf, welchen Vorteil das **agile Vorgehen** gegenüber einem eher **wasserfallartigen** Vorgehen haben kann. Die zeitnahe Möglichkeit den Stakeholdern anhand konkreter Software die ersten Teilergebnisse zu präsentieren, haben dazu geführt, dass einerseits die durchaus sinnvoll erscheinende User Story 3.3 der Tab. 2.6 keinen wirklichen Nutzen erwarten lässt, jedoch durchaus Aufwand verursacht hätte. Andererseits das Fehlen der notwendigen Funktionalität der neuen User Story 3.3 wahrscheinlich erst viel später aufgekommen wäre und durch ein u. U. aufwendiges Änderungsmanagement hätte bearbeitet werden müssen (vgl. Abschn. 1.3.3.3).

Die Überarbeitung des Arbeitsvorrats für die nächsten vier Iterationen ist in Tab. 6.3 zusammengefasst. Die Iteration zwei umfasst die Stories 3.2 und 3.5. In der dritten Iteration wird die Technical Story 6.1 entworfen und implementiert. Die User Stories 3.3 (neu) und 3.4 sind Gegenstand der Iterationen vier und fünf.

Das DAD Prozessmodell sieht die Rückschau (**Retrospektive**) durch das Entwicklerteam nur im Bedarfsfall vor. Da unser Entwicklerteam noch nicht soviel Erfahrung hat, reflektieren die Teammitglieder ihr Vorgehen. Dabei wurde noch einmal in Erinnerung gerufen, dass die Nicht-Anwendung von Mustern zum verantwortungsvollen Entwurf nach Larman (vgl. Abschn. 4.2) und der damit einhergehende Refactoring-Schritt Aufwand verursachte, der durchaus hätte vermieden werden können.

Tab. 6.3 Prioritäten für die User Stories der nächsten Iterationen

Id	User Story	Priorität
3.1	Der Student will sein Learning-Agreement mit den korrespondierenden Lehrveranstaltungen der Heimat- und Partnerhochschule im System anlegen können	1 ✓
3.2	Der Student will sein Learning-Agreement bis zur endgültigen Festlegung editieren können	2
3.5	Der Student will sein Learning-Agreement als PDF-Datei ausdrucken können	3
6.1	Das System muss eine rollenspezifische Authentifizierung bereitstellen, damit Benutzer nur ihre rollenspezifischen Funktionen benutzen können	4
3.3	Der Hochschulbeauftragte will Learning-Agreements von seinen betreuten Partnerhochschulen editieren und freigeben können, damit durch das System spätere Änderungen durch Studierende verhindert werden	5
3.4	Der Student soll bei der Erfassung von Lehrveranstaltungen der Partnerhochschule bereits passende Lehrveranstaltungen vorgeschlagen bekommen, damit die Bestätigung durch den Hochschulbeauftragten vereinfacht wird	6

6.4   Zusammenfassung

Auf der Basis des Grundwissens über den Entwurf und die Implementierung von Fachklassen (vgl. Kap. 3 und 4) sowie den Entwurf und die Implementierung der JSF Dialog-
schnittstelle (vgl. Kap. 5) wurden in diesem Kapitel die restlichen System-Operationen
der User Story 3.1 (einfache Version des Erstellens eines Learning-Agreements)
entworfen und implementiert. Hierzu wurde das Klassenmodell erweitert und die
betroffenen Klassen entwickelt bzw. angepasst. In diesem Zusammenhang mussten auch
JPA Annotationen zur Definition individueller Verknüpfungstabellen eingesetzt werden.
Im Rahmen der Oberflächengestaltung wurden Auswahldialoge und Gruppierungen
von Elementen eingesetzt, bei denen Lehrveranstaltungs-Objekte ausgewählt wurden.
Dabei trat das Problem auf, dass auf der Browser-Ebene lediglich Zeichenketten dargestellt werden. Zur Lösung wurde ein anwendungsspezifischer Konverter entwickelt,
der das Objekt in eine Zeichenkette und die Zeichenkette in ein Objekt übersetzt. Das
Beispiel machte auch deutlich, dass es sinnvoll ist, der Fehlbedienung des Systems durch
den Benutzer dadurch vorzubeugen, dass die Sichtbarkeit bzw. die Benutzbarkeit von
JSF-Komponenten interaktions- bzw. ablauforientiert gesteuert wird. Zum Abschluss
der ersten Iteration wurde exemplarisch eine mögliche Vorgehensweise beim Iterationsbericht (iteration review) vorgestellt. Am Beispiel wurde deutlich, dass die kurzen
Iterationen hervorragend dafür geeignet sind, frühzeitig Feedback von den Benutzern
bzw. dem Auftraggeber zu erhalten. Am Beispiel wurde zum einen offenbar, dass sich
eine ursprünglich hoch priorisierte User Story letztlich als unnötig herausgestellt hat.
Zum anderen hat das Feedback der Benutzer dazu geführt, dass andere User Stories hinsichtlich ihrer Priorität höher eingestuft wurden. Die Retrospektive ist im DAD Prozessmodell optional. Im Beispiel wurde noch einmal deutlich, dass bei der Reflexion des
Entwicklerteams die Wichtigkeit der Anwendung von Mustern besonders betont wurde.

6.5   Wiederholungsfragen und Aufgaben

Frage 6.1
In einer JSF Auswahlliste (z. B. *SelectOneMenu*) werden Objekte zur Auswahl bereitgestellt. Der Programmcode in Listing 6.11 verdeutlicht die Situation.

Listing 6.11

```
1    ...
2    <h:selectOneMenu id="hostCourse"
3        value="#{createLearningAgreementBean.selectedHostCourse}"
4        converter="#{courseConverter}">
         <f:selectItemsvalue
5            value= "#{createLearningAgreementBean.selectableHostCourses()}
6            var="host" itemLabel="#{host.courseTitle }" itemValue="#{host}" />
7    </h:selectOneMenu>
8    ...
```

Welche der folgenden Aussagen sind korrekt?

a) host ist der Bezeichner für die HostCourse-Objekte, die in der Liste zur Auswahl bereitgestellt werden.
b) Der Inhalt der Variablen itemValue ist eine Zeichenkette bestehend aus dem Attribut host des jeweiligen HostCourse-Objektes.
c) In der Auswahlliste wird der Titel der Lehrveranstaltung (courseTitle) angezeigt.
d) Der Inhalt der Variablen itemValue ist eine Zeichenkette bestehend aus einem Attribut des jeweiligen HostCourse-Objektes, mit dessen Hilfe der Konverter das ausgewählte HostCourse-Objekt eindeutig bestimmen kann.
e) Der Konverter *(courseConverter)* wandelt das HostCourse-Objekt im Browser in einen String um, sodass dieser über den HTTP-Request verarbeitet werden kann.

Frage 6.2
Welche Aussagen über die Interaktionssteuerung in einer JSF sind richtig?

a) Das rendered-Attribut einer JSF-Komponente ist standardmäßig auf false gesetzt.
b) Dem rendered-Attribut einer JSF-Komponente wird i. d. R. der Wert einer Instanzvariablen des zugehörigen CDI Bean-Objektes zugewiesen.
c) Mit Hilfe von Boolean-Variablen, deren Wert typischerweise im Facelets gesetzt wird, erfolgt die Steuerung, ob eine JSF-Komponente angezeigt wird.
d) Mit Hilfe des immediate-Attributes wird die JSF-Umgebung auf dem Server veranlasst, vom Standard-Ablauf des JSF-Lebenszyklus abzuweichen.
e) Das immediate-Attribut ist standardmäßig auf true gesetzt.

Frage 6.3
Welche Aussagen zum Abschluss einer Iteration sind richtig?

a) Der Iterationsbericht besteht aus einer ausführlichen Dokumentation der Arbeitsergebnisse einer Iteration.
b) Der Iterationsbericht dient im Wesentlichen dazu, einerseits dem Auftraggeber das Arbeitergebnis einer Iteration zu demonstrieren und andererseits das Feedback vom Auftraggeber einzuholen.
c) Aus dem Feedback des Auftraggebers im Rahmen des Iterationsberichts können sich Erkenntnisse ergeben, die zu Änderungen am Arbeitsvorrat führen können.
d) Die Retrospektive führt stets zu einem Feedback an den Auftraggeber.
e) Änderungen des Arbeitsvorrats sind nur über einen aufwendigen Freigabeprozess möglich.

Aufgabe 6.1
In der Aufgabe 5.1 musste der Benutzer die Nummer der Bestellung, für welche die Rechnung erfasst werden soll, eingeben und das Programm hat diese gesucht. Nun soll

der Benutzer aus den Bestellungen, für die noch keine Rechnungen erfasst wurden, auswählen können. In Listing 6.12 sind Code-Ausschnitte aus der JSF-Seite, der CDI Bean
und der Konverter-Klasse wiedergegeben. Auch diesmal hat der Drucker wieder Teile
des Codes nicht ausgedruckt.

a) Ergänzen Sie die Anweisung 13 des Facelets so, dass nach der Auswahl durch den
   Benutzer in der Instanzvariablen *bestellung* der CDI Bean auch wirklich ein Verweis
   auf das ausgewählte Bestell-Objekt enthalten ist.
b) In Anweisung 17 des Facelets wird das Attribut *itemValue* der JSF-Komponente
   selectItems verwendet. Was steht in diesem Attribut für jede Bestellung zur Verfügung
   und durch welche Festlegungen wird der Inhalt bestimmt? Verweisen Sie dabei auf
   den entsprechenden Programmcode in Listing 6.12.
c) Erläutern Sie bitte den Zusammenhang zwischen den Anweisungen 14 des Facelets
   und 5 der CDI Bean.
d) Erläutern Sie bitte, wie mit Hilfe des Konverters nach Auslösen der Schaltfläche
   bestellungUebernehmenButton in der Instanzvariablen *bestellung* der CDI Bean der
   Verweis auf das ausgewählte Bestell-Objekt enthalten ist.

Aufgabe 6.2
Matthias und Stefanie studierten an der Hochschule Irgendwo Wirtschaftsinformatik. Sie
besuchten die Lehrveranstaltung Software Engineering, sind jedoch schon seit mehreren
Monaten in unterschiedlichen Software- bzw. Systemhäusern in Software-Entwicklungs-
Projekte eingebunden. Im nachfolgenden Dialog tauschen sie sich über ihre Erfahrungen
aus. Beurteilen Sie kurz den Dialog hinsichtlich der sachlichen Richtigkeit der Aussagen.

Matthias:
Wir hatten im ersten Halbjahr ein agiles Projekt bei einem unserer Stammkunden durch-
geführt. Besonders wertvoll war für mich, dass die zukünftigen Benutzer im Rahmen der
Retrospektive dem Entwicklerteam ein hervorragendes Feedback geben konnten.

Stefanie:
Eine ähnliche Erfahrung konnte ich auch erst unlängst machen. Beim sogenannten
Iterationsbericht konnten unsere Kunden bereits mit der entwickelten Software erste
Erfahrungen sammeln. Dabei bekamen wir gute Hinweise, die uns dazu veranlassten,
eine Repriorisierung der Arbeitspakete im Arbeitsvorrat durchzuführen.

Matthias:
Genau so war es bei uns. Der Auftraggeber wollte einige User Stories anders
priorisieren. Das hat jedoch unser Produktverantwortliche mit der Begründung
abgelehnt, dass dies nach dem Start der Entwicklungsphase nicht mehr möglich sei.

Listing 6.12

```
rechnungAnlegen.xhtml
```

```
1   ...
2   <h:form id="sucheBestellungForm">
3     <h:panelGrid columns="4" styleClass="borderTable"
4       headerClass="panelHeading" cellspacing="2" style="width:100%">
5       <f:facet name="header">
6         <h:outputText value="Rechnung prüfen"
7           styleClass="standard_bold" />
8       </f:facet>
9       <h:outputLabel for="bestellung" value="Bestellung"
10        styleClass="standard_bold" />
11      <h:selectOneMenu id="bestellung"
12        value="#{rechnungPruefenBean.bestellung}"
13        converter="_____">
14        <f:selectItems
15          value="#{rechnungPruefenBean.bestellungen}" var="best"
16          itemLabel="#{best.bestellNummer}"
17          itemValue="#{best}" />
18      </h:selectOneMenu>
19      <h:outputLabel />
20      <h:panelGroup>
21        <h:commandButton id="bestellungUebernehmenButton"
22          value="Bestellung übernehmen"
23          action="#{rechnungPruefenBean.doUebernehmeBestellung}"
24          rendered="#{rechnungPruefenBean.renderBestSuchen and not
25                       rechnungPruefenBean.renderBestGefunden}" />
26        <h:outputLabel />
27      </h:panelGroup>
28  ...
```

```
Klasse: RechnungPruefenBean
```

```
1   @PostConstruct
2   public void initialize() {
3     conv.begin();
4     rechnungPruefenController.initialize();
5     bestellungen = rechnungPruefenController.getBestellungen();
6   }
7
8   public String doUebernehmeBestellung() {
9     aktuelleBestellPosNr = setAktuelleBestellPosition();
10    renderBestGefunden = true;
11
12    return "rechnungAnlegen.xhtml";
13  }
14
15  public Bestellung getBestellung(int bestNr) {
```

```
16     for (Bestellung best : bestellungen) {
17       if (best.getBestellNummer() == bestNr) {
18         rechnungPruefenController.setBestellung(best);
19         return best;
20       }
21     }
22     return null;
23   }
```

Klasse: BestellungConverter

```
1    @Named
2    @FacesConverter(forClass = Bestellung.class)
3    public class BestellungConverter implements Converter, Serializable {
4
5      @Inject
6      RechnungPruefenBean rechnungPruefenBean;
7
8      @Override
9      public Object getAsObject(FacesContext cont ext,
10                                UIComponent component, String value) {
11       if (value == null || value.isEmpty()) {
12         return null;
13       }
14       return rechnungPruefenBean.getBestellung(Integer.parseInt(value));
15     }
16
17     @Override
18     public String getAsString(FacesContext context,
19                                UIComponent component, Object value) {
20       if (!(value instanceof Bestellung)) {
21         return "";
22       }
23       Integer id = ((Bestellung) value).getBestellNummer();
24       return id.toString();
25     }
```

Literatur

Ambler, S.W., & Lines, M. (2012). *Disciplined Agile delivery. A practitioner's guide to Agile software delivery in the enterprise.* Upper Saddle River: IBM Press/Pearson plc.

Kurz, M., & Marinschek, M. (2014). *JavaServer Faces 2.2. Grundlagen und erweiterte Konzepte* (3. Aufl.). Heidelberg: dpunkt.

Müller, B. (2010). *JavaServer Faces 2.0. Ein Arbeitsbuch für die Praxis* (2. Aufl.). München: Hanser.

PrimeFaces Dokumentation. (2020). JavaScript API. https://primefaces.github.io/primefaces/8_0/#/core/javascriptAPI.

Iteration 2: Ausgewählte Entwurfs- und Implementierungslösungen für weitere User Stories

---

Überblick

Die vorangehenden Kapitel zur Entwicklungsphase bezogen sich alle auf die Iteration 1 des Fallbeispiels. Im Rahmen des Buches soll das Fallbeispiel bis zum ersten Release nach der Iteration 3 laut der Release-Planung (vgl. Abschn. 2.5) zumindest nachvollziehbar sein. Daher werden in diesem Kapitel die wesentlichen Aspekte der Iterationen 2 und 3 dargestellt. Aufgrund der Erkenntnisse aus dem Iterationsbericht der ersten Iteration wird eine Iterationsplanung für die Iteration 2 durchgeführt und damit die Grundlage für den Entwurf und die Implementierung der notwendigen Teilaufgaben gelegt. Die User Story *Learning-Agreement editieren* wird in die bereits entwickelte Lösung für Learning-Agreement anlegen integriert. Während diese Abschnitte für den Leser eher eine Vertiefung bereits vorhandenen Wissens darstellen, werden in den letzten beiden Abschnitten des Kapitels zwei neue Aspekte behandelt. Zum einen werden die Grundlagen der Open-Source Bibliothek iText zur Erzeugung von PDF-Dokumenten erarbeitet und im Fallbeispiel angewandt. Zum anderen wird die bisherige Lösung zur Authentifizierung durch die Standardlösung mit Hilfe der Funktionalität des Anwendungs-Servers Payara abgelöst.

7.1 Teilgebiete und Lernergebnisse

Wichtige Teilgebiete sind:
- Anwendung der Iterationsplanung
- Integration zusätzlicher Funktionalität in vorhandene Software
- iText zum Erstellen von PDF-Dokumenten
- Server-basierte Authentifikation und Autorisierung für JSF Web-Anwendung

---

Lernergebnisse
Der Leser soll

- die Vorgehensweise zur Iterationsplanung anwenden können.
- iText zum Erstellen von PDF-Dokumenten anwenden können.
- mit Hilfe der Jakarta EE Technologie eine sichere Authentifikation und Autorisierung für eine Web-Anwendung implementieren können.

7.2   Iterationsplanung für die Iteration 2

Die User Story 3.2 (*Der Student will sein Learning-Agreement bis zur endgültigen Festlegung editieren können.*) (vgl. Tab. 6.3) ist sehr verwandt mit der User Story 3.1 (*Der Student will sein Learning-Agreement mit den korrespondierenden Lehrveranstaltungen der Heimat- und Partnerhochschule im System anlegen können.*). Dies gilt umso mehr, da im Rahmen des Iterationsberichts der Iteration 1 (Abschn. 6.3) deutlich wurde, dass auch während des Anlegens eines neuen Learning-Agreements die Möglichkeit bestehen sollte, eine gerade angelegte Learning-Agreement-Position auch wieder zu löschen. Somit muss das **System-Sequenzdiagramm** der User Story 3.1 (vgl. Abb. 3.2) nur in minimalem Umfang angepasst werden. Die System-Operation *anlegenLearningAgreement* kann durch die System-Operation *anlegenEditierenLearningAgreement* ersetzt werden, wobei eben zwei Fälle zu unterscheiden sind. Im Fall 1 ist kein Learning-Agreement vorhanden, dann muss ein entsprechendes Objekt angelegt werden. Im Fall 2 ist ein Learning-Agreement zur ausgewählten Bewerbungsposition vorhanden, dann wird dieses angezeigt und kann wie ein neu angelegtes Objekt bearbeitet werden. Das Dialogbild verändert sich damit nur unwesentlich im Vergleich zu Abb. 6.4 (vgl. Abb. 7.1).

Aufgrund der Erfahrungen in der ersten Iteration hat das Entwicklerteam schon eine gute Vorstellung von den Aufgaben, die zur Umsetzung der User Story notwendig sind, und hat diese in Tab. 7.1 zusammengestellt sowie hinsichtlich des Zeitaufwands abgeschätzt.

Die User Story 3.5 (*Der Student will sein Learning-Agreement als PDF-Datei ausdrucken können.*) wurde in Gesprächen mit den Stakeholdern und dem Produktverantwortlichen bereits anlässlich des Iterationsberichts der Iteration 1 weiter konkretisiert. Insbesondere soll nicht nur eine PDF-Datei erzeugt werden, sondern nach dem Speichern soll statt einer einfachen Speicherbestätigung, das fertige Learning-Agreement mit zugehöriger Nummer angezeigt werden. Unser Entwicklerteam hat bisher keine

Abb. 7.1 Anlegen/Editieren von Learning-Agreement

Tab. 7.1 Aufgabenliste für Iteration 2

ID	User Story/Aufgabe	Geschätzte Stunden
1	*3.2: Der Student will sein Learning-Agreement bis zur endgültigen Festlegung editieren können*	
2	Entwurf und Implementierung von Prüfen ob für ausgewählte Bewerbungsposition ein Learning-Agreement vorliegt	8
3	Entwurf und Implementierung von Anpassen der Listen der auswählbaren Lehrveranstaltungen unter Berücksichtigung der bereits ausgewählten Lehrveranstaltungen	8
4	Entwurf und Implementierung von Löschen einer Learning-Agreement-Position und anpassen der Listen auswählbarer Lehrveranstaltungen	8
5	Entwurf und Implementierung der Veränderungen an der Benutzungsoberfläche	8
6	Abschließendes Testen für den Fall, dass kein Learning-Agreement existiert und für den Fall, dass bereits ein Learning-Agreement existiert	8
7	*3.5: Der Student will sein Learning-Agreement als PDF-Datei ausdrucken können*	
8	Darstellung des gespeicherten Learning-Agreements am Bildschirm	8
9	Erlernen der Grundlagen von iText (Framework zur Erzeugung von PDF-Dokumenten)	8
10	Erstellen eines PDF-Dokuments des gespeicherten Learning-Agreements	8
	Summe	64

Erfahrung mit der Erstellung einer PDF-Datei und muss sich daher die Grundkenntnisse aneignen.

Analog den Überlegungen bei der Iterationsplanung für die Iteration 1 (vgl. Abschn. 3.2.2) soll wieder davon ausgegangen werden, dass für eine Iteration zwischen 80 und 120 effektive Arbeitsstunden pro Iteration zur Verfügung stehen. Allerdings soll berücksichtigt werden, dass eines der Teammitglieder während der Iteration 2 eine drei-tägige Schulung besucht, damit erscheint es realistisch, dass die Aufgabenliste der Tab. 7.1 zeitgerecht abgearbeitet werden kann.

7.3   Ausgewählte Entwurfs- und Implementierungsschritte für User Story 3.2 – Learning-Agreement editieren

Wie bereits im Rahmen der Iterationsplanung deutlich wurde, stellt die User Story 3.2 eine Ergänzung der User Story 3.1 dar. Das Entwicklerteam entscheidet sich gegen eine eigene Transaktion, sondern ändert in Absprache mit dem Produktverantwortlichen und den Stakeholdern die Transaktion Anlegen Learning-Agreement in Anlegen/Editieren Learning-Agreement ab. Sobald der Student seine freigegebene Bewerbungsposition ausgewählt hat, prüft das System, ob bereits ein Learning-Agreement für diese Bewerbungsposition im System angelegt ist. In der Aktions-Methode *initLearningAgreement* (vgl. Anweisungen 1 ff. der LearningAgreementBean in Listing 7.1) wird dies geprüft. Falls kein *LearningAgreement* vorhanden ist, wird die bereits bekannte *LoginBean* genutzt, um auf das Studenten-Objekt zuzugreifen und dann dort gemäß Experten-Muster die Erzeugung eines neuen *LearningAgreements* zu steuern.

Listing 7.1

```
Klasse: LearningAgreementBean

1   private void initLearningAgreement() {
2       if (applicationItem.getLearningAgreement() == null) {
3           Logger.info("created new learning agreement for application item: "
4                   + applicationItem.getId());
5           setLearningAgreement(loginBean.getStudent()
6               .createLearningAgreement(applicationItem));
7       .  } else {
8           setLearningAgreement(applicationItem.getLearningAgreement());
9       }
10  }

Klasse: Student

1   public LearningAgreement createLearningAgreement(
2                       ApplicationItem applicationItem) {
3       LearningAgreement learningAgreement =
4                       new LearningAgreement(applicationItem);
5       learningAgreements.add(learningAgreement);
6       return learningAgreement;
7   }

Klasse: ApplicationItem

1   @Override
2   public boolean equals(Object obj) {
3       if (!(obj instanceof ApplicationItem)) {
4         return false;
5       }
6       if (this == obj) {
7         return true;
8       }
9       return this.getId().equals(((ApplicationItem) obj).getId());
10  }
```

Letztlich wird in der Fachklasse *Student* geschaut, ob für die ausgewählte Bewerbungs-position ein Learning-Agreement vorhanden ist. Mit den Anweisungen der Klasse *ApplicationItem* in Listing 7.1 soll daran erinnert werden, dass zur Überprüfung, ob zwei *ApplicationItem*-Objekte gleich sind, die *equals*-Methode der Wurzelklasse über-schrieben werden muss. Die Gleichheit von zwei Objekten ist entsprechend Anweisung 9 dann gegeben, wenn die Primärschlüsselwerte übereinstimmen. Da der Primär-schlüssel vom Typ String ist, kann auf die bei String implementierte *equals*-Methode zurückgegriffen werden. In diesem Zusammenhang wollen wir auch die Auswahl mög-licher Lehrveranstaltungen nochmals betrachten. Die hierfür verantwortlichen Klassen

LearningAgreementBean und *CourseBean* wurden in Listing 7.2 nochmals ausschnitts-
weise dargestellt. Durch *navigate2LearningAgreementItem* wird der im vorigen Kapitel
beschriebene Dialog (vergleiche Listing 6.3) aufgerufen. In der *open*-Methode werden
die im bereits vorhandenen Learning-Agreement zugeordneten Lehrveranstaltungen der
Heimathochschule bzw. Partnerhochschule aus den korrespondierenden Auswahllisten
entfernt, wir verwenden hierzu die *foreach*-Methode in Kombination mit funktionalen
(Lambda) Ausdrücken (siehe hierzu auch Stokol et al. 2013).

Die nächste Funktion ist das Löschen einer ausgewählten Learning-Agreement-
Position. Ausgehend von der Darstellung im Benutzerdialog (vgl. Abb. 7.1) und
der Entscheidung an dieser Stelle keine eigene Transaktion zu entwickeln, ist zu
beachten, dass die gelöschten *LearningAgreementItems* lediglich aus der zugeordneten
Liste des *LearningAgreements* entfernt werden (siehe Anweisung 8 der Klasse
LearningAgreementBean in Listing 7.2). Die Aufgabe des Löschens wird somit der
bereits beschriebenen Speichern-Aktion überlassen. Als gelöscht markierte (aus der
Liste entfernte Objekte) stellen somit eine aktuell transiente Änderung dar, die erst beim
Speichern persistiert wird (siehe hierzu auch Listing 6.10).

Listing 7.2

```
Klasse: LearningAgreementBean

1  public void navigate2LearningAgreementItem(LearningAgreementItem item) {
2      Logger.info("open CourseBean");
3      courseBean.get().open(getHomeCourses(), getHostCourses(), item);
4  }
5  ...
6  public void deleteLearningAgreementItem(LearningAgreementItem item) {
7      Logger.info("remove learning agreement item: " + item.getId());
8      getLearningAgreementItems().remove(item);
9  }

Klasse: CourseBean

1  public void open(List<HomeCourse> availableHomeCourses,
2                   List<HostCourse> availableHostCourses,
3                   LearningAgreementItem item) {
4      this.item = item;
5      this.homeCourses = availableHomeCourses;
6      item.getHomeCourses().forEach((course) -> {
7          this.homeCourses.add(course);
8      });
9      this.hostCourses = availableHostCourses;
10     item.getHostCourses().forEach((course) -> {
11         this.hostCourses.add(course);
12     });
13 }
```

Der **Java EE-Architektur für Web-Anwendungen** gemäß (vgl. Abb. 5.1) sind Session und CDI Beans nicht nur für die Kommunikation mit den Fachklassen verantwortlich, sondern auch für die Kommunikation mit der **Datenhaltungsschicht**. Ist das zu löschende Learning-Agreement-Positions-Objekt bereits Teil eines gespeicherten Learning-Agreements, so werden einerseits das betreffende Positions-Objekt in der Datenbank gelöscht und andererseits das Learning-Agreement mit der Datenbank synchronisiert, sodass die veränderten Verknüpfungen aktualisiert werden. Weiterhin werden durch die Aktualisierung des Learning-Agreement-Objektes auch gleichzeitig alle abhängigen Postions-Objekte aktualisiert. Dies ist dadurch gewährleistet, dass in der Klasse Learning-Agreement die Annotation der Assoziation mit dem Attributwert *CascadeType.ALL* konfiguriert wurde *(@OneToMany(cascade = CascadeType.ALL) private List<LearningAgreementItem> learningAgreementItems;).*

Darüber hinaus soll angemerkt werden, dass die JPA offenbar die Ausführung der Datenbankbefehle unabhängig vom Java-Code in der richtigen Reihenfolge ausführt. Es wäre ja in der relationalen Datenbank nicht möglich die Positionszeile in der zugehörigen Zeile zu löschen, so lange noch vom Learning-Agreement auf diese Datenbankzeile verwiesen wird.

Wie bereits erwähnt werden in der CDI Bean Klasse werden in den Anweisungen 5 bis 12 der CourseBean die Listen mit den auswählbaren Lehrveranstaltungen in der Weise aktualisiert, dass die Lehrveranstaltungen der gelöschten Learning-Agreement-Position wieder zur Auswahl zur Verfügung gestellt werden. Das Entwicklerteam hat diese Funktionalität nicht an die Fachklassen delegiert, da dies primär eine Frage der Dialoggestaltung ist. Grundsätzlich könnten ja immer alle Kurse zur Auswahl angeboten werden und durch entsprechende Plausibilitätsprüfungen die korrekte Bedienung durch den Benutzer gewährleistet werden. Das Entwicklerteam folgt jedoch dem Grundsatz, dass es effizienter ist, Fehleingaben zu vermeiden, als Fehleingaben durch Plausibilitätsprüfungen festzustellen.

Die Aufgabenliste der Iteration 2 (Tab. 7.1) weist unter Position 5 noch die Aufgabe *Entwurf und Implementierung der Veränderungen an der Benutzungsoberfläche* aus. In Listing 6.7 ist in der SelectManyMenu-Komponente spezifiziert, in der laut Abb. 7.1 bei den Learning-Agreement-Positionen der Löschen-Link zu ergänzen ist. Die beiden Schaltflächen werden als *CommandLinks* innerhalb einer *Facet* umgesetzt (siehe hierzu die Anweisungen 26 bis 40 in Listing 7.3) die konkrete Umsetzung geschieht durch die beiden Schaltflächen, die in Abb. 7.1 farblich markiert wurden. Diese

Listing 7.3

```
1    ...
2    <c:forEach var = "i" begin = "0"
3        end = "#{fn:length(LearningAgreementBean.learningAgreementItems)-1}">
4      <p:panel id="custom" header="#{MSG.LEARNINGITEM} #{i+1}"
5                 style="margin-bottom:20px">
6        <div class="p-grid">
7          <div class="p-col-12 p-md-6 p-lg-6">
8            <div class="box">
9              <h4>#{MSG.COURSESHOME}</h4>
10             <c:forEach items="#{LearningAgreementBean
11                       .learningAgreementItems[i].homeCourses}" var="homeC">
12               <h:outputText value="#{homeC.courseTitle}" /><br/>
13             </c:forEach>
14           </div>
15         </div>
16         <div class="p-col-12 p-md-6 p-lg-6">
17           <div class="box">
18             <h4>#{MSG.COURSESHOST}</h4>
19             <c:forEach items="#{LearningAgreementBean
20                       .learningAgreementItems[i] .hostCourses}" var="hostC">
21               <h:outputText value="#{hostC.courseTitle}" /><br/>
22             </c:forEach>
23           </div>
24         </div>
25       </div>
26       <f:facet name="actions">
27         <p:commandLink
28             actionListener="#{LearningAgreementBean
29                   .navigate2LearningAgreementItem(
30                       LearningAgreementBean.learningAgreementItems[i])}"
31             onclick="PF('itemsDialog').show();">
32           <h:outputText styleClass="fa fa-fw fa-edit" /></p:commandLink>
33         <p:commandLink
34             actionListener="#{LearningAgreementBean
35                 .deleteLearningAgreementItem(
36                     LearningAgreementBean.learningAgreementItems[i])}"
37             update="@form">
38           <h:outputText styleClass="fa fa-fw fa-trash" />
39         </p:commandLink>
40       </f:facet>
41     </p:panel>
42   </c:forEach>
43   ...
```

7.4   Ausgewählte Entwurfs- und Implementierungsschritte für User Story 3.3 – Learning-Agreement als PDF ausgeben

Die User Story 3.3 *(Der Student will sein Learning-Agreement als PDF-Datei ausdrucken können.)* umfasst gemäß der Aufgabenliste (vgl. Tab. 7.1) auch die Darstellung des Learning-Agreements im Browser. Der hierfür notwendige Code kann weitestgehend aus dem Facelets *learningAgreementListView.xhtml* übernommen werden. Details hierzu können aus dem bereitgestellten Quellcode entnommen werden (vgl. Online Materialien des Verlags auf der Homepage des Buches).

Eine aufwendigere Aufgabe ist die Erstellung der **PDF-Datei.** Das Hilfsmittel der Wahl zur dynamischen Erzeugung einer PDF-Datei mit Java sind die frei verfügbaren Programmbibliotheken Apache PDFBox (vgl. Apache 2019) und iText (vgl. Lowagie 2011 und 2018). Diese Bibliotheken unterstützen die Erzeugung, Verarbeitung und Manipulation von PDF-Dokumenten. In der User Story 3.3 steht die programmseitige Erstellung von dynamischen PDF-Dokumenten mit Hilfe einer bereitgestellten API im Mittelpunkt. Hierzu hat das Entwicklerteam sich für die Nutzung von iText in Version 7.1.9 entschieden. Die Bibliothek wird wie gehabt per Maven in das Projekt eingebunden. Der benötigte Artefakt ist *itext7-core*.

Als Teil der Präsentationsschicht wird im Paket *de.hspf.swt.exam.administration.cdi. converter* die Klasse *LearningAgreementDocumentGeneratorable* erstellt (vgl. Listing 7.4). Die Methode *createPdf* erstellt das PDF-Dokument. Das Format ist A4 quer, das Dokument wird direkt in den *OutPutStream* geschrieben. Wir machen uns das zunutze, um das Dokument dynamisch im Browser anzeigen zu können. Das Team hat überlegt die Ausgabe auf eine neue Seite im Browser umzuleiten und so eine Online-Darstellung zu erhalten, die anschließend auch herunter geladen werden kann. Als positiver Nebeneffekt wird dadurch in allen Browsern auch die inzwischen integrierte PDF-Anzeige genutzt. Der Inhalt des Dokuments wird aus mehreren Tabellen zusammengesetzt, die jeweils in einer eigenen Methode erstellt werden. Mittels der Methode *add* der Klasse *Document* werden die einzelnen Tabellen, Trennlinien und einzelne Textzeilen zusammengefügt.

Beispielhaft soll zunächst auf ausgewählte Teile der Methoden createPdf und *createHeaderTable* eingegangen werden (vgl. Anweisungen 28 bis 44 in Listing 7.4).

Listing 7.4

```
1    public Document createPdf(LearningAgreement learningAgreement,
2                               OutputStream output) throws IOException {
3
4        PdfWriter writer = new PdfWriter(output);
5        PdfDocument pdf = new PdfDocument(writer);
6        pdf.setDefaultPageSize(PageSize.A4.rotate());
7
8        Document document = new Document(pdf);
9
10       FooterRenderer footer = new FooterRenderer(pdf);
11       pdf.addEventHandler(PdfDocumentEvent.END_PAGE, footer);
12
13       document.add(createHeaderTable(learningAgreement));
14       addlineSeparator(document);
15
16       document.add(createItemTable(learningAgreement));
17       addlineSeparator(document);
18
19       document.add(createSignatureTable());
20       addlineSeparator(document);
21
22       // write number of pages information for footer
23       footer.writeTotal(pdf);
24       document.close();
25       return document;
26   }
27   ...
28   public Table createHeaderTable(LearningAgreement la) throws IOException {
29
30       Table table = new Table(4);
31       table.setWidth(UnitValue.createPercentValue(100));
32
33       Color color = new DeviceRgb(222, 234, 246);
34       table.addHeaderCell(createCell("Learning Agreement - No. " +
35                           la.getId(), 1, 4, bold, TextAlignment.CENTER,
36                           Border.NO_BORDER, color).setPadding(10));
37
38       table.addCell(createCell("Student ID:", bold, TextAlignment.RIGHT,
39                           Border.NO_BORDER));
40       table.addCell(createCell("" + la.getStudent().getStudentID(),
41                           Border.NO_BORDER));
42   ...
43       return table;
44   }
```

In der Methode *createPDF* wird, wie bereits erwähnt das Dokument erzeugt, zusammengefügt und zurückgegeben. Wir nutzen hierzu das *Document-Objekt* von *iText* (siehe Anweisung 8 in Listing 7.4). Bevor wir Tabellen hinzufügen, erzeugen wir noch die Fußzeile (Anweisung 10). Da diese eine Nummerierung der Seiten inklusive der Anzeige der Gesamtzeilenanzahl beinhaltet, rufen wir in Anweisung 23 (bevor das Dokument final geschlossen wird) nochmals eine Methode des Fußzeilen-Objekts auf (siehe hierzu auch Kapitel 7 in Lowagie 2018). Exemplarisch für das Einfügen von Inhalten in das PDF-Dokument ist die Methode *createHeaderTable* auszugweise aufgeführt. Um Inhalte zu ordnen und nicht explizit positionieren zu müssen, eignen sich in iText Tabellen. In der Methode wird eine Tabelle mit vier Spalten eingefügt und auf die Seitenbreite dimensioniert. In der ersten Zeile (Kopfzeile, Anweisungen 34–36) nutzen wir neben einer Formatierung als Überschrift auch die Möglichkeit eine Zelle über mehrere Spalten auszudehnen (hier alle vier) und legen eine Hintergrundfarbe fest, diese haben wir zuvor definiert (siehe Anweisung 33). Das Erzeugen der Tabelle überlassen wir der Methode *createCell*. Diese Methode ist als Hilfsmethode in unserer Klasse mehrfach überladen worden und bietet Abkürzungen bei der Erzeugung von Zellen einer Tabelle an (der Interessierte Leser entnimmt weitere Details dem Online verfügbaren Begleitcode zum Buch).

Schließlich sollen noch die Verarbeitung und Rückgabe des PDF-Dokuments angesprochen werden. In Listing 7.5 sind neben dem zugehörigen Abschnitt des Facelets die entscheidenden Zeilen der CDI Bean zu sehen. Das Team hat hierbei den *FacesContext* genutzt, um auf die http-Antwort des JSF Servlet Containers zugreifen zu können. In Anweisung 7 der CDI Bean werden zunächst die Header-Informationen zurückgesetzt und anschließende wird in Anweisung 8 der Medien-Typ der Rückgabe auf PDF gesetzt, sodass diese durch den Browser korrekt interpretiert werden kann. Mögliche Medien-Typen können übrigens direkt bei der Internet Assigned Numbers Authority (IANA) eingesehen werden. Nach dieser Vorbereitung wird die zuvor besprochene Erzeugung des PDF-Dokuments angestoßen. Dazu greifen wir zuerst auf den *OutputStream* der http-Antwort zurück und übergeben diesen zur PDF-Erzeugung, sodass das erzeugte Dokument direkt in diesen geschrieben werden kann (vergleiche hierzu auch Anweisung 4 in Listing 7.4). Dem Facelet-Ausschnitt in Listing 7.5 entnehmen wir neben den bereits bekannten Inhalten noch, dass das PDF-Dokument anschließend in einem neuen Tab des Browsers geöffnet werden soll (siehe Anweisung 5 des Facelets). Das erzeugte Dokument ist exemplarisch in Abb. 7.2 dargestellt.

Learning Agreement - No. 25

Student ID: 23   Name of Student: Hugo Bosch
Study Program: Purchase and Logistics   Study Period: WS 2020/2021 to WS 2020/2021
Host University: University of Wyoming   Country: USA

	Home Course			Host Course		
Item	ID	Title	Credits	ID	Title	Credits
1	4	Operations Management	7.0	14	Business Plan Development	3.0
				16	Managing Risk and Knowledge	3.0
2	5	Strategic Management	3.0	15	Production and Operations Management	3.0

Date   Signature Student   Date   Approved by Academic Advisor

Agile objektorientierte Software-Entwicklung   Page 1 of 1

Abb. 7.2 Learning-Agreement als PDF-Datei

7.5   Iterationsplanung, Entwurf und Implementierung für die Iteration 3

Im Mittelpunkt der dritten Iteration steht der Entwurf und die Umsetzung der Technical Story 6.1 *(Das System muss eine rollenspezifische Authentifizierung bereitstellen, damit Benutzer nur ihre rollenspezifischen Funktionen benutzen können.)*. Das Entwicklerteam hat mit den Details der Umsetzung rollenspezifischer **Authentifizierung** auf der Basis der Sicherheitsfunktionen des Anwendungs-Servers Payara noch nicht viel Erfahrung. Die Überlegungen im Rahmen der Iterationsplanung führen zur Identifikation der in Tab. 7.2 dargestellten Teilaufgaben.

Bei einer verfügbaren Arbeitszeit von 80 bis 120 Stunden pro Iteration bleibt dem Entwicklerteam noch ausreichend Zeit, die Vorbereitungen für das geplante Release zu erledigen (vgl. Abschn. 2.5.4 und Abb. 2.7). Im Rahmen der Einführungsphase stehen insbesondere abschließende Tests, Datenübernahmen und das Vervollständigen notwendiger Dokumentationen im Mittelpunkt (vgl. Ambler und Lines 2012, S. 417 ff.). Zur Release-Vorbereitung müssen im Fallbeispiel Stammdaten der Studierenden, Partnerhochschulen sowie Studiengängen mit Lehrveranstaltungen aus vorhandenen Systemen übernommen werden. Weiterhin muss aus den Modellen, die während den Iterationen entstanden sind, eine System-Dokumentation erstellt werden. Ein wesentlicher Teil der

Tab. 7.2 Aufgabenliste für Iteration 3

ID	Technical Story/Aufgabe	Geschätzte Stunden
1	*6.1: Das System muss eine rollenspezifische Authentifizierung bereitstellen, damit Benutzer nur ihre rollenspezifischen Funktionen benutzen können*	
2	Wiederholen und Vertiefen der Grundlagen zur Authentifizierung mit Payara	16
3	Ergänzen der Fachklassen um die Klasse UserGroup und Integration in die bisherige Klassenstruktur sowie Ergänzung der Datenbank	8
4	Einrichten eines Sicherheitsbereichs (realm) auf dem Payara-Server	8
5	Ergänzung bzw. Anpassung der Präsentationsschicht	8
6	Einrichten der Sicherheitsbedingungen (security constraints) im Deployment Descriptor	8
	Summe	48

Benutzerdokumentation soll ein Screencast-Video sein, der den Studenten online zur Verfügung gestellt wird. Im Mittelpunkt der folgenden Ausführungen stehen die Aufgaben aus Tab. 7.2.

Die genauere Analyse der Technical Story 6.1 mit dem Produktverantwortlichen hatte ergeben, dass es einerseits um die **sichere Authentifizierung** der Benutzer geht und andererseits eine **rollenspezifische Autorisierung** möglich sein soll. Ein Aspekt der sicheren Authentifizierung ist die verschlüsselte Speicherung des Passworts. Dies wurde in Anweisung 10 in Listing 7.6 durch die Erzeugung eines 256 bit langen Hash-Wertes für das Passwort realisiert. Wir benutzen zu diesem Zweck die Bibliothek Apache Commons Codec. Die konkrete Einbindung der Klasse *DigestUtils* wird in Zeile 1 dargestellt, die Bibliothek als Abhängigkeit in unserer pom-Datei definiert. In der Datenbank wird das Passwortnun nicht mehr im Klartext gespeichert. Für das später eingegebene Passwort wird der Hash-Wert ermittelt und mit dem in der Datenbank gespeicherten Hash-Wert verglichen. Die Sicherheitslücke bei der Übertragung des Passworts im Klartext über das Internet wird später bei der Konfiguration des Anwendungs-Servers geschlossen.

Für die Zwecke der rollenspezifischen Autorisierung werden Benutzer zu Benutzergruppen zusammengefasst und den Benutzergruppen werden später Rollen zugewiesen, welche mit bestimmten Rechten versehen werden. Daher wurde eine Klasse UserGroup definiert (vgl. Klasse *UserGroup* in Listing 7.6), wobei die Objekte der Klasse *User* mit den Objekten der Klasse *UserGroup* in einer Viele-zu-viele-Assoziation stehen. Damit soll ein Benutzer, beispielsweise den Benutzergruppen Hochschulverantwortliche und Administratoren zugeordnet werden können.

In der Datenbank hat dies zur Konsequenz, dass neben den Tabellen *userdata* und *UserGroup* auch eine Verknüpfungstabelle *userdata_usergroup* automatisch angelegt wird, die für die spätere Konfiguration des Anwendungs-Servers relevant ist. Im Gegensatz zu dem einführenden Beispiel zu JSF und EJB im Abschn. 5.2.2 erfolgt die Authentifizierung der Benutzer unter Kontrolle des Anwendungs-Servers Payara.

Im Bereich Sicherheit gibt es sowohl im Allgemeinen als auch im Speziellen für Jakarta EE eine ganze Reihe von Entwicklungen, die wir hier nicht abschließend behandeln können. In der Entwicklung von Java EE hin zu Jakarta EE gab es zahlreiche Spezifikationen, die den Funktionsumfang von konformen Applikationsservern festlegen. Den derzeit letzten Stand beschreibt hierbei die Jakarta Security 2.0 Spezifikation, welche wiederum auf Java EE Security (JSR 375) und weiteren Spezifikationen im Umfeld aufsetzt. Für weitere Details und alternative Implementierungen zum nachfolgenden Beispiel, sei neben den Standards auch auf Scholtz (2018, Seite 409 ff.) verwiesen.

Im Weiteren nutzen wir zur Anmeldung des Benutzers die *Custom FORM* basierte Authentifizierung in Kombination mit der Vergabe von Rollen, die wir wie oben beschrieben in unserer Anwendungsdatenbank speichern. Die klassische Variante der Authentifizierung wäre *FORM,* der Unterschied zwischen *Custom FORM* und *FORM* ist gering aber entscheidend. Für die FORM basierte Authentifizierung gilt, dass eine Login-Seite und eine Fehler-Seite angegeben werden müssen. Die Authentifizierung übernimmt dann ein verborgenes Servlet indem die Nutzerinformationen an die virtuelle URL j_security_check gesandt werden. Genau dies verursacht einige Problem im Bereich von JSF, denn wir setzen gerne auf Konverter, Validatoren oder Meldungen *(FacesMessage).* Hier hilft uns die *Custom FORM* Methode, denn mit Ihrer Hilfe werden die Anmeldeinformationen automatisch in den *SecurityContext* injiziert und wir können diesen mit unserer Backing-Bean programmatisch verarbeiten.

Um Benutzerinformationen zu sichern und bei der Anmeldung abgleichen zu können, setzt Jakarta EE einen sogenannten *IdentityStore* ein. In einem *IdentityStore* werden Identitätsinformationen über die Benutzer einer Anwendung gespeichert. Dies umfasst den Benutzernamen, Informationen zur Gruppenzugehörigkeit und solche, die zur Prüfung der Anmeldung eines Nutzers dienen (bspw. das verschlüsselte Passwort des Benutzers). Darüber hinaus kann ein *IdentityStore* auch weitere Informationen enthalten. Als Entwickler können wir für den *IdentityStore* zwischen den Optionen dateibasiert, speicherbasiert (Embedded), Verzeichnisdienst (LDAP) und Datenbank auswählen. In unserem Fall entscheiden wir uns für die letzte Option und implementieren daher einen eigenen Dienst als *IdentityStore*, um auf die Anmeldedaten zurückgreifen zu können.

Nachfolgend ist zu erkennen, wie die Anwendung nun mit Hilfe von Jakarta Security 2.0 abgesichert wird. Welche Ressourcen für welche Benutzerrolle verfügbar sind beschreiben wir in einer Erweiterung unserer Anwendungskonfiguration (in der Datei *web.xml*, siehe Listing 7.7). In einem *security-constraint* wird dabei angegeben für welche Ressourcen *(url-pattern)* die Einschränkung gilt und welche Rollen zugriffsberechtigt sind *(auth-constraint).* Werden mehrere Rollen zugeordnet, entspricht dies einem logischen oder, der Benutzer muss also nur einer dieser Rollen zugeordnet sein. Die Rollen werden separat und wiederverwendbar als *security-role* definiert. In unserem

Beispiel aus Listing 7.7 sind als Benutzer mit der Rolle *student* oder der Rolle *admin* berechtigt auch alle Ressourcen unterhalb des Ordners *app* zuzugreifen. Die Basis (und damit auch des Pfads in unserer Anwendung) bildet dabei immer die URL unter der die Anwendung veröffentlicht wird. Weiterhin haben wir im Beispiel noch definiert, dass alle Ressourcen unterhalb von adm nur für Benutzer der Rolle *admin* zugänglich sind. Ergänzend sei angemerkt, dass das Auslassen der Beschreibung von berechtigten Nutzern *(auth-constraint)* dazu führen würde, dass die beschriebenen Ressourcen gar nicht extern verfügbar gemacht werden. Ein interner Aufruf ist dabei weiterhin möglich. Während dies im ersten Moment unsinnig erscheint, ergibt es doch einen Sinn, denn auf diese Weise können wir beispielsweise eigene Komponenten, Templates oder Includes gegen externe Zugriffe absichern.

Listing 7.5

```
Klasse: LearningAgreementBean

1    public void navigate2Document() throws IOException {
2
3        FacesContext facesContext = FacesContext.getCurrentInstance();
4        HttpServletResponse res = (HttpServletResponse)
5          facesContext.getExternalContext().getResponse();
6
7        res.reset();
8        res.setContentType("application/pdf");
9
10       OutputStream output = res.getOutputStream();
11       LearningAgreementDocumentGenerator con =
12         new LearningAgreementDocumentGenerator();
13       con.createPdf(learningAgreement, output);
14       output.close();
15       facesContext.responseComplete();
16   }
```

```
learningAgreementListView.xhtml

1    <p:commandButton id="createPDF" value="#{MSG.CREATEPDF}"
2                     icon="fa fa-file-pdf-o"
3                     action="#{learningAgreementBean.navigate2Document()}"
4                     immediate="true" ajax="false"
5                     onclick="form.target='_blank'">
6    </p:commandButton>
```

Listing 7.6

```
Klasse: User (siehe auch Listing 5.7)
1    import org.apache.commons.codec.digest.DigestUtils;
2    ...
3    public class User implements Serializable {
4        ...
5        @ManyToMany
6        private List<UserGroup> userGroups;
7        ...
8        public User(String userId, String password) {
9            this.userId = userId;
10           this.password = DigestUtils.sha256Hex(password);
11           this.userGroups = new ArrayList<>();
12       }
13       ...
14       public void addUserGroup(UserGroup userGroup) {
15           this.userGroups.add(userGroup);
16       }
17
18   }
```

```
Klasse: UserGroup
1    @Entity
2    @Table(name = "UserGroup")
3    @Data
4    public class UserGroup implements Serializable {
5
6        @Id
7        @Getter @Setter
8        private String groupName;
9
10       @Getter @Setter
11       @ManyToMany(mappedBy = "userGroups")
12       private List<User> users;
13
14       public UserGroup() {
15           users = new ArrayList<>();
16       }
17
18       public UserGroup(String groupName) {
19           this();
20           this.groupName = groupName;
21       }
22
23       public void addUser(User user) {
24           users.add(user);
25       }
26   }
```

Sofern ein Benutzer eine geschützte Ressource aufrufen möchte wird nun geprüft, ob er die notwendigen Rechte (also die passende Rolle) besitzt. Sofern der Benutzer noch nicht angemeldet ist, wird dieser zur Authentifizierung aufgefordert. Listing 7.8 zeigt, wie zu diesem Zweck die *Custom FORM* Methode definiert und konfiguriert wird. Die Annotation *CustomFormAuthenticationMechanismDefinition* definiert die *Custom FORM* Methode. Die Annotation bewirkt, dass eine CDI-Bean injiziert wird, mit deren Hilfe wir anschließend kommunizieren und die Authentifizierung auf Erfolg prüfen können. Wir werden das noch in unserer Backing-Bean sehen – dazu ändern wir nachfolgend die bereit bekannte LoginBean. Das Attribut *loginPage* definiert die View, die wir zur Anmeldung nutzen wollen. Hier setzen wir den bereits bekannten Login-Dialog *(login.xhtml)* ein. Das schöne an der gewählten Authentifizierungsmethode ist, dass wir im Facelet keinerlei Änderungen vornehmen müssen.

Listing 7.7

```
1   <security-constraint>
2       <web-resource-collection>
3           <web-resource-name>User Application</web-resource-name>
4           <url-pattern>/app/*</url-pattern>
5       </web-resource-collection>
6       <auth-constraint>
7           <role-name>admin</role-name>
8           <role-name>student</role-name>
9       </auth-constraint>
10      <user-data-constraint>
11          <description/>
12          <transport-guarantee>CONFIDENTIAL</transport-guarantee>
13      </user-data-constraint>
14  </security-constraint>
15
16  <security-constraint>
17      <web-resource-collection>
18          <web-resource-name>Admin Application</web-resource-name>
19          <url-pattern>/adm/*</url-pattern>
20      </web-resource-collection>
21      <auth-constraint>
22          <role-name>admin</role-name>
23      </auth-constraint>
24      ...
25  </security-constraint>
26
27  <security-role>
28      <role-name>student</role-name>
29  </security-role>
30  <security-role>
31      <role-name>admin</role-name>
32  </security-role>
```

Listing 7.8

```
1    @CustomFormAuthenticationMechanismDefinition(
2            loginToContinue = @LoginToContinue(
3                    loginPage = "/login.xhtml",
4                    useForwardToLogin = false
5            )
6    )
7    @FacesConfig
8    @ApplicationScoped
9    public class ApplicationConfig {
10
11       ...
12   }
```

Die Erweiterung der bereits bekannten LoginBean ist in Listing 7.9 dargestellt. Die Neuerungen liegen in der bereits erwähnten Nutzung der SecurityContext-Bean (Zeile 8 und 9), den Änderungen in der doLogin-Methode (Zeile 11–36) und der neuen continueAuthentication-Methode (Zeile 41–49). In der neuen Methode rufen wir die Durchführung der bereitgestellten Authentifizierung über die CDI-Bean auf. Hierzu nutzen wir die Methode authenticate (Zeile 42–48) und übergeben dieser den aktuellen Kontext sowie die Anmeldedaten, die der Benutzer in unser Formular eingetragen hat, welches wiederum in der bereits bekannten *login.xhtml* (siehe Listing 5.6) beschrieben wurde. Als Ergebnis erhalten wir einen *AuthenticationStatus,* den wir nun wiederum in der geänderten doLogin-Methode behandeln. Dabei unterscheiden wir vier Status-Optionen: *SEND_CONTINUE, SEND_FAILURE, SUCCESS* und *NOT_DONE.* Während SEND_CONTINUE bedeutet, dass die Authentifizierung noch läuft und NOT_DONE einfach beschreibt, dass noch keine Authentifizierung stattgefunden hat, sind die beiden anderen Möglichkeiten die eigentlich interessanten Fälle. SEND_FAILURE stellt eine Fehlgeschlagene Authentifizierung dar und SUCCESS eine erfolgreiche Anmeldung. Beide Fälle behandeln wir in der Weiterleitung so, wie dies bereits aus Kapitel 5 bekannt ist, der Unterschied liegt darin, dass wir nun auf die durch den Container verwalteten Sicherheitskonzepte aufsetzen.

Listing 7.9

```
1    ...
2    import javax.security.enterprise.SecurityContext;
3    ...
4    @Named
5    @SessionScoped
6    public class LoginBean implements Serializable {
7    ...
8        @Inject
9        private SecurityContext securityContext;
10   ...
11       public String doLogin() throws IOException {
12           String forward, caption, msg;
13           ...
14           switch (continueAuthentication()) {
15               case SEND_CONTINUE:
16                   context.responseComplete();
17                   break;
18               case SEND_FAILURE:
19                   Logger.debug("Could not find user with id.
20                               Possibly credentials are wrong.");
21                   context.validationFailed();
22                   caption = "Validation Error";
23                   msg = "No user valid found, error with userId or password";
24                   context.addMessage(null, new
25                       FacesMessage(FacesMessage.SEVERITY_WARN, caption, msg));
26                   break;
27               case SUCCESS:
28                   context.addMessage(null, new
29                       FacesMessage(FacesMessage.SEVERITY_INFO, "Login
30                                   succeed", null));
31                   student = loginController.loadStudent(user.getUserId());
32                   forward = "app/loginsuccessful.xhtml";
33                   loggedIn = true;
34                   break;
35               case NOT_DONE:
36           }
37
38           return forward;
39       }
40
41       private AuthenticationStatus continueAuthentication() {
42           return securityContext.authenticate(
43                   (HttpServletRequest) externalContext.getRequest(),
44                   (HttpServletResponse) externalContext.getResponse(),
45                   AuthenticationParameters.withParams().credential(new
46                       UsernamePasswordCredential(user.getUserId(),
```

```
47                                        user.getPassword()))
48          );
49       }
50   ...
```

Abschließend bleibt nur noch zu klären, wie die Prüfung der Benutzeranmeldung schlussendlich erfolgen kann. Hier kommt nun der *IdentityStore* (siehe Listing 7.10) ins Spiel, diesen implementieren wir in der Klasse UserServiceIdentityStore. Es handelt sich hierbei um eine einfach Bean, deren Scope auf Anwendungsniveau *(ApplicationScoped)* gehoben wird, sodass wir sie jederzeit nutzen können und die die validate-Methode des IdentityStore-Interfaces implementiert und überschreibt. Hierdurch können wir die Prüfung der Anmeldedaten letztlich beeinflussen, indem wir diese mit den gespeicherten Benutzerinformationen und der erweiterten Gruppenzuordnung (Listing 7.6) abgleichen können. Über die Rückgabe des *CredentialValidationResult* beeinflussen wir die weitere Bearbeitung, die dann abschließend über den Zugriff auf die *SecurityContext*-Bean in unserer oben beschriebenen *doLogin*-Methode erfolgt. Indem wir *INVALID_RESULT* zurückgeben, zeigen wir an, dass die Anmeldung nicht erfolgreich war. Dies passiert, wenn kein passender Benutzer mit korrekten Anmeldedaten (bestehend aus *userId* und *password,* siehe Zeile 9 bis 12) gefunden wird. Dazu nutzen wir die Methode *findByNameAndPassword,* welche eine Erweiterung der Fassade *(UserFacade)* ist, die das Datenobjekt für unsere Benutzer kapselt. Das Listing zeigt die hierzu notwendigen Erweiterungen, die nochmal die Nutzung von JPA (hier mit Hilfe der Criteria API) verdeutlich und zeigt, wie in Java ein optionaler Rückgabewert erstellt und behandelt werden kann.

Bleibt noch zu erwähnen, dass die Anmeldedaten unverschlüsselt übertragen werden, wenn das http-Protokoll genutzt wird. Hierzu ist es schließlich noch wichtig die Übertragung auf HTTPS umzustellen. Wir erzwingen dies am besten bereits in der Konfiguration des Applikationsservers, können aber auch anwendungsseitig dazu beitragen, indem wir die Benutzerdaten als vertraulich einstufen. Das geschieht in Listing 7.7, indem wir die die Transportgarantie vertraulich *(CONFIDENTIAL)* einstellen (siehe Zeile 10 bis 13). Die Übertragung per HTTPS ist in Payara bereits als Standard vorkonfiguriert. Der Vollständigkeit wegen sei angemerkt, dass für ein Produktionssystem dann noch ein gültiges und vertrauenswürdiges Zertifikat erstellt werden muss. Zertifikate kann man mit Payara über die Asadmin CLI erstellen, wichtig ist dann noch diese auch durch eine öffentlich bekannte CA signieren zu lassen.

Listing 7.10

Klasse: `UserServiceIdentityStore`

```java
1   @ApplicationScoped
2   public class UserServiceIdentityStore implements IdentityStore {
3
4       @EJB
5       UserFacade userManager;
6
7       @Override
8       public CredentialValidationResult validate(Credential credential) {
9           UsernamePasswordCredential login =
10              (UsernamePasswordCredential) credential;
11          String userId = login.getCaller();
12          String password = login.getPasswordAsString();
13
14          Optional<User> optUser = userManager.
15              findByNameAndPassword(userId, password);
16
17          if (optUser.isPresent()) {
18              User user = optUser.get();
19              HashSet<String> set = new HashSet<>();
20              user.getUserGroups().forEach(group -> {
21                  set.add(group.getGroupName());
22              });
23              return new CredentialValidationResult(user.getUserId(), set);
24          } else {
25              return CredentialValidationResult.INVALID_RESULT;
26          }
27      }
28  }
```

Klasse: `UserFacade`

```java
1   public Optional<User> findByNameAndPassword(String name, String password) {
2       CriteriaBuilder cbuilder = getEntityManager().getCriteriaBuilder();
3       CriteriaQuery cq = cbuilder.createQuery();
4       Root<User> root = cq.from(User.class);
5       cq.select(root);
6       ParameterExpression<String> user = cbuilder.parameter(String.class);
7       ParameterExpression<String> userPass =
8           cbuilder.parameter(String.class);
9       cq.where(
10              cbuilder.equal(root.get("userId"), user),
11              cbuilder.equal(root.get("password"), userPass)
12      );
13
14      try {
15          TypedQuery<User> query = em.createQuery(cq);
```

```
16           query.setParameter(user, name);
17           query.setParameter(userPass, password);
18
19           return Optional.of(query.getSingleResult());
20       } catch (NoResultException ex) {
21               logger.error(ex);
22       }
23       return Optional.empty();
24   }
```

Hiermit ist die Technical Story 6.1 *(Das System muss eine rollenspezifische Authentifizierung bereitstellen, damit Benutzer nur ihre rollenspezifischen Funktionen benutzen können.)* erfolgreich implementiert und damit ist auch die Iteration 3 abgeschlossen.

7.6   Zusammenfassung

In diesem Kapitel wurden die User Stories der Iteration 2 und 3 des Fallbeispiels entworfen und implementiert. Das Editieren des Learning-Agreements sowie die Repräsentation des Learning-Agreements als ein PDF-Dokument sind unmittelbare Ergänzungen des Anwendungsfalls (Epic) Learning-Agreement erstellen (vgl. Tab. 2.2). Für beide Iterationen werden die Iterationsplanungen skizziert und damit vertieft. Die für das Editieren notwendigen Ergänzungen lassen sich aufgund der klaren Architektur der bis dahin erstellten Software einfach integrieren. Mit den bereitgestellten Funktionen der iText-Programmbibliothek war es möglich, ein dynamisches PDF-Dokument zu erstellen und dem Benutzer im Standard-PDF-Viewer anzuzeigen. Damit kann der Benutzer das PDF-Dokument ausdrucken, weitersenden oder im gewünschten Ordner speichern. Mit dem Entwurf und der Umsetzung der Technical Story 6.1 wird es möglich, dass sich Benutzer auf sicherem Weg am System authentifizieren können und damit über die Autorisierung verfügen, die ihnen zugewiesen wurde. Dabei wurde die Funktionalität des Jakarta EE-Anwendungs-Servers Payara genutzt. Gemäß der Release-Planung steht damit eine Funktionalität zur Verfügung, die dem Benutzer bereitgestellt werden kann und diesem bereits einen hohen Nutzen liefert.

7.7   Wiederholungsfragen und Aufgaben

Frage 7.1

Welche der folgenden Aussagen zu iText sind korrekt?

a) iText ist standardmäßig ein Bestandteil von Java.

b) Ein Formular lässt sich leicht mit Hilfe eines *PdfPTable*-Objektes strukturieren.

c) In einem iText-Dokument können Elemente unterschiedlichster Art, z. B. Tabellen, Absätze oder Trennlinien zusammengefasst werden.

d) iText kann nur Seiten im Hochformat erstellen.

e) Ähnlich wie bei Tabellen im Tabellenkalkulationsprogramm Excel kann sich eine Zelle auch über mehrere Spalten erstrecken.

Frage 7.2

Welche der folgenden Aussagen zur server-basierten Authentifikation und Autorisierung sind korrekt?

a) Benutzer werden zu Benutzergruppen zusammengefasst.

b) Den Benutzer-Rollen werden Berechtigungen für bestimmte Webseiten zugewiesen.

c) Einer Benutzergruppe werden eine oder mehrere Benutzer-Rollen zugewiesen.

d) Ein Benutzer kann nur eine Benutzer-Rolle haben.

e) Durch das HTTPS-Protokoll wird gewährleistet, dass das Passwort eines Benutzers verschlüsselt in der Datenbank gespeichert wird.

Sanitär Irgendwo

Firma
Sanitärhandel Maier

Saldenbestätigung zum 30.09.2015

Wir bitten Sie, im Rahmen unserer Jahresabschlusserstellung den Saldo von Euro 397,00 zu unseren Lasten zu bestätigen.

Der Saldo setzt sich aus folgenden offenen Rechnungen zusammen:

Rechnungsnummer	Rechnungsdatum	Betrag
201507001	27.07.2015	243,00 €
201507002	29.07.2015	154,00 €

Der Saldo ist richtig: Ja O   Nein O

Datum   Unterschrift

Abb. 7.3 Beispiel einer Saldenbestätigung

Aufgabe 7.1

Im Zusammenhang mit der Aufgabe 5.1 bzw. 6.1 soll der Use-Case *Erstellen einer Saldenbestätigung im PDF-Format* realisiert werden. Im Rahmen der Jahresabschlusserstellung bzw. Jahresabschlussprüfung kann es notwendig werden, dass eine Saldenbestätigung beim Kreditor oder Debitor eingeholt wird. Dies ist insbesondere dann der Fall, wenn der Saldo besonders hoch ist oder Zweifel an der Richtigkeit bestehen. Obwohl im Beispiel der Aufgabe aus den Kap. 5 und 6 keine wirkliche Kontoführung vorliegt, soll vereinfacht davon ausgegangen werden, dass sich der Saldo des Kreditorenkontos für einen Lieferanten (Kreditor) aus den erfassten Rechnungen ergibt. In Abb. 7.3 ist ein Beispiel abgedruckt. In diesem Fall lagen zwei (unbezahlte) Rechnungen von der Firma Sanitärhandel Maier bei der Firma Sanitär Irgendwo am 30.9.2015 vor.

Zur Umsetzung dieser Anforderung wurde eine zusätzliche Auswahl im linken Navigationsbereich des Templates eingefügt und eine JSF Seite *(saldenBestaetigungErstellen.xhtml)* sowie eine zugehörige Managed Bean *SaldenBestaetigungBean* erstellt. In der JSF kann der Benutzer den Lieferanten auswählen, für den eine Saldenbestätigung erstellt werden soll. Dies erfolgte wie bei Aufgabe 6.1 mittels einer Auswahlliste. Daher waren auch eine Konverter Klasse *(LieferantConverter)* und eine EJB *SaldenbestaetigungController* notwendig. Wesentliche Teile des entwickelten Programmcodes finden sich in Listing 7.11.

Listing 7.11

default.xhtml

```
1   <div id="left">
2     <h:form>
3       ...
4       <p>
5         <h:link outcome="rechnungAnlegen.xhtml"
6           value="Rechnung anlegen/prüfen" styleClass="standard_bold" />
7       </p>
8       <p>
9         <h:link outcome="saldenbestaetigungErstellen.xhtml"
10          value="Saldenbestätigung erstellen" styleClass="standard_bold" />
11      </p>
12      <p>
13        <h:commandLink action="#{logoutBean.logout}"
14          value="Logout" styleClass="standard_bold" />
15      </p>
16    </h:form>
17  </div>
```

saldenBestaetigungErstellen.xhtml

```
1   <ui:define name="content">
2     <h:form id="erstelleSaldenbestaetigungForm">
3       <h:panelGrid columns=" styleClass=" borderTable "
4         headerClass="panelHeading" cellspacing=" style=" width: ">
5         <f:facet name="header">
6           <h:outputText value="Saldenbestätigung erstellen"
7             styleClass="standard_bold" />
8         </f:facet>
9         <h:outputLabel for="lieferanten" value="Lieferant"
10          styleClass="standard_bold" />
11        <h:selectOneMenu id="lieferanten"
12          value="#{saldenBestaetigungBean.lieferant}"
13          converter="_____"
14          _____.lieferanten}"
15          var="lieferant"
16          itemLabel="#{lieferant.lieferantenNummer} #{lieferant.name}"
17          itemValue="#{lieferant}"/>
18        </h:selectOneMenu>
19        <h:commandButton
20          id="erstelleSaldenbestaetigungButton"
21          value="Saldenbestätigung erstellen"
22          action="#{saldenBestaetigungBean.doCreateSaldenbestaetigung()}" />
23      </h:panelGrid>
24    </h:form>
25  </ui:define>
```

Klasse: SaldenBestaetigungBean

```
1   @Named
2   @RequestScoped
3   public class SaldenBestaetigungBean {
4     private List<Lieferant> lieferanten;
5     private Lieferant lieferant;
6     _____
7     _____
8     @PostConstruct
9     public void initialize() {
10      lieferanten = saldenBestaetigungController.getAlleLieferanten();
11    }
12
13    public Lieferant getLieferant(int lieferantenNummer) {
14      for (Lieferant lief : lieferanten) {
15        if (lief.getLieferantenNummer() == lieferantenNummer) {
16          return lief;
17        }
18      }
19      return null;
20    }
21
22    public String doCreateSaldenbestaetigung(){
23    _____
24      double rechnungsSumme=_____
25      for(Bestellung bestellung:lieferant.getBestellungen()){
26        for(Rechnung rechnung:bestellung.getRechnungen()){
27          alleRechnungen.add(rechnung);
28          rechnungsSumme=rechnungsSumme+rechnung.getRechnungsSummeBrutto();
29        }
30      }
31      ...
32      try {
33        new PdfTable().createPdf(lieferant, rechnungsSumme, alleRechnungen);
34        //opens the pdf-file with the assigned standard application
35        Process p = Runtime.getRuntime().exec("rundllurl.dll,
36        FileProtocolHandler c:\\temp\\Saldenbestaetigung.pdf ");
37      } catch (IOException | DocumentException ex) {
38        MyLog.getMyLog().log(SaldenBestaetigungBean.class.getName()+"
39        "+ ex.getMessage());
40      }
41      return "/index.xhtml";
    }
  }
```

Klasse: SaldenBestaetiungController

```
1   @Named
2   @FacesConverter(forClass = Lieferant.class)
3   public class LieferantConverter implements Converter, Serializable {
4     @Inject
5     SaldenBestaetigungBean saldenBestaetigungBean;
6
7     @Override
8     public Object getAsObject(FacesContext context, UIComponent component,
9                               String value) {
10      if (value == null || value.isEmpty()) {
11        return null;
12      }
13      return saldenBestaetigungBean.getLieferant(Integer.parseInt(value));
14    }
15
16    @Override
17    public String getAsString(FacesContext context, UIComponent component,
18                              Object value) {
19      if (!(value instanceof Lieferant)) {
20        return "";
21      }
22      Integer id = ((Bestellung) value).getBestellNummer();
23      return id.toString();
24    }
25  }
```

Klasse: SaldenBestaetiungController

```
@Stateless
public class SaldenBestaetiungController {
  @PersistenceContext
  private EntityManager em;

  public List<Lieferant> getAlleLieferanten() {
    Query query = em.createNamedQuery("Lieferant.alleLieferanten");
    return query.getResultList();
  }
}
```

Die eigentliche Erstellung des PDF-Dokuments wird in der Klasse *PdfSaldenbestaetigung* (vgl. Listing 7.12) durchgeführt. Im Code-Ausdruck sind wieder ein paar Anweisungen nicht oder nicht vollständig ausgedruckt.

Listing 7.12

```
1    public class PdfSaldenBestaetigung {
2      public final String RESULT = "c:\\temp\\Saldenbestaetigung.pdf";
3
4      public void createPdf(Lieferant lieferant, double rechnungsSumme,
5        List<Rechnung> alleRechnungen) throws IOException, DocumentException {
6        _____ = new Document(_____);
7        PdfWriter.getInstance(_____ , new
8                            FileOutputStream(_____));
9        document.open();
10       document.add(new Paragraph("Sanitär Irgendwo",
11                    new Font(Font.FontFamily.HELVETICA,
12                    Font.ITALIC, BaseColor.BLACK)));
13       document.add(new Paragraph(" "));
14       document.add(new LineSeparator());
15       document.add(new Phrase("Firma"));
16       document.add(new Paragraph(lieferant.getName()));
17       document.add(new Paragraph(" "));
18       document.add(new Paragraph(" "));
19       document.add(new Paragraph("Saldenbestätigung zum . .w"
20                    GregorianCalendar().get(GregorianCalendar.YEAR)));
21       document.add(new Paragraph(" "));
22       document.add(new Paragraph("Wir bitten Sie, im Rahmen unserer
23                    Jahresabschlusserstellung den Saldo von "
24                    + new DecimalFormat(",##€").format(rechnungsSumme)
25                    + " zu unseren Lasten zu bestätigen."));
26       document.add(new Paragraph(" "));
27       document.add(new Paragraph("Der Saldo setzt sich aus folgenden
28                          offenen Rechnungen zusammen: "));
29       document.add(new Paragraph(" "));
30       document.add(new Paragraph(_____));
31       document.add(new Paragraph(" "));
32       document.add(new Paragraph("Der Saldo ist richtig: Ja O Nein O "));
33       document.add(new Paragraph(" "));
34       document.add(new Paragraph(" "));
35       document.add(new Paragraph(" "));
36       document.close();
37     }
38
39     private Element createRechnungTabelle(List<Rechnung> alleRechnungen) {
40       PdfPTable table = new PdfPTable(new float[]{40, 40, 20});
41       table.setWidthPercentage(60);
42       table.getDefaultCell().setBorder(PdfPCell.NO_BORDER);
43       PdfPCell cell;
44       Font boldFont = new Font(Font.FontFamily.HELVETICA, Font.BOLD);
45       cell = new PdfPCell(new Phrase("Rechnungsnummer", boldFont));
46       cell.setHorizontalAlignment(Element.ALIGN_LEFT);
```

```
47        cell.setBorderWidthLeft(0);
48        cell.setBorderWidthRight(0);
49        cell.setBorderWidthTop(0);
50        table.addCell(cell);
51        cell = new PdfPCell(new Phrase("Rechnungsdatum", boldFont));
52        _____;
53        cell.setHorizontalAlignment(Element.ALIGN_LEFT);
54        cell.setBorderWidthLeft(0);
55        cell.setBorderWidthRight(0);
56        cell.setBorderWidthTop(0);
57        table.addCell(cell);
58        cell = new PdfPCell(new Phrase("Betrag", boldFont));
59        cell.setBorderWidthLeft(0);
60        cell.setBorderWidthRight(0);
61        cell.setBorderWidthTop (0);
62        table.addCell(cell);
63        for (Rechnung rechnung : alleRechnungen) {
64          table.addCell(String.valueOf(rechnung.getRechnungsNummer()));
65          table.addCell(SimpleDateFormat.getDateInstance(SimpleDateFormat.
66                    MEDIUM).format(rechnung.getRechnungsDatum()));
67          cell = new PdfPCell(new Phrase(new DecimalFormat(",## €").
68                    format(rechnung.getRechnungsSummeBrutto()))));
69          cell.setHorizontalAlignment(Element.ALIGN_RIGHT);
70          cell.setBorder(0);
71          table.addCell(cell);
72        }
73        return table;
74      }
75    }
```

Ihre Aufgabe ist es nun, die Lücken wieder auszufüllen. Beachten Sie, dass der genutzte Code bereits älteren Datums ist, weshalb in den gezeigten Listing iText in der Version 5 zum Einsatz kommt.

a) Ergänzen Sie die Anweisungen 13 und 14 in Listing 7.11 so, dass im *selectOneMenu* der richtige Konverter benutzt wird.

b) Ergänzen Sie die Anweisungen 6 und 7 der SaldenBestaetigungsBean in Listing 7.11 so, dass in Anweisung 10 auf die Session Bean *SaldenBestaetigungController* zugegriffen werden kann.

c) Ergänzen Sie die Anweisungen 23 und 24 der gleichen Bean in Listing 7.11 so, dass die nachfolgenden Anweisungen 27 und 28 fehlerfrei funktionieren.

d) Ergänzen Sie die Anweisungen 6 bis 8 in Listing 7.12 so, dass ein DIN A 4 Dokument in Hochformat erstellt wird und als PDF-Datei im Ordner *temp* des c-Laufwerks des Rechners abgelegt wird.

e) Ergänzen Sie die Anweisung 30 in Listing 7.12 so, dass die offenen Rechnungen im PDF-Dokument als Liste angezeigt werden.

f) Ergänzen Sie die Anweisung 52 in Listing 7.12 so, dass die Tabelle/Liste mit den offenen Rechnungen so dargestellt wird, wie dies Abb. 7.3 zeigt.

g) Überführen Sie den gesamten Quellcode in eine Version, die iText in Version 7 benutzt.

h) Ändern Sie den Quellcode so, dass Sie auf alle absoluten Pfadangaben darin verzichten können und der Quellcode unabhängig vom Betriebssystem funktioniert.

Aufgabe 7.2

Matthias und Stefanie studierten an der Hochschule Irgendwo Wirtschaftsinformatik. Sie besuchten die Lehrveranstaltung Software Engineering, sind jedoch schon seit mehreren Monaten in unterschiedlichen Software- bzw. Systemhäusern in Software-Entwicklungs-Projekten eingebunden. Im nachfolgenden Dialog tauschen sie sich über ihre Erfahrungen aus. Beurteilen Sie kurz den Dialog hinsichtlich der sachlichen Richtigkeit der Aussagen.

Matthias:

Das Thema Sicherheit spielt in Enterprise Anwendungen eine wichtige Rolle. Aus dem Studium wusste ich nicht, wie man eine Autorisierung und Authentifikation in einer Java EE Anwendung realisiert. Nun weiß ich jedoch, dass man die Benutzer mit ihren Rollen in einer Datenbank verwalten kann. Soll die Authentifikation sicher sein, dann schreibt man die Login-JSF möglichst selbst und der Abgleich der eingegebenen Daten (Benutzer ID und Passwort) erfolgt in der dazugehörigen Managed Bean. Damit spart man sich die Einrichtung eines Sicherheitsbereichs auf dem Anwendungs-Server.

Stefanie:

Mir ging es ja ähnlich wie dir, aber wir hatten von unserem Arbeitgeber eine mehrtägige Schulung, die viel brachte. Zum Beispiel habe ich lange gebraucht, bis ich den typischen Ablaufzusammenhang verstanden hatte. Ich versuche es mal, dir zu erklären. Wenn nur bestimmte Benutzer eine spezielle JSF-Seite verwenden dürfen, so wird im Sicherheitsbereich des Anwendungs-Servers festgelegt, welche Rolle dem Benutzer zugeordnet sein muss. Die Rollenzuordnung erfolgt in der Datenbank, in der alle Benutzer hinterlegt sind. Rollen können auch zu Benutzergruppen zusammengefasst werden, sodass ein Benutzer auch mehrere Rollen wahrnehmen kann.

Matthias:

Also ich bin ja ehrlich, so richtig blicke ich da noch nicht durch.

Literatur

Ambler, S.W., & Lines, M. (2012). Disciplined Agile delivery. A practitioner's guide to Agile software delivery in the enterprise. Upper Saddle River: IBM Press/Pearson plc.

Jakarta Security Community. (2020). Jakarta Security 2.0. Online verfügbar unter: https://jakarta.ee/specifications/security/2.0/jakarta-security-spec-2.0.html. Zugegriffen: 02. Jan. 2021.

Lowagie, B. (2011). iText in Action. 2. Ed. Stamford: Manning Publications.

Lowagie, B. (2018). iText 7: Building Blocks. iTextpdf Software. Online verfügbar unter: https://itextpdf.com/en/resources/books/itext-7-building-blocks/thank-you. Zugegriffen: 02. Jan. 2021.

Scholtz, B., & Tijms, A. (2018). The Definitive Guide to JSF in Java EE 8: Building Web Applications with JavaServer Faces. Apress.

Stokol, G., Young, M., & Heimer, M. (2013). Java SE 8: Lambda Quick Start. https://www.oracle.com/webfolder/technetwork/tutorials/obe/java/Lambda-QuickStart. Zugegriffen: 03. Jan. 2020.

Ausgewählte Aspekte der Einführungsphase

8

Überblick

Das letzte Kapitel behandelt ausgewählte Fragen, die sich der Einführungsphase zuordnen lassen. Mit einem losen Bezug zum Fallbeispiel werden die Grundlagen der Einführungsphase diskutiert. Der Schwerpunkt der Ausführungen liegt bei Themen, die insbesondere neuere Aspekte aufgreifen. So wird der Ansatz von DevOps kurz skizziert und hinsichtlich seiner Herausforderungen charakterisiert. Abgeschlossen wird der erste Abschnitt mit einigen Anti-Pattern der Entwicklungsphase. Vor dem Hintergrund der Datenübernahme wird die Gelegenheit aufgegriffen, das Konzept von Web Services anhand eines Beispiels zu demonstrieren. Dabei liegt der Fokus auf sogenannten RESTful-Webservices. Im Beispiel werden sowohl ein Service als auch eine Lösung für den Service-Konsumenten entwickelt und getestet. Abgeschlossen wird das Kapitel mit einem Ausblick auf den Ansatz einer Microservice-Architektur. Dies bietet sich zum einen an, da RESTful-Webservices dafür eingesetzt werden können und zum anderen, da sich bei einer solchen Architektur das Deployment und damit die Einführung von Software-Lösungen in dynamischen Anwendungsbereichen massiv verändert.

8.1 Teilgebiete und Lernergebnisse

Wichtige Teilgebiete sind:

- Aufgaben in der Einführungsphase
- Organisationskonzept DevOps
- Antipattern für die Einführungsphase

© Springer Fachmedien Wiesbaden GmbH, ein Teil von Springer Nature 2021
K.-H. Rau und T. Schuster, *Agile objektorientierte Software-Entwicklung*,
https://doi.org/10.1007/978-3-658-33395-9_8

- Grundlagen und Anwendung von RESTful-Webservice zur losen Kopplung von Teilsystemen
- Ausblick auf Microservice-Architektur

Lernergebnisse
Der Leser soll

- die Aufgaben der Einführungsphase kennen.
- die Grundzüge des DevOps-Ansatzes kennen.
- ausgwählte Anti-Pattern der Einführungsphase kennen.
- einen einfachen RESTful-Webservice entwickeln können.
- die Grundzüge einer Microservice-Architektur kennen.

8.2 Grundlagen zur Einführungsphase

In Abschn. 1.3.3.1 wurde das Ergebnis der Einführungsphase mit der **Inbetriebnahme** bzw. der **Markteinführung** der entwickelten Lösung charakterisiert. Dem Release-Plan (vgl. Abschn. 2.5) des Fallbeispiels zufolge ist ein erstes Release nach den ersten drei Iterationen geplant (vgl. Abb. 2.7). Damit folgt das Fallbeispiel dem Einführungsphasen-Muster „Eine Vorbereitungsphase und mehrere, variabel lange Entwicklungsphasen" (vgl. Ambler und Lines 2012, S. 427 f.). Hiermit wird das Ziel verfolgt, die Software möglichst schnell produktiv nutzen zu können. Dies ist auch eine Anforderung im verwendeten Fallbeispiel. Grundsätzlich fallen in der Einführungsphase folgende Aufgaben an:

- Datenmigration bzw. Datenbereitstellung,
- Abschließendes Testen,
- Ergänzen der Dokumentation,
- Installation auf Produktivumgebung und
- Bereitstellen der Anwendung für die Benutzer.

Im Fallbeispiel ist die Datenbereitstellung und Datenmigration recht aufwendig. Im Einzelnen sind folgende Daten aus anderen Systemen bereitzustellen bzw. zu übernehmen:

- Benutzerdaten
- Studentendaten,
- Daten der Partnerhochschulen mit Länderdaten,

- Bewerbungsdaten sowie
- Studiengangs- mit Lehrveranstaltungsdaten.

Grundsätzlich soll auf diese Datentransfers und -bereitstellungen nicht näher eingegangen werden. Die Ausnahme stellen die Lehrveranstaltungsdaten der Heimathochschule dar. Hierfür soll im nächsten Abschnitt eine **Web Service**-Lösung vorgestellt werden.

Die Wirksamkeit des abschließenden Testens kann u. a. durch die **Fehlerbehebungsrate** (vgl. Abschn. 1.2.2) gemessen werden. Hierzu wird einerseits die Zahl der Fehler (F_1), die als Folge dieser Testaktivitäten entdeckt und beseitigt werden, ermittelt. Andererseits werden die Fehler gezählt (F_2), die während den ersten n Monaten der Produktivsetzung aufgedeckt werden. Die Fehlerbehebungsrate F als Quotient aus F_1 und $F_1 + F_2$ sollte nahe bei eins liegen.

Hinsichtlich der Installation auf der Produktivumgebung sowie der Bereitstellung der Anwendung für die Benutzer stellt sich die Frage der geeigneten organisatorischen Lösung für die Entwicklung und den Betrieb von Anwendungssystemen. Die klassische Organisation ist geprägt durch Arbeitsteilung, die sich an den unterschiedlichen Aufgabenkategorien orientiert. So ist es typisch, zwischen der **Entwicklung** von Anwendungen und dem **Betrieb** der Anwendungen zu unterscheiden (vgl. Hüttermann 2012, S. 4 ff.). Die Organisationseinheit Entwicklung verfolgt insbesondere das Ziel, anforderungs- und nutzenorientiert möglichst zeitnah Anwendungssysteme bzw. Neuerungen von Anwendungssystemen bereitzustellen. Dies gilt umso mehr, wenn sich die Entwicklung an den agilen Prinzipien orientiert. Die Zielsetzungen des Betriebs, der die Anwendungen betreibt, sind eher charakterisiert durch Zuverlässigkeit, Verfügbarkeit, Effizienz. Diese Eigenschaften sind bei einem Streben nach Stabilität leichter erreichbar. Jedes neue Feature, jedes neue Release sind potenzielle Quellen für Störungen beim Betrieb einer Anwendung.

Eine Vielzahl von nicht-funktionalen Anforderungen, wie z. B. Antwortzeiten (Performanz), Sicherheit, Verfügbarkeit der Anwendung treten in der Betriebsphase zu Tage und die auftretenden Mängel werden der Organisationseinheit Betrieb zugerechnet. Während durch die agilen Ansätze im Bereich der Entwicklung Rollen, wie beispielsweise Programmierer und Tester, nicht mehr in getrennten Organisationseinheiten angesiedelt sind, sondern sich als ein Team verstehen, sind die Datenbank-, System- und Netzwerkadministratoren sowie Sicherheitsspezialisten nicht in gleicher Weise integriert, sondern in der Organisationseinheit Betrieb angesiedelt. Daraus folgen im Problemfall vielfach gegenseitige Schuldzuweisungen, die wenig geeignet sind, hohe Qualität bereitzustellen. Diese potenzielle Konfliktsituation versuchen die Ansätze von **DevOps** abzuschwächen bzw. zu beseitigen.

DevOps ist eine Mischung von Entwicklung und Betrieb (**Development and Operations**). Gemäß dem agilen Gedanken des interdisziplinären Teams sollen Programmierer, Tester und Experten des Betriebs gemeinsam an der Entwicklung einer Anwendung arbeiten, sodass der Anwender einen möglichst optimalen Nutzen hat.

Dies ist, zumindest im Ansatz, bereits ein Charakteristikum des DAD-Prozessmodells, das neben den primären Rollen auch die sekundären Rollen kennt und darunter insbesondere technische Experten subsummiert (vgl. Abschn. 1.3.3.2). Für jedes einzelne Teammitglied gilt das sogenannte **T-Shape** Kompetenzprofil. So hat der Entwicklungsexperte ein **Tiefenwissen** in Entwicklungsfragen und eine ausreichende **Wissensbreite** bezüglich des Betriebs von Anwendungen und der Betriebsexperte verfügt über ein ausreichendes Breitenwissen bezüglich der Entwicklung und sein Tiefenwissen bezieht sich auf den Betrieb. Über die organisatorischen Regelungen hinaus geht es bei DevOps auch um neue Methoden, Vorgehensweisen und Werkzeuge, die eingesetzt werden. Aufgrund der interpersonellen Aspekte ist es ähnlich wie bei den agilen Konzepten notwendig, dass es einen Konsens über gemeinsame Werte gibt. Hier können insbesondere gegenseitiger Respekt, Verpflichtung auf gemeinsame Ziele und kollektive Verantwortung genannt werden. Der Aspekt der Werkzeuge und die damit angestrebte **Automatisierung** der gesamten Wertschöpfungskette von der Entwicklung, über die Inbetriebnahme bis zum Betrieb haben bei DevOps einen hohen Stellenwert (vgl. Gruhn 2015, S. 63). Da der DevOps Ansatz seinen Ursprung in Startup-Unternehmen hat, erfordert eine Übertragung auf etablierte Unternehmen mit gewachsenen Strukturen einen wohlstrukturierten Transformationsprozess. Diese Ausführungen über DevOps haben für unser Fallbeispiel keine unmittelbare Relevanz, sollten jedoch die Herausforderungen aufzeigen, die sich bei der Installation und Bereitstellung von Anwendungen ergeben können, die agil entwickelt werden und bei denen die Releasezyklen eher kurz sind.

Bevor im nächsten Abschnitt die oben angesprochene Web Service-Lösung für das Fallbeispiel vorgestellt wird, sollen einige **Anti-Pattern** (Antimuster) für die Einführungsphase vorgestellt werden (vgl. Ambler und Lines 2012, S. 429 f.).

- **Fehlen einer Systemumgebung für Integrations-, Akzeptanz- und Software-Bereitstellungs-Tests, die der Produktivumgebung möglichst ähnlich ist** – In der Praxis kann es sehr aufwendig sein, eine Produktivumgebung zu simulieren. Insbesondere wenn Konfigurationen und Prozeduren für die endgültige Produktivumgebung umfassend geändert werden müssen, ist das Risiko von Fehlern und Zeitverzögerungen groß. In unserem Fallbeispiel soll unterstellt werden, dass schon die Entwicklungsumgebung (Web-Server, Anwendungs-Server, Datenbankserver und Client) strukturgleich der Produktivumgebung ist und für Testzwecke eine strukturgleiche Umgebung verwendet wird.
- **Fehlen von fest vereinbarten Kriterien für die Entscheidung der Release-Freigabe** – Sind diese Kriterien nicht frühzeitig vereinbart und von allen Stakeholdern akzeptiert, kann es zu unnötigen Verzögerungen kommen. Im Fallbeispiel wurde insbesondere im Abschnitt zur Release-Planung (vgl. Abschn. 2.5), der Iterationsplanung (vgl. Abschn. 3.2) sowie zu Iterationsbericht und Retrospektive (vgl. Abschn. 6.3) auf diesen Aspekt eingegangen.
- **Anforderungen über zusätzliche Funktionalität** – Nach dem Start der Einführungsphase ist es sinnvoll, dass zusätzlich aufkommende Anforderungen nach

neuer Funktionalität erst im nächsten Release berücksichtigt werden. Dafür sollte der Produktverantwortliche Sorge tragen.

- **Freigabe des Systems an unvorbereitete Benutzer** – Benutzer sollten durch ein neues System nicht überrascht werden, sondern gut vorbereitet sein. Bei komplexen Anwendungen können hierzu sicherlich Schulungen und Trainings sinnvoll sein. Bei Web-Anwendungen, die sich an eine grundsätzlich anonyme Benutzergruppe richten, ist eine geeignete Kommunikation notwendig. Hilfreich können auch Screencast-Videos sein, die auch in unserem Fallbeispiel zum Einsatz kommen sollen (vgl. Abschn. 7.5).
- **Lange Integrations- und Benutzer-Akzeptanz-Tests** – Durch kontinuierliche Einbindung der Benutzer, insbesondere im Rahmen des Iterationsberichts (vgl. Abschn. 6.3) sowie laufende Integrationstests am Ende jeder Iteration sollte der Zeitbedarf in der Einführungsphase minimiert werden.
- **Übertragung der Wartungsverantwortung an eine spezielle Wartungsgruppe** – Dieses Vorgehen wird traditionell damit begründet, dass somit das Entwicklungsteam wieder voll für neue Entwicklungen eingesetzt werden kann. Diese Übertragung kann demotivierende Wirkung haben, da andere von der hohen Software-Qualität profitieren. Vor diesem Hintergrund ist zumindest über ein geeignetes Anreizsystem nachzudenken. Der Ansatz von DevOps zeigt hierfür alternative Wege auf.
- **Zuordnung der Teammitglieder zu neuen Projekten nach Beendigung der Produktivsetzung eines Release** – Damit ist das Problem verbunden, dass die Entwickler im nächsten Projekt wieder ihre Zeit brauchen, um ein effektiv arbeitendes Team zu werden. Sinnvolle Alternativen sind, das Team am nächsten Release der gleichen Anwendung weiterarbeiten zu lassen oder wenigstens ein produktives Kernteam gemeinsam einem neuen Projekt zuzuordnen.
- **Sich der Hoffnung hingeben, dass die Installation der Anwendung einfach ist** – Bei der Inbetriebnahme und Bereitstellung einer Anwendung können Probleme auftreten, die nichts mit der Anwendung an sich zu tun haben, jedoch die Qualität der gesamten Anwendung in Frage stellen können. Genau diesem Problem versucht der oben dargestellte Ansatz des DevOps entgegenzuwirken.

8.3 Web-Services

Nachfolgend soll zunächst allgemein erläutert werden, was unter einem Web-Service zu verstehen ist. Danach wird die Java-basierte Implementierung der beiden gängigen Varianten, namentlich SOAP- und REST-Web-Services, beschrieben. Abschließend erfolgt noch ein Kurzüberblick über genutzte Werkzeuge. Da der Fokus auf einem Grundverständnis der Konzepte und der Implementierung mit Java liegt, werden Details zu den rund um die Web-Services bekannten Standards und Formate (wie SOAP, WSDL, WADL, XML, JSON etc.) explizit nicht behandelt.

8.3.1 Web-Service

Ein **Web-Service** stellt eine Dienstleistung, vergleichbar einer Klassenmethode, über eine wohldefinierte Schnittstelle auf einem Server bereit (vgl. Balzert 2011, S. 265). Allgemein können Web-Services zunächst als eine Weiterentwicklung des entfernten Prozeduraufrufs (**R**emote **P**rocedure **C**all, RPC, siehe Euler 2005) gesehen werden. Sie dienen somit dazu die Funktionalität, die von einer Komponente in einem verteilten System angeboten wird zu nutzen. Dies basiert grundlegend darauf, dass zum Aufruf einer Funktion eine Nachricht an die Komponente gesendet wird, die die Funktionalität (hier also den Web-Service) bereitstellt. Der Aufruf erfolgt an die eindeutige Adresse des Dienstes, den sogenannten Endpunkt. Der Endpunkt wird durch den **U**niform **R**esource **I**dentifier (URI) beschrieben. Die aufgerufene Komponente verarbeitet diese Anfrage dann und schickt schließlich, abhängig vom gewählten Kommunikations-muster, eine entsprechende Antwort. Der Unterschied zum RPC besteht grundsätz-lich darin, dass die Nachrichtenübertragung (Protokoll) und das Nachrichtenformat auf typischen Internet-Standards basiert. Zugunsten der Interoperabilität wird in der Regel auf Binärformate verzichtet. Die Formate sind teilweise de-facto Standards, werden viel-fach aber auch offiziell durch das World Wide Web Consortium (W3C) standardisiert. Zur Implementierung von Web Services stehen grundsätzlich die beiden bekannten Ansätze **SOAP** (ehemals bekannt als: Simple Objekt Access Protocol) und **REST** (Representational State Transfer) zur Verfügung.

SOAP-Web-Services haben sich historisch aus **RPCs** unter ausgeprägter Verwendung von **XML** (Extensible Markup Language) entwickelt. SOAP wurde ursprünglich Ende der 1980er Jahre von Microsoft entwickelt. Seit 2001 ist SOAP ein **W3C**-Standard. Der Begriff des Web-Service wurde durch das Aufkommen der sogenannten service-orientierten Architektur (SOA) und die damit verbundene, aufkommende weite Verbreitung der SOAP-Web-Services (streng genommen müsste man von einem Web-Service mit SOAP-Binding sprechen) geprägt. Die offizielle Web-Service-Definition des W3C lautet daher:

▶ „A Web service is a software system designed to support interoperable machine-to-machine interaction over a network. It has an interface described in a machine-processable format (specifically WSDL). Other systems interact with the Web service in a manner prescribed by its description using SOAP-messages, typically conveyed using HTTP with an XML serialization in conjunction with other Web-related standards." (W3C Working Group 2011).

Die Grundidee dabei ist einerseits der Einsatz von Standards, die weit verbreitet sind und die Unabhängigkeit von konkreten Programmiersprachen. Das bedeutet, dass beispiels-weise ein in C# implementierter Web-Service ohne Probleme aus einem Java-Client auf-gerufen werden kann (die Programmiersprachen sind hier praktisch beliebig austauschbar). XML ist heute in praktisch jeder Programmiersprache gut zu verarbeiten und dient dabei (1) der Definition des Dienstes, umgesetzt durch Schnittstellenbeschreibung als sogenanntes

WSDL-Dokument (Web Services Description Language) und (2) der Definition der auszutauschenden Nachrichtenformate (über SOAP-Nachrichten). Die Vorteile der SOAP-Web-Services gegenüber RPC sind damit insbesondere folgende:

- Weite Verbreitung aufgrund der gut dokumentierten W3C Standards
- Interoperabilität, durch die Unabhängigkeit von Programmiersprachen und Betriebssystem
- Nutzen in der Regel ohnehin vorhandene Web-Infrastruktur
- Können gut abgesichert werden (Proxies, SSL, …)

XML wird hierbei als Nachrichtenformat und zur Beschreibung von Diensten mit **WSDL** (Web Service Description Language) verwendet. SOAP-Web-Services werden vielfach in geschäftskritischen Unternehmensanwendungen eingesetzt (vgl. Schießer und Schmollinger 2015, S. 254). Die Vielzahl von Standarderweiterungen führte zu einer hohen Komplexität. Der aktuelle Jakarta EE Standard für SOAP Web Services (Jakarta XML Web Services) liegt in der Version 3 vor (Jakarta XML Web Services, Version 3.0, 2020).

Demgegenüber steht die vergleichsweise geringe Leistungsfähigkeit (Performanz) von SOAP Web-Services, da XML-Daten durch einen hohen Overhead (Verhältnis zwischen tatsächlichen Nutzdaten und der Strukturbeschreibung durch die XML-Elemente) gekennzeichnet sind. Außerdem können über WSDL, wie für jede übliche Programmierschnittstelle, prinzipiell beliebige Prozeduren, mit beliebigen Parametern (Eingabe-Nachrichten) und Rückgabewerten (Ausgabe-Nachrichten) definiert werden. Letzteres führte schon seit längerem zur Forderung primär sogenannte CRUD-Web-Services zu definieren, sodass ein einheitliches Schnittstellenformat entsteht und die Dienstnutzung vereinfacht wird. CRUD steht dabei für **C**reate **R**ead **U**pdate **D**elete von Objekten. Unter anderem aus diesen Gründen hat Roy Fielding das Programmierparadigma **Re**presentational **S**tate **T**ransfer (REST) definiert. Fielding ist auch einer der Autoren der HTTP Spezifikation (vgl. Balzert 2011, S. 286 ff.; vgl. Goncalves 2010, S. 459). Bei REST erfolgt die Kommunikation im Internet direkt über http (Verben). Es ist daher keine weitere Protokollschicht, wie etwa SOAP notwendig. Im Sinne von REST werden Objekte als Ressourcen verstanden, die über eine URI (Unified Resource Identifier) eindeutig identifiziert und in unterschiedlichen Formaten (text, image, audio, video, application) repräsentiert werden. Dabei werden mit dem Format *application* beispielsweise Java-Objekte repräsentiert, wobei die Austauschformate **XML** oder **JSON** (JavaScript Object Notation) verwendet werden können. Auf den Kontext von Web-Services übertragen bedeutet dies, dass unter einem Web-Service, der ein REST-Binding nutzt, also einem sogenannten REST-Web-Service, folgendes zu verstehen ist:

- Hinter der Endpunkt URI verbirgt sich ein Objekt/Datensatz
- Das Objekt kann programmatisch durch die typischen HTTP-Verben (GET, POST, …) bearbeitet werden
- Die Nachrichten (Anfrage und Antwort) werden in der Regel nicht in XML formatiert

Während bei SOAP mit der WSDL eine vollständige Bescheibung des Service erfolgt, sodass der Konsument (client) des Service daraus den notwendigen Code generieren kann (vgl. Heffelinger 2014, S. 288), muss bei REST die Client-Anwendung wissen, wie das Format der Repräsentation zu verstehen ist (vgl. Balzert 2011, S. 287). Wird beispielsweise ein Java-Objekt im JSON Format *(application/JSON)* vom Service bereitgestellt, so muss der Entwickler des Clients die Information über die zugehörige Klasse verfügbar haben, um diese entsprechende Klasse bereitzustellen. Insofern stellt REST selbst zunächst weniger umfangreiche Informationen für den Nutzer bereit, als dies bei SOAP der Fall ist. Dafür ist diese Lösung jedoch auch weniger komplex und mit geringerem Overhead versehen. Dies liegt auch daran, dass das gängigste Nachrichtenformat für REST-Web-Services ist die JavaScript Object Notation (JSON), diese ist wie XML textbasiert und maschinenlesbar, erzeugt jedoch einen deutlich geringeren strukturellen Overhead. Dies macht die Nutzung von REST-Web-Services einheitlicher als dies bei SOAP-Web-Services der Fall ist, durch den gängigen Verzicht auf XML ist in der Regel auch die Performanz besser.

Nachfolgend soll die Umsetzung von Web-Services anhand der beiden Standards genauer erklärt werden. Dazu werden jeweiligen Java APIs genauer beleuchtet und jeweils mit einem Beispiel aus der bereits zuvor vorgestellten Anwendung unterlegt.

8.3.2   Jakarta XML Web Services

Die Java API für XML Web Services (Jakarta XML Web Services, auch bekannt als JAX-WS) ist eine Java-API zum Erstellen von SOAP Web Services. Dienste, die durch Jakarta XML Web Services implementiert werden, kommunizieren standardmäßig über SOAP-Nachrichten und setzen HTTP als Protokoll ein (siehe Abb. 8.1). Unabhängig von Jakarta XML Web Services gibt zwei verschiedene Möglichkeiten, um Web-Services zu implementieren: (1) *Code First* (Bottom Up) über POJOs[1] und (2) *Contract First* (Top Down) über WSDL. Weitere Informationen zu Jakarta XML Web Services findet man auch im Jakarta EE Tutorial (Jakarta EE Tutotial 2021a).

Der Ansatz Contract First kann als der sauberere Weg angesehen werden, da hier zunächst die Schnittstelle beschrieben wird und danach eine Implementierung erfolgt. Dementgegen steht, dass ein komplexes XML-Dokument formuliert werden muss. Im Code First Ansatz wird zunächst eine Implementierung erstellt und dann daraus die WSDL-Beschreibung generiert. Um auch hier zuerst die Schnittstelle zu deklarieren, kann selbstverständlich zunächst auch ein Java-Interface spezifiziert werden. Code First ist der in der Praxis gängigere Ansatz. Wenn ein SOAP-Web-Service konsumiert werden soll, kann automatisch aus der WSDL passender Java-Code (der sogenannte

---

[1] POJO steht für Plain Old Java Object. Damit ist eine ganz normale, einfache Java-Klasse gemeint.

Abb. 8.1 JAX-WS
Standardkommunikation

Stub) generiert werden. Jakarta XML Web Services setzt auf Annotationen, um die Entwicklung von Web-Service-Clients und Service-Endpunkten zu ermöglichen. JAX-WS wurde als Teil der Java Enterprise Edition (ab Version 5) definiert, ist seit Java Version 1.6 aber auch Teil der Java Standard Edition und wurde im Rahmen der Weiterentwicklung zu Jakarta EE inzwischen zu Jakarta XML Web Services.

Ein Service-Endpunkt-Interface (*service endpoint interface*) oder auch Service-Endpunkt-Implementierung (*service endpoint implementation*, SEI) ist eine einfache Java-Schnittstelle oder Klasse, die Methoden deklariert, welche ein Client entfernt als Dienst (Web-Service) aufrufen kann. Eine Schnittstelle ist nicht erforderlich, um mit Jakarta XML Web Services einen Endpunkt bereitzustellen. Eine als Web-Service annotierte Klasse definiert implizit ein SEI. Sie können allerdings auch eine explizite Schnittstelle definieren, indem Sie die @WebService-Annotation auch einem Interface, das von der Endpunkt-Implementierung umgesetzt wird, hinzufügen. Die Schnittstelle definiert dann die öffentlichen Methoden, die von der Endpunkt-Implementierung zur Verfügung gestellt müssen.

Ein Jakarta XML Web Services Dienst kann entweder als Teil eines WAR-Archivs auf einem Applikationsserver ausgerollt oder direkt mit den Bordmitteln der Java Standard-Edition gestartet werden. Nachfolgend werden wir sehen, wie ein solcher Dienst implementiert, ausgerollt und anschließend durch einen Client genutzt werden kann. Wir verwenden dabei noch die Namensräume von JAX-WS, diese werden voraussichtlich demnächst an die Jakarta EE Konverntionen angepasst, funktional wird dies die Implementierung aber voraussichtlich nicht ändern.

8.3.2.1 Implementierung des Dienstes

Nachfolgend sehen Sie wie ein Web-Service im Code-First-Ansatz implementiert werden kann. Benötigt wird dazu nur eine ganz einfache Java-Klasse, die mit wenigen Annotationen als Web-Service deklariert werden kann (siehe Listing 8.1). Die wichtigsten Annotationen sind @WebService und @WebMethod. @WebService kennzeichnet die Klasse als Web-Service und @WebMethod deklariert die Methoden, die entfernt erreicht werden können. Die Parameter[2] der beiden Annotationen (serviceName und operationName) sind optional und dienen hier einfach der Benennung des Dienstes sowie der verfügbaren Operationen. Für beide Annotationen sind weitere Parameter zur detaillierten Spezifikation des Dienstes möglich.

---

[2] Annotation @WebService: http://docs.oracle.com/javaee/7/api/javax/jws/WebService.html.
Annotation @WebMethod: http://docs.oracle.com/javaee/7/api/javax/jws/WebMethod.html.

Listing 8.1

```
1    import javax.jws.WebService;
2    import javax.jws.WebMethod;
3    import javax.jws.WebParam;
4
5    @WebService(serviceName = "QuoteService")
6    public class QuoteService {
7
8        private String quote = "Der Anwender steht immer im Mittelpunkt
9                              - und da steht er jedem im Weg.";
10
11       @WebMethod(operationName = "getQuote")
12       public String getQuote() {
13           return "Spruch der Stunde: " + quote;
14       }
15
16       @WebMethod(operationName = "createQuote")
17       public void createQuote(@WebParam(name="newQuote") String quote) {
18           this.quote = quote;
19       }
20
21   }
```

▶ Vielleicht ist Ihnen aufgefallen, dass wir keinen Code geschrieben haben, um
   die SOAP-Nachrichten zu verarbeiten. JAX-WS delegiert diese Aufgabe im
   Hintergrund an einen anderen Bestandteil von Java SE/EE, die sogenannten
   Java Architecture for XML Binding (JAXB). Praktischer Weise geschieht die
   komplette Verarbeitung (erstellen und lesen) der Nachrichten für uns damit
   absolut transparent.

8.3.2.2 Ausführung und Test des Dienstes

Um den zuvor implementierten Web-Service ausrollen und nutzen zu können, müssen
die implementierten Klassen kompiliert und dann in einer einfachen Web-Anwendung
gepackt werden oder es muss eine weitere Klasse entwickelt werden, die die Verwaltung
des Dienstes übernimmt (dies wird hier nicht beschrieben, stattdessen setzen wir wie zuvor
auf einen entsprechenden Container, der die Ausführung übernimmt und kontrolliert). Um
den Web-Service bereitzustellen muss die Web-Anwendung daher lediglich in einer Aus-
führungsumgebung (z. B. einem Application Server[3]) ausgerollt werden. Zu Testzwecken
könnte der Dienst auch direkt mit den Mitteln von Java SE ausgeführt werden.

---

[3] Wie bereits in den vorangegangenen Kapiteln, ist in Bezug zu Java ist hierunter in der Regel eine
Java EE konforme Serverumgebung zu verstehen.

Wie gewohnt, handelt es sich bei der Web-Anwendung um ein einfaches zip-Archiv mit der Dateiendung *war*[4]. Der minimale Aufbau der Web-Anwendung mit unserem Web-Service ist in Listing 8.2 dargestellt. Weitere Elemente (wie META-INF-Ordner, Deployment-Deskriptor, etc.) sind möglich jedoch optional.

Listing 8.2

```
1    ws.jax.example-0.42
2    | WEB-INF
3    | ---- classes
4    | ---- de
5    | ---- hspf
6    | ---- schuster
7    | ---- ws
8    | ---- jax
9    | ---- example
10   | ---- QuoteService.class
```

In NetBeans lässt sich eine vollständige Anwendung, die Web-Services beinhaltet, mit wenigen Mausklicks erzeugen und in einer Server-Umgebung ausrollen. Analog zu unseren vorigen Beispielen, können Sie ein Maven-basierten Web-Projekt erstellen (siehe Abb. 8.2). Zum Kompilieren und Ausrollen muss man dann nur *Build* und danach *Run* auswählen (siehe Abb. 8.3). Wurde noch kein Server festgelegt wird man dazu aufgefordert eine Umgebung festzulegen. Das Packen und Ausrollen der Web-Anwendung kann natürlich auch mit den üblichen Build-Werkzeugen automatisiert werden, geht aber weit über diese kleine Beschreibung hinaus. Nach dem erfolgreichen Start der Anwendung und damit dem Start des Web-Services, sollte der Server eine Meldung ähnlich Abb. 8.4 ausgeben.

Zum Test unseres kleinen Web-Services nutzen wir weiterhin NetBeans und lassen eine rudimentäre Test-Web-Seite generieren (siehe Abb. 8.5, 8.6 und 8.7). Der Test lässt sich unter Eingabe der URL auch über SoapUI (siehe Abb. 8.8 und 8.9). Mit SoapUI können schnell und einfach Tests (Unit-Tests) für Web-Services erstellt werden. SoapUI erstellt dazu zunächst Beispielanfragen für alle angebotenen Operationen des Web-Services, diese lassen sich dann leicht verändern und auch abspeichern, sodass die Anfragen beliebig oft wiederholt werden können. Dies kann schließlich auch für die Simulation von Last-Tests genutzt werden.

Über den SOAPUI Endpoint Explorer kann man sich auch zunächst einen Überblick über mögliche SOAP und REST Endpunkte verschaffen, indem man einfach die entsprechende WSDL oder WADL URL eingibt und die Schnittstelle prüft. Wichtig bei der Erstellung eines SoapUI-Testprojektes muss die URL der WSDL übergeben werden,

---

[4] Je nach Anwendung und Umgebung sind auch die Endungen *ear* und *jar* möglich.

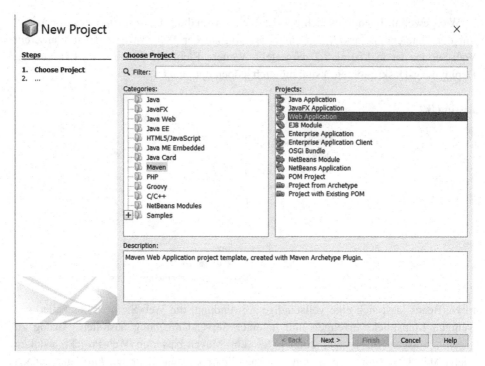

Abb. 8.2 Maven-basiertes Web-Projekt anlegen

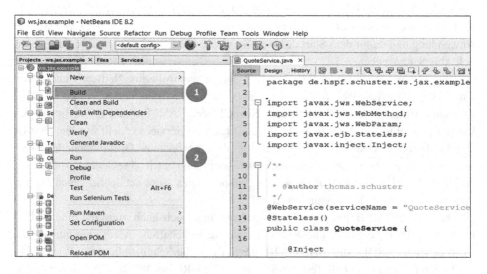

Abb. 8.3 Web-Service initialisieren

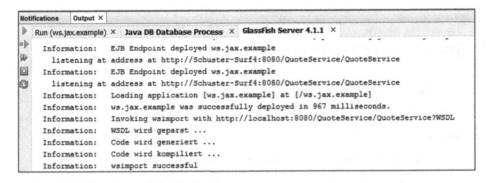

Abb. 8.4 Ausgabe der Server-Konsole

Abb. 8.5 Test des Web-
Service

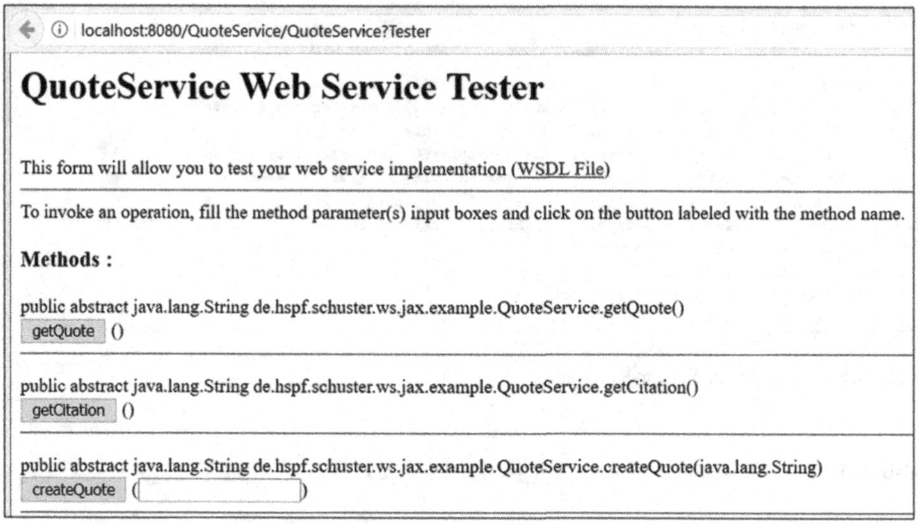

Abb. 8.6   Durch NetBeans generierte Test-Web-Seite

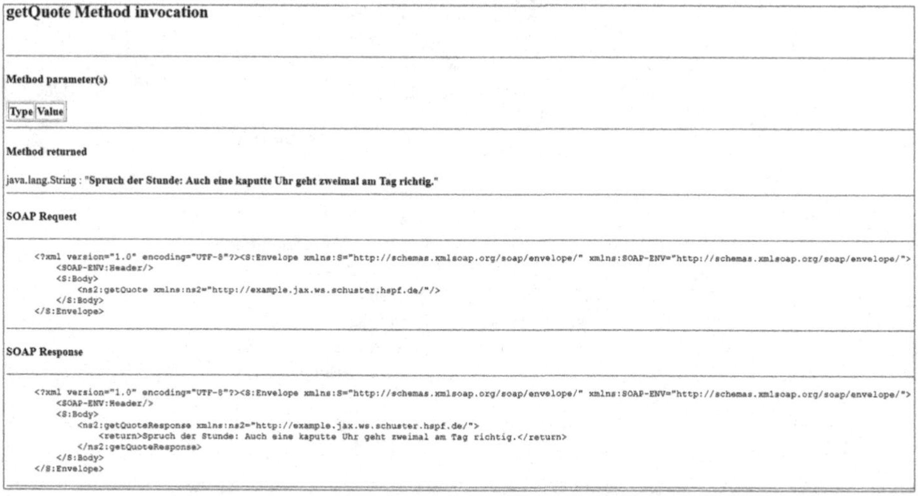

Abb. 8.7   Ergebnis des Methodenaufrufs von getQuote

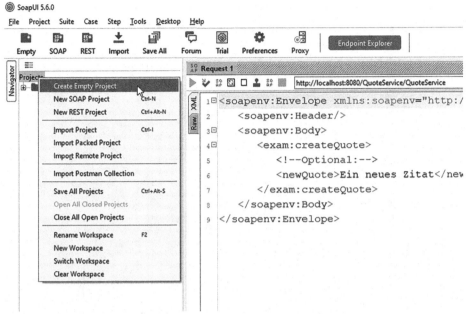

Abb. 8.8 Testerzeugung per SOAP UI

dadurch kann SoapUI die bereitgestellten Operationen des Web-Services analysieren. In unserem Fall ist die URL (wie in Abb. 8.4 zu sehen ist), die folgende:

http://localhost:8080/QuoteService/QuoteService?WSDL

8.3.2.3 Zusammenfassung

8.3.2.3.1 Anforderungen an die Implementierungsklasse
Die Klasse darf nicht `abstract` sein und muss durch die Annotation `@WebService` oder `@WebServiceProvider` markiert werden. Die entfernt aufrufbaren Methoden dürfen nicht `static` und auch nicht `final` sein, ferner müssen diese mit `@WebMethod` markiert werden.

8.3.2.3.2 Annotationen im Überblick

8.3.3 Jakarta REST

Bei der Java API for RESTful[5] Web-Services (JAX-RS) handelt es sich um das Pendant von JAX-WS, mit dem sogenannte REST-Web-Services implementiert werden können.

---

[5] Je nach Quelle lesen Sie in der Fachliteratur RESTful oder auch REST-Web-Service. Wir betrachten die Begriffe als synonym und verwenden nachfolgen nur REST-Web-Service.

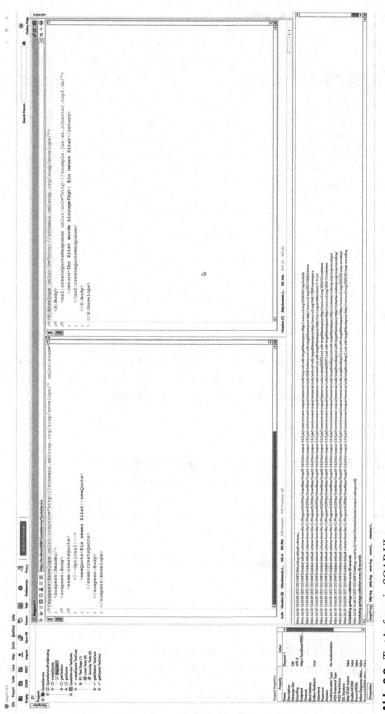

Abb. 8.9   TestAnfrage in SOAP UI

Tab. 8.1 JAX-WS Annotationen

Annotation	Bedeutung
`@WebService`	Annotiert eine Klasse als Web-Service. Die Annotation kann mit weiteren Parametern versehen werden[6]
`@WebServiceProvider`	Annotiert eine Klasse als Implementierung gemäß WSDL, es wird direkt definiert welcher Dienst implementiert wird. Hierzu werden die WSDL-Elemente `<wsdl:service>` und `<wsdl:port>` referenziert. Die Annotation wird beim Code-First-Ansatz genutzt
`@WebMethod`	Annotiert eine Methode als Methode, die durch den Web-Service entfernt verfügbar wird. Kann mit weiteren Parametern versehen werden
`@WebParam`	Mit dieser Annotation können die Übergabe-Parameter der Web-Methoden deklariert werden; z. B. können diese dadurch explizit benannt werden

Tab. 8.2 CRUD-Operationen und HTTP-Verben

HTTP-Verb	CRUD-Operation	Beschreibung
DELETE	Delete	Die per URI angegebene Ressource (das verknüpfte Java-Objekt) wird gelöscht
GET	Read	Die per URI angegebene Ressource wird vom Service angefordert
POST	Update	Die per URI angegebene Ressource wird entweder aktualisiert oder neu angelegt, falls sie noch nicht vorhanden gewesen ist
PUT	Create (kann auch als Update genutzt werden)	Es wird eine neue Ressource dies angesprochenen Typs angelegt. Da jede Ressource (jedes Objekt des Dienstes, also Daten und Funktionalität gemeinsam) eine eigene URI erhält wird als Ergebnis der Link (URI) der neu angelegten Ressource an den Client zurück übermittelt

Wie bereits beschrieben, steht REST für Representational State Transfer und kann als ein Architekturstil gesehen werden, der eine einheitliche Schnittstelle eines Web-Service (genauer einer Ressource) definiert. Weiterführende Informationen hierzu findet man auch im JAX-RS Tutorial (Jakarta EE Tutorial, 2021b).

Gemäß REST werden Funktionalität und Daten zusammen als Ressourcen betrachtet und können daher durch eine eindeutige Adresse (URI, Uniform Resource Identifier) angesprochen werden. Entgegen der Definition eines SOAP-Web-Service, dessen

---

[6] Siehe Abschn. 7.11 in der Spezifikation.

Schnittstelle durch WSDL zunächst beschrieben werden muss, sind die Operationen für eine Ressource von vorneherein festgelegt. Da die Ressourcen im Normalfall durch das Protokoll HTTP aufgerufen werden, können die Operationen durch die HTTP-Verben aufgerufen werden. Dadurch entsteht (theoretisch) die Einheitlichkeit der Schnittstelle. Die wichtigsten angebotenen Operationen sind: **C**reate, **R**ead, **U**pdate und **D**elete (CRUD). Die Operationen werden einfach dadurch aufgerufen, dass die URI der Ressourcen mit dem entsprechenden HTTP-Verb angesprochen wird. Eine Übersicht dazu gibt Tab. 8.1. Die in der Tabelle dargestellten Abbildungen zwischen Operation und HTTP-Verb sind die vorgesehenen Abbildungen für die CRUD Operationen. Eine konkrete Implementierung eines Dienstes muss jedoch nicht zwangsläufig alle beschriebenen Abbildungen anbieten, auch kann ein Autor andere Abbildungen wählen. Von letzterem ist im Sinne einer einfachen Benutzbarkeit jedoch abzuraten (Tab. 8.2).

Die Nachrichten, die ausgetauscht werden, wenn eine Operation aufgerufen wird, sollten selbst-beschreibend sein. Die Nachrichtenformate können z. B. HTML, XML, Text, PDF, JPEG oder JSON sein; letzteres ist im Bereich der Web-Entwicklung besonders beliebt. Gegenüber XML zeichnet sich JSON dadurch aus, dass es einen geringeren Overhead zwischen Dokumentstrukturierung und Nutzdaten aufweist. Im Hinblick auf SOAP-Web-Services (und dem Austausch von XML-Nachrichten), resultiert hieraus auch die vergleichsweise bessere Performanz von REST-Web-Services.

8.3.3.1 Implementierung eines Dienstes

Die Implementierung eines REST-Web-Services ist ähnlich einfach, wie die Implementierung eines SOAP-Web-Services. Sie beruht ebenfalls auf Annotationen und man benötigt eine normale Java-Klasse (POJO) die annotiert wird. Auch die Wahl des Nachrichtenformates geschieht flexibel über Annotationen und die Abbildung zwischen Objekten und Nachrichten kann ebenfalls weitgehend automatisch geschehen. Die Abbildung auf JSON[7] kann beispielsweise über *Jackson*[8] erfolgen. Analog zum obigen JAX-WS-Beispiel folgt nun eine mit Annotationen versehene Klasse, die eine REST-Service realisiert (Listing 8.3). Hier werden beispielhaft nur eine GET und eine POST Operation beschrieben (entsprechende Annotationen. Wie im JAX-WS-Beispiel ist wiederum eine Stateless-Session-Bean genutzt worden, um den Web-Service zu deklarieren. Die Bereitstellung des Dienstes erfolgt daher genau identisch wie im ersten Beispiel als Web-Anwendung.

---

[7] JSON steht für **J**ava**S**cript **O**bject **N**otation. Es handelt sich um ein Datenformat, das aus einfach lesbarem Text gebildet wird und den Datenaustausch zwischen Anwendungen ermöglicht.

[8] Jackson ist eine Programmbibliothek zur Verarbeitung von JSON-Nachrichten in Java.

Listing 8.3

```
1   @Path("quotes")
2   @Stateless
3   public class QuoteService {
4
5       @Inject
6       QuotesLoaderBean quoteLoader;
7
8       @GET
9       @Path("getcitation")
10      @Produces(MediaType.APPLICATION_JSON)
11      public Citation getCitation() {
12          return quoteLoader.getCitation();
13      }
14
15      @POST
16      @Path("createquote")
17      @Consumes(MediaType.APPLICATION_JSON)
18      public String createQuote(String quote) {
19          return quoteLoader.creatQuote(quote);
20      }
21
22  }
```

8.3.3.2 Ausführung und Test des Dienstes

Wie bereits erwähnt, findet die Bereitstellung und Ausführung des Dienstes analog zum Vorgehen, das für die JAX-WS-Dienste in Abschn. 2.2 beschrieben wurde, statt. Der Test kann ebenfalls ähnlich erfolgen, allerdings werden jetzt alle Methoden einzeln getestet, da diese – im Gegensatz zum JAX-WS-Dienst – nun ja jeweils eine eigene Adresse (URI) aufweisen (siehe Abb. 8.10). Ein komfortablerer Test kann z. B. mit Hilfe von Postman (siehe Abb. 8.11) oder SoapUI erfolgen.

Um den Dienst im Rahmen einer Web-Anwendung bereitzustellen ist es außerdem erforderlich diesen separat zu deklarieren. Das geschieht wahlweise über den Deployment-Deskriptor (web.xml) oder in einer speziellen Konfigurationsklasse (die von der Klasse javax.ws.rs.core.Application erbt). Diese Klasse definiert die Wurzel-Ressource und bestimmt die Service-Klassen, welche die Dienste (URI und mögliche HTTP-Verben) deklariert. Wird im Deployment-Descriptor kein Servlet spezifiziert, so fügt JAX-RS automatisch ein Servlet mit dem voll qualifizierten Namen dieser Unterklasse ein und aufgrund der Annotation *@ApplicationPath* erfolgt ein Mapping auf den Wurzel-Pfad.

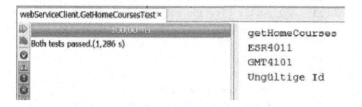

Abb. 8.10 Response des RESTful Web Service

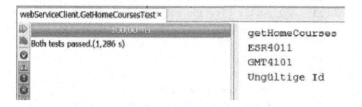

Abb. 8.11 Test des RESTful Web Service homeCoursesJson

8.3.3.3 Zusammenfassung

8.3.3.3.1 Anforderungen
Die Klasse stellt ähnliche Bedingungen wie bei einem JAX-WS-Dienst. Im Umfeld von
Java EE kann ebenfalls wiederum eine Stateless-Session-Bean zur Deklaration genutzt
werden, auch herkömmliche Klassen (POJO) sind geeignet.

8.3.3.3.2 Annotationen im Überblick
Im Rahmen der Einführungsphase ist die Migration von Daten eine wichtige und
nicht selten komplexe Aufgabe. Im Fallbeispiel wird u. a. auf Lehrveranstaltungsdaten
der Heimathochschule zugegriffen. Der Student kann beim Anlegen des Learning-
Agreements aus den Lehrveranstaltungen seines Studiengangs auswählen. Diese Lehrveranstaltungen werden primär von der Anwendung des Prüfungsamtes verwaltet. Nun
gäbe es die Möglichkeit, dass die Daten mit der Produktivsetzung der Anwendung zum
Erstellen des Learning-Agreements einfach übernommen werden. Allerdings ändern
sich diese Daten, z. B. wenn sich die Studien- und Prüfungsordnung ändert. Dies kann
insbesondere die Bezeichnung, die Credit-Anzahl und/oder die Semesterzuordnung
betreffen. Vor diesem Hintergrund ist es notwendig, dass beim Anlegen eines Learning-
Agreements mit dem aktuellen Bestand an Lehrveranstaltungen gearbeitet wird. Zur
Sicherstellung dieser Anforderung gibt es grundsätzlich mehrere Möglichkeiten. Nachfolgend soll eine lose Kopplung des neuen Systems mit dem System der Prüfungsverwaltung in den Grundzügen vorgestellt werden. Hierzu wird ein Lösungsansatz mit

Tab. 8.3 JAX-RS Annotationen

Annotation	Bedeutung
@Path	Annotiert eine Ressource als entfernt erreichbar. Die Annotation wird zunächst für die Klasse und im Weiteren für die Methoden genutzt, um schließlich die HTTP-Verben auf diese anwenden zu können. Als Parameter kann jeweils ein bestimmter Wert, der an die Basis-URI jeweils angehängt und durch einen Slash (/) von weiteren Pfadangaben getrennt wird
@Consumes	Gibt den MIME-Typ an, den eine Methode verarbeitet, wenn diese mit einem Parameter (d. h. einem Nachrichteninhalt, Body) aufgerufen wird
@DELETE	Die Annotation wird einer Methode vorangestellt, wenn diese das HTTP-Verb DELETE umsetzen soll
@GET	Die Annotation wird einer Methode vorangestellt, wenn diese das HTTP-Verb GET umsetzen soll
@POST	Die Annotation wird einer Methode vorangestellt, wenn diese das HTTP-Verb POST umsetzen soll
@Produces	Gibt den MIME-Typ an, wenn eine Methode einen Rückgabewert liefert. Dieser bezieht sich dann auf den Nachrichteninhalt der Antwort des Dienstes (der Ressource)
@PUT	Die Annotation wird einer Methode vorangestellt, wenn diese das HTTP-Verb PUT umsetzen soll

einem **RESTful Web Service** verwendet. Ob dies für diesen Fall unbedingt notwendig wäre, soll hier nicht entschieden werden. Die Begründung liegt eher darin, mit diesem Ansatz eine weitere wichtige Technologie kennenzulernen, die ein breites Einsatzspektrum aufweist (Tab. 8.3).

8.3.4 Ein REST-Web-Service für die Prüfungsverwaltung

Im nachfolgenden Fallbeispiel soll unser System zur Prüfungsverwaltung um einen REST-Web-Service erweitert werden. Wie oben erwähnt, ist es mit Hilfe von NetBeans relativ einfach einen REST-Web-Service anzulegen. Als Entwickler benötigen wir lediglich eine einfache Klasse (POJO) mit mindestens einer Methode ein paar Annotationen (vgl. Goncalves 2010, S. 463 ff.). Wie bei den JAX-WS und den XML-Nachrichten, kümmert sich die JAX-RS API (Application Programming Interface) um die HTTP Requests und Responses.

Der Web-Service soll nun auf die Daten aus den Klassen *StudyProgram* und *Course* zugreifen. Diese weisen die gleiche Struktur auf wie dies im bisher entwickelten System beschrieben wurde (vgl. Listing 8.4). Der Web-Service soll nun lokal getestet werden. Zu Testzwecken legen wir in der Datenbank lediglich der Studiengang *Purchase and Logistics* mit sechs Lehrveranstaltungen an (vgl. Tab. 8.1).

Listing 8.4

```
Klasse: StudyProgram

1    @Entity
2    public class StudyProgram {
3
4        private String programTitle;
5        @OneToMany(cascade = CascadeType.ALL)
6        private List<Course> courses;
7        @Id
8        @GeneratedValue(strategy = GenerationType.AUTO)
9        private int id;
10
11       public StudyProgram() {
12       }
13
14       public StudyProgram(String programTitle) {
15           this.programTitle = programTitle;
16           courses=new ArrayList<>();
17       }
18       public Course createCourse(String courseId,
19                                   String courseTitle, double credits){
20           Course newCourse=new Course(courseId, courseTitle, credits);
21           courses.add(newCourse);
22           return newCourse;
23       }

Klasse: Course

1    @Entity
2    public  class Course implements Serializable, Comparable<Course> {
3
4        private String courseId;
5        private String courseTitle;
6        private double ects;
7        @Id
8        @GeneratedValue(strategy = GenerationType.AUTO)
9        private int id;
10
11       public Course() {
12       }
13
14       public Course(String courseId, String courseTitle, double ects) {
15           this.courseId = courseId;
16           this.courseTitle = courseTitle;
17           this.ects = ects;
18       }
19   ...
20   }
```

Die Klasse *CourseServiceResource* wird mit der Annotation *@Path* zu einer Ressource, die unter dem Pfad */courseService* bereitgestellt wird. Im vorliegenden Fall wird der Service als eine zustandslose EJB implementiert, die einen Request Scope aufweist und die Dienste der EJB *CourseController* in Anspruch nimmt (vgl. Anweisungen 1 bis 5 in Listing 8.5). Die Methode *getCoursesJson* kann aufgrund der Annotation *@ GET* HTTP-Get Anfragen verarbeiten. Ein späterer HTTP Request liefert noch den Request Parameter *studyProgramId* mit (vgl. Anweisung 7). Mithilfe dieses Parameters *studyProgramId* sucht die Methode nach dem zugehörigen *StudyProgram*-Objekt (vgl. Anweisung 11) und stellt letztlich eine JSON Repräsentation eines Objektes vom Typ *HomeCoursesTransferred* im HTTP Response dem anfragenden System zur Verfügung (vgl. Anweisungen 8 bis 18). Wenn, wie in Anweisung 7, auf Methodenebene eine *@Path*-Annotation verwendet wird, so werden der Klassen- und Methoden-Pfad miteinander verbunden. In den Anweisungen 12 bis 14 wird die Möglichkeit genutzt, im Fehlerfall eine *WebApplicationException* zu werfen. Ansonsten würde wegen einer *NullPointerException* ein HTTP Status 500 – Internal Server Error beim Client des Web Service gemeldet werden. In unserem Fall wird stattdessen ein *WebApplicationException*-Objekt mit einem Status 400 Response und einer erklärenden Meldung im Response-Rumpf geworfen.

Listing 8.5

Klasse: CourseServiceResource

```
1   @Path("/courseService")
2   @Stateless
3   public class CourseServiceResource {
4
5       @EJB
6       CourseController controller;
7
8       public CourseServiceResource() {
9       }
10
11      @GET
12      @Path("/homeCourses/{studyProgramId}")
13      @Produces({"application/json"})
14      public HomeCoursesTransferred getCoursesJson(
15              @PathParam("studyProgramId") int studyProgramId ) {
16          StudyProgram studyProgram =
17  controller.getStudyProgram(studyProgramId);
18          if ( studyProgram == null ) {
19              throw new WebApplicationException(Response.status(400).
20                          entity("No studyprogram found for id = " +
21                              studyProgramId).build());
22          }
23          HomeCoursesTransferred homeCoursesTransferred =
24                              new HomeCoursesTransferred();
25          homeCoursesTransferred.setCourses(studyProgram.getCourses());
26          return homeCoursesTransferred;
27      }
28
29  }
```

Klasse: ApplicationConfig

```
1   @javax.ws.rs.ApplicationPath("webresources")
2   public class ApplicationConfig extends Application {
3
4       @Override
5       public Set<Class<?>> getClasses() {
6           Set<Class<?>> resources = new java.util.HashSet<>();
7           addRestResourceClasses(resources);
8           return resources;
9       }
10
11      private void addRestResourceClasses( Set<Class<?>> resources ) {
12
13  resources.add(de.hspf.systemdev.services.CourseServiceResource.class);
14      }
```

```
15
16   }
```

Klasse: HomeCoursesTransferred

```
1    public class HomeCoursesTransferred {
2        private List<Course> courses;
3    }
```

Über die Unterklasse *ApplicationConfig* der Klasse *Application* werden die Basis-URI und die Provider-Klassen (im Fallbeispiel nur die Klasse *CourseServiceResource,* siehe Listing 8.2) deklariert. Da wir den Dienst zunächst lokal in unserer Testumgebung ausführen, ergibt sich für den entwickelten Web-Service und den beispielhaften Zugriff auf die Lehrveranstaltung des Studiengangs mit der Id 14 folgende URI:

http://localhost:8080/exama/webresources/courseService/homeCoursesJson/14.

Das bedeutet, dass nach einem Deployment des NetBeans-Projektes auf dem Anwendungs-Server, der Web Service mit obiger URL direkt aus dem Browser aufgerufen werden kann. In Abb. 8.1 ist die JSON Repräsentation des *HomeCoursesTransferred-*Objektes abgebildet. Darin wird deutlich, dass genau die Lehrveranstaltungen, die in der Tab. 8.4 dargestellt sind, durch den Web Service bereitgestellt wurden. Im nächsten Schritt soll nun ein Konsument (Client) für diesen Service im entwickelt werden.

Auch bei der Erstellung des Clients für einen REST-Web-Service liefert NetBeans eine komfortable Unterstützung. In Listing 8.6. ist die generierte Klasse *GetHomeCoursesClient* wiedergegeben, die die Methode *getCourseJson* zum Aufruf des Web Service bereitstellt.

Tab. 8.4 Lehrveranstaltungen in der Datenbank der Prüfungsverwaltung

ID	COURSEID	COURSETITLE	ECTS
2	ESR4011	Busines Ethics 1	3
3	ESR4012	Busines Ethics 2	3
4	GMT3021	Operations Management	7
5	GMT3013	Strategic Management	3
6	GMT3022	International Trade Operations	6
7	GMT4101	Management Seminar	5

Listing 8.6 – Klasse: GetHomeCoursesClient

```
1    /**
2     * Jersey REST client generated for REST resource:CourseServiceResource
3     * [courseService]<br>
4     * USAGE:
5     * <pre>
6     *        GetHomeCourses client = new GetHomeCourses();
7     *        Object response = client.XXX(...);
8     *        // do whatever with response
9     *        client.close();
10    * </pre>
11   public class GetHomeCoursesClient {
12      private WebTarget webTarget;
13      private Client client;
14      private static final String BASE_URI =
15             "http://localhost:8080/exam-administration/webresources";
16
17      public GetHomeCoursesClient() {
18         client = javax.ws.rs.client.ClientBuilder.newClient();
19         webTarget = client.target(BASE_URI).path("courseService");
20      }
21
22      public <T> T getCoursesJson(Class<T> responseType,
23                                  String studyProgramId)
24              throws ClientErrorException {
25         WebTarget resource = webTarget;
26         resource = resource.path(java.text.MessageFormat.format(
27                 "homeCoursesJson/{0}", new Object[]{studyProgramId}));
28         return resource.request(javax.ws.rs.core.MediaType.
29                 APPLICATION_JSON).get(responseType);
30      }
31
32      public void close() {
33         client.close();
34      }
35
36   }
```

Im Rahmen des Fallbeispiels bestehen die Möglichkeiten, dass entweder bei jeder Transaktion zum Anlegen eines Learning-Agreements der Web Service aufgerufen wird oder einfach zu Beginn des Semesters die aktuellen Lehrveranstaltungen aller Studiengänge mithilfe des Web-Service in die Anwendung übernommen werden.

Im Fallbeispiel soll es ausreichen, dass die grundsätzliche Funktionsweise dargestellt wird. Daher wurde die Klasse *GetHomeCourses* mit der statischen Methode *getHomeCourses* exemplarisch entwickelt und mit der Klasse *GetHomeCoursesTest* getestet (vgl. Listing 8.7). In der Variablen *response* (vgl. Anweisung 4 in Listing 8.7) steht die Zeichenkette im JSON-Format bereit, wie sie auch in Abb. 8.1 wiedergegeben ist. In Anweisung 6 wird ein Objekt der Klasse *Gson* erzeugt. *Gson* ist eine Open Source Java Bibliothek, die von Google entwickelt und eingesetzt wird. Mit den Methoden *toJson* und *fromJson* lassen sich Objekte ganz einfach in eine JSON Zeichenkette transformieren und umgekehrt. Dabei kann *Gson* mit beliebigen Java-Objekten arbeiten. Um die Client-Anwendung auszuführen, müssen wir daher eine entsprechende Bibliothek einbinden, die die Objektstrukturen unserer Nutzdatenobjekte abbildet (dies können wir wiederum über Maven erreichen). In Anweisung 7 (vgl. Listing 8.4) wird die JSON Zeichenkette in ein Objekt der Klasse *HomeCoursesTransferred* überführt.

▶   Vielleicht haben Sie bemerkt, dass wir dies serverseitig nicht explizit getan
     haben. Das liegt daran, dass Server wie der Payara diese Aufgabe auch auto-
     matisch für uns übernehmen können und wir dann nur das gewünschte Aus-
     gabeformat (hier JSON annotieren müssen).

Listing 8.7

Klasse: GetHomeCourses

```
1    public class GetHomeCourses {
2
3        public static List<HomeCourse> getHomeCourses( int studyProgramId ) {
4            GetHomeCoursesClient getHomeCourses = new GetHomeCoursesClient();
5            String response = getHomeCourses.getCoursesJson(String.class,
6                                    String.valueOf(studyProgramId));
7            getHomeCourses.close();
8            Gson gson = new Gson();
9            HomeCoursesTransferred homeCoursesTransferred =
10           gson.fromJson(response, HomeCoursesTransferred.class);
11           return homeCoursesTransferred.getCourses();
12       }
13   }
```

Klasse: GetHomeCoursesTest

```
1    public class GetHomeCoursesTest {
2
3        @Test
4        public void testGetHomeCourses() {
5            System.out.println("getHomeCourses");
6            int studyProgramId = 14;
7            List<HomeCourse> expResult = new ArrayList<>();
8            expResult.add(new HomeCourse("ESR4011", null, 3));
9            expResult.add(new HomeCourse("GMT4101", null, 3));
10           List<HomeCourse> result =
11           GetHomeCourses.getHomeCourses(studyProgramId);
12           System.out.println(result.get(0).getCourseId());
13           System.out.println(result.get(result.size() - 1).getCourseId());
14           assertEquals(expResult.get(0).getCourseId(),
15                            result.get(0).getCourseId());
16           assertEquals(expResult.get(expResult.size() - 1).getCourseId(),
17                            result.get(result.size() - 1).getCourseId());
18       }
19
20       @Test(expected = WebApplicationException.class)
21       public void testGetHomeCoursesWithWrongId() {
22           System.out.println("Ungültige Id");
23           int studyProgramId = 1;
24           List<HomeCourse> result =
25           GetHomeCourses.getHomeCourses(studyProgramId);
26       }
27   }
```

Mit der Testmethode *testGetHomeCourses* wird die erfolgreiche Bereitstellung der Lehrveranstaltungen des Studiengangs mit der Id *14* überprüft. Dazu wird der zuvor entwickelte REST-Web-Service aufgerufen. Der Test beschränkt sich nun auf das Überprüfen des ersten und letzten Lehrveranstaltungs-Objektes. Mit der Testmethode *testGetHomeCoursesWithWrongId* wird die korrekte Funktionsweise des Web Service für den Fall getestet, dass seine ungültige Studiengangs-Id als Parameter mitgegeben wird. Abb. 3.2 bestätigt die korrekte Funktionsweise.

8.3.5 Werkzeuge

Für die Entwicklung der und die Anfragen zu den oben beschriebenen Web-Services wurde folgende Software benutzt:

- **Apache NetBeans** 12.2: Die IDE, die wir im gesamten Buch benutzen.
- **Payara:** Unser Applikationsserver, den wir ebenfalls im gesamten Buch benutzen. Als leichtgewichtigere Serverumgebungen seien noch Payara Micro, Jersey und Grizzly erwähnt, mit denen ebenfalls JAX-WS und JAX-RS Web-Services betrieben werden können.
- **wsimport** generiert JAX-WS Artefakte, wie z. B.: Service-Endpunkt-Schnittstelle (SEI) Service Exception-Klassen gemäß wsdl:fault (falls vorhanden), Bean zur Antwort auf Nachrichten durch den Service (wsdl:message, falls vorhanden) JAXB generierte Java-Klassen gemäß Schema-Typen des Web-Services. Diese Artefakte können gemeinsam mit den WSDL und Schema-Dokumenten auch verpackt werden (z. B. in eine WAR-Datei)
- **SoapUI** ist ein Werkzeug für Tests von SOAP-Web-Servcies. Die Basisversion ist als freie Software erhältlich und reicht für unsere Zwecke aus. SoapUI kann genutzt werden, um Web-Services aufzurufen, zu inspizieren, zu testen (Unit- und Lasttests sind möglich), dabei können auch Mock-Objekte und sogar Mock-Services erstellt werden.
- **Postman** ist ein Werkzeug zum Test von REST-Web-Services und bietet ähnliche Funktionen wie SoapUI, allerdings eben für REST-Web-Services.

8.4 Vom Web- zum Micro-Service

Im Fallbeispiel fiel die Entscheidung für die klassische mehrstufige Architektur mit Präsentations-, Anwendungs-/Fachkonzept- und Datenhaltungsschicht (vgl. Abb. 2.4 bzw. Abb. 2.5). Dieses Vorgehen unterstützt insbesondere die Wartbarkeit, da zwischen den Schichten die Kopplung möglichst klein ist und eindeutige schmale Schnittstellen existieren. Weiterhin wird die Portierbarkeit unterstützt, sodass es etwa leichter möglich ist, die Datenbank auszutauschen oder eine andere Präsentation bei gleichbleibender Fachkonzeptschicht zu verwenden. Aus Implementierungssicht auf dem Server handelt es sich jedoch um eine **monolithische Anwendung**. Werden Änderungen oder Erweiterungen am System vorgenommen, bedeutet dies, dass serverseitig eine neue Version bereitzustellen ist (vgl. Fowler und Lewis 2015, S. 14). Diese monolithische Architektur macht eine flexible Weiterentwicklung eines Systems und schnelle Bereitstellung von zusätzlichen Funktionalitäten aufwendig. Daher wäre eine Lösung, bei der einzelne Komponenten der Gesamtlösung unabhängig von anderen Komponenten entwickelt und bereitgestellt werden könnten, wesentlich flexibler. Eine mögliche Antwort sind sogenannte Microservices.

Ein **Microservice** kann verstanden werden als eine in sich abgeschlossene, leicht verständliche Umsetzung von Fachlogik, die von anderen einen hohen Grad an Unabhängigkeit aufweist. Ein Microservice ist damit durch minimale Kopplung und maximale Bindung gekennzeichnet. Diese Prinzipien eines guten Entwurfs lernten wir schon im Zusammenhang mit einem verantwortungsorientierten Entwurf kennen (vgl. Abschn. 3.3.1). Ein Microservice ist somit eine Komponente, die für sich zum Einsatz gebracht werden kann und mittels JAX-RS mit anderen Komponenten kommuniziert (vgl. Bien 2014, vgl. Fowler und Lewis 2015, S. 16). Besteht eine Anwendung aus dem Zusammenspiel möglichst unabhängiger Microservices, so ergibt sich auch die Notwendigkeit, dass jeder Service über seine eigene Datenhaltung verfügt. Dabei ist u. U. zu akzeptieren, dass die Konsistenz der Daten nicht immer gewährleistet ist. Eine Möglichkeit ist auch, dass der Kern einer Anwendung eine monolithische Architektur aufweist und insbesondere neue Funktionalitäten in Form von Microservices hinzugefügt werden (z. B. Website von The Guardian, vgl. Fowler und Lewis 2015, S. 19). Die zu beantwortende Entwurfsfrage ist die, nach welchen Merkmalen die Funktionalitäten zu Mircoservices gruppiert werden sollen. Eine konsequente Möglichkeit wäre, Microservices an den Anwendungsfällen zu orientieren (vgl. Yener und Theedom 2015, S. 201 f.).

Eine **Microservice-Architektur** hat Eigenschaften, die im Einzelfall als Vorteile oder Nachteile gewertet werden können (vgl. Yener und Theedom 2015, S. 202 ff.):

- Die überschaubare Größe eines Microservices erleichtert das Verständnis und unterstützt die Agilität.
- Die einzelnen Services können wesentlich schneller und unabhängig vom sonstigen System bereitgestellt werden.
- Änderungen innerhalb eines Service beeinflusst die andere Funktionalität i. d. R. nicht bzw. wenig.
- Wenn sich die Entwickler an der vereinbarten Schnittstelle für den RESTful Web Service orientieren können, können diese mit einem hohen Grad an Unabhängigkeit arbeiten.
- Wenn die einzelnen Funktionalitäten des Systems unterschiedlich stark genutzt werden, so können die Ressourcen für die einzelnen Services in angepasstem Umfang bereitgestellt werden.

- Durch die geringe Kopplung zwischen den Services ist die Fehlertoleranz i. d. R. höher.
- Die einzelnen Services können mit der jeweils optimal passenden Technologie (z. B. Programmiersprache) implementiert werden.
- Die Vielzahl von Services kann die Komplexität eines Systems erhöhen.
- Investitionen für ein möglichst automatisiertes Bereitstellen (deployment) der Services sind notwendig.
- Übergreifende inhaltliche Änderungen mögen Anpassungen in vielen Services zur Konsequenz haben.
- Das Duplizieren von Code ist grundsätzlich schlecht. Um Kopplung und Abhängigkeiten zu vermeiden, kann es notwendig sein, Code in unterschiedlichen Services zu duplizieren.
- Die von Natur gegebene geringere Zuverlässigkeit und erhöhte Komplexität verteilter Anwendungen ist auch bei einer Microservice-Architektur gegeben. Daher sind angepasste Vorkehrungen für vorsehbare Risiken zu treffen, z. B. Redundanz, kontinuierliches Monitoring.

Vor diesem Hintergrund stellt sich die berechtigte Frage, in welchen Anwendungsszenarien Microservice-Architekturen sinnvoll eingesetzt werden können. Fowler und Lewis (2015, S. 19 f.) wagen hierzu keine präzise Aussage. Sicherlich ist das Thema „Qualifikation des Teams" ein wesentlicher Aspekt. Die Erfahrungen der Firma Otto bei der Neuentwicklung ihres Online-Shops sprechen für die Microservice-Architektur (vgl. Steinacker 2014, 2015). Steinacker nennt etwa folgendes Beispiel. Im Online-Shop erfolgen Produktempfehlungen aufgrund von Ähnlichkeit und aufgrund von Kundenbewertungen. Beide Funktionalitäten sind voneinander unabhängig und benötigen auch ganz unterschiedliche Daten. Somit bietet es sich an, zwei Microservices zu entwerfen und zu implementieren. Im Sinne der agilen Software-Entwicklung wären dies auch typische Beispiele von User Stories, die Teil des übergeordneten Epics Produkt online kaufen sein könnten. Vor diesem Hintergrund ergänzt und unterstützt eine Microservice-Architektur eine agile Vorgehensweise. Dies gilt insbesondere für innovative Anwendungssysteme und solche, die dem Unternehmen Differenzierungsvorteile bringen und hohe Anforderungen an Flexibilität und Anpassungsfähigkeit stellen. Dies gilt insbesondere dann, wenn unterschiedliche Teams für die einzelnen Funktionalitäten verantwortlich sind und auch deren Betrieb sichern (DevOps, siehe auch Halstenberg et al. 2020). Zum Abschluss sei jedoch darauf hingewiesen, dass eine Microservice-Architektur nicht notwendigerweise mit RESTful Web Services implementiert werden muss, jedoch RESTful Web Services eine der Implementierungstechnologien sein können.

8.5   Zusammenfassung

Im Fallbeispiel wurde das DAD-Prozessmodell in der Variante angewandt, bei der es eine Vorbereitungsphase gibt, auf die mehrere Releases folgen, die jeweils mehrere Iterationen und eine Einführungsphase umfassen. Im Fallbeispiel waren drei Iterationen notwendig, um einen Entwicklungsstand zu erreichen, bei dem es unter Nutzenaspekten sinnvoll war, die entwickelte Software-Lösung einzusetzen. In diesem Kapitel wurden die vielfältigen Aufgaben in der Einführungsphase lediglich kurz beschrieben. Im Fallbeispiel sind die Aufgaben der Datenübernahme sicherlich aufwendig und auch sehr speziell, da unterschiedliche Systeme die Basis bilden. Es wurde darauf verzichtet ein umfangreiches Beispielszenario dafür zu entwickeln. Unter dem Aspekt der Vermittlung zukunftsgerichteter Inhalte wurden drei Schwerpunkte aufgegriffen. Zum einen wurde das Organisationskonzept DevOps, das sich mit den Konzepten der agilen Entwicklung gut ergänzt, in seinen Grundzügen skizziert. Zum anderen wurde die Technologie der Web Services thematisiert. Dies erfolgte einerseits an dem Beispiel der Bereitstellung von Daten eines Vorsystems für das System des Fallbeispiels. Hierfür wurde ein einfacher RESTful Web Service auf Server- und Client-Seite entwickelt. Andererseits wurde auf der Basis des Grundwissens über RESTful Web Services der Ansatz der Microservice-Architektur hinsichtlich seiner Grundidee charakterisiert. Dabei wird deutlich, dass die Microservice-Architektur zu agilem Entwickeln von Enterprise-Anwendungen durchaus geeignet ist und insbesondere die Einführungsphase beeinflusst.

8.6   Wiederholungsfragen und Aufgaben

Frage 8.1
Welche Aussagen zur Einführungsphase sind richtig?

a) Im Rahmen eines DAD Projektes gibt es immer nur ein Release mit einer Vorbereitungs- und einer Einführungsphase.

b) Beim Konzept von DevOps wird versucht, die Probleme aufgrund der organisatorischen Trennung von Entwicklung und Betrieb durch neue Organisationslösungen zu reduzieren.

c) Die Übertragung der Wartungsverantwortung an eine spezielle Wartungsgruppe kann demotivierende Wirkung für das Entwicklerteam haben.

d) Gemäß den agilen Prinzipien ist es auch während der Einführungsphase üblich, dass zusätzlich aufkommende Anforderungen nach neuer Funktionalität aufgenommen und umgesetzt werden.

e) Nach Einführung eines Release ist es produktivitätssteigernd das Entwicklerteam in neuer Zusammensetzung neuen Projekten zuzuordnen.

Frage 8.2

Welche Aussagen zu Web Services sind richtig?

a) SOAP Web Services sind aufgrund ihrer reichhaltigen Funktionalität den RESTful-
   Webservices i. d. R. vorzuziehen.
b) Die WSDL wird bei einem RESTful-Webservice im JSON Format dargestellt.
c) Mit der Annotation @Path wird eine Java Klasse zu einer Ressource im Sinne eines
   RESTful-Webservice.
d) Die Open Source Java Bibliothek Gson stellt Methoden bereit, um Java-Objekte in
   JSON zu repräsentieren und umgekehrt.
e) Eine Microservice-Architektur kann die RESTful-Webservice Technologie nutzen,
   um Use-Case-orientierte Services bereitzustellen.

Aufgabe 8.1

Bei den Aufgaben der Kap. 3, 4, 5 und 6 wurden Teilaspekte eines Bestellprozesses
umgesetzt. Vor diesem Hintergrund soll ein RESTful-Webservice entwickelt werden, der
es erlaubt, dass der aktuelle Status einer Bestellung beim Lieferanten abgefragt werden
kann. Somit ist der RESTful-Webservice beim Lieferanten zu implementieren und eine
Client-Anwendung beim bestellenden Unternehmen bereitzustellen.

a) Beim Lieferanten muss der Web Service bereitgestellt werden. Die wesentlichen
   Klassen hierfür sind in Listing 8.8 wiedergegeben. Der Besteller ist aus der Sicht des
   Lieferanten ein Kunde. Daher wurde eine rudimentäre Klasse Kunde entwickelt. Die
   Bestellung des Kunden ist aus der Sicht des Lieferanten ein Auftrag. Daher wurde
   eine rudimentäre Klasse Auftrag entwickelt. Beim Auftrag wurde insbesondere ein
   Attribut Lieferdatum implementiert, das die wesentliche Information ist, die der Web
   Service dem Auftraggeber (Kunden) bereitstellt. Der RESTful-Webservice liefert ein
   Objekt vom Typ Auftragsstatus zurück.
   • Ergänzen Sie in Anweisung 57 die Kommentarzeile, in der die URL für den Aufruf
     des RESTful-Webservice stehen soll. Gehen Sie davon aus, dass der Auftraggeber
     die Kundennummer 1 hat und der Status der Bestellung mit der Nummer 400001
     angefragt werden soll.
   • Ergänzen Sie weiterhin Anweisung 62 so, dass gewährleistet ist, dass der Web
     Service ein Objekt in JSON Repräsentation bereitstellt.
   • Warum reicht es nicht aus, dass dem Web Service nur die Bestellnummer als Para-
     meter bereitgestellt wird?

Listing 8.8

```
1    @Entity
2    public classKunde {
3        @Id
4        private int kundenNummer;
5        private String name;
6
7        @OneToMany(mappedBy = "auftragGeber")
8        private List<Auftrag> auftraege;
9
10       public Kunde() {
11           auftraege=new ArrayList<>();
12       }
13
14       public Kunde(int kundenNummer, String name) {
15           this();
16           this.kundenNummer = kundenNummer;
17           this.name = name;
18       }
19
20       public Auftrag anlegenAuftrag(int auftragsnummer, int bestellnummer,
21                       Date datum, Status status, Date lieferdatum){
22           Auftrag auftrag = new Auftrag(auftragsnummer, bestellnummer,
23                               datum, status, lieferdatum, this);
24           auftraege.add(auftrag);
25           return auftrag;
26       }
27   }
28
29   @Entity
30   public class Auftrag {
31       @Id
32       privateint auftragsNummer;
33       private int bestellnummerAuftraggeber;
34       @Temporal(javax.persistence.TemporalType.DATE
35       private Date datum;
36       private Status status;
37       @Temporal(javax.persistence.TemporalType.DATE)
38       private Date lieferdatum;
39       @ManyToOne
40       private Kunde auftragGeber;
41
42       public Auftrag() {
43       }
44
45       public Auftrag(int auftragsNummer, int bestellnummerAuftraggeber,
46                       Date datum, Status status, Date lieferdatum,
```

```
47                        Kunde auftragGeber) {
48            this.auftragsNummer = auftragsNummer;
49            this.bestellnummerAuftraggeber = bestellnummerAuftraggeber;
50            this.datum = datum;
51            this.status = status;
52            this.lieferdatum = lieferdatum;
53            this.auftragGeber = auftragGeber;
54        }
55    }
56
57     public class AuftragsStatus {
58            private int auftragsnummer;
59            private int bestellnummer;
60            private String lieferdatumGeplant;
61            private int kundennummer;
62        }
63
64     @Path("auftragsStatus")
65     @Stateless
66     public class ServiceAuftragsStatus {
67         // http://localhost:8080/LieferantService/
68         @EJB
69         LieferantController controller;
70
71         @GET
72         @Path("/auftragsStatusJson/{kdnr}/{bestellNummer}")
73         @Produces(" ")
74         public AuftragsStatus getAuftragsstatus(@PathParam("kdnr") int kdnr,
75                 @PathParam("bestellNummer") int bestellNummer) {
76             Kunde kunde = controller.getKunde(kdnr);
77             AuftragsStatus auftragsStatus = new AuftragsStatus();
78             for (Auftrag a : kunde.getAuftraege()) {
78                 if (a.getBestellnummerAuftraggeber() == bestellNummer) {
79                     auftragsStatus.setAuftragsnummer(a.getAuftragsNummer());
80                     auftragsStatus.setBestellnummer(a
81                       .getBestellnummerAuftraggeber());
82                     auftragsStatus.setKundennummer(a
83                       .getAuftragGeber().getKundenNummer());
84                     auftragsStatus.setLieferdatumGeplant(
85                             SimpleDateFormat.getDateInstance(
86                               SimpleDateFormat.MEDIUM)
87                                 .format(a.getLieferdatum()));
88                 }
89             }
90             return auftragsStatus;
```

```
91        }
92    }
93
94    @javax.ws.rs.ApplicationPath("resources")
95    public class ApplicationConfig extends Application {
96
97        @Override
98        public Set<Class<?>> getClasses() {
99            Set<Class<?>> resources = new java.util.HashSet<>();
100           addRestResourceClasses(resources);
101           return resources;
102       }
103
104       private void addRestResourceClasses(Set<Class<?>> resources) {
105           resources.add(webServices.ServiceAuftragsStatus.class);
106       }
107   }
```

b) Beim Besteller wurde die Web-Anwendung um eine weitere Option erweitert, sodass in der JSF *bestellstatusPruefen* (vgl. Listing 8.9) die Bestellung ausgewählt wird, für die beim Lieferanten der geplante Liefertermin angefragt und ausgegeben werden soll. Für die JSF-Seite wurde die Managed Bean *BestellStatusPruefen* (vgl. Listing 8.6, Anweisungen 38ff.) entwickelt. Diese greift einerseits auf eine nicht dargestellte EJB zu, die die Bestellungen gemäß der Auswahlkriterien zur Verfügung stellt und andererseits auf die von NetBeans generierte Web Service Schnittstelle *AuftragsStatusClient* (vgl. Anweisung 52 in Listing 8.9).

- Ergänzen Sie die Anweisung 53 bis 55 so, dass das Auftragsstatus-Objekt für die ausgewählte Bestellung des Kunden mit der Kundennummer 1 über den RESTful-Webservice bereitgestellt wird.
- In der Anweisung 53 sollten Sie die Kundennummer 1 als String-Literal angegeben haben. In welcher Klasse müsste sinnvollerweise die Kundennummer des Bestellers, die vom Lieferanten vergeben wird, ergänzt werden?

Listing 8.9

`bestellstatusPruefen.xhtml`

```
1   <?xml version='1.0' encoding='UTF-8' ?>
2   <!DOCTYPE html PUBLIC "-//W3C//DTD XHTML 1.0 Transitional//EN"
3   "http://www.w3.org/TR/xhtml1/DTD/xhtml1-transitional.dtd">
4   <ui:composition xmlns="http://www.w3.org/1999/xhtml"
5     xmlns:ui="http://xmlns.jcp.org/jsf/facelets" template="/default.xhtml"
6     xmlns:h="http://xmlns.jcp.org/jsf/html"
7     xmlns:f="http://xmlns.jcp.org/jsf/core">
8     <ui:define name="content">
9       <h:form id="bestellStatusPruefen">
10        <h:panelGrid columns="4" styleClass="borderTable"
11          headerClass="panelHeading" cellspacing="2" style="width: 100%">
12          <f:facet name="header">
13            <h:outputText value="Bestellstatus prüfen"
14              styleClass="standard_bold" />
15          </f:facet>
16          <h:outputLabel for="bestellung" value="Bestellung"
17            styleClass="standard_bold" />
18          <h:selectOneMenu id="bestellung"
19            value="#{bestellStatusPruefenBean.bestellung}"
20            converter="#{bestellConverter}">
21            <f:selectItems
22              value="#{bestellStatusPruefenBean.bestellungen}" var="best"
23              itemLabel="#{best.bestellNummer} #{best.lieferantenName}"
24              itemValue="#{best}" />
25          </h:selectOneMenu>
26          <h:outputLabel />
27          <h:panelGroup>
28            <h:commandButton id="bestellungUebernehmenButton"
29              value="Bestellstatus prüfen"
30              action="#{bestellStatusPruefenBean.doBestellstatusPruefen()}"
31              disabled="#{bestellStatusPruefenBean
32                            .renderLieferdatumAnzeigen}" />
33            <h:outputLabel />
34          </h:panelGroup>
35
36          <h:outputLabel for="lieferdatum"
37            value="Voraussichtliches Lieferdatum" styleClass="standard_bold"
38            rendered="#{bestellStatusPruefenBean
39                            .renderLieferdatumAnzeigen}" />
40          <h:outputText id="lieferdatum"
41            rendered="#{bestellStatusPruefenBean.renderLieferdatumAnzeigen}"
42            value="#{bestellStatusPruefenBean.auftragsStatus
43                            .lieferdatumGeplant}" />
44        </h:panelGrid>
45      </h:form>
```

```
46    </ui:define>
47  </ui:composition>
```

Klasse: BestellStatusPruefenBean

```
1   @Named
2   @SessionScoped
3   public class BestellStatusPruefenBean implements Serializable {
4       private Bestellung bestellung;
5       private List<Bestellung> bestellungen;
6       private AuftragsStatus auftragsStatus;
7       private boolean renderLieferdatumAnzeigen = false;
8       @EJB
9       private BestellstatusPruefenController controller;
10
11      @PostConstruct
12      public void initialize() {
13          bestellungen = controller.getBestellungen();
14      }
15
16      public String doBestellstatusPruefen(){
17          AuftragsStatusClient client=new AuftragsStatusClient();
18          String response=client.
19
20          Gson gson=new Gson();
21          auftragsStatus=
22
23          renderLieferdatumAnzeigen=true;
24          return "bestellstatusPruefen.xhtml";
25      }
26
27      public Bestellung getBestellung(int bestNummer) {
28          for (Bestellung b : bestellungen) {
29              if (b.getBestellNummer() == bestNummer) {
30                  return b;
31              }
32          }
33          return null;
34      }
35  }
```

Aufgabe 8.2

Matthias und Stefanie studierten an der Hochschule Irgendwo Wirtschaftsinformatik. Sie besuchten die Lehrveranstaltung Software Engineering, sind jedoch schon seit mehreren Monaten in unterschiedlichen Software- bzw. Systemhäusern in Software-Entwicklungs-Projekten eingebunden. Im nachfolgenden Dialog tauschen sie sich über ihre

Erfahrungen aus. Beurteilen Sie kurz den Dialog hinsichtlich der sachlichen Richtigkeit der Aussagen.

Matthias:
Der Aufwand für die Einführung entwickelter Software wurde auch bei meinem letzten Projekt wieder einmal als viel zu gering eingeschätzt. Die Datenübernahme aus Alt-Systemen und anderen Systemen stellte sich als komplizierter heraus, als ursprünglich angenommen. Demgegenüber lief die Übergabe des Systems in die Verantwortung des Betriebs recht reibungslos. Im Rahmen des neu eingeführten Konzepts DevOps sind die Grenzen zwischen Entwicklung (Development) und Betrieb (Operations) klar gezogen.

Stefanie:
Eine Kollegin von mir war auf einem Seminar und erzählte mir von dem Hype-Thema Microservices. Das könnte die Einführung von Software-Lösungen massiv verändern. Durch die Zerlegung des Anwendungssystems in lauter kleine und unabhängige Services können diese unabhängig voneinander eingeführt und weiterentwickelt werden. Damit ist es ja möglich, nicht nur ein- oder zweimal im Jahr ein Release einer Anwendung einzuführen, sondern beispielsweise wöchentlich neue Versionen oder Erweiterungen bereitzustellen. Damit sehe ich allerdings ein riesiges Problem beim Thema Daten-konsistenz und Vermeidung von Datenredundanz.

Literatur

Ambler, S.W., & Lines, M. (2012). *Disciplined agile delivery. A practitioner's guide to agile software delivery in the enterprise.* Upper Saddle River: IBM Press/Pearson plc.

Balzert, H.(2011). *Lehrbuch der Softwaretechnik: Entwurf, Implementierung, Installation und Betrieb* (3. Aufl.). Heidelberg: Spektrum Akademischer.

Bien, A. (2014). The perfect JavaEE Microservice. In: Adam Bien's Weblog. http://www.adam-bien.com/roller/abien/entry/the_perfect_javaee_microservice. Zugegriffen: 7. Febr. 2019.

Euler, S. (2005). Remote procedure call – RPC. In: Netzwerk-Know-how (tecCHANNEL COMPACT). https://technet.microsoft.com/de-de/library/e8feb37e-f3a9-4f26-bed0-6583d8a110ed. Zugegriffen: 8. Jan. 2020.

Fowler, M., & Lewis, J. (2015). Microservices: Nur ein weiteres Konzept in der Softwarearchitektur oder mehr? *Objektspektrum, 1*(2015), 14–20.

Goncalves, A. (2010). *Beginning Java EE 6 Platform with GlassFish 3. From Novice to Professional* (2. Aufl.). New York: apress.

Gruhn, V. (2015). Interaction room: DevOps braucht ein Zuhause. *Objektspektrum, 3*(2015), 62–67.

Halstenberg, J., Pfitzinger, B., & Jestädt, T. (2020). *DevOps: Ein Überblick.* Wiesbaden: Springer Vieweg.

Heffelinger, D. R. (2014). *Java EE 7 with GlassFish 4 Application Server.* Birmingham: Packt.

Hüttermann, M. (2012). *DevOps for developers.* Berkeley: Apress & Springer.

Jakarta EE Tutorial (2021a). Building Web Services with Jakarta XML Web Services. https://
  eclipse-ee4j.github.io/jakartaee-tutorial/#building-web-services-with-jakarta-xml-web-services.
  Zugegriffen: 8. Juli 2021.
Jakarta EE Tutorial (2021b). Building RESTful Web Services with Jakarta RESTBuilding
  RESTful Web Services with Jakarta REST. https://eclipse-ee4j.github.io/jakartaee-
  tutorial/#building-restful-web-services-with-jakarta-rest. Zugegriffen: 8. Juli 2021.
Jakarta XML Web Services, Version 3.0 (2020). https://jakarta.ee/specifications/xml-web-
  services/3.0/jakarta-xml-ws-spec-3.0.html. Zugegriffen: 8. Jan. 2021.
Schießer, M., & Schmollinger, M. (2015). Workshop Java EE 7 (2. Aufl.). Heidelberg: dpunkt.
Steinacker, G. (2014). Scaling with Microservices and Vertical Decomposition. http://dev.otto.
  de/2014/07/29/scaling-with-microservices-and-vertical-decomposition/. Zugegriffen: 6. Juli
  2015.
Steinacker, G. (2015). Von Monolithen und Microservices. Frankfurt: Alkmene Verlags- und
  Mediengesellschaft mbH. http://www.informatik-aktuell.de/entwicklung/methoden/von-mono-
  lithen-und-microservices.html. Zugegriffen: 5. Juli 2015
W3C Working Group. (2011). Web services glossary. https://www.w3.org/TR/ws-gloss/.
  Zugegriffen: 7. Jan. 2020.
Yener, M., & Theedom, A. (2015). *Professional Java EE Design Patterns*. Indianapolis: Wiley.

Stichwortverzeichnis

© Springer Fachmedien Wiesbaden GmbH, ein Teil von Springer Nature 2021   319
K.-H. Rau und T. Schuster, *Agile objektorientierte Software-Entwicklung,*
https://doi.org/10.1007/978-3-658-33395-9

Printed in the United States
by Baker & Taylor Publisher Services